让历史感同身受

让历史同身受

让历史同身受

为了和平
我在联合国的七年

〔挪威〕特里格夫·哈尔夫丹·赖伊 著

章和言 伍巧芳 译

Trygve Halvdan Lie

IN THE CAUSE
OF PEACE:
SEVEN YEARS
WITH THE UNITED
NATIONS

上海译文出版社

推荐序　和平的尺度

面对日趋对立的世界，我们还能做什么？

这不单是一个当代的问题。1946 年，它同样困扰着面对正在形成的冷战格局的国际主义者们。战争迎来短暂的停歇，但是和平的维系不能有一时松懈，不然它将很快沦为休战的代名词。当大众受到战后乐观情绪的感染投入百废待兴的重建时，职业外交官率先感受到的是阵营对立的密布阴云。他们当中，恐怕再找不出比联合国的首任秘书长特里格夫·赖伊更能深刻体会这种气氛的代表人物了。

1896 年赖伊出生于挪威，青年时期走上仕途，担任挪威司法大臣时接纳过避难的苏联革命家托洛斯基，后又将其驱逐出境。二战中，挪威被德国占领后，赖伊作为外长同流亡政府迁往伦敦。1945 年，他重返自由的挪威，正在小木屋里庆祝来之不易的圣诞假期，没想到被一纸电报召回国际外交的漩涡中心。1946 年 2 月，他成为联合国的首任秘书长。1952 年，他从联合国辞职，怀着失望又解脱的心情回到了挪威的小木屋中。小木屋成了赖伊精神上的避难所。两年后，回忆录《为了和平：我在联合国的七年》出版。

我们要如何评价赖伊的联合国任期？这似乎是最直接的问题。比起死于停火谈判路上而被追授诺贝尔和平奖的继任哈马舍尔德来说，赖伊的任期显得平淡而缺乏国际政治的戏剧感。这往往忽略了他处于冷战开端的不确定性时完成的大量基础工作。如果我们列出赖伊任期内处理的国际问题清单，就不难意识到他以及国际组织面临着一个怎样的战后世界。这份清单里包括伊朗危机、希腊内战、巴以分治、第一次中东战争、柏林危机、朝鲜战争等等。它们在本书中都有一一阐明，不少问题遗留至今未决。伴随这份问题清单的，往往是"成功"和"失败"的案例，经由抽取的"高光"和"至暗"时刻。这些记录，形成了我们通常意义上的盖棺定论。赖伊的任期，换做任何政治人物和时代，都容易遭受如此总结方法的左右："哦，他在伊朗危机中做的不错，奠定秘书长干预理事会的先例。第一次中东战争嘛，可以五五开，至少派出了联合国第一次'维和部队'。柏林危机上他有什么作用吗？朝鲜战争的调停和介入，那简直是个灾难吧！"即便是当事人，也不免时常陷入患得患失的陷阱，试图回想错失的良机中是否存在另一种解决方案的可能。赖伊不止一次提出"如果"的假设：如果建立联合国军队的建议得到落实，就可以阻止除大国之外的武装侵略？如果大国首脑会议及时召开，是否可以提前结束冷战？如果中国的联合国代表权问题得以解决，朝鲜战争还会爆发吗？这一连串假设在任期结束后持续困扰着赖伊。这是总结式的逻辑：我们必须总结过去的成败，甄别对错和好坏，才能定位历史坐标，不会重蹈覆辙。

有人会说，这样的总结有失公平。要摆脱成败论的审视目光，设身处地，回到当时的语境。于是，"如果"的假设可以变为"诚然"的共情。诚然，赖伊面对战后新局面，在还没有出现"冷战"一词前就要处理冷战的现实。诚然，摆在他面前的只有一战后国联的失败经验，谁都没有在世界范围内成功领导国际组织的先例，人们对于联合国最多的问题是这个看上去美好的组织能持续多久。诚然，在逐步立场僵化拒绝合作的环境中促进国际主义，在大国政治中进行无功而返的穿梭外交，只会催生无奈和失意。诚然，如果联合国的秘书长同时受到美苏两国留任的请求，也受到美苏两国催促辞职的压力，何尝不是对他立场及工作原则的一种变相的肯定。诚然，赖伊不仅要处理所谓的高政治（high politics，涉及国家和国际安全的重大议题），还要亲力亲为地完成联合国的选址、预算规划、琐碎的行政会议，甚至能否在联合国播放一部南斯拉夫的电影都需要他的决定（p223）。我们还能对一个从零开始，拥有"首创之功"的秘书长要求更多吗？这一连串的"诚然"下来，似乎对他的每一个决定都能理解，每一个错误都能包容。这是人物回忆录的另一种逻辑。它在有意或无间变成了自辩书。即便当事人没有为自己洗脱责任的意识，共情的读者也会自然地帮其辩解，揭露其中的理所当然。

但是诚实地讲，以上两种既存的逻辑，对于再次翻开赖伊的回忆录的帮助都不大了。我们不再迫切需要赖伊的回忆作为总结冷战开端的史料，经验和教训的梳理早已汗牛充栋。而如果接受了彻底设身处地的立场，面对相似的分裂僵化的时代考验时，我们仍会手足无措，毕竟任何决定都可以视作情有可原。那么，要超越既有的认识框架，又要蕴含行动式的启发，将取决于我们从赖伊的回忆录中打捞出的现实感。真实的感受，无可替代的经验，不仅引向传统成败论中掩盖和忽视的历史路径细节，也直观地把选择的余地和代价暴露在外人的视野中。我们清醒地、不加滤镜地用裸眼看到，个人在时代的困顿里所作的努力及其限度。

换言之，我们寻找的是不能被轻易归类的感受，让人意外、停顿、沉默、思忖的细节。它不能被迅速作为审视判断的依据，不能说对或不对、好或不好，也不能立即触发片面而单一的情绪。与人物的共情不是阅读的终极目的，与人物的共同行动才是。把人变得具体的同时，感受触及更为广阔的议题和普遍性的启发。启发的意味，不是说如果我是联合国秘书长或国家元首，要如何挥斥方遒、拯救世界，那是精神胜利的沉溺；而是说，面对相似的政治和道德困境时，我要如何行动。如此生出不能扭头逃避从而直射当下的抉择感。

在这里我摘取出饱含这样现实感的细节一二。

作为国际主义的践行者，顾及大国政治和地缘因素的赖伊，对于大国的批评指向其不够严肃。这像是一个成人对于青少年肆意行为的苛责语气。赖伊没有理想主义到否认大国的实力地位，他承认大国在维系秩序中的主要责任，尝试说服其他国家接受这一国际政治的现实。令他反感的不是大国自利的行径，而是它们对待国际责任的草率。当安理会理事国第一次使用否定权不是针对决议的内容，仅是因为措辞不够强烈时，赖伊感到这"很不严肃"，"希望不管哪一个大国，今后都不要再这样做"（p40）。事与愿违，这不过是他任期内接连不断出现的否决票的一个开始。我们常会想，为什么经历了毁灭性的二战后，当以和平手段解决国家分歧成为世界主流和共识时，国际社会却走向了冷战的对立？赖伊的体验告诉我们，不是因为大国利益的冲突，而是他们的行为没有匹配大国的成熟。实力不代表国家行为的成熟。在没有根本冲突的领域简单地制造对立，近乎政治幼稚的行为，才让国际机制变得愈加无效。

当然，赖伊的目光没有全然集中于大国，触发他深刻的悲观和乐观情绪的恰恰是边界地区和"不发达"的国家。赖伊将边界地带的命运视作世界发展方向的预示。对他而言，1948年的捷克政变、南斯拉夫和共产党情报局的决裂、柏林封锁，是世界和平事业的倒退。这样的倒退伴随阵营分界的固定，以至我们读到了赖伊直接而悲观的宣言："没有一次……联合国能够以这样或那样的方式，对局势的发展作出任何决定性的影响……联合国将不得不面对现实，承认其局限性。"（p260）另一方面，预示世界发展希望和前途的趋向也蕴藏在边缘地带之中。谈及联合国开启的技术发展援助时，赖伊的语调变得轻快而乐观。在技术援助领域，无论大国或是小国，都以平等的姿态得以对待。一开始，看似"不发达"的地区就可成为技术援助输出国。赖伊举出印尼的例子，当时它的鱼类养殖技术是以色列专家学习的对象。赖伊把这些小规模体现平等原则的交流视作是无价的，因为它们发生在田间地头，关系普通人日常生活的改变。由此可见，毁灭和重生的地点，不是在中心，而是在边缘。

跟随赖伊情绪表达的这一线索，会发现它们最强烈的时候涉及两位朋友的自杀事件。在这一部总体来说笔调平实的回忆录中，明显的例外之处是扬·马萨里克出现的段落。赖伊的描述会立刻变得亲切和活泼。扬·马萨里克是二战后捷克的外交部长，是赖伊"长期的朋友、令人尊敬的民主主义者"（p30），两人私交甚好。1948年的政权更迭中，马萨里克拒绝离开，"不是那种跑到美国，为了1 500美元给《星期六晚间邮报》写五篇文章而感到开心快乐的人"（p245）。最终官方的说法是马萨里克从浴室窗户跳下自杀。与许多人一样，赖伊不相信这个说法。他再次访问捷克时，用尽办法寻找马萨里克的墓地但是徒劳无功，直到他的助手委婉地提醒他，这样继续追问下去是不合时宜的。

另一位自杀的朋友是赖伊的首席法律顾问亚伯·费勒。费勒曾是美国工党成员，1946年加入联合国，成为赖伊的左膀右臂。他在赖伊的任期快结束时卷入了秘书处的共产党员风波。1950年年初，美国国内盛行的反共浪潮波及联合国的美籍雇员，任何被怀疑亲共的人士遭到调查甚至是解雇和撤职。费勒和赖伊抱有的立场是联合国的工作人员应确保政治宗教观点不影响公务和联合国的利益，保持政治与党派的距离理所当然。但是，舆论针对联合国的无差别攻击和美国猎巫政治歇斯底里的情绪已经公然违背了正义的基本原则。费勒身处压力的中心，越来越无法承受，赖伊宣布辞职后不久，他便选择结束了自己的生命。在费勒的葬礼上，赖伊"情绪激动得都无法发言"（p360）。马萨里克和费勒是死于同一时代悲剧的两端，他们都是对立政治的牺牲品。比起调和大国冲突时的无奈，目睹好友死于不理智的对抗而又无能为力，恐怕给赖伊留下了更永久性的创伤。

这些真情流露的时刻尤为重要。它们的真实，抵御了总结性的评价或苍白的自辩。回到一开始的问题：我们还能做些什么？赖伊时隔七十多年的感受给予我们直呼当下的启发：摆脱不严肃的政治表态，关注边缘地带和日常改变，尽力保护而不是猜忌身边的人。和其他的公共理念一样，和平也有自己的尺度。我们期盼的和平居于什么尺度？是要把战争的风险降至最低，还是创造平等交流共同发展的机遇，抑或是个人能够自由地保有他们的立场？赖伊在经历"民族主义世界中的国际主义孤岛"（p365）后，没有忘却希望，但又比以往都确信，这个世上没有政治奇迹。和平是漫长等待的过程，需要足够的耐心和长足的勇气。这种耐心的源头只能回到日常的和平尺度上去根植。赖伊的回忆里，记录了一个能够全然阐释和平的细微和宏大尺度的关联性瞬间。在武装冲突频发，大国的协调举步维艰，人们再次质疑国际组织是否还能发挥作用的时代，我们更需要回顾这一瞬间。联合国安理会的第一张投票，并不来自大国。当代表们第一次打开投票箱、在使用前进行检查时，发现里面的一张纸上写着：

> "有幸制作这个投票箱的我可以投出第一票吗？愿上帝与联合国组织的每一位成员同在，通过你们崇高的努力，为我们所有人——为全世界带来持久的和平。"

机修工保罗·安东尼奥。

这恐怕是对于和平最朴实的一种表达了，也是我们行动时不能忘却和辜负的尺度。

吕晓宇

牛津大学政治学博士

北大国际关系学院研究员

目录

前　言

本书讲述的，是那些我在担任联合国秘书长七年时间里最牵挂的问题。它们当然也是引起公众极大关注和热议的问题，需要相关国家政府和联合国付出长期的努力。我一直认为，自己有责任对这些问题表明立场。

没有足够的篇幅和时间，不可能把联合国处理的所有政治问题都一一交代。有些话题舍弃掉实在是可惜，比如克什米尔、印度尼西亚和意大利殖民地的问题；另一些问题，我本来应该探讨得更加深入一些，比如，经济和社会理事会和托管理事会的工作。这两个联合国机构的工作都非常重要，大部分工作都意义深远。还有很多管理上的问题我就不再涉及了。或许以后我还有合适的机会，一并讨论这些问题。

所以，这本书既不是这个世界性组织最初七年的历史记录，也不是教科书，尽管我希望那些学习国际关系的师生们在读到它时能够从中受益。它是写给寻常百姓看的——所有国家的——那些对自己生活其中的世界和时代的政治气候感兴趣的人们。

本书主要基于官方文件和备忘录，还有我的日记、笔记和信件，这些都与当时发生的事件直接相关。

我要感谢联合国秘书处认真敬业的老同事们提供的建议和帮助，感谢他们在联合国那艰苦漫长七年中的贡献和支持，包括我写这本书时他们的一如既往。我还要对国内和海外很多提供过积极帮助的朋友一并表示感谢。

这就是我的心愿，希望这本书能够让你更好地理解联合国，或许能够给这个世界性组织带来更多的支持，为了和平而不懈奋斗。

特里格夫·赖伊

1954 年 4 月 5 日

第一章　我是如何当上秘书长的

对我来说，这一切的开始并不是在旧金山或伦敦，而是 1945 年圣诞节那天在挪威高山上的一间度假小屋里。

为时五年的纳粹占领后，挪威再次获得了自由。战争造成的分离、牵挂和苦难终于结束了。妻子约迪丝和我决定，要和三个孩子希施儿、古丽和梅特，好好享受一下传统的圣诞假期，同行的还有我们的老朋友朗瓦尔德·布拉茨①夫妇和他们的孩子。从 1920 年以来，我们一起过了很多次圣诞节，但在 1940 年 4 月德国入侵挪威后就中断了。我们中有的战争期间留在挪威，有的去了瑞典，其他人去了英格兰，还时不时地会去美国待一阵子。现在我们又都聚在一起了，大家决定好好过一个特别的圣诞节，就像往日一样。

度假小屋是原木建造的，位于挪威中部哈灵达尔与诺美达尔间的高山上，海拔大约 975 米，距离最近的火车站至少还有 24 公里。我们沿着风很大的山路开车到卢克达伦的一个农场，在那儿我们穿上滑雪橇，背上背包，爬过约 4.8 公里陡峭的山坡，最后才到达度假小屋。屋里很快就暖和起来，一切准备就绪，砍好圣诞树拖进来装饰一番，在深山里准备过一个真正的挪威圣诞节的兴奋，立马就将摸爬到这里的艰辛一扫而空。

在熟悉的环境中再次聚在一起的欢乐，好像让我们跳出了山下的凡世俗尘，我记不起有哪个圣诞夜能比这次更有意义。一切斗争和烦恼都成了过眼云烟。整个 1945 年都很紧张，事情不断，但还是开心的一年：

我们有太多东西需要感恩。政府的事儿也只有暂时抛诸脑后了，有很多挪威的政治和经济重建事务在等着我。

圣诞的早晨，我们在吃早饭前去了难得一遇的雪地，先短距离滑了一圈。群山从来没有像现在这么美，开阔斜坡硬地上纯白的新雪闪闪发光，紫杉和矮桦树林银装素裹。遛了一圈儿回来，大家坐在餐桌边胃口大开，直到一个孩子忽然站起来奔到窗户旁。大家看到，山下森林边上，一位孤独的滑雪者正朝着度假小屋而来。很快就认出来那是克努特·阿梅勒姆，一个住在卢克达伦的农民，他负责打理这里的度假小屋，我们入住的时候已经来探望过是否一切舒适。他滑行得很吃力，大家都觉得纳闷，在这圣诞节的早晨，是什么缘故让他又跑一趟。是有人生病，还是给朗瓦尔德·布拉茨送信，或许是奥斯陆的政府机关有信给我？

到了小屋，克努特先缓了一口气，把雪从靴子里倒出来，将雪橇小心地靠在墙上。然后我们把他请进里屋，一起坐在餐桌旁，这才告诉我们是奥斯陆拍来了电报，并要求他尽快交给我。电报是外交部发来的，内容如下，我肯定是一脸惊愕地读完了全文：

> 联合国筹备委员会的美国代表团团长史蒂文森②先生，请科尔班③询问外交大臣赖伊是否愿意出任联合国大会主席，会议将于明

---

① 朗瓦尔德·布拉茨（Ragnvald Bratz, 1889—1968），挪威企业家，赖伊的亲家，1917 年创办格鲁德五金厂。其子詹斯-朗瓦尔德·布拉茨后来继承了父亲的企业，并曾任挪威工业部长，1946 年与赖伊的长女希施儿·赖伊结婚。——译者
② 阿德莱·史蒂文森二世（Adlai Ewing Stevenson II, 1900—1965），美国律师、政治家、外交家，以其辩论技巧闻名。1949 至 1953 年担任伊利诺伊州州长，1952 年和 1956 年两次代表民主党竞选总统，但皆败给艾森豪威尔。后被任命为美国驻联合国大使，在古巴导弹危机中发挥了重要作用。——译者
③ 埃里克·安德里亚斯·科尔班（Erik Andreas Colban, 1876—1956），挪威外交官，二战时期在外交工作上发挥了重要作用。1905 年进入挪威外交部。1918 年进入国联负责少数民族工作，1930 年回国。1942 至 1946 年担任驻英国大使，率领挪威代表团参与了联合国筹建工作，并代表挪威出席第一次联合国大会，曾任联合国战争罪委员会成员。——译者

年1月10日开幕。史蒂文森先生无法作出承诺，因为还没有和其他代表团商量过，但是，只要赖伊外交大臣愿意，美国人就打算提名他。盼复。

看完电报后，我又大声读了几遍给其他人听。我的第一感觉是近乎气愤。在这朴素安静的世外桃源，大家正开心着呢，没想到被这封电报给搅和了。让你不得不再次面对现实世界的压力，世界刚刚从严峻的考验中摆脱出来，却得不到片刻的喘息。

8月在奥斯陆的时候，我的确收到过美国大使馆的密函，问我是否愿意担任联合国大会主席的候选人。密函是美国派驻联合国大会的首任代表小爱德华·赖利·斯特蒂纽斯①发来的，他曾作为国务卿主持过旧金山会议②。我没有把它太当回事儿。首先，我给予了回复，我不知道到1946年1月自己是否还担任挪威外交大臣。我们将在10月举行战后的第一次选举，届时会有新的或是重组后的政府上台。而且我还提出，在对1946年伦敦召开的大会情况不熟悉的情况下，自己不可能就是否

---

① 小爱德华·赖利·斯特蒂纽斯（Edward Reilly Stettinius Jr., 1900—1949），美国第48任国务卿。1931年任通用汽车公司副总裁，曾协助罗斯福减少失业的工作。1943年10月任副国务卿。1944年8月曾代替生病的国务卿科德尔·赫尔主持敦巴顿橡树园会议，12月接替赫尔任国务卿。1945年2月参加雅尔塔会议。罗斯福去世后，新总统杜鲁门认为斯特蒂纽斯对共产主义的态度太温和，1945年6月选詹姆斯·伯恩斯取而代之。1946年1月，斯特蒂纽斯出任美国驻联合国第一任大使；同年6月，因认识到杜鲁门拒绝通过联合国缓解与苏联之间的紧张关系而辞职。1950年出版《雅尔塔内幕》（Roosevelt and the Russians: The Yalta Conference）。——译者

② 旧金山会议（San Francisco Conference），亦称联合国制宪会议。1945年4月25日召开，6月26日闭幕。此会根据雅尔塔会议决议，由中苏美英四大国发起，邀请《联合国家宣言》签字国以及后来签了宣言并向法西斯各国宣战的国家参加。五十个国家的代表（波兰虽被邀请但未出席）出席了会议。会期长达六十三天，与会代表先后讨论了邀请参加国、安理会表决程序、国际托管最终目标等问题。会议还先后通过了《联合国宪章》、《国际法院规约》（作为宪章的组成部分）。《联合国宪章》于1945年6月26日正式签字。此后联合国将每年6月26日定为"宪章日"。此宪章于同年10月24日正式生效，每年的10月24日亦因之被命名为"联合国日"。——译者摘自《第二次世界大战大词典》，华夏出版社

担任大会主席给出明确意见。

接下来的几个月，我没再给美国人更多的回复。我也没听到谁再提及此事，哪怕是我在10月选举后的埃纳尔·基哈德森①第二届内阁中再次被任命为外交大臣，我以为这是个试探气球，不可能有下文，早就把它忘了。同时我也认识到，担任首届联合国大会主席，一定是份困难的活儿。在此前筹备工作的漫长国际会议中，我只是参与了旧金山会议，短暂担任过那次会议上起草安全理事会章程的委员会主席。尽管从1935年起我一直在挪威内阁任职，但我的政治关切主要集中于国内事务，一直到二战爆发才第一次担任运输部长，接到又到伦敦流亡政府担任外交大臣。从1940年起，我开始参与很多错综复杂的外交谈判和会议，但大多数都是在私下场合进行的，而且几乎全部都与我祖国的利益息息相关。对我来说，这些年最重要的事莫过于联手对抗纳粹和解放挪威。在我看来，主持联合国大会这样的工作，似乎需要一个在处理国际关系上有更加丰富经验的人，一位谙熟外交语言的专家——这些要求我都达不到。

但决定必须马上作出——一个会涉及家里所有人的决定。遇到这样的事情，赖伊家有个传统，就是所有人畅所欲言，我发现在场只有我一个人瞻前顾后。其他人都没有意见，全部赞成，认为我不可以再拒绝美国代表团的提名——而且这是美国政府的第二次请求。所以我的答复只能是同意。回电被写在一张废纸片上，请克努特发给奥斯陆的外交部。

一回到奥斯陆就忙了几天。我把情况报告给内阁，他们同意我到了

---

① 埃纳尔·基哈德森（Einar Gerhardsen, 1897—1987），挪威首相，工党领袖，领导挪威近二十年，被尊为国父。基哈德森在1945年、1945至1951年、1955至1963年、1963至1965年先后四次出任挪威首相，任内推行国家经济复兴计划。——译者摘自《当代国际知识大辞典》，团结出版社

伦敦再就美国人的提议作出最终决定。

在出席哥本哈根召开的斯堪的纳维亚社会民主党①人大会之后，我于1月8日抵达伦敦，当晚美国代表团就来找我了。新年后，无论在奥斯陆还是在哥本哈根，给我的感觉都是美国、苏联和英国已经就我作为候选人一事达成一致意见；但现在我又听说，英国最初是支持提名荷兰外交大臣埃尔科·范·克莱芬斯②的，最近两个月又开始大力支持比利时外交大臣保罗-亨利·斯帕克③。斯帕克先生的突出能力是毋庸置疑的；而且，他参加了筹备委员会的工作，秋天的时候就在伦敦了，取得了显著成效。而我，并没有出席过委员会的会议。经过权衡，我通知美国代表团的代表，我不想他们再考虑对于我的提名问题。用提名去对付我的朋友和战时的盟友，同时也违背了英国的意愿，这是不符合挪威利益的。

1月9日上午，美国代表团通过一个特别的中间人通知我，他们现在认为，斯帕克先生肯定会以绝对多数当选大会主席。因此美国人决定

---

① 斯堪的纳维亚社会民主党（Scandinavian Social Democrats），斯堪的纳维亚半岛的社会民主党派于19世纪末登上政坛，挪威工党成立于1887年，瑞典社会民主党成立于1889年。从1920年代开始，丹麦、瑞典、挪威的社会民主党陆续成为执政党并组建政府，开始稳定地长期执政，逐步形成了共有的经济政策和社会政策，被称为北欧模式，又称斯堪的纳维亚模式，实行高税率，在国家层面上推行福利国家和集体谈判，大部分劳动者会加入工会，经济制度以自由市场为基础。——译者

② 埃尔科·范·克莱芬斯（Eelco van Kleffens，1894—1983），荷兰政治家、外交官。1939年二战爆发前夕被任命为外交大臣，直到1946年辞去该职务，担任荷兰驻联合国安理会代表。1954年任第九届联合国大会主席。1956年后长期担任荷兰驻北约、欧洲煤炭和钢铁共同体的代表。——译者

③ 保罗-亨利·斯帕克（Paul-Henri Charles Spaak，1899—1972），是一位有影响力的欧洲政治家，欧盟创建者之一。从1938年起到1966年退休，斯帕克曾三度担任比利时总理，还担任过外交大臣一职长达18年。斯帕克是多边主义的坚定支持者，因支持国际合作而闻名于世。1945年被选为第一届联合国大会主席。作为欧洲一体化的长期支持者，斯帕克一直是关税同盟的早期倡导者。1955年组建斯帕克委员会，研究欧洲内部建立共同市场的可能性，在推动建立欧洲经济共同体的1957年《罗马条约》的成功签署上发挥了重要作用。——译者

不再对拉丁美洲国家的代表团施加影响，他们在全体会议的 51 票中占了 20 票，而且大多数都倾向于投票给斯帕克先生。基于此，现在决定不再提名我作为大会主席。我告诉中间人，我在前一晚已经把意见告诉了美国人，并且说，我认为关于我的提名问题已经结束了。关于我的退出，我自己的解释是，我确信挪威不应该被当作大国间脚下的"皮球"。

10 日上午——选举大会主席的当天——苏联驻伦敦大使费多尔·T. 古塞夫①把我叫出去。他说，苏联代表团已经接到美国人通知，说我撤回了提名；尽管如此，苏联和它的东欧盟友仍然想提名我。他坦率直言，斯帕克先生不被莫斯科接受，原因很简单：苏联政府认为他是西欧集团的代理人。我建议，如果提名筹备委员会主席、哥伦比亚的爱德华多·祖莱塔·安吉尔②博士，可能会避免冲突，他当时正临时负责主持会议，可以继续担任大会主席。但古塞夫先生根本不予考虑。甚至他还说，听到我退出提名的消息后，苏联代表团找美国代表团开会磋商，会议的结果是，美国人同意回到支持提名我的最初决定。苏联将会提名我，他继续说道，而美国人将投我的票。我回答说，按照我的理解，如果有公开提名的话，我的提名应该是美国作出的。

这里应该说明一下，筹备委员会对于是否允许在大会上进行个人公开提名出现了意见分歧。大会程序中关于这一点的规定不是很清楚，但

---

① 费多尔·塔拉索维奇·古塞夫（Fedor Tarasovich Gusev, 1905—1987），苏联外交官。1943 至 1946 年任驻英国大使，是 1943 年 10 月 18 日至 11 月 11 日第三次莫斯科会议上提议组建的欧洲咨询委员会（European Advisory Commission）成员，出席了德黑兰会议、雅尔塔会议和波茨坦会议。1946 至 1952 年任外交部副部长。1956 至 1962 年任驻瑞典大使。——译者

② 爱德华多·祖莱塔·安吉尔（Eduardo Zuleta Àngel, 1899—1973），哥伦比亚政治家、外交官。第一届联合国大会筹备委员会主席、哥伦比亚代表团长，1946 年 1 月 10 日，他在伦敦中央礼堂宣布第一届联合国大会开幕。安吉尔还参加了起草《联合国宪章》的旧金山会议，牵头联合国总部选址工作并建议纽约作为永久总部所在地。——译者

大家的共识是，关于秘密投票的规定本意应该是不允许公开提名——理论上来说应该是这样，我认为只有这样，各国代表团才能有更大的自由空间，而不是屈从于大国的压力。苏联代表团拒绝遵守这一程序，坚持自己有权作出提名，但美国人却接受了关于会议程序禁止公开提名的解释。显然，这一切说明，美国同意苏联人继续支持我作为候选人，但又不同意公开提名。

这一新的回合说明，关于主席选举的纷争还是相当令人震惊的，美国的立场也是摇摆不定，离大会开幕也就还有三个小时多一点儿。遍布伦敦的代表团住地酒店房间里都在开会，不过我担心很多代表团根本搞不清楚真实状况。在这个当口上我该做些什么呢？

离开古塞夫后，我去参加挪威代表团的会议，进入的时候已经开始了。我向同僚们提出自己的问题：考虑到苏联和美国重申的支持，我是否还应该继续反对提名自己担任大会主席？代表团成员的回答一致是不应该；无论苏联还是美国，都有可能误解这种拒绝，这将有损挪威的利益。因而决定，我不应当再反对苏联人和美国人的意见，与此同时大家同意我应该对英国人作出解释，讲清楚我们为什么会达成上述决定。

午餐后代表团再次聚在一起。我报告了已经给英国外交大臣欧内斯特·贝文①和国务大臣菲利普·诺埃尔-贝克②送去了消息，当时他们都是内阁成员。就在这个时候，有人打来电话告知，说美国代表团正在开

---

① 欧内斯特·贝文（Ernest Bevin, 1881—1951），英国政治家、工会领袖。艾德礼工党政府上台后，1945 年 7 月至 1951 年任外交大臣。任内主张西欧国家的联合，为《布鲁塞尔条约》的签订、北大西洋公约组织及其军事集团的建立做出了重要贡献。——译者摘自《第二次世界大战百科词典》，上海辞书出版社

② 菲利普·约翰·诺埃尔-贝克（Philip John Noel-Baker, 1889—1982），英国工党政治家，因从事裁军运动获得 1959 年诺贝尔和平奖。——译者摘自《二十世纪世界名人辞典》，辽宁人民出版社

会，研究是否收回反对公开提名的意见，以便苏联人能够正式进行对我的第二次提名。他们的研究结果——到底行还是不行，一直到一个小时后已经到了大会会场，才由国务卿詹姆斯·F. 伯恩斯①告诉了我们。

由于4点我们已经出发前往大会会场，关于是否进行第二次提名的问题依然悬而未决。秘书处分发了关于投票程序的文件材料，给人的感觉是公开提名将不予考虑——每个代表团只要在不记名票上写上候选人的名字，但又没有明说不允许。我想，其他人应该和我一样，根本不知道接下来会发生什么。当我走进会场的时候已经拿定主意，如果斯帕克和我一起被提名，我会退出以支持他当选。

从第一届联合国大会开始，开幕那天的会议都是既氛围隆重又秩序井然，但议程都只是走走程序。这是一个特殊的时刻：联合国在旧金山诞生时，是在欧洲战场即将在数周内赢得最终胜利的大背景下，因此被人们寄予了厚望。现在这个组织的最高机构要开始实际运作了，再过一会儿，它就要开始议事并作出裁定，那可是将被载入史册的某某号联合国大会决议。

这对有的人来说是高潮，但对有的人来说却是低谷。在中央礼堂外，威斯敏斯特区的空地和狭窄街道上挤满了期待中的人群。会场内，就连外交部长和大使们也不太愿意说出自己的真实想法。而广播电台的评论员们，早就通过这个新的论坛，把对某些国际事务的看法传到了全世界。一些报社记者也已经把自己预测当天大会进程的新闻稿发出去了，摄影记者们正将他们的闪光灯对准那群颇有画面感的阿拉伯代表，今后这就成了他们的习惯。在炫目的阳光下，五十一个成员国五颜六色的国旗显得愈发色彩亮丽，立刻提醒了我们，联合国是一个主权国家的联盟，同

---

① 詹姆斯·弗朗西斯·伯恩斯（James Francis Byrnes，1882—1972），美国政治家。1945年初参加雅尔塔会议；4月罗斯福总统去世后，他成为新任总统杜鲁门的重要助手；同年7月任国务卿，在波茨坦会议上发挥了重要作用。——译者

样也有着联合的力量去达成《联合国宪章》①（简称《宪章》）的目标。还有那面"斯特蒂纽斯蓝"②的彩旗，是旧金山会议期间设计的，后来成为联合国的正式旗帜。整个现场五彩缤纷，令人印象深刻。

联合国第一届大会首日会议的内容都是安排好的，不过，本来也应该如此。祖莱塔·安吉尔博士宣布大会开幕，克莱门特·R.艾德礼③首相致欢迎词。筹备委员会主席接着宣布进入下一个议程——选举大会主席——但又补充说，在开始选举前，他要请苏联代表团副团长安德烈·A.葛罗米柯④上台，他想就这个问题发表一个声明。

葛罗米柯先生阔步走上主席台，宣布道：

"经过对最近提出的大会主席候选人问题的慎重考虑……苏联代表团已经给出意见，认为挪威外交大臣特里格夫·赖伊先生是最合适的人选。"

"挪威在抗击我们共同敌人的战争中发挥的作用，这里就没有必要展开细说了，"他继续说道，"挪威是德国侵略的第一批受害国之一。全

---

① 《联合国宪章》（Charter of the United Nations），1945 年 6 月 26 日在旧金山会议上签订，在中国、法国、苏联、英国、美国五大国以及其他大多数签字国交存批准书后，1945 年 10 月 24 日开始生效。《联合国宪章》包括一个序言和十九章正文，共 111 条。《宪章》是联合国组织的根本法。它本身是一个条约，对会员国有拘束力，但在原则上不能拘束非会员国。然而《宪章》的某些条款，特别是关于联合国宗旨和原则的条款，因其旨在确认既存的国际法原则，被认为构成国际法的一部分。——译者摘自《中华法学大辞典》，中国检察出版社

② 联合国的正式徽记和旗帜底色选用的是与会各国国旗都未采用的烟熏蓝色，1945 年 4 月旧金山会议期间由时任美国国务卿斯特蒂纽斯指定，故而也被称为"斯特蒂纽斯蓝"。——译者

③ 克莱门特·理查德·艾德礼（Clement Richard Attlee，1883—1967），英国政治家、工党领袖。1945 年 6 月大选中工党获胜，7 月出任首相并替换丘吉尔出席波茨坦会议。——译者摘自《第二次世界大战百科词典》，上海辞书出版社

④ 安德烈·安德烈耶维奇·葛罗米柯（Andrei Andreyevich Gromyko，1909—1989），苏联最高苏维埃主席团主席、苏共中央政治局委员。他担任苏联外交部长一职长达二十八年，曾参与筹建联合国及参加过雅尔塔、波茨坦等重要国际会议。主编《苏联外交史》和《外交辞典》等著作。——译者摘自《当代国际知识大辞典》，团结出版社

体挪威人民都是为民主而战的斗士……同时也考虑到赖伊先生的个人品格……我想这里应该没有人会质疑，赖伊先生是一位能力出众和经验丰富的政治家……所有这些都足以让我们相信，推荐他作为候选人是非常合适的……"

大厅里立马起了波澜：葛罗米柯先生发言的气势像一头发怒的公牛，让大家感到有些意外。那时候的联合国还在慢慢适应，学着如何面对现实，如何把爆炸性新闻说得面不改色。媒体已经在预告保罗-亨利·斯帕克将会当选：因为英国人和往常一样，颇有效率地把消息传播出去了。这下事情僵住了。

祖莱塔·安吉尔博士回到了文件规定。他把相关条款都读了一遍，包括代理秘书长格拉德温·杰布[1]过去准备的有关投票程序的文件。他挑选的发言人无可指责：一位是捷克斯洛伐克的伊万·科诺[2]博士，另一位是墨西哥的路易斯·帕迪拉·内尔沃[3]博士。然后他下结论说："在有关大会程序的规定中，没有包括葛罗米柯先生刚刚所说的提名方式，与会意见必须用秘密投票的方式表达。"

会场气氛紧张起来。我记得自己当时看了看坐在第一排美国代表团

---

[1] 格拉德温·杰布（Gladwyn Jebb, 1st Baron Gladwyn, 1900—1996），第一代格拉德温男爵，英国外交家和政治家。1943 年任外交部顾问，出席过德黑兰会议、雅尔塔会议和波茨坦会议。二战结束后，他担任联合国筹备委员会执行秘书。1945 年 10 月 24 日出任联合国代理秘书长，直到特里格夫·赖伊 1946 年 2 月 1 日当选为首任正式秘书长。杰布是联合国历史上唯一来自安理会常任理事国的秘书长，离职后回到伦敦，1946 至 1947 年任外交部次长和有关联合国事务的顾问，此后以大使衔参加布鲁塞尔条约常设委员会。1950 年至 1954 年任英国驻联合国大使。——译者
[2] 伊万·科诺（Ivan S. Kerno, 1891—1961），捷克斯洛伐克律师、外交官。联合国成立后，科诺任首任秘书长赖伊的助理秘书长，负责法律事务。1946 至 1952 年任联合国首席法律顾问和分管法律事务的副秘书长。——译者
[3] 路易斯·帕迪拉·内尔沃（Luis Padilla Nervo, 1894—1985），墨西哥政治家、外交官。1945 年代表墨西哥出席旧金山会议签署《联合国宪章》，是第一任驻联合国大使、安理会成员。1952 至 1958 年任外交部长，在第六届联合国大会期间担任主席。——译者

席位上的埃莉诺·罗斯福①夫人。这是她第一次以个人的身份在世界舞台上亮相——仍然穿着一身庄重的黑衣，提醒大家她丈夫的离世是世界无法挽回的损失，只有他才配得上"联合国之父"这一称呼。埃莉诺·罗斯福为联合国做出的巨大贡献这时候大家还看不出来。

然后波兰的温森蒂·罗兹莫夫斯基②站起来表示支持提名以显示忠诚，语调平淡地说出了挪威和我的名字。接着他后面是斯大林时代的"老布尔什维克"德米特里·Z. 曼努伊尔斯基③，当时担任乌克兰苏维埃社会主义共和国外交部长，在联合国初建的头几年，他是一个颇引人注目的人物。曼努伊尔斯基先生的发言一上来就充满气势。由于除了我这位挪威外交大臣，还没有其他人选被提名，于是他建议："程序的问题可以简化处理……我提议……这次选举以口头表决进行。"刚刚筹备委员会主席才宣布大会必须用秘密投票表达意见，曼努伊尔斯基先生对此却只字不提。

在苏联人的连环炮放完之后，隔了片刻，丹麦外交大臣古斯塔夫·拉斯姆森也表示支持对我的提名。之后筹备委员会主席没有再提必须秘密投票，而是宣布就曼努伊尔斯基先生的建议征询大会的意见。但他的语气带着反对的味道："赞成秘密投票的请举手？有谁反对？"不过，还没有等到点完票数，祖莱塔·安吉尔博士就注意到葛罗米柯又在催促按

---

① 安娜·埃莉诺·罗斯福（Anna Eleanor Roosevelt，1884—1962），美国外交家、社会活动家，第 32 任总统富兰克林·罗斯福总统的夫人，第 26 任总统西奥多·罗斯福的侄女。曾任出席联合国大会的美国代表。后又被杜鲁门总统任命为联合国经济和社会理事会人权委员会委员和主席，主持起草了《世界人权宣言》，被认为是美国历史上最活跃、最具影响力的"第一夫人"。——译者摘自《美国历史百科辞典》，上海辞书出版社

② 温森蒂·罗兹莫夫斯基（Wincenty Rzymowski，1883—1950），波兰政治家、作家。先后任波兰民族解放委员会艺术文化部长和民族团结临时政府外交部长，代表波兰签署《联合国宪章》。——译者

③ 德米特里·扎哈罗维奇·曼努伊尔斯基（Dmitry ZakharovychManuilsky，1883—1959），苏联国际工人运动活动家，1945 至 1952 年任乌克兰常驻联合国代表。——译者摘自《欧洲历史大辞典》，上海辞书出版社

照曼努伊尔斯基的建议进行口头表决。祖莱塔·安吉尔博士回应他，这正是眼下大会正在做的。争论现在解决了。大部分人抱着手坐在那里，根本不知道该赞成还是反对，曼努伊尔斯基先生满不在乎地举了两次手，针对他自己的提议，既投了赞成票，也投了反对票。筹备委员会主席宣布了结果，15 票赞成秘密投票，9 票赞成口头表决，大部分人没有投票。因此他要求各代表团团长，将他们各自提名的大会主席名字，写在已经发给大家的投票纸上，再逐个投入投票箱中。

气氛愈发紧张，我的压力尤其大。对苏联人对挪威展示出的善意，我是高兴的。但苏联人推动此事过程中的笨拙却让人深感尴尬。而美国朋友的沉默又令我心中难安。提名我是华盛顿的主意，但伯恩斯先生却一点儿动作都没有。我不担心自己被斯帕克先生公开胜出，也不太关心是否能击败他。整个事件中我始终是个傀儡。我甚至无法撤回提名，哪怕我想让比利时人当选，因为斯帕克先生都还没有被提名过，我也不知道最后一刻的磋商中关于他的提名到底是什么说法。

尘埃很快落定。祖莱塔·安吉尔博士宣布五十一个成员国的投票结果：28 票提名斯帕克先生，23 票提名赖伊先生。我虽然放轻松了，但又不满意。这真是难熬的一天。我早早退场，和几位朋友一起研判形势，大家开始揣测今天发生的事情意味着什么。

毫无疑问，今天的选举结果事关后续，明摆着将影响到接下来的秘书长选举。就程序规则的斗争其实是无关紧要的。根据多数人的意见，规则得到了修补，排除了公开提名。但是，由于会前的秘密外交磋商，加上会场里的闹剧，给那些乐于败坏联合国声誉的人提供了素材，把我说成是一个"莫斯科分子"。

当然我也有很多理由对这一结果感到高兴，也仔细考虑了下一步可能出现的情况。投票是很接近的：总数 51 票中，只要有 3 票翻转，就是我而不是斯帕克当选大会主席。如果美国像去年 8 月和 12 月跟我说的那样，在大会上公开发声支持对我的提名，如果不是伯恩斯先生那天坐在会场里一言不发，结果很有可能完全两样。美国媒体批评他们政府"掉链子"的情况相当严重，选举结束后阿德莱·史蒂文森曾过来找我，以他惯有的客气，对投票结果表示遗憾。尽管美国代表团公开表态的一两句话没有办法改变选举结果，但应该有助于改变大家先前把我视为苏联集团候选人的错误印象。

同样，如果苏联人什么都不说，如果大会没有采取阻挠的动作，结果也可能会不同。有报纸透露说，几个小国家对苏联——特别是曼努伊尔斯基——的做法十分不满，所以决定投斯帕克的票。我们俩都是西欧小国家社会民主党的外交大臣，结果如何真是很难说。

而且，联合国大会首日的选举，无论给大家还是给我的感觉都不太顺利。我本来就不想当这个主席，所以很高兴现在不得不挑这个担子的人是斯帕克先生而不是我。但是，尽管我不喜欢，还是被拖入了与他的竞争，而且当天整个事情的处理也很是令人不爽。

当然，当时我不可能知道，最终是自己而不是其他人当选了联合国的第一任秘书长。我脑子里从来就没有想过这个可能性，即便想过，大会主席我都不想当，在我看来这个比大会主席责任还要大的岗位，我也是不想干的。选出大会主席后，在有些报纸的推测文章中，我也出现在他们提到的秘书长人选中——但起初的时候——我一点儿都没有在意。这在此前就已经发生过了，我只是把它当作媒体人士对各种可能性的一种猜测。没有哪个代表团来找过我或是挪威代表团里我的同事，谈及我的可能性。而我自己的态度恰恰相反，我觉得有更加合适的人选。

二战期间我和安东尼·艾登①建立了深厚友谊。1930 年代后期，他

---

① 罗伯特·安东尼·艾登（Robert Anthony Eden, 1897—1977），英国政治家、外交家，二战时期曾任英国国防委员会委员、陆军大臣、外交大臣等职。——译者

在反对自己所属的保守党主流政策时所展现的非凡勇气和坚定立场，令我一直非常敬佩。他对绥靖政策的反对，以及在支持国际联盟①发挥作用上的努力，使国联成为维护集体安全、遏制侵略于初始的一股真正力量。在过去五年的战争中，以及早期的旧金山会议期间，我们一直合作共事。现在他已经不做外交大臣了，我认为他是秘书长的理想人选。我不确定他会接受，但当我告诉他我要去试探一下工党政府和莫斯科态度的时候，他并没有反对。不过，此事我并没有付诸实施，因为我很快就认识到英国工党政府是不会赞成的。

在筹备委员会运作时，代表团中有很多关于其他人选的私下讨论。其中英国代表团团长菲利普·诺埃尔-贝克就极力推荐德怀特·D.艾森豪威尔②五星上将。这个建议立刻得到了广泛支持，但最终没有如愿，主要出于两个原因。

首先，主流观点认为，秘书长不应该从任何一个"五大国"③中产生。《联合国宪章》规定秘书长有促进和维护和平的政治责任，这一条过去国际联盟的秘书长是没有的。联合国秘书长在履行这一责任时，必须运用他的影响力，但又不能仅仅为了某一个国家或国家集团的利益，而是为了他眼中这一组织的整体利益。这样，《联合国宪章》就倡导了一种此前世界所未有的处理国际事务的模式——秘书长是维护集体安全

---

① 国际联盟（League of Nations），第一次世界大战后成立的历史上第一个普遍性国际组织。又称国际联合会，简称国联。1946年4月国联召开最后一届大会，正式宣告解散，其资产、财产和部分职能移交给联合国。——译者摘自《联合国辞典》，黑龙江人民出版社

② 德怀特·戴维·艾森豪威尔（Dwight David Eisenhower，1890—1969），1942年起先后任欧洲战场美军司令、北非战场盟军司令，晋升中将、上将。1944年任欧洲盟军最高司令，成功策划指挥了盟军开辟欧洲第二战场的诺曼底登陆战役，晋升为五星上将。1945年继乔治·马歇尔任陆军参谋长。1952年作为共和党总统候选人参加竞选总统获胜，成为美国第34任总统，1956年再次竞选获胜，连任总统。——译者

③ 指联合国安全理事会常任理事国苏、美、中、英、法五国。——译者

的象征，是在国与国的议事机构中超越任何国家利益而代表世界利益的发言人。这当然是一个非常艰难和先锋的角色，需要很强的开拓精神。而且，《宪章》规定此人的提名必须经过安理会"五大国"的同意，并经大会选举产生。所有这些因素都意味着，第一任秘书长人选应当从小国中产生，他们在世界上大国间的斗争中不至于牵涉太深。必须说明，这些想法都是在伦敦讨论的过程中逐步清晰的。英国和法国，是国联中最重要和最有影响力的成员，国联的前两任秘书长就是在这两个国家相继产生的。诺埃尔-贝克先生推荐艾森豪威尔将军时，无疑是知道这个先例的。艾森豪威尔将军，这位前西线盟军最高司令，在欧洲可谓炙手可热，因其对和平事业之贡献而享有崇高威望，也有能力协调、联合不同国家间的利益和政策。我自己对艾登先生的推荐也说明了，我当时的主张是不必非要排除来自大国的政治家。但随着讨论的深入，后一种观点逐步成为主流。

对艾森豪威尔将军的推荐之所以未能如愿的第二个原因，和联合国总部常驻地的选址有关。这个问题在旧金山会议期间没有作出决定，筹备委员会就总部位于美国还是欧洲争论了很长时间。对此我会在本书第四章详述。最终筹备委员会决定总部定在美国。决定一经作出，大多数人都认为秘书长不应该再是美国人，因为这样给予一个成员国的优势就太多了。在筹备委员会讨论的时候，主张总部在欧洲的其中一个理由就是，一旦总部位于美国，就没办法选艾森豪威尔做秘书长了。

美国政府的观点是美国人不应该担任秘书长。应艾森豪威尔将军的要求，美国代表团宣布他不做候选人。给这个提议泼冷水的任务就落在阿德莱·史蒂文森身上了，他是美国代表团关于秘书长人选谈判的首席代表。"在伦敦进行的有关秘书长人选的长时间讨论中，菲利普·诺埃尔-贝克曾经正式提议艾森豪威尔将军作为候选人，"史蒂文森先生后来写道，"美国政府认为联合国总部应该设在该国，所以不再考虑任命一位美国人担任秘书长。"

联合国大会开幕前的那些天里,有关秘书长人选的磋商更加频繁了。我的名字不断出现在报纸的猜测中,但第一次有人跟我提及此事,是在一次美国代表团的招待会上。两位澳大利亚代表,一位是参加过加里波利战役①、面带伤疤的硬汉老兵 W. R. 霍奇森上校,当时的澳大利亚驻法国公使和海军事务公使诺曼·J. O. 马金,透露说澳大利亚外交部长赫伯特·V. 埃瓦特②指示他们提名我。这里需要解释一下,当时澳大利亚刚刚被选为安全理事会六个非常任理事国之一,因而能够直接参与安理会对提名问题的研究。这个情况给我的感觉是,埃瓦特之所以这么直截了当,可能是因为美国人赞成该提议。

我依然没有明确表态,但其他人的暗示、建议和游说接踵而至。对我影响最大的是来自彼得·弗雷泽③的强烈呼吁,他是新西兰工党政府的总理,还是——就像陆军元帅史末资④一样——英联邦的元老级人物。一天晚上,在我的一个好朋友、芝加哥《每日新闻》的威廉·H. 斯通曼家里,弗雷泽对我说:"你不可以逃避这份工作,也一定不要逃

---

① 加里波利战役(Battle of Gallipoli),第一次世界大战中发生在土耳其加里波利半岛的一场战役,是当时最大的海上登陆作战,也是首次具有现代意义的登陆作战。英法两军为控制达达尼尔海峡和博斯普鲁斯海峡,占领土耳其首都君士坦丁堡,迫使土耳其退出参与德国方面的战争。1915 年 4 月 25 日,澳大利亚和新西兰陆军官兵组成的"澳新军团"也在加里波利半岛登陆加入战斗,付出惨重代价,此后澳大利亚和新西兰政府将每年的 4 月 25 日定为"澳新军团纪念日"。——译者

② 赫伯特·维尔·埃瓦特(Herbert Vere Evatt, 1894—1965),澳大利亚政治家、作家,拥有法学博士学位,故人们常称之为"埃瓦特博士"。1948 至 1949 年任第三届联合国大会主席,协助起草《世界人权宣言》。——译者

③ 彼得·弗雷泽(Peter Fraser, 1884—1950),新西兰政治家,出生于苏格兰。1945 年参加旧金山会议,为起草《联合国宪章》做出了重大贡献。——译者

④ 扬·克里斯蒂安·史末资(Jan Christian Smuts, 1870—1950),南非著名政治家,英国陆军元帅,1919 到 1924 年和 1939 到 1948 年任南非总理。他是英联邦这一概念的创始者,对国际联盟和联合国的成立均做出很大贡献。1945 年作为南非联邦代表出席旧金山联合国成立大会,牵头起草了《联合国宪章》的序言部分。——译者摘编自《大学历史词典》,黑龙江人民出版社

避。"他讲得毅然决然。弗雷泽先生出席过旧金山会议，以小国权益的坚定捍卫者而闻名。我不仅是尊重这位新西兰总理，还对他充满了深厚感情。他的建议就像是来自父亲的忠告，我更相信他说的话，因为我们有着相近的政治背景。

"联合国是我们这个时代最伟大的事业，"他说，"像我们这类人必须支持它，尽我们所能。""那你自己呢？"我问道。"太老了。"他咧嘴笑了笑，颇为伤感。这次宴会还有几位出色的报业人士出席，也都热切地提出建议——或者试探我的意见。

在伦敦大会期间的各个会议、晚宴和招待会上，也都在谈论这一话题。有一次，英国政府在圣詹姆斯宫为此次大会举办的官方晚宴上，安东尼·艾登把我介绍给印度代表团团长拉马斯瓦米·马达利尔爵士①时是这么说的："赖伊先生会是一位非常好的秘书长。"尽管我很感谢他的好心，但也颇为尴尬。

一天，我开诚布公地将整件事情，与自己战争时期的同僚和好友、战后继续担任捷克斯洛伐克外交部长的扬·马萨里克②商议。他也是被提名过的候选人之一。但是他说："我的外交形象远不如你。"最后我们一致认为，对于这个职务，我们都不会去争取——但真的落在我们身上——既来之则安之。除了彼得·弗雷泽慈父般的勉励之外，还有一个人的意见对我产生了比较大的影响——尤其是让我个人的想法开始变得

---

① 拉马斯瓦米·马达利尔（Ramasamy Mudaliar，1887—1976），印度律师、外交官和政治家。1942 至 1945 年是丘吉尔战时内阁成员，并担任太平洋战争委员会的印度代表。1945 年代表印度参加筹建联合国的旧金山会议，并担任联合国经济和社会理事会第一任主席。——译者

② 扬·马萨里克（Jan Garrigue Masaryk，1886—1948），捷克斯洛伐克外交家。捷克斯洛伐克前总统托马斯·马萨里克（Tomas Masaryk，1850—1937）之子。1945 年，在首届捷克斯洛伐克民族阵线政府中任外交部长。——译者摘自《第二次世界大战百科词典》，上海辞书出版社

更积极一些。我找过约翰·G. 怀南特①，前国际劳工局局长，二战时期的美国驻英大使。他极力建议我接受秘书长这一职位，如果真有需要的话。怀南特先生丝毫不掩饰自己对世界未来的担忧，也深知这样一副担子有多重。但是，他始终认为，我没有权利去拒绝。我更应该感谢上帝给我这么一个机会去效力。

来自各方的劝说和询问仍在继续，美国政府对我的兴趣也通过各个渠道表示出来，尽管我还没有明确告诉他们我愿意接受。直到很晚我才知道，美国人手上一直有一份大会主席和秘书长的候选人名单。名单上，他们选择我作为大会主席的第一人选。他们关于秘书长的第一人选是加拿大的莱斯特·B. 皮尔逊②，他的能力非常出众，后来做过加拿大外交部长、北大西洋公约组织主席和第七届联合国大会主席。我在大会主席选举失败之后，在美国人的秘书长人选名单中被排到了第二位。当时我还不知道这些情况，也不知道"五大国"私下磋商的过程中，斯特蒂纽斯先生一直在催促苏联人支持皮尔逊，而安德烈·Y. 维辛斯基③却另外提出一个人选斯塔诺耶·斯米奇作为回应，后者是一位南斯拉夫流

① 约翰·吉尔伯特·怀南特（John Gilbert Winant，1889—1947），美国共和党政治家。1941 年 3 月被任命为驻英大使，接替了当时倾向绥靖政策的原大使约瑟夫·肯尼迪。他到任后迅速与英王乔治六世和首相丘吉尔建立了良好的关系，后来因其贡献成为继艾森豪威尔后第二个被授予英国荣誉勋章的人。1946 年 4 月卸任大使后，被任命为驻联合国教科文组织代表。——译者

② 莱斯特·伯勒斯·皮尔逊（Lester Bowles Pearson，1897—1972），加拿大自由党政治家、外交家。1952 至 1953 年任第七届联合国大会主席。因致力于解决 1956 年苏伊士运河危机而获 1957 年诺贝尔和平奖。——译者摘自《麦克米伦百科全书》，浙江人民出版社

③ 安德烈·亚努阿里耶维奇·维辛斯基（Andrey Yanuaryevich Vyshinsky，1883—1954），苏联政治家、法学家、外交家，曾任苏联总检察长和外交部长，在大清洗中扮演过重要角色。1940 年任人民外交副委员，深得斯大林和莫洛托夫的信任，曾出席雅尔塔会议和波茨坦会议，协助组建罗马尼亚亲苏政权，代表苏联签订德国投降文书，战后参加组织"纽伦堡审判"。1949 年 3 月至 1953 年 3 月任苏联外交部长、常驻联合国首席代表。——译者

亡政府的组成人员，南斯拉夫解放后，在铁托①元帅最初建立的政府中担任外交部长，但也没有被美国人接受。我后来经常会想，如果斯米奇先生真的被西方大国接受了，苏联政府在 1948 年和铁托决裂，苏联人心里不知道是怎样一种滋味！

不管怎样，等到 1 月 25 日挪威代表团开会时得到的消息是，皮尔逊、斯米奇、荷兰外交大臣埃尔科·范·克莱芬斯、波兰的温森蒂·罗兹莫夫斯基、法国的亨利·博内特和特里格夫·赖伊的名字都在安理会十一个成员国讨论的名单中。澳大利亚已经提名了我。这个消息听起来是靠谱的。代表团一致同意，不能再放任事情的发展：关于我是否接受这一职务，必须立即作出决定，如果选上了，就必须接受。我被要求飞回挪威面见首相，第二天我就去了。出发之前我听了听大国代表团的意见。美国和苏联代表团都鼓励我回去汇报，并明确表达了对我就任秘书长的支持态度。

我离开后，事态的进展似乎更加快了。政治上的对立使得大国候选人都被排除了，妥协方案在方方面面的谈判中成型。听说皮尔逊先生在安理会上得到了 8 票，但莫斯科明确表示反对。因为苏联人搞掉了皮尔逊，所以斯特蒂纽斯先生只好在会议半当中找维辛斯基商量。华盛顿和莫斯科都能够接受的候选人就只有挪威外交大臣了。事实上，大家都不得不妥协。苏联人显然没有把南斯拉夫的斯米奇先生看成真正有实力的竞争者，但如果苏联人真的接受一位加拿大人当秘书长，我估计华盛顿反而会纳闷葫芦里到底在卖什么药，尤其是在筹备委员会已经决定将联

---

① 约瑟普·布罗兹·铁托（Josip Broz Tito, 1892—1980），南斯拉夫无产阶级革命家，国际工人运动和共产主义运动的著名活动家。原名约瑟普·布罗兹。在国际共产主义运动中，铁托是坚持各国共产党独立自主并为之坚决斗争的先驱者之一，并为不结盟运动的产生、发展和壮大做出了重大贡献。1977 年 9 月，铁托曾访问中国，恢复了中断多年的中南两党关系，开创了两党两国友好合作的新阶段。——译者摘自《国际政治大辞典》，中国社会科学出版社

合国总部放在北美洲的情况下。

斯特蒂纽斯先生首先正式提名。1 月 28 日，他召集了一次"五大国"会议，建议任命我为秘书长。葛罗米柯先生表示同意。中国人不反对。法国人表示先予以接受，次日再提交巴黎的内阁批准。但一直到 1946 年 1 月 29 日凌晨 12 点半，在克拉瑞芝酒店斯特蒂纽斯的套房里，我二战时的朋友、工会组织的老同事欧内斯特·贝文才最后一个答应会把我的名字提交给英国政府审议。

颇有威望的约瑟夫·保罗-邦库尔①当晚就接到了外交部长乔治·比杜尔特表示同意的电话。英国内阁次日上午开会，通过了我的提名。1 月 29 日下午，安理会全体成员国在威斯敏斯特教堂开会，一致通过斯特蒂纽斯先生关于提名我担任秘书长的动议。我在奥斯陆接到电报，询问我是否愿意接受，请我尽可能早地回复安理会主席马金先生。事已至此，我无法拒绝。2 月 1 日，联合国大会开会，以 46 票赞成、3 票反对通过，任命我为联合国首任秘书长。我在第二天宣誓就职。

我真是被硬推上这一全新国际组织的秘书长岗位的，该组织面对的是一个充满动荡、贫穷和强权对抗的世界，肩负着维护和平、促进发展的使命。这对我是一个终极挑战，搞不好也是一场噩梦。我都不敢去想前路如何。相反，我一遍遍地问自己，如此艰巨使命，怎么会落到一个挪威劳工律师头上？

从表面上看，事情是轻松明快的：我的任命是莫斯科和华盛顿会议磋商的结果，基本上得到了成员国的一致同意；而且，不管我在联合国中担任哪一个职务，最早都是美国人提出来的。

---

① 约瑟夫·保罗-邦库尔（Joseph Paul-Boncour, 1873—1972），法国政治家。1932 至 1936 年任常驻国联代表。1940 年法国战败后，他逃往阿尔及尔，反对维希政府，主张武力反抗德国侵略。1945 年率领法国代表团参加旧金山会议并在《联合国宪章》上签字。——译者

挪威在华盛顿有很多朋友。两个国家一直保持着最紧密的合作，二战期间挪威政府和美国人并肩作战。1940年我作为航运大臣第一次访问美国时，就亲身感受到了那种善意，在武装挪威商船方面得到了美国人的慷慨相助，挪威商船队也是我们为同盟国事业做出的主要贡献；我们的船队有1 000艘船，30 000名勇敢的水手，在重要性上被认为抵得上百万大军。1943年，我们政府有一次去拜访富兰克林·D. 罗斯福总统，我发现他在得知挪威发挥的作用后颇感吃惊——而且显然与他和挪威王储奥拉夫①、王储夫人玛塔公主的私人友谊关系不大——当时他们居住在贝塞斯达②，还对挪威大使威廉·摩根斯坦付出的不懈努力给予了高度评价。当时我作为挪威的发言人，和美国政府之间很容易达成必要的谅解。当然，我们并不是乞讨者：所有的帮助我们都是要偿还的，包括战前就有的贷款和利息。一直以来，有关我们本土抵抗运动取得成绩的报道，源源不断地穿过大洋，似乎给美国人留下了很不错的印象。

我自己的结论是，在美国人的政治朋友圈里，挪威有着比较好的位置，只要是挪威的外交大臣——不管他是谁——都会很自然地成为美国人的选择，当他们需要从小国为联合国的高层职位挑选候选人的时候。

说到我个人的情况，我有一些很可靠的朋友，可能给出了他们的意见。我在讨论问题时直来直去的作风，有时候不太讨英国人喜欢，但可能正中美国人下怀。作为一位社会民主党人，我的政治观点众人皆知。但早从1940年12月开始，那时候第二次世界大战已经爆发，我就极力推动欧洲和北美洲之间展开广泛合作。当了外交大臣后，我一直注意保

---

① 奥拉夫五世（Olav V, 1903—1991），1957年继承挪威王位。出生于丹麦，是哈康七世和威尔士莫德公主的独生子，其父1905年当选挪威国王后，他成为挪威王位的继承人。奥拉夫亲民务实，颇受人民爱戴，被称为"人民的国王"。——译者

② 贝塞斯达（Bethesda），美国马里兰州蒙哥马利县的一个未成建制的自然聚居区。二战期间，流亡的挪威王室成员定居在这里的"蒲克山"（Pook's Hill）公馆。——译者

护那些在中立国瑞典为反纳粹事业工作的善良的挪威人。在战争结束时错综复杂的军事谈判中，我和乔治·C.马歇尔①将军、艾森豪威尔将军、哈里·霍普金斯②等人都打过交道，相处得都非常好。

苏联人的那套说辞总是令人更难以理解。哪怕是当了七年秘书长后，我还是不敢说自己能搞得清楚当时苏联人是怎么想的。我只能做一些猜测。首先，莫斯科只好同意一位来自西方的人选——同时前提是美国人也愿意接受。南斯拉夫人、波兰人——虽然也在建议人选中，但仅此而已。莫斯科不得不去找一个人，虽然不属于东方阵营，但也没有敌意，他们可能感觉挪威外交大臣就是这样一位。在整个二战期间，我一直小心谨慎地处理和苏联的关系，当然任何一位理智的挪威外交大臣都会这样做。我只是希望我们庞大的苏维埃邻居没有敌意。

在伦敦的那些年里，只要情势允许，我就和"三巨头"等距离交往。在挪威解放的谈判过程中，有时候遇到的问题很复杂，因为我们不得不同时面对美国人的慷慨大方、英国人的繁文缛节和苏联人的疑神疑鬼。主要关系到何时撤军、何时移交管理权力，以便挪威的民事政府能够接管。等我们先与英国人、美国人达成协议后，我再告知苏联大使亚历山大·博格莫洛夫，说挪威希望也能和苏联达成类似的协议。让我们开心的是，莫斯科几乎立刻就给予了回复。1944年5月16日，就解放挪威的问题，我很高兴地与美、英、苏三国分别签署了双边协议。代表三国签字的分别是艾森豪威尔将军、艾登先生和博格莫洛夫大使。可能

① 乔治·卡特利特·马歇尔（George Catlett Marshall，1880—1959），美国陆军五星上将，二战期间任美国陆军参谋长，战后初期任国务卿，是历届国务卿中首位职业军人，任内提出援助欧洲经济复兴的"马歇尔计划"，后于1953年获诺贝尔和平奖；参与炮制"杜鲁门主义"，加剧东西方冷战。1950至1951年任国防部长，曾参与发动朝鲜战争。——译者摘自《第二次世界大战百科词典》，上海辞书出版社

② 哈里·劳埃德·霍普金斯（Harry Lloyd Hopkins，1890—1946），美国政治家。1935至1938年任公共事业振兴署署长，1938至1940年任商务部长，是罗斯福总统的重要顾问之一，也是新政的主要设计者之一，参与组建并领导了公共事业振兴署。——译者

就是因为苏联人批准这一平等条约的标志性意义，到 1945 年苏联人很爽快地就从挪威北部撤军了。

这其实没有什么新鲜的。我的国家与俄国人保持传统睦邻友好关系已经有几个世纪了。事实上，挪威是欧洲少数几个从来没有和俄国人打过仗的国家之一。而且在 1922 年，当年轻的苏维埃共和国还处于生死存亡关头时，约翰·路德维希·莫温克①领导下的挪威自由党政府就给予了这个新政权外交上的承认。在十月革命之后的一段时期，包括随后的外国干涉战争中，摩尔曼斯克港与挪威古老的边境小镇瓦尔德之间的汽艇航线，几乎成了当时苏联与外部世界的唯一联系通道。二战期间俄国人曾经告诉我，他们对此记忆犹新。有几个人就乘坐过这一航线，还晕船得厉害。

至于我个人和克里姆林宫的关系——如果从纯粹个人与苏维埃大佬间的关系而言——还真是有些复杂。在我担任秘书长前的很长一段时期，我就是可以走进克里姆林宫的少数非共产党人了。在 1921 年、1934 年、1944 年对莫斯科的数次访问中，我曾经会见过苏联共产党的大部分领导人，包括列宁。我成年之后，一直都是个坚定的反法西斯和反纳粹主义者，一有机会就会抨击这些运动侵略性的意识形态，而不仅因为挪威是他们的第一批受害者，以及他们对待工会和犹太人的政策。当然，那些挪威内奸们，不管在他们公开投敌之前还是之后，都对我大张挞伐，我甚至还享受到被列入阿道夫·希特勒发来的危险分子黑名单的"殊荣"。另一个方面，莫斯科肯定也非常清楚我长期以来的立场。我在

---

① 约翰·路德维希·莫温克（Johan Ludwig Mowinckel，1870—1943），挪威政治家、航运业巨头和慈善家，挪威最杰出的政治家之一。1925 年成为诺贝尔和平奖委员会委员。1930 年积极推动签署《奥斯陆公约》，促进比荷卢经济联盟与北欧国家之间的自由贸易，为战后建立欧洲联盟做出了贡献。莫温克还积极投身于国际联盟的事业，在国联理事会任职并于 1933 年担任主席。莫温克谴责纳粹主义的威胁，1940 年德国占领挪威时，他随流亡政府一起逃亡到伦敦。——译者

挪威共产党人中，从来都是不受欢迎；事实上，在 1920 和 1930 年代，他们把我当作一个最主要的攻击目标。1937 年，作为司法大臣，我不得不下令驱逐列夫·托洛斯基①，因为他违反了避难的规定。对此有些人批评说我很听斯大林的话，但他们忘记了，就在一年前，也是我这位司法大臣，不顾斯大林的反对，批准了这位被追捕的、当时还在生病的革命者的避难请求。在 1939 年至 1940 年的苏芬战争②期间，我的立场也是非常鲜明的。作为供给大臣，我是公开支持芬兰的，一直设法给予物资援助。其实，我也知道自己坚定支持芬兰的立场激怒了莫斯科。

我的结论是，应该是我在二战期间的经历，特别是我代表自己国家所展现的立场，起到了决定性作用——此外就是，当时为了让这个世界性组织能够运转，苏联人也愿意作出一些妥协。

联合王国的抵制态度倒是出人意料，尤其考虑到从 1940 年到 1945 年间，我一直和他们混在一起，也很喜欢他们。我和他们战时的高层领导人有着非常友好的合作关系。我在各个领域和很多人一直保持着私人友谊。但与此同时，我也不得不经常和英国人对待小盟国的态度作斗争，主要是那帮官僚体制的既得利益者自我感觉太良好。这些问题绝大

① 列夫·达维多维奇·托洛斯基（Leon Trotsky, 1879—1940），原名列夫·达维多维奇·布隆斯坦，犹太人，出生于乌克兰。十月革命后，先后任外交人民委员、陆海军人民委员、革命军事委员会主席、共产国际执行委员会委员等职。1928 年 1 月被流放西伯利亚，1929 年 1 月被驱逐出境，1932 年被剥夺苏联国籍，曾流亡土耳其、法国和挪威等地。1936 年 12 月定居墨西哥。1938 年在巴黎组成"第四国际"，发表《资本主义的垂死呻吟和第四国际的任务》宣言，以对抗第三国际。1940 年 8 月 20 日在墨西哥遭暗杀身亡。——译者摘自《毛泽东周恩来刘少奇朱德邓小平陈云著作大辞典》，辽宁人民出版社

② 苏芬战争，又称冬季战争，自 1939 年 11 月 30 日苏联向芬兰发动进攻开始，于 1940 年 3 月 13 日双方签订《莫斯科和平协定》结束。最终苏联付出巨大军事损失打败了芬兰，令其割让与租借部分领土。冬季战争一定程度上影响了第二次世界大战的进程，它虽满足了苏联的领土要求，使芬兰丧失了约 1/10 的国土，但却加深了苏芬之间的矛盾，激起芬兰人的反苏情绪，成为一年后芬兰联合德国对苏作战的重要因素。——译者

多数都通过高层官员之间的沟通友好解决了。但眼下我在战时内阁里的那些亲密朋友在 1945 年的大选中落败了。一批新人填上了他们的位子。因为工党政府刚刚上台掌权，我认为他们不得不比自己的前任更加倚重政府中常设文职人员的建议，而这批人，据我所知，在战争期间经常抱怨赖伊先生对他们"视而不见"，遇到事情都是直接去找艾登甚至是温斯顿·丘吉尔。

在就任秘书长的第一天晚上，我和妻子、女儿希施儿和古丽一起出门到伦敦的街上走走，她们是在我从奥斯陆回来时跟过来的。再次漫步伦敦街头的感觉有些莫名的奇怪，像走在又一次"流亡"的路上。在这里，我们度过了战时岁月漫长的五年。我们加入伦敦市民一起防卫他们的城市，和他们一起面对被炸成瓦砾的家和支离破碎的躯体，一起分担他们的悲伤。我们也和他们一起分享胜利的喜悦。现在，和那时一样，我们觉得自己和英国人民仍然在一起，当年在我们遭到进攻的时候，第一个跑来援助我们的就是英国人。

我暗下决心，有着世界各国人民的希望和信任作为后盾，我也许能够从中汲取力量，迎接前路的磨难和挑战。

第二章 战时的同盟开始分崩离析

在当选秘书长前没几天，联合国大会就筹备委员会提交的报告进行辩论的时候，我就阐述了挪威对待联合国的立场。有些小国家的发言人批评了大国的特殊地位和主宰角色，指的是大国在安全理事会①的常任席位和否决权。我在发言中强调了这样的观点，和平要想有保障，世界就不能划分成集团，大国之间必须要团结。"大国必须在安理会中扮演引领的角色……小国也应当致力于促进和大国之间的相互理解和信任。"

八个月前，在旧金山会议上，挪威就是这样的立场。会议在这座美丽城市的歌剧院举行，大国的代表团团长轮流担任大会主席，5月2日轮到我在公开辩论上发言时，是维亚切斯拉夫·M.莫洛托夫②主持会议。大家都在传胜利就要来了。的确，德国在六天后就无条件投降了，我飞回伦敦参与处理和解放挪威相关的诸多政府事务，以及当地德军的投降事宜，恢复国家民事政府的管理。

我在旧金山会议上发言时，一上来就指出，如果没有全体大国，尤其是英国、美国和苏联做出的巨大贡献，就不会有同盟国的胜利和挪威的解放。然后我又讲道：

"我坚信，我们即将到来的胜利，如果没有大国之间相互信任的合作和理解，就不可能实现；同时我还坚信，未来的和平与安全也建立在同样的基础之上。既然战争期间我们站在了一起，和平时期我们必须仍然站在一起。

我们挪威人来到这里是为了提供帮助，而不是为了提出批评。我们知道《敦巴顿橡树园建议案》③ 并不尽如人意，我们很高兴看到有不少修改意见被提了出来。但就算是本次会议上需要制定的《联合国宪章》，也无法完全满足我们所有人的要求和想法，即便是在这样的情况下，我们仍然希望构建新安全秩序的工作能够得以启动，随着开创性工作的不断推进，未来的条件可能会进一步改善。"

在大国和小国之间，我看并不存在本质上的利益冲突。我提醒那些小国代表团的同僚："不管是什么样的国际新秩序，大国在当中总是要承担主要责任，提供维护和平所需的军事和物资保障。"我同时也强调，通过新的国际组织，加强在经济发展、社会公平和人权方面的国际合作同样重要。

通过这些话，我表达了深植于内心的个人信念，同时这也是挪威政府的主张。当然，就算是那个时候，我也已预见到，前路上将出现一系列的问题和困难——在人类为争取和平、自由和发展的不懈斗争中，总

---

① 安全理事会（Security Council），简称安理会，联合国最重要的机构。唯一有权采取行动来维持国际和平与安全的联合国机构。由五个常任理事国（中国、美国、英国、法国和苏联，1991 年苏联解体后由俄罗斯继任）和十个非常任理事国（起初是六个，1965 年第 20 届联合国大会修改了宪章，把安理会的非常任理事国由六个增加到十个）组成。非常任理事国由联合国大会选出，席位按地区分配，亚非五席、拉美二席、东欧一席、西欧和其他国家二席。任期二年，每年改选五个，任满不得即行连任。——译者摘自《联合国辞典》，黑龙江人民出版社

② 维亚切斯拉夫·米哈伊诺维奇·莫洛托夫（Vyacheslav Mikhaylovich Molotov, 1890—1986），苏联外交家。1941 年 5 月起任人民委员会副主席兼外交人民委员。卫国战争时期任国防委员会副主席和最高统帅部大本营成员。1941 年 9 月率团参加苏美英莫斯科会议。1942 年 5 月率团访问英美，商谈开辟第二战场，并签署《苏英战时同盟和战后合作条约》。1943 年 10 月率团参加苏美英莫斯科外长会议；11 月出席德黑兰会议。1945 年先后出席雅尔塔会议、旧金山会议和波茨坦会议，并代表苏联签署《联合国宪章》。——译者摘自《第二次世界大战百科词典》，上海辞书出版社

③ 《敦巴顿橡树园建议案》（Dumbarton Oaks Proposals），全称为《关于建立普遍性国际组织的建议案》，中、美、英、苏四国于 1944 年秋在华盛顿郊区乔治城的敦巴顿橡树园大厦召开会议，拟订创建联合国的具体计划。——译者摘自《中华法学大辞典》，中国检察出版社

是会冒出新的挑战；但我依然真心希望，这也是各国人民和大部分领导人所希望的，就是几大盟国能够继续保持团结，尽管有一些紧张和压力已经开始出现。我希望战争结束后能够迅速实现和平，坚定不移地把联合国打造成维护和平的最高权威，以及为建设世界新秩序而凝聚各国力量的核心。

我从没有怀疑过，全世界人民对这一问题的想法是方向一致的。当然有一点也是毫无疑问的，就是小国总是在大国间的冲突中左右为难，经常在大的战争中首先遭殃；在我看来，所有大国的利益都是平等的，不管他们在意识形态和势力范围上有什么不同。有一点可以肯定，在经历了几近毁灭的伤害和付出了如此巨大的牺牲后，他们压倒一切的利益就是必须以一种公平、合理的方式来解决他们之间的分歧，以避免如此可怕的灾难再次降临这个世界。

在旧金山会议之后的几个月里，我的满怀希望变得有些黯淡；但当第一次大会在伦敦开幕时，这些希望又开始燃起。在我离开旧金山的时候，有关否决权的斗争已经激化——出现了三种意见，很多小国家要求修改关于重大问题的否决权，但"五大国"却一致坚持适用"雅尔塔公式"①，但当苏联试图采用严格解释，将决定一个争端是否应由安理会予以讨论的问题也包括在内时，大国之间又出现了分歧。就连安理会有关和平解决争端的决定，按照"雅尔塔公式"也可以适用否决权，我个人对此也感到失望；但我准备接受它，因为大国间达成一致意见是建立

---

① 雅尔塔公式（Yalta Formula），雅尔塔会议上达成的关于安理会表决程序问题的建议案。"雅尔塔公式"确定了大国在实质性问题上拥有否决权，这在当时对于促进大国合作，使安理会能够履行其维护国际和平与安全的职责是必要的，当时，不论是苏联，还是美国和英国，都竭力避免联合国沦为某一国家和国家集团的工具，使它们有可能操纵多数，专横地侵犯本国利益。因此明确大国拥有否决权，是三国参加联合国的必要条件。但是"雅尔塔公式"与联合国宪章规定的主权平等原则互相矛盾，这是联合国无法解决大国争端的内在因素。——译者摘自《联合国辞典》，黑龙江人民出版社

联合国的基础。

美国代表团，在斯特蒂纽斯先生和参议员阿瑟·H.范登伯格的领导下，援引《联合国宪章》第10条、第14条之规定："大会得讨论本宪章范围内之任何问题或事项"，以及"大会对于其所认为足以妨害国际间公共福利或友好关系之任何情势，不论其起源如何，包括由违反本宪章所载联合国之宗旨及原则而起之情势，得建议和平调整办法"。这样的文字规定太宽泛了，联合国大会要充分发挥其"世界村民大会"的影响力，以防止否决权在安理会被滥用。后来苏联接受了大会的修改建议。当莫洛托夫和葛罗米柯坚持对安理会审议事项拥有否决权并且无法说服他们时，杜鲁门总统发急电给正好在莫斯科访问的哈里·霍普金斯，跳开他们去找了斯大林大元帅。斯大林随即指示莫洛托夫，接受西方大国的意见。危机到此才算结束，数日后——1945年6月26日，《联合国宪章》得以签署。

通过在伦敦和奥斯陆阅读我们代表团发回来的信函，我为莫洛托夫的强硬和顽固深感不安，他的固执己见几乎令旧金山会议的成果毁于一旦。但苏联在最后一刻还是妥协了，同意了大会的意见。这时，我就觉得这是未来可能遇到的其他困难的一个预警，不过更为重要的是，这就是证据，在共产主义国家和非共产主义国家之间，为了促成联合国完成其使命，会充分合作。

到了夏天和秋天，随着世界局势的进一步发展，预示着联合国前途坎坷；但很多人还抱有希望。这里出现了一个情况，就是苏联在所有被他们军队从纳粹手上解放的东欧国家中，除了捷克斯洛伐克，都违背了《雅尔塔协定》① 关于在同盟国联合监督下实行自由选举的规定。西方

---

① 《雅尔塔协定》（Yalta Agreement），全称《苏美英三国关于日本的协定》，是苏美英签订的苏联参加对日作战条件的协定。因协定在苏联克里米亚半岛的雅尔塔签订，故称《雅尔塔协定》。——译者摘自《中华实用法学大辞典》，吉林大学出版社

国家被排除在外，苏联的军事占领当局采用强制手段推动共产党政府上台。苏联在波兰的所作所为尤甚——英国和法国在 1939 年就是因为波兰才加入大战的，这恰好是西方的痛处。在雅尔塔和波茨坦两次会议上，西方大国费尽周折才达成相对合理的妥协方案，确保波兰能够成立一个联合政府，既对苏联比较友好，又能够真正代表波兰人民。但苏联人有军事占领，并充分利用了这一点。而西方国家除了战争，没有什么反制手段来支撑自己的抗议。

7 月的波茨坦会议①以及 9 月在伦敦召开的首次外长会议②，也都令人失望。两次会议就主要问题都没有达成一致意见。尽管当时我们还无法知道欧洲其实很多年都不存在真正的和平，只是觉得就德国问题尽早达成最终解决方案的希望比较黯淡，德国继续被分裂成东德和西德，由充满了猜疑和敌意的军队占领并相互对峙。在其他地方也出现了一些麻烦和摩擦——希腊、的里雅斯特、印度支那、东印度群岛、马来亚等地。

另一方面也存在着一些希望的迹象。捷克斯洛伐克，尽管完全在苏联人的军事占领范围内，却被给予了自由。我长期的朋友、令人尊敬的民主主义者爱德华·贝奈斯③和扬·马萨里克分别就任总统和外交部长。

---

① 波茨坦会议（Potsdam Conference），代号"终点站"。大战期间苏、美、英三国首脑的第三次会议。1945 年 7 月 17 日至 8 月 2 日在柏林西南郊波茨坦的塞西林霍夫（Sesilienhof）宫举行。会议包括首脑会议、外长会议和全体会议等，就有关战后占领德国的基本政治、经济原则，德国的赔偿，对意大利、罗马尼亚、保加利亚、匈牙利和芬兰的政策，以及关于黑海海峡、波兰西部疆界、哥尼斯堡地区让与苏联等问题，进行了紧张的磋商和激烈争论。会议决定设立英、苏、中、法、美五国外长会议，进行有关缔结和约的准备工作。最后签署了《苏美英三国柏林（波茨坦）会议议定书》和《柏林（波茨坦）会议公报》，这两个文件一般统称《波茨坦协定》。——译者摘自《第二次世界大战百科词典》，上海辞书出版社
② 外长会议（Council of Foreign Ministers），国际反法西斯联盟的若干主要盟国为处理战后问题而组成的非常设国际协商机构。——译者摘自《欧洲历史大辞典》，上海辞书出版社
③ 爱德华·贝奈斯（Edvard Beneš, 1884—1948），捷克斯洛伐克政治家，开国三元勋之一。——译者

捷克斯洛伐克政府成为苏联一个鲜活且至关重要的例证，就是有可能在自己的边境上存在一个友好的邻国，她是自由的而不是卫星国。我希望这样的例子能够早日让高度警觉和猜疑的苏联政府认识到，来自邻邦小国的真正友好才是对他们更有利、更安全的，胜过苏联军队强加和扶持的满怀仇视和怨恨的卫星国政府。还有芬兰，尽管完全处于苏联军事实力的威慑范围内，也保持了相对的自由。还有挪威的例子也堪称典范，我们的国家一解放，苏联军队就从北方地区撤走了，严格遵守了1944年我和苏联大使博格莫洛夫在伦敦签署的协议。

我回想起安德烈·维辛斯基曾经说过的一些话，就在我当选秘书长前不久，有一次在伦敦聊天的时候。那是一次非常友好的谈话，维辛斯基说，不管苏联还是美国，都积极赞成对我的提名，但贝文先生是被"说服的"。他强调了自己对苏联和挪威之间的友好关系感到很高兴。我回应说，挪威没有"恐俄症"。

维辛斯基回答："你没有理由害怕苏联的扩张主义。"

还有一件给人希望的事情发生在1945年12月莫斯科召开的第二次外长会议上。原子弹在广岛和长崎的投放，使得太平洋战争在忽然间就结束了。为了控制好这一革命性的战争手段和可怕的能量，美国、英国和加拿大就此共同努力。11月15日，杜鲁门总统、艾德礼首相和麦肯齐·金①总理发表了一个声明，建议成立一个联合国委员会，负责对原子能的管控，使其只能被用于造福人类的和平目的，而不是用于战争。

在莫斯科，苏联同意加入以上三个国家，共同起草组建该委员会的

---

① 威廉·莱昂·麦肯齐·金（William Lyon Mackenzie King, 1874—1950），加拿大政治家。1921至1925年、1926至1930年、1935至1948年，曾三度担任加拿大总理，在位时间长达21年，是英联邦国家历史上在位时间最长的一位总理。麦肯齐·金还担任自由党领袖长达30年，使之成为一个真正全国性的党，是20世纪加拿大政界影响最大的人物。——译者摘自《二十世纪世界各国大事全书》，北京出版社

方案。

该方案被提交给第一次联合国大会，在 1 月 24 日获得一致通过，就在我获知自己很可能被选为秘书长的前一天。由此，这一关乎 20 世纪后半叶人类文明存亡的最重大挑战——人类是否有能力阻止自身在原子战争中自我毁灭——在东西方大国的携手努力下，至少在总的原则和进程上迈出了第一步。

但伦敦同时也是一个矛盾分歧不断激化的舞台。首先让我做个解释，对于在伦敦召开的首届联合国大会，事前已基本达成共识，就是先要解决好组织架构上的问题。政治问题，以及有关未来经济和社会发展、托管制度的实质性问题，留待以后研究，至少要等联合国建立起临时总部，常设秘书机构的组建工作取得足够进展。只有这样，事情才能进行下去，因为在这些问题上"东西方"之间的争论是最小的。几乎没有什么意外，安全理事会与经济和社会理事会的选举进行得十分顺利，这要归功于事前就达成一致的"候选人名单"协商。这些在联合国举行的首批选举工作的结果，也充分体现了这一国际性组织的综合性特点。所有的大洲、文化、政府形式和社会结构，世界上所有的国家和地区性组织，都有自己的代表——尽管在名额比例上不尽相同。我之所以在这里介绍上述首批选举的结果，是因为这些选举形成了一种模式，将贯穿本书记载的所有事件。这种模式，如果要给出一个最简短的定义，就是虽然大家的立场和利益存在着不同和差异，但来到联合国，就是为了寻求和平、理解与合作。

安全理事会

常任理事国：

美国（代表北美洲和西方民主制国家）

苏联（代表欧洲共产主义国家）

英国（代表西方民主制的王权国家）

中国（代表亚洲）

法国（代表欧洲和西方民主制国家）

非常任理事国：

巴西（代表拉丁美洲）

墨西哥（代表拉丁美洲）

埃及（代表阿拉伯-伊斯兰世界）

荷兰（代表欧洲和西方民主制国家）

波兰（代表东欧）

澳大利亚（代表英联邦）

经济和社会理事会

比利时、挪威、法国、希腊（代表欧洲和西方民主制国家）

中国、印度（代表亚洲和第三世界国家）

黎巴嫩（代表阿拉伯-伊斯兰世界）

苏联、乌克兰（代表欧洲共产主义国家）

智利、哥伦比亚、古巴、秘鲁（代表拉丁美洲）

加拿大（代表英联邦）

捷克斯洛伐克（依然是西方国家但属于苏联盟友）

南斯拉夫（代表巴尔干共产主义国家）

英国（代表西方民主制的王权国家）

美国（代表北美洲和西方民主制国家）

除了这些选举和筹备委员会关于大会组织工作的报告进行得相对比

较平稳之外，就是对于我这位挪威外交大臣的安排，先是大会主席，后来又改成秘书长，美国和苏联之间也达成了一致。但安理会关于伦敦会议组织和议程的方案讨论就开始出岔子了。

安理会已经开了首次会议——1月17日在伦敦，就是个开幕式——大家都没打算处理更多事务。但接着世界政治的严酷现实就冒出来了。山雨欲来风满楼，大风已经吹到了新建"和平大厦"的门口，而建筑工人都还没有来得及收尾。第一阵风来自伊朗（波斯）。这个古老的王国与印度相连，处在大英帝国势力范围与俄国对外扩张的交界点上，一个多世纪以来一直是是非之地。俄国人的革命也并没有改变什么。伊朗一直小心翼翼地寻求平衡以维护自己的领土完整和独立：英国人在阿巴丹①建有巨型炼油厂，控制着这个国家的南部地区；苏联人的势力影响着北部省份包括首都德黑兰，苏联和伊朗边境部落在里海周边地区勾搭。

在苏联和美国陆续参战之后，伊朗在同盟国的事业中又承担了一个新的重要职责，就是它成为美国租借物资②和英国军事援助运往苏联的唯一陆上通道。除了伊朗，还有一条是绕过挪威最北端极地海域通往摩尔曼斯克的那条危险的海上通道。为了营运并保证这条穿过伊朗的陆上生命线的安全，签署了一份三方条约，据此苏联军队开进了伊朗北部，英美军队开进了南部地区。条约规定在战争结束后一段时期内，这些军队全都要撤离。最后期限是1946年3月2日，这个时间点后面我们还会

---

① 阿巴丹（Abadan），伊朗胡齐斯坦省港口城市，距波斯湾约50公里，伊朗石油输出的集散地，伊朗国营石油公司总部所在地，世界最大炼油中心之一。——译者

② 《租借法案》（Lend-Lease Program），美国国会在1941年1月通过的第1776号法案，3月11日生效，目的是在美国不卷入第二次世界大战的同时，为盟国提供战争物资，授权美国总统"售卖、转移、交换、租赁、借出、或交付任何防卫物资，予美国总统认为与美国国防有至关重要之国家政府"。该法案的通过埋葬了中立法，是美国由孤立主义走向参战的决定性重要步骤。二战期间，美国据此向外国提供了价值高达500亿美元的租借物资，其中60%供给英国、32%供给苏联，其余的份额提供给自由法国、中国等反法西斯国家，共有38个国家接受了根据租借法案所提供的援助。——译者

再次提到。不过，在1月时，撤军还没有成为一个问题。伊朗政府在操心北方省份闹独立，怀疑是苏联人操控阿塞拜疆人干的，鼓励他们先把这个省从伊朗分离出去，再和相邻的、同种族的阿塞拜疆苏维埃共和国合并。

伊朗政府可能咨询了英国人的意见，应该还有美国人。此前他们已经和莫斯科交换过意见，但莫斯科认为撤军应当延后，这更增添了他们的担心和猜疑。我不知道决定是如何达成的，但到了1月19日，安理会收到了伊朗代表团提交的第一份正式申诉，指责苏联干涉其关于阿塞拜疆人的内政，还拒绝协商。苏联随即否认存在任何干涉，而且声称一直准备着并将继续准备与伊朗进行协商；但苏联人的反应可一点儿都不像是个被告。这一切看起来就像，联合国安理会刚一开张就直接冲着苏联来了，这可是大国之一，她的团结合作是《联合国宪章》得以贯彻所依赖的基础。而且，苏联领导人一定是直接下了这样的结论，此次申诉的提出得到了英国的全力支持——可能还有美国的。

反击很快就来了。两天后，1月21日，维辛斯基先生提交了一份苏联针对联合王国的申诉，指责英国军队干涉希腊内政。与此同时，乌克兰苏维埃社会主义共和国的德米特里·曼努伊尔斯基提交了一份类似的申诉，指责英国军队镇压刚刚得到解放的荷属东印度（现在的印度尼西亚共和国）的民族解放运动。值得注意的是，两份申诉都是指控英国军队干涉他国内政。如果苏联要被拉到这个国际组织的台面上过堂的话，英国同样应该被拉上来——而且还得过两次堂！

这就是我们面对的情况，在"冷战"这个词还没有被叫出来之前，大国在联合国的外交战和宣传战就已经打响了。我被搞得很烦，觉得伊朗政府应该给谈判留的时间更长一些。毕竟，挪威在苏联撤军问题上有过十分积极和令人满意的先例。私下里给一些提醒说不定就解决问题了。我也不喜欢苏联提出的反申诉。当时英国人留在希腊纯粹是应希腊合法政府的请求；而且随着后来联合国的调查，也充分表明不是英国人，而是保加利亚、阿尔巴尼亚和南斯拉夫在干涉希腊内政——支持希腊共产党的游击队打内战。至于荷属东印度，曼努伊尔斯基自己过去在第三国际①时就是那里共产主义运动的积极鼓动者，我看了他的申诉，感觉他仍然是代表共产主义运动讲话的"老面孔"，企图控制印度尼西亚的民族解放运动。

在我履行秘书长职务、坐上安理会马蹄形会议桌的位子之前，安理会已经完成了对伊朗申诉的研究。这主要应当归功于斯特蒂纽斯先生的居中协调，这场发生在联合国的第一场"东—西方"之争很快就在1月30日平息了，由英国提出、经苏联修改而达成了一致方案。安理会只是听了一下，批准双方通过直接协商解决问题，并要求他们将结果告知安理会。

在安理会审议苏联提交的针对英国人在希腊的申诉时，我经历了第一次严峻考验。我不会忘记发生在我就任秘书长第一天的这些事情。维辛斯基先生的攻击十分猛烈。他宣称，驻扎在希腊的英国军队根本没有必要，只是用来对希腊内部的政治局势施加压力的——"常常被希腊反动派用来对付国内的民主力量"。维辛斯基称统治希腊的是"法西斯败类"，指控他们靠着英国人撑腰来维护统治，"目前的形势对和平与安全造成了严重威胁"，要求安理会呼吁英国立即撤军。

贝文先生，一位前工会组织的经验丰富的领导人，在工党1945年赢得大选后担任外交大臣，提出了充分的理由。他坦率地说，希腊的内战首先是共产党挑起的，企图在这个国家建立少数人的统治。他强调，

---

① 第三国际（Comintern），亦称"共产国际"。第一次世界大战结束后由第二国际左派所形成的一系列共产党组成。1919年3月2日至6日，在苏俄首都莫斯科召开了第三国际第一次代表大会，正式宣告国际成立。此次会议由列宁直接参与指导，出席会议的有30多个国家和地区的共产主义政党和组织的54名代表及某些国家的观察员。——译者摘自《第二次世界大战大词典》，华夏出版社

英国军队并没有在希腊强加任何形式的政府，而是在帮助希腊人民抵制一起企图阻止他们自由选举的武装政变。这些情况全都属实，应当予以澄清，但让我感到担忧的是贝文讲话的方式。他没有用一种英国人传统的温文尔雅。他时而，特别是当大发雷霆时，就会变得像对手一样恶语相向；以一种他特有的、辛辣的语言表达方式，和维辛斯基先生放手一搏。而这位苏联发言人——满头白发，脸色红润，过去担任过总检察长——是辩论上的专家。通过挑衅性的话语，他显然是想进一步激怒贝文。他就像律师在法庭辩护一样。而贝文过去习惯了和船东、码头经理们拍桌子，在工会进行谈判的时候就是这样的。他愿意为自己认为正确的事情而战斗，作风勇敢。这位人高马大、直言不逊的工会领袖一辈子都投身于维护工人的事业中，深受人们尊敬，但是他的爱国热情和仇视共产主义只会让他感情用事，对解决问题一点儿帮助都没有。维辛斯基算计好的挑逗激怒了他：在整个争辩过程中，他都像一头朝着红色旗帜猛冲的斗牛。

而且，贝文先生好像还把外交上的斗争搞成了个人恩怨，赌上了自己甚至帝国的荣誉。"是不是我或者说是我的政府……对世界和平造成了威胁？"他问道，"如果这是真的，你应该说让我离开这个桌子，因为只有你们是在维护世界和平。这是第一次开会，我就被打上了标签，变成了一个破坏和威胁世界和平的人。"这就是贝文经常的讲话方式。

让我再多花笔墨描述一下当时辩论的氛围，因为这对我形成关于联合国潜能的看法十分重要。贝文先生愤怒地否认了苏联对于英军在希腊驻扎是威胁世界和平的指控，反驳说："世界和平的真正危险是莫斯科对英联邦接连不断地恶毒宣传攻击。"维辛斯基回答得很巧妙，还充满了轻描淡写的讥讽之音："这种话，从安理会英国代表团的席位上发出，我们苏联代表感到丝丝冷意，令人回想起不愉快的过去。"苏联人的指控当然是站不住脚的。英国人也有一万个理由感到愤怒，但也没有必要采用这样的方式回应。

这可不是个好兆头，对我的乐观无疑是浇了一盆冷水。尽管大国发起人在组建联合国包括我这个秘书长人选上达成了某些一致，但是如果安理会第一次开会，我还在场，就是这种氛围，我担心未来就重大问题再达成一致意见的希望，比我原本想象的要小得多。

在希腊和印度尼西亚的问题上，我在幕后尽力做调解工作。我没有提出什么实质性的建议——毕竟才刚刚上任，但我还是对这次争论的激烈程度深感震惊，很担心公众将会是什么样的反应。我不希望人们对于联合国的美好期待从一开始就被打消。因此，在几次争吵最凶的时候，我建议安理会主席马金先生让公开会议暂时休会，将相关的安理会成员国叫到我办公室非正式会谈，尽量关起门来解决问题（在当时，安理会主席还没有自己的办公室）。私下里我还建议贝文和维辛斯基缓和一下自己的措辞。我不希望安理会退化成一个搞宣传攻击的论坛。主席接受了我的建议，并在美国的斯特蒂纽斯先生和荷兰的范·克莱芬斯先生等代表的帮助下，成功地缓和了一些局势。安理会主席发表了一个简短的声明，结束了关于希腊问题的争论，大家都接受了，而印度尼西亚的议题没有形成任何结论。

第四件事接着被提交给安理会，但没有引起西方国家与苏联的直接冲突。叙利亚和黎巴嫩申诉说，法国和英国的军队不顾此前达成的在对德、日作战结束后即撤军的协议，继续在他们的国土内驻扎。他们指责，法英两国在 1945 年 12 月 13 日达成的有条件撤军的协议，违背了《联合国宪章》的精神和条款。①

---

① 叙利亚、黎巴嫩原属奥斯曼帝国的大马士革及阿勒颇行省，第一次世界大战期间法国对叙利亚进行了军事占领。一战后奥斯曼帝国的解体和英法对国际联盟的操纵，促使法国获得了在叙利亚的委任统治权。第二次世界大战爆发后，1940 年 6 月法国战败，但维希政府仍延续了对叙利亚的委任统治。1940 年和 1941 年，　（转下页）

叙利亚和黎巴嫩的申诉，是得到我认可的问题之一。叙利亚和黎巴嫩曾经是国联的委任统治地，由法国负责管理。二战期间，"自由法国"协助英国人赶走了维希政府对黎凡特①地区的控制，允诺给他们完全的独立。他们被邀请参加了旧金山会议，是《联合国宪章》的签署国。贝沙拉·屈利②，一位德高望重的叙利亚人，和博学的黎巴嫩基督徒查尔斯·马利克③，来找我听取我的建议。我认为法英两国从黎凡特撤军的问题确实需要督促提醒一下。因此，我建议屈利先生和马利克博士将他们国家的问题提交给安理会，我有信心伦敦和巴黎方面一定会作出回应。于是安理会就收到了这两个新建立的弱小国家的申诉。"这真是一个历史性事件，"后来黎巴嫩代表说道，"像我们这样两个小国家，能够凭借安理会的行动实现自己的诉求，仅仅因为他们享有这样做的权利。"

（接上页）英国政府两次发表声明，宣布对叙利亚实行封锁。1943年7月，叙利亚举行议会选举，舒克里·库阿特利当选为总统；9月21日，黎巴嫩成立第一届议会，选举谢赫·贝沙拉·屈利为总统，黎巴嫩议会通过决议，修改宪法取消法国在黎巴嫩的特权，法国当局逮捕了屈利及其政府成员，激起黎巴嫩人民的强烈抗议；11月22日，法国当局被迫释放屈利及其政府成员，这一天被定为黎巴嫩的独立日；同年12月22日，贾德鲁同叙利亚政府达成协议，宣布法国将于1944年1月1日移交政权，但法国实际上一直拒绝从叙利亚撤军。1945年2月，叙利亚对德国宣战并成为联合国的创始会员国。1945年12月，英法两国政府共同宣布将逐步从叙利亚撤军。在叙利亚人民持续不断的斗争以及世界舆论的压力下，1946年4月17日，法军全部撤出叙利亚，叙利亚人民称这一天为"撤军节"，后定为叙利亚国庆日。——译者摘编自《第二次世界大战大词典》（华夏出版社）、《外国历史大事典》（河北教育出版社）等资料

① 黎凡特（Levant），是一个历史上的不精确的地理概念，泛指东地中海沿岸的大片地区。狭义概念仅指历史上的叙利亚地区，即地中海东岸地区。广义历史概念的黎凡特包括东部地中海沿岸国家和岛屿，从希腊一直延伸到昔兰尼加（利比亚）。此处应是狭义概念。——译者

② 贝沙拉·屈利（Bechara El Khoury, 1890—1964），黎巴嫩共和国第一任总统。——译者摘自《当代国际知识大辞典》，团结出版社

③ 查尔斯·马利克（Charles Malik, 1906—1987），黎巴嫩哲学家，第13届联大主席。——译者摘自《联合国辞典》，黑龙江人民出版社

法国和大不列颠都向安理会作出了立即撤军的保证，并根据安理会大多数票的要求，尽快就此问题开展直接谈判；事实上，整个问题不久后就得到了圆满解决，相关各方还将撤军情况向安理会做了报告。

　　但叙利亚和黎巴嫩的事情，在联合国的历史上也留下了不太愉快的一面。苏联第一次行使了否决权。对之后的一长串"否决"来说，这可是头一回，当时的情况值得回顾一下。解决叙利亚和黎巴嫩问题的方案收到了7票赞成票，联合王国和法国因属争端涉事方而回避。但方案没有通过，就因为苏联一家投了否决票。她为什么投下这第一次的否决票呢？并不是因为维辛斯基先生反对方案的实质性内容，而是措辞不够强烈，无法令他满意。这第一次"否决权"，用得可以说很不严肃，与在希腊问题上的激烈争吵一样，令我很不满意，我希望不管哪一个大国，今后都不要再这样做。当时我还不可能预见到，在我的整个任期内，苏联还有一长串五十多次否决票呢，绝大多数都和这次一样，与苏联的利益和政策其实都没有实质性的关系，这是"冷战"就要来临的又一个阴冷先兆——立场顽固、僵化，拒绝合作，哪怕是在不相干的事情上，更不用说在那些事关西方民主制国家政治和外交命脉的方面，根本无法达成互谅互让和大家都能够接受的妥协方案。

　　不过，在伦敦2月16日安理会最后一天的会议上，还是展现出积极的一面，此前大会经过了两天的休会。三周前，安理会曾经要求常任理事国指示他们军队的总参谋长，委派代表来伦敦参与组建《联合国宪章》要求的军事参谋团①。所有五个大国都响应迅速，派了代表来伦

---

① 军事参谋团（Military Staff Committee），联合国安全理事会的附属机构。根据《联合国宪章》第46条和47条的规定，联合国设立军事参谋团，以便对于联合国安全理事会维持国际和平与安全的军事需要问题，受安理会支配的军队之使用及统率问题，军备控制与裁军问题向安理会提供意见并予以协助。——译者摘自《法学大辞典》，中国政法大学出版社

敦。在伦敦会议还没有结束前，安理会就指示军事参谋团开始工作了，从军事的角度研究《联合国宪章》第 43 条的规定①，它是旧金山会议上计划建立的安全机制的重要内容。军事参谋团花了很长时间，取得了一些进步，直到 1947 年所有的努力全都付诸东流。

等代表团陆续离开伦敦时，我开始了往纽约搬迁的最后三周准备工作。我已经比此前更深入地了解到，苏联与西方世界之间的分裂到底有多深多危险。我感觉在某些方面有点儿像冰川上的裂缝，在"大国团结一心"这个表面柔软的雪层覆盖下，裂痕可能还要更宽。早些时候我满怀信心和希望，小国的很多政治家们，当然还有世界各地的大多数民众也是一样，现在信心大打折扣，但并没有完全灰心。我对危险的观察更清晰，与此同时，同样也看到形势并不是无法修补，大国间的战时合作或许能够通过联合国继续下去，至少在大多数基本问题上；我也希望自己能够推动这一进程。

然后我回到奥斯陆短暂停留，处理一些个人事务，在一次给挪威学生联合会的演讲中我讲到，未来肯定会存在一些困难，但我会尽力做好准备迎接挑战。面对台下满怀理想的青年男女，我说道："没有理想、信任和信念，联合国的事业就不可能取得进步。"同时我也提醒，我们不能把联合国看成是"理想国——我们必须脚踏实地"。

就在这个时候，也有一些人在不同的方向上越走越远。有一个人——这个世纪最伟大的人之一——3 月 5 日在密苏里州的小镇富尔顿

①《联合国宪章》第 43 条规定：一、联合国各会员国为求对于维持国际和平及安全有所贡献起见，担任于安全理事会发令时，并依特别协定，供给为维持国际和平及安全所必需之军队、协助及便利，包括过境权。二、此项特别协定应规定军队之数目及种类，其准备程度及一般驻扎地点，以及所供便利及协助之性质。三、此项特别协定应以安全理事会之主动，尽速议订。此项协定应由安全理事会与会员国或由安全理事会与若干会员国之集团缔结之，并由签字国各依其宪法程序批准之。——译者

说出了他的结论。温斯顿·丘吉尔在前一年7月就卸任了。他在富尔顿的演讲是以民间人士的身份，但是他的话却通过报纸和电台传遍了全世界，其回声一直影响着随后的世界①。不仅仅是因为他享有战时大国领袖的崇高声望，还由于他发表演讲的地方使得他所说的话有了额外的含义。丘吉尔先生首先访问了白宫，杜鲁门总统陪同他去了富尔顿，在威斯敏斯特学院发表了演讲。

丘吉尔先生的演讲，名叫"和平砥柱"，引发了巨大争议和大量批评，特别是在欧洲的自由党人和社会民主党人以及遍布各地的联合国最坚定的支持者当中。这是因为，就在大多数人希望能和苏联在和平时期成功展开合作时，丘吉尔无疑是在向俄国人下战书。我当时也有这样的感觉。

但当我现在回过头去看丘吉尔先生演讲时所处的世界局势，发现有两个极其重要的因素，他当时十分巧妙地没有在自己的演说中讲出。一个是当时美国的战争机器——包括人员和武器，这支世界上前所未有的最庞大军事力量，正在被草率地复员、遣散。在美国人民的强烈呼吁下，士兵们像潮水一样从欧洲和亚洲流回国。在巨大的军事力量外流的同时，基于《租借法案》的经济援助——四年里总价值达450亿美元，其中大部分都给了欧洲和英联邦国家——却戛然而止。这是其中一个因素。第二个因素，当时西欧正在遭受最恐怖的磨难。英国几乎破产了；法国和意大利，也没有了往日的

---

① 铁幕演说：1946年1月，英国前任首相丘吉尔应邀访美。3月5日，他在美国总统杜鲁门陪同下抵达密苏里州富尔顿，在杜鲁门的母校威斯敏斯特学院发表了题为"和平砥柱"的演说，公开攻击苏联"扩张"，宣称"从波罗的海的什切青到亚得里亚海边的的里雅斯特，一道横贯欧洲大陆的铁幕已经降落下来"，苏联对"铁幕"以东的中欧、东欧国家进行日益增强的高压控制。对苏联的扩张，不能采取"绥靖政策"，主张英、美结成同盟，制止苏联的"侵略"。富尔顿演说后不到十天，斯大林发表谈话，严厉谴责丘吉尔和他的朋友非常像希特勒及其同伴，演说是杜鲁门借他人之口发表的"冷战"宣言。"铁幕演说"被认为是正式拉开了美苏冷战的序幕。——译者

荣光。在整个大西洋东海岸，这片西欧文明的摇篮，看不到一点儿大陆复原所需要的力量和资源。我敢肯定，所有这些情况丘吉尔先生都是非常清楚的，尽管他在讲话中没说出来，在富尔顿他只强调了左右世界局势的第三种不容忽视的因素——驻扎在欧洲心脏地带的苏联庞大的军事力量——一种用于推动共产主义向西传播的力量。就是在这样的背景下，他抛出了现在已经广为流传的明喻："从波罗的海的什切青到亚得里亚海边的的里雅斯特，一道横贯欧洲大陆的铁幕已经落下"。他认为尽管苏联不希望战争，但"他们所希望的是得到战争的果实，以及他们的权力和主义的无限扩张"。

当时有一个热议的话题——眼下还有人坚持这种观点——就是把西欧建设成介于苏联和美国两大巨人之间的"第三力量"。但丘吉尔先生认为，根据他的判断，如果没有美国的帮助和参与，欧洲根本不可能恢复成为一种力量，因此极力推动在某种西方安全机制的支撑下，在说英语的民族之间建立一种"兄弟般的联合"。他相信对付俄国人只能凭借西方的实力，并警告说我们"经不起在只留有狭小余地的情况下进行工作，从而提供了进行较量的诱惑"。

"假使西方民主制国家团结一致，严守联合国宪章的原则。那么，它们推行这些原则的影响力将是巨大的，就不会有人来冒犯它们，"他说，"不过，假使它们四分五裂，在自己执行职责时手软，假使让这紧要关头的几年白白混过去，那么，我们大家确实都要在浩劫中被毁灭了。"

他认为联合国在未来不会有任何威胁，他再次重申了自己的信念。他说："联合国成员国之间的特别联合，对任何其他国家都没有侵略性，没有与《联合国宪章》不相符合的目的。我相信，这种联合肯定不会有害处，而是有益的，不可或缺的。"

回顾历史，显然温斯顿·丘吉尔的富尔顿演说就是西方政策的先声，一年后"杜鲁门主义"① 和"马歇尔计划"② 便出台了，不久又签署了《北大西洋公约》③。在当时，没有哪一国政府愿意单独以自己的名义提出什么建议。只要大家的意见还没有成型，政府的政策也不会最终确定。不过，杜鲁门总统拒绝发表任何与"富尔顿演说"有关的评论，以免和其中的表述产生分歧；我给贝文先生传了话，因为我的新任助理秘书长、苏联的阿卡迪·A. 索伯列夫④代表苏联政府提出，希望英国外交部发表一个声明，拒绝为丘吉尔先生的讲话承担责任，我得到的答复是他的讲话是民间个人身份的，无需贝文先生关注，也无需发表什么声明。两周后，在威尔士塔尔伯特港的一次讲话中，为了回应很多工党成员的明显不满，贝文先生才简单地说丘吉尔的演讲没有听取过政府部门意见，政府也没有参与其中。

"富尔顿演说"和伦敦、华盛顿方面显示出来的可能在考虑转变政策的迹象，让我对联合国框架内的大国合作前景又产生了新的忧虑。丘吉尔先生对形势的基本判断是正确的，如果没有来自美国的巨额援助——包括暂停当时正在匆忙进行的撤军和遣散，西欧根本没有办法恢复其军事和经济实力，也就无力成功地应对苏联。但我多么希望，他在呼吁西方团结的同时，也能采用一种更加积极、和解的姿态对待苏联，

① 杜鲁门主义（Truman Doctrine），1947 年 3 月 12 日，美国总统杜鲁门在致国会特别咨文中提出的对外政策纲领。一位美国学者指出："自此以后，界限模糊的遏制主义，就作为美国在全球规模上进行干涉活动的理论而起作用了。"——译者摘自《国际政治大辞典》，中国社会科学出版社
② 马歇尔计划（The Marshall Plan），官方名称为欧洲复兴计划（European Recovery Program），第二次世界大战后美国对欧洲的经济援助计划。——译者摘自《国际政治大辞典》，中国社会科学出版社
③ 《北大西洋公约》（North Atlantic Treaty），简称北约，是美国同英国、法国、荷兰、比利时、卢森堡、挪威、葡萄牙、意大利、丹麦、冰岛和加拿大于 1949 年 4 月 4 日在华盛顿签订的军事同盟条约。——译者摘自《国际政治大辞典》，中国社会科学出版社
④ 阿卡迪·索伯列夫（Arkady Sobolev，1903—1964），苏联外交官，专长国际法。1946 至 1949 年任联合国分管安全和政治事务的助理秘书长。1951 至 1953 年任苏联驻波兰大使。1955 至 1960 年任苏联驻联合国大使。——译者

可能有助于说服苏联人回到战时合作的政策上来，在联合国和西方一起致力构建一种共同的安全机制。我感觉，这样的努力与恢复西方实力的政策并没有什么矛盾，不管在当时还是后来。联合国的发展和加强，可等不到也不应等着靠西欧的复苏。他们应当携手共进。至此我已下定决心，在接下来的时间，我将尽可能发挥自己作为秘书长的影响力。

第三章 秘书处：为了和平而斗争的前哨

在伦敦会议上当选秘书长后繁忙的几周里，除了关注世界政治局势的发展，我大部分时间都在思考秘书长的角色到底该如何扮演，同时第一步要组建秘书处。既要基于联合国的崇高原则和政策，又要面对不那么高尚的政治现实但还要显得非常人性化，方方面面都要考虑进去。

《联合国宪章》第 99 条规定：

"秘书长得将其所认为可能威胁国际和平及安全之任何事件，提请安全理事会注意。"

这一条授予了联合国秘书长一种此前任何个人和国家代表都不曾有过的世界性政治责任。而且由此还进一步派生出更多的权力，即将被写入安全理事会、联合国大会、经济和社会理事会、托管理事会的程序性规定。秘书长将被授权安排上述机构的议事日程，参与辩论，还有保留给成员国政府和代表的权力。

秘书处[①]在联合国的组织架构里是一个非常与众不同的地方，这种特殊性还表现在其他很多方面。根据《联合国宪章》第 100 条的规定，秘书长有权任命秘书处的所有岗位，下面的条文明白无误地阐述了这一世界组织所属民事机构专有的国际责任：

"一、秘书长及办事人员于执行职务时，不得请求或接受本组织以外任何政府或其他当局之训示，并应避免足以妨碍其国际官员地位之行动。秘书长及办事人员专对本组织负责。

二、联合国各会员国承诺尊重秘书长及办事人员责任之专属国际性，决不设法影响其责任之履行。"

最后，《联合国宪章》的起草者为了确立秘书处的重要地位，使其成为联合国六个主要的组织机构之一，与联合国大会（联大）、三个理事会和国际法院②并列。只有法院和秘书处是由经推选的个人组成的。其他机构都不是个人而是由各国政府的代表组成的。

在联大和各理事会，其代表的首要职责是在联合国的框架内表达他们各自国家的诉求。但秘书长和秘书处只对这个组织的整体负责——也就是对《联合国宪章》统领下各成员国构成的集体负责。

这样一个角色，不管将来可能有多大前途还是掉落泥潭，都要把它放在严酷的世界政治局势中去考量，大家根本就没有做好准备去当一名世界公民，不管是思想观念上还是责任义务上。在这种环境下，秘书长作为一个独立的政治角色又能够走多远呢？这个问题至今仍然在争论，可能还会继续争论很久。

一方面，有些人说，秘书长比其他任何人都更能代表联合国这个组织是一个整体，必须是一位敢于仗义执言的公仆，尽力为全世界人民代言。他不应该仅仅为开好联合国的大会小会服务，还应当设法去影响解决争议的进程。按照学院派们的观点，国际联盟的秘书长们早就该退休

---

① 联合国秘书处（The Secretariat of the United Nations），联合国的主要机构之一。处理联合国各机构行政秘书事务的机构，为联合国其他机构服务，执行这些机构制定的计划和政策，是在纽约联合国总部和日内瓦、维也纳、内罗毕等地进行联合国组织日常工作的国际工作人员班子。——译者摘自《联合国辞典》，黑龙江人民出版社

② 国际法院（International Court of Justice），成立于1946年2月，是联合国的主要司法机关，院址设在海牙。国际法院依照《联合国宪章》所附的《国际法院规约》组成和执行职务。国际法院在审理案件时可适用国际条约、国际习惯、一般法律原则、判例和权威国际法学家的学说。此外，如果经当事国同意，国际法院可以根据"公允及善良"的原则审理案件。国际法院的诉讼管辖权依照主权原则，以争端各当事国自愿为基础，不是强制的。参加诉讼的只能是国家，而不能是个人或国际组织。——译者摘自《国际关系辞典》，中国广播电视出版社

了。《国际联盟盟约》①赋予他们展开政治行动的基础非常薄弱，事后的发展也的确证明他们基础不牢。与此相比，联合国秘书长的形象应该是一位引领国际共识和行动的大无畏领导人，一位督促其成员国超越各自民族立场的真正的国际性人物。国家代表团（当争端发生时）往往从他们各自国家的立场看待问题——他们习惯于从国内利益的角度来看待国际利益。但真正解决问题的方案往往在于国际利益的平衡，而不是涉事各国都在争取的利益的总和，安排秘书长这个独一无二的位子，就是为了只要他愿意，就可以提出此类更高层面的国际性方案。

另一方面，有些简约主义②学者颇为看重埃里克·德拉蒙德爵士③的工作，他是国际联盟的首任秘书长。作为成员国之间的协调人，他在幕后发挥了十分重要的作用。在公开场合他根本不发声。考虑到这个组织的国际身份，他不会公开支持国际联盟的某一项政策；无论如何他都不会试图影响公众的认识；他不代表国际联盟，所以听说过他的人相对比较少。作为一位行政官员，他的工作水平非常高。作为一位国际事务的公务员，他发扬了英国公务员无可超越的优良传统。而且，该国际事务公务员要求他个人不是对自己的政府负责，而是要对这个崇尚公平的

---

① 《国际联盟盟约》（*Covenant of the League of Nations*），1919 年 4 月 28 日由巴黎和会通过，1920 年 1 月 10 日与《凡尔赛和约》同时生效，并被列为该和约的一部分。共 26 条。第一次世界大战结束后，各国人民殷切希望和平能得到巩固，期待各国政府采取措施，防止世界再次爆发战争。美国总统威尔逊利用这种形势，在巴黎和会上率先提出建立国际联盟的问题，作为维持永久和平的头等要素。经过多次讨论和修改，会议终于通过了威尔逊提出的国联盟约。——译者摘自《国际政治大辞典》，中国社会科学出版社

② 简约主义（Minimalism），源于 20 世纪初期的西方现代主义。欧洲现代主义建筑大师密斯·凡德罗（Mies Vander Rohe）的名言"Less is more."（少即是多）被认为是代表着简约主义的核心思想。此处应该是做了引申解释，指政治上的不干涉主义。——译者

③ 埃里克·德拉蒙德（Eric Drummond，1876—1951），英国外交家，第七世珀斯伯爵，国际联盟首任秘书长。1919 年任巴黎和会英国代表团成员，曾参与《国际联盟盟约》的起草工作。——译者

国际组织负责——将国际社会视为一个整体——埃里克爵士基本上是这样认识的。他决心创建第一个真正具有国际代表性的秘书处，他的这一决定意义重大——是 20 世纪最重要和最深远的政治成就之一。他在历史上的地位是无可动摇的。

在我看来，将联合国秘书长的职责继续限制在国联时期埃里克爵士的范围内，显然不是《联合国宪章》的目的。我还了解到，世界上很多国家外交界的保守派人士——时至如今依然如此——很乐于看到《联合国宪章》第 99 条及其衍生出来的权利被搁置一旁、形同虚设。

《联合国宪章》起草者们设想的秘书长角色，其实介于上述两个极端之间。毫无疑问，秘书长必须承担极为重要的政治责任。但是我认为，他的主观能动性是受到限制的——不仅是《联合国宪章》条文的限制，更重要的是为各国和国际政治生态的现实所限制。秘书长或许可以被称为这个组织整体上的象征——这种象征，换句话说，也可以称为国际主义精神的象征。这一点，还有他身处国际事务核心的战略性位置，可以让他成为各国政治家的知己和各国人民的代言人，使其岗位具有非同寻常的影响力。但这是一种道义上的力量，而不是物质上的，在这个世界上，道义的力量并不是决定性的。应当说，秘书长更多的是"长"而不是"秘书"——但他自己的部门在哪里呢？因此从一开始我就倾向于走中间道路——一种务实和开明的方式。我会听取所有顾问的意见，但又不能受任何人左右。我并没有什么精心策划的计划来扩张秘书长的政治权力，但是我下定决心让秘书长成为一种维护和平的力量。这种力量该如何被运用，正是我将要去探索的——视形势发展而定。

幸运的是，在我的请求下，格拉德温·杰布和他的临时秘书班子留下来继续为联合国大会服务。威斯敏斯特教堂会场里的日常工作就无需我操心了。

在伦敦大会闭幕当晚的午夜过后，大会主席斯帕克先生的小木槌最终敲了下来，圆满完成了第一届大会起初阶段的任务，在之前的数周时间里，我一直都在忙于组建一个常设的、国际性的秘书处。我要尽可能找到最佳人选，既是替我分挑一些担子，也为了不辱联合国一个首要机构的使命。而且我也知道，这个秘书处不同于一般国家的民事政府机构，不像政府日常运作那样有一批负责执行决策的官员，可以对工作进行引导和指示。联合国大会和各理事会将负责政策制定，但召开会议相隔的时间往往很长。因此只能充分相信秘书处的工作人员是能够忠诚履职的，为了达到《联合国宪章》第 100 条要求的标准，他们需要具备很强的判断能力和奉献精神。

无论如何，到了这个时候，我已经有了更多的信心。我了解管理工作——不管怎么说，我对一个国家的政府如何运作还是熟悉的。我在挪威政府内阁服务了很多年，从开始的司法大臣、商务大臣、工业大臣，接着又干过航运大臣，都是比较熟悉的。1939 年，二战爆发时，我负责管理挪威的整个运输补给系统。1940 年德国入侵后，我又负责挪威的商务航运。我觉得自己可以对付那些政府的官僚。

我现在还记得，当我接任商务大臣时的一个怪异发现：各个部门的主官已经养成了一个习惯，只提交部门厚厚报告的最后一页给部长，在一串儿圆点连成的线上签字！到我这里不行了。尽管我从来都不喜欢事无巨细，但我坚持必须了解自己的这个部门发生了什么，以及以我的名义说了些什么。

政府部门官僚主义的低效无能家喻户晓，是真实存在的。我很快就发现，在处理国际事务中，难度还要大上很多倍。

国际联盟给过我们一份处理内部事务的标准，但不是很容易做到。筹备委员会在吸收国联经验的基础上，又起草了一份秘书处的运作架构。联合国大会接受了筹备委员会的大部分建议，给了我一份组织架构表，填满它就是我的任务了。除了这些帮助，我一开始的工作可比埃里克·德拉蒙德爵士要复杂多了，更别提接到的指示意见都太具体了，限制了我的行动自由。

核心问题是，联合国已是大家关注的焦点，需要马上开张，不容许有任何拖延。情况和在日内瓦时不一样。国联成立后的头十八个月里，就没有开过一次重要的会议，整个世界都在忙着履行刚刚达成的《凡尔赛和约》——这对国联来说是幸运的。埃里克爵士可以获得必要的时间，而我却没有。

筹备委员会和联合国大会同意秘书处下设八个部门，每个由一名助理秘书长分管。其中四个部门负责联合国主要领域的工作。它们是：

安全理事会事务部，同时还负责联合国大会在所有政治问题和原子能、裁军等委员会的事务。

经济事务部，负责经济和社会理事会及其所属委员会的工作，同时还包括联合国大会在经济方面的所有问题。

社会事务部，负责联合国关注的所有社会问题，包括人权问题。

托管和非自治领土部，负责托管理事会以及联合国大会关注的、未纳入托管体系的非自治领土问题。

另外还有法律事务办公室，负责为联合国的所属机构和秘书长提供法律和《联合国宪章》解释方面的意见建议，以及起草国际条约文本和条约登记。

公共信息部，协助提高公众对联合国目标和行动的理解，如果没有公众的理解和支持，第一届联合国大会一致认为，"联合国就不可能实现之所以创设它的目的"。

行政和财务部，负责联合国的财务和人事管理。

会务和总务部，为联合国大会和各个理事会提供诸如翻译、交通、档案和"保洁"等方面必要的服务。

对助理秘书长的选择，当然是我首要关心的，因为他们将构成我的

"内阁"。情况很快表明，一些大国，也包括部分小国家，对此亦同样关注。

维辛斯基先生毫不迟疑。他第一个告诉我，五大国已经在伦敦达成共识，由苏联人担任分管政治和安全事务的助理秘书长。维辛斯基先生只是口头说有个"协议"——但对它的效力和有效期以及五大国有什么权力达成这样的协议，却只字未提。现在，根据《联合国宪章》的条款规定，秘书长在选择助理秘书长问题上享有全权，包括他们的国籍和个人人选方面。事实上，这个权力正是旧金山会议上经过艰苦斗争才得来的，本来的规定是设立四位副秘书长，和秘书长一样，由联合国大会根据安全理事会的推荐来任命。所以，严格来说，五大国根本没有权力就助理秘书长职位的分配达成任何可以约束秘书长的协议。

不过，这不等于说，我拒绝听从大国的意见就是明智的。而且，我欢迎东西方之间代表着善意的相互理解和信任。苏联希望有人担任排名第一的助理秘书长，也可以有另一种理解，说明他们认为这在联合国关系到苏联的重大利益，美国也愿意将这一关键岗位让给苏联人，说明美国人考虑到世界和平而希望鼓励苏联人这样做。

斯特纽斯先生向我证实，在这件事情上他同意苏联代表团的意见。其实，五大国达成的协议是，希望我任命他们每个国家一个人担任助理秘书长。但斯特纽斯和法国人都强调，我们同意苏联人担任这一岗位是有前提条件的，是希望秘书处能有一个良好的开局。这不能被理解成，分管安理会事务的助理秘书长这个常设岗位，被永久地抵押给苏联了。因此，我对这一安排的理解是，这只适用于我担任秘书长的五年时间（五年任期是联合国大会规定的）。在这之后就没有必要执行了。

在物色秘书处高层岗位时，我有一个习惯，既认为有必要同时也希望得到各国政府的提名，特别是在考虑助理秘书长级别的人选时。决定往往是我一个人作出的。但我总是设法找到最佳人选，有时候需要做些说服工作，因为好的人选总是分身乏术。所以我去找维辛斯基先生商量，由谁来干分给苏联人的这个岗位。亚历克斯·A.罗斯钦留给我的印象非常好，他是我在伦敦认识的，是临时秘书处一位既能干又受欢迎的工作人员，我希望他来负责秘书处里有关安全理事会的事务。维辛斯基的回应是，罗斯钦干这份工作的经验不足，但他答应推荐一个合格的人选。数日后，他推荐了阿卡迪·索伯列夫，苏联外交部的一位出色官员。索伯列夫曾经是敦巴顿橡树园会议的代表，在那次会上四大国起草了《联合国宪章》的建议草案，后来他在柏林担任格奥尔吉·K.朱可夫①元帅的政治顾问。我从多个渠道进行了核实，确定索伯列夫是个能力很强的人。我任命了他，并发现推荐意见还是相当公允的。

　　维护世界的和平与安全，是联合国的最高使命，为了确保秘书处所属部门都遵照这个方向，美国人才同意把与之最密切相关的岗位让给了苏联人。那美国人自己想要什么呢？让我感到奇怪的是，他们并没有请求安排到那些相对涉及实质性事务的部门，比如经济或社会方面。甚至斯特蒂纽斯先生还建议，任命一位美国公民担任负责行政和财务方面事务的助理秘书长。这个岗位主要涉及秘书处的内部管理，外部事务很少。估计美国人受到了罗斯福政府中预算局所扮演的重要角色的影响，认为行政方面的小事可以左右大局。不过，可能还有一个更重要的考虑影响了美国人的选择。因为美国对联合国各方面的影响力已经足够大了，总部也将建在美国，斯特蒂纽斯先生不想给其他代表团留下这样的印象，联合国将是"美国人的舞台"。

---

① 格奥尔吉·康斯坦丁诺维奇·朱可夫（Georgi Konstantinovich Zhukov, 1896—1974），苏联著名军事家、战略家，陆军元帅。——译者摘自《第二次世界大战百科词典》，上海辞书出版社

本来想为这个岗位选一个称职的美国人，结果令人失望。我去找斯特蒂纽斯先生帮忙，但很快事态就表明伯恩斯先生想独自掌控局面。在私下里聊天时，大家推荐了很多条件不错的美国人选，其中就包括阿德莱·史蒂文森和米尔顿·S. 艾森豪威尔①，后者是艾森豪威尔将军的弟弟。伯恩斯先生说了没过多久，我就和俩人进行了初步接触，但他们均表示无法接受这个职务。到最后伯恩斯先生只推荐了一名候选人，约翰·B. 哈特森，当时的农业部副部长，一位肯塔基州人，过去是烟草种植方面的专家，与总统杜鲁门和国务卿伯恩斯都是好朋友，为民主党服务了很多年。绕了一大圈只有一个候选人，我对这个结果是不太满意的。我任命"快乐的杰克"②哈特森先生为助理秘书长，主要是看在他同事的面子上——他在秘书处开张的初期发挥了作用，直到 1947 年春天辞职。

英国人对于我选择哪位英国人做助理秘书长显得过于关注，反而没有什么帮助。联合王国在建议人选上踌躇不决，我对英国人的要求是政府人员或杰出个人都可以，但都没有得到积极回应。我打算任命一位英国人做分管公共媒体的助理秘书长，想到了弗朗西斯·威廉姆斯，过去是伦敦《每日先驱报》一位才华横溢的编辑，二战时期在英国新闻部的表现很出色，最近又担任筹备委员会公众新闻咨询组组长。但是英国人需要他做首相的新闻发言人。经与顾问们商量，我决定任命一位英国经济事务部的负责人。我自己去找了阿瑟·索尔特③爵士，他掌管二战时期的同盟国航运，也曾是国际联盟的高级官员。但阿瑟爵士拒绝了，接

① 米尔顿·S. 艾森豪威尔（Milton Stover Eisenhower, 1899—1985），美国教育家，先后在堪萨斯州立大学、宾夕法尼亚州立大学和约翰·霍普金斯大学担任校长，是二战美军著名将领、第 34 任美国总统德怀特·D. 艾森豪威尔的弟弟。——译者
② 快乐的杰克（Jolly Jack），英语中的俚语，通常褒义指"安于现状"，贬义指"游手好闲"。——译者
③ 阿瑟·索尔特（James Arthur Salter, 1881—1975），英国政治家、经济学家。——译者

着我又找了威廉·贝弗里奇①爵士，他也没有接受。我们还找了杰弗里·科洛塞，《经济学人》杂志的编辑，他也不能接受。最后我只好离开伦敦，空手而归。数周后，就在经济和社会理事会首次会议开幕的前一天，分管这个理事会的助理秘书长必须出席会议，我任命了阿瑟·大卫·K. 欧文，一位接受过专业教育的经济学家，当时正担任我的行政助理。亚历山大·卡多根②爵士，前任的外交部常务副部长，被任命为英国常驻联合国代表。他在敦巴顿橡树园会议和旧金山会议上都做出了突出贡献，正是我中意的人——就在第二天，他就来找我推荐了另一位助理秘书长人选，只是有些晚了。倒是欧文自己对被选中有些尴尬，他感觉应该挑选一位岁数更大、更有资历的人。但我没有理由收回对他的任命。

安德鲁·W. 科迪尔③接替大卫·欧文担任我的行政助理。在这个岗位和联合国大会秘书的岗位上，科迪尔在我担任秘书长的整个任职期间，都是我的得力助手，在本书后续章节提到的很多事务中都扮演了非常重要的角色。

任命一位法国人担任社会事务部负责人的决定，在当时的背景下，完全合乎情理。法国人提出了几个人选——优秀的银行家和经济学家雅克·鲁夫，还有亨利·劳吉尔教授。劳吉尔先生在学术和社会事务上均

---

① 威廉·亨利·贝弗里奇（William Henry Beveridge, 1879—1963），英国经济学家、社会改革家。他最著名的研究成果是 1942 年的《关于社会保险和相关福利保障的报告》，史称《贝弗里奇报告》，该报告为 1945 年当选的工党政府在二战后建设福利国家奠定了基础。——译者
② 亚历山大·卡多根（Alexander Montagu George Cadogan, 1884—1968），一译"贾德干"，英国外交官。1946 年任常驻联合国代表。——译者
③ 安德鲁·威灵顿·科迪尔（Andrew Wellington Cordier, 1901—1975），美国外交官、教育家。1944 年任国务院国际安全顾问，参加了旧金山会议和联合国筹建工作。1946 至 1961 年任联合国副秘书长，参与协调处理过朝鲜战争、苏伊士运河危机和刚果危机等事件。——译者

颇有建树。他来和我谈了一次，我对他的诚恳和想象力印象深刻，于是就选了他。他非常出色地干到 1951 年。

我很想任命一位亚洲人担任负责托管和非自治领土事务的助理秘书长。中国是五大国当中的第五个成员，我听了她的建议。我决定任用胡世泽①，他是中国外交部的副部长，派驻联合国筹备委员会的代表，伦敦首届大会的中国代表团成员。有很多年，他一直都是出席国际联盟会议的代表。碰巧胡先生当时也决定留在伦敦是有利的——就这一点，应当说——相对于我任命的其他四位助理秘书长来说的确如此。他很能干，把自己的部门运作得无可挑剔。而且，他会说五大国的全部官方语言。对于中国正在进行中的革命，在联合国如何对待中国的政策问题上，他的观点与我有所不同。但这从来没有影响过他提出明智和客观的建议，我们之间的友好关系也从未受此影响。

五大国就讲到这里。还有三个助理秘书长岗位空缺，我决定从西欧和拉丁美洲的小国中物色人选。我曾经想过任命路易斯·帕迪拉·内尔沃博士担任法律事务办公室主任，他是墨西哥参加伦敦联合国大会代表团的成员，后来做过墨西哥外交部长和第六届联合国大会主席。然而，拉丁美洲国家在是否支持智利的本杰明·A. 科恩问题上意见并未统一。他多才多艺，有外交、法律、记者等多个职业身份，可以在公众场合使用四种语言演讲。我任命他担任负责公众新闻事务的助理秘书长。扬·马萨里克极力推荐伊万·科诺博士担任法律事务办公室主任。科诺博士是捷克外交官，做过国际联盟的律师，还曾经是国联秘书长的内阁班子成员。现在他是联合国筹

---

① 胡世泽（Victor Hoo, 1894—1972），民国时期外交官。又名子泽，字寿增。浙江吴兴（今湖州）人。1946 年任联合国助理秘书长，主管联合国托管及非自治领土事务。后任负责会议事务的副秘书长。——译者摘自《浙江民国人物大辞典》，浙江大学出版社

备委员会和伦敦大会的捷克代表团成员，不是共产党员——这当然是在 1948 年事件①之前。我做出了任命，他干得很不错，一直到 1952 年退休。后来他决定不再回到自己的祖国捷克斯洛伐克，而是和他的两个儿子一起留在了美国。

在伦敦还做出了一项任命——阿德里安·佩尔特担任分管会务和总务工作的助理秘书长。佩尔特先生是荷兰人，曾经担任国际联盟秘书处新闻科科长很多年。二战期间，他是荷兰流亡政府的新闻主管。他得到了祖国同胞的强烈支持，作为助理秘书长发挥出很强的能力，后来又担任联合国派驻利比亚的专员，最后担任联合国驻欧洲总部的负责人，回到了他的"老家"日内瓦。

这种人选上的安排，参照了首届安理会成员的地缘分配模式，其缺点是凸显了欧洲。8 位助理秘书长中有 5 位是欧洲人，当然还有我这位秘书长。有一点非常重要，就是联合国秘书处不可以成为"欧洲俱乐部"，过去国际联盟在某种程度上就是这样，同样它也不能是"美国人的舞台"。我认为没有比代表之普遍性更需要坚持的原则了。为什么欧洲人在秘书处的代表所占比例最高？毫无理由。因此，我找到了第一个机会来修正这一比例偏高。

这里我要解释一下，在接下来的几年里，这种调整都是在联合国官员这个圈子的最核心也是最高层做出的。派尔特去叙利亚担任联合国专员时，我决定任命一位印度人接替他。印度推荐了好几个候选人，最后我选了沙马达雷·拉尔。除了考虑到拉尔先生的个人能力和在国际劳工办公室的工作经历之外，对他的任命还等于认可一个自由的印度已经迅速参与到国际事务中来。

---

① 捷克斯洛伐克"二月事件"。捷克斯洛伐克共产党和其他政党争夺政权的一场斗争。译者——摘自《新编世界社会主义词典》，上海辞书出版社，中共中央编译局世界社会主义研究所

但是最重要的一项人事调整却发生在这之前，是 1947 年。当时约翰·B. 哈特森提出辞职，就这个特殊岗位的助理秘书长，我再次听取了华盛顿的意见，这一次让我很开心，进展相当顺利。国务院提交了一份 13 人的候选名单——都是才华横溢的人士，包括有阿德莱·史蒂文森、切斯特·鲍尔斯①、威尔逊·W. 怀亚特②、米尔顿·艾森豪威尔和拜伦·普里斯③。我不知道该从谁那里开始。但在芝加哥我会见了米尔顿·艾森豪威尔，再一次试图劝说他加入我们。当时他在联合国教科文组织设在美国的国家委员会工作，成绩突出。毫无疑问，他也在为联合国事业做贡献。但是他还有其他职务无法脱身，所以没有接受我的邀请。

有两位同事代表我去找了阿德莱·史蒂文森，他先是回了一封颇有帮助的信，里面提出了很多建议，然后本人又来到我在成功湖④的办公室。史蒂文森先生也是极为客气，但他已经决定在芝加哥安顿下来，一边从事法律工作，一边还要关注当地和州里的政治动向。威尔逊·怀亚特也来造访了我一次，但也无法接受任命。同样的情况还有切斯特·鲍尔斯，他在康涅狄格州政坛上相当活跃，正准备竞选州长。在所有提到的人选中，只有普里斯可以接受这个职务，于是就任命了他。作为美联

---

① 切斯特·布利斯·鲍尔斯（Chester Bliss Bowles，1901—1986），美国外交家和作家。1949 至 1951 年任康涅狄格州州长。——译者

② 威尔逊·沃特金斯·怀亚特（Wilson Watkins Wyatt，1905—1996），美国民主党人，早年从事律师工作，曾担任过肯塔基州路易斯维尔市市长、战争动员办公室房屋征缴专员、肯塔基州副州长等职务。——译者

③ 拜伦·普里斯（Byron Price，1891—1981），美国记者。珍珠港事件后，1941 年 12 月 18 日《战争权力法案》生效并设立审查办公室，次日普里斯就任主任，一直到 1945 年 8 月 15 日该机构解散，负责二战期间新闻媒体和国际通信审查工作，表现出色，为此获得 1944 年普利策特别奖。——译者

④ 成功湖（Lake Success），美国纽约州东南部长岛上的一个城镇，1946 年 8 月至 1952 年间联合国总部曾设在这里的斯佩里回旋器厂。1948 年联合国记者协会也在此成立。——译者

社的前高管和战争期间的审查办公室主任，他丢下了美国电影协会副主席更丰厚的薪水，加入了联合国团队。事实证明，他是一位诚实正直和高效率的管理者。他的全身心投入很快就赢得了大家的信任，成为我少数几位最亲密的同事之一。

索伯列夫在1949年夏末退休的时候，我又选了一位苏联人康斯坦丁·E.津琴科来接替他，还小心地将他的任期限制在我的任期之内。我认为当时五大国在伦敦达成的共识，仅仅适用到我的任期结束，但是先例往往能够找到办法让自己成为常例。

在分管社会事务的助理秘书长亨利·劳吉尔卸任前，我听取了法国人的意见。在考量了一些候选人之后，我任命了纪尧姆·乔治·皮科特，一位职业外交官，当时担任法国驻阿根廷大使，外表看起来和劳吉尔先生差不多一样的内向拘谨。一些闲言碎语就冒出来了，称选的人既没有处理联合国事务的经验，也不是社会事务的专家，但我也没有更好的选择。

这些助理秘书长是我的官方"内阁"成员，可以对所有事务提出建议——而不仅仅局限于他们各自的"本职工作"。他们也是各自分管部门的责任长官。从一开始我就授予他们宽裕的管理权限。随着工作的推进，权限又逐步分解到他们的副职、高层管理人员，以便分担大量的管理职能。他们同时也参加我召集的工作例会。这样的工作分工，就需要放手让助理秘书长开展广泛的政治联络活动。但是我很快就发现，很多国家的政府成员，特别是他们常驻联合国的代表，拿来希望引起我关注的事情，不仅仅是重大的政治问题，还有一些鸡毛蒜皮的事，诸如把某某人老婆的侄子或某某部长的门生安排进秘书处。到了后面几年，这种事情愈演愈烈，有位驻联合国大使曾经说，让他为了这种事情去找助理秘书长，真是有失尊严！但事情总有例外，至少在各个理事会和委员会里，还是建立和保持了非常良好的沟通，这也是联络工作的组成部分。

但随着时间的推移，经济上越来越大的压力也变成了我需要额外考虑的因素，我最终得出结论，我副手的数量或许可以减少到三到四个，前提是他们都是最高水平的，又能够由秘书长根据需要自由挑选——也就没有必要去取悦所有人了。在先前分配给我的副手中，这个结论可是一点儿都反映不出来。事实上，他们当中有几个人还是能够很轻松就适应拟议中的新模式。但是这种调整并未付诸实施，在将自己的建议形成书面提交给联合国大会考虑之前，我就辞职了。

我已经提前把自己后面数年"内阁"成员的故事都讲完了，以便大家有个整体了解。现在让我们回到1946年，说说组建秘书处和招募人员上面临的一堆问题，前面都没有讲。伦敦联合国大会给我提供了一份组织架构表、一系列原则性意见和招募秘书处工作人员的标准，第一笔临时预算是2 150万美元，用于维持到当年底的预估开销。但是我却面对着一份几乎不可能完成的时间表。我必须准备好根据安理会的紧急通知，秘书处能够随时提供全套服务，因为按照《联合国宪章》的规定，安理会应当属于"常设会议"，需要一直准备着遇到紧急情况立即开会。经济和社会理事会打算5月25日在纽约召开第一次全体会议。人权委员会，以及经济和社会理事会下设的其他四个委员会，在春天也要开会。原子能委员会很快就要启动它的工作。联合国大会本身也决定，9月3日在纽约的某个地方召开首届大会的第二阶段会议。

我需要列出一个非常宽泛的专业人才名单——外交官和具有政治工作经验的人士、经济学家、律师、行政官员、财政专家、统计学家、社会科学工作者，以及在公共新闻和大众媒体、殖民地事务、国际会议会晤组织等等诸多领域的专家，还需要研究人员、档案人员、口译译员、翻译人员、文件编辑、速记员和逐字记录员。但是我不可能依靠自己去任命这么多专业人员，因为这是一个国际性的政务机构，而且《联合国宪章》还指示我"征聘办事人员时，于可能范围内，应充分注意地域上之普及"。秘书处必须尽可能地代表各成员国。

《联合国宪章》条文中的"地域"一词，包涵的可不仅仅是地理上的概念。这不是一个简单的问题，不同于一个国家的内部管理，选人无非是从挪威的南方还是西部或北方省份、是从得克萨斯还是新英格兰的问题。对于联合国，这意味着聚合在一起的人们拥有很多语言、种族、不同的发展阶段、迥然相异的文化和宗教背景，来自亚洲、欧洲、非洲和美洲。这意味着需要把所有这些多样性，融合成一支统一、高效的队伍，所有不同背景和观点的秘书处工作人员，都必须进行下面的履职宣誓：

> 我庄严宣誓，将奉献出全部的忠诚、谨慎和良知，履行作为联合国国际服务机构成员所赋予我的职责，并仅从联合国的利益出发履行这些职责和规范我的行为，不寻求或接受任何政府或联合国以外的其他组织就我履行职责所作的指示。

联合国大会估计，在头九个月我大概需要聘任 2 450 名工作人员，人选可以来自总部所在地区或世界任何地方。我在预估自己未来所面临任务时，总是喜欢引用挪威伟大的探险家、人道主义者弗里特约夫·南森①博士说过的一句话："困难总是可以找到解决之道，而不只是耗费更多时间。"

已经集中在伦敦的临时秘书处大约有 300 多名工作人员，非常能

---

① 弗里特约夫·南森（Fridtjof Nansen, 1861—1930），挪威科学家、探险家和政治家，在北极研究上做出重要学术贡献。1922 年，南森被授予诺贝尔和平奖。1927 年任挪威驻联合国裁军委员会代表。为了纪念他，联合国难民事务高级专员办事处于 1954 年设立了"南森奖章"，专门授予为难民事务做出突出成绩的人。——译者摘编自《联合国辞典》，黑龙江人民出版社

干，我当然要依靠好他们。我四处寻找过去国际联盟秘书处的成员，他们先前的工作经历是最宝贵的财富。前来申请我们岗位的人也不少。在伦敦和纽约都是应者云集——我们收到数千封来自世界各地男男女女的信，我敢肯定，其中绝大多数都不只是来找一份工作，而是真诚地盼望能够投身到这个新世界组织的和平事业中去。单单在纽约，我们就收到几个塞得满满的文件袋，有整整 10 000 份来自美国人的申请，在我们纽约的办公室还没能建立之前，他们把信写给了美国国务院，全都原封不动地转给了我们，没有进行任何筛选。

如何进行审查和选择，是一件真正困难的事情——在当时，我们后来才逐步建立完善的国际招聘程序还没有成型。各国政府也没有给我多少帮助。当然他们都在忙于各自战后的恢复重建工作，不过还是尽量让我按照自己的意愿解决问题。国际利益要高于国内利益这一套理论，无论过去还是现在，为人们所接受的过程实际上都是很慢的。国际事务职业的概念，虽然在伦敦联合国大会期间进行了大力宣传，但实施起来只能逐步推行，那些首批聘任的工作人员只能是临时的概念。事情都是这样一步步来的，在 1946 年我大概任命了 2 900 名成员，主要是来自世界上那些具备基本素质的人员能够被快速找到的地区。这里需要补充说明的是，这些临时聘任人员的大部分充分证明了自己的价值，后来都转入正式编制。秘书处筹建时期那段繁忙的岁月令我难以忘怀。与此同时，我手上还有一个差不多同样紧急的问题需要解决：为联合国找一个可以展开工作的家。

第四章　世界的中心在哪里

把联合国总部设在纽约的决定具有极其重要的政治意义，这一点也许还没有得到世界各国的充分理解。

早在 1945 年 9 月，在伦敦的威斯敏斯特教堂会场里就展开过长时间、有时甚至十分激烈的讨论，但这些论战没能揭示出本质问题——归根结底，这是一场关系到世界新政治重心的建立以及后续官方认可的斗争。"失败方"对结果提出强烈质疑，他们认为主要问题是实际的必要性和行政的便利性；"胜利方"在这一阶段也不急于强推自己的观点，因为他们也只是略占上风而已。因此，联合国总部的设立不仅仅是在美国，而且是在大西洋的西北岸——这一决定所产生的政治影响在当时并没有得到充分认识。

而这个问题恰好是我在战争结束前很早就研究和讨论过的。

在我看来，很明显，之前基于地理优势、军事和政治因素建立的旧有观念，在第二次世界大战中已经被彻底颠覆了。珍珠港和随后的太平洋战争，使得太平洋战区具备了第一次世界大战期间未曾有过的重要意义。一战中，那里的军事行动仅仅局限于环礁岛屿附近的战舰零星交火而已。随着第二次世界大战接近尾声，轴心势力的瓦解，两个与太平洋接壤的大国霸权日益显现，一幅新的世界版图开始形成。当炸弹和大炮的轰鸣声最终消失时，世界上出现了两股无可匹敌的力量：一个势力从东欧一直延伸到亚洲的太平洋沿岸，横跨广阔的欧亚大陆；另一个势力范围则从两个美洲大陆向外延伸，横跨大西洋和太平洋。此外，在印度、印度支那和东南亚，也显现出诸多在政治上要求独立自主的变化迹象。简而言之，欧洲，不再像几个世纪以来那样，始终是世界政治重心这一角色的唯一角逐者——这一角色不仅导致欧洲大陆自身周期性的内斗，并且将殖民统治强加给大片并不需要他们管理的地区。现在，这样的日子已经一去不复返了。

意识到重心将从欧洲转移，并没有让我特别担心。我自己的国家一贯秉持全球性的观点来看待国际事务。诚然，挪威在政治领域是极为谨慎的。事实上，挪威一位外交大臣就曾说过，在第一次世界大战期间，挪威最好的外交政策就是"完全没有外交政策"。然而在经济上，我们的利益早已遍及全球。我们的商船队——世界第三大商船队，穿梭往返于各个大洋和大洲之间运输货物，90%的船只只有在极少数情况下才会停靠在挪威的一个港口。我们高度专业化的出口也需要全球性的销售，我们一直致力于拓展市场。因此，维持长久的世界和平，借此促进全世界各个国家和民族的繁荣与进步，作为挪威的国家目标已达成普遍共识，也得到了全体人民的支持。考虑到这些因素，欧洲大陆在战后世界中相对地位的明显削弱，并没有让我们像许多欧洲同僚那样，对未来感到惶恐不安。

基于这些考虑，我提出了联合国总部应设在何处的问题。这个地方必须是一个能够最大限度满足各方利益的交汇点，同时还需谨记，对于一个充满活力的国际机构来说——亚洲、拉丁美洲和非洲欠发达地区的利益与西方政治首府的利益同等重要——最为重要的是，它的神经中枢应当尽可能靠近新的经济和政治中心。

从政治和实际两方面所做的考量，帮助我得出这一结论。我对于欧美之间密切合作的关注早已有之，只不过因战争时期的经历而增强。在我看来，未来最具挑战性的问题是，无论战时同盟将演变成何种国际组织，如何尽最大可能确保美国充分地参与。国际联盟的悲剧不能重演，尤其是因美国拒绝加入而造成的悲剧。在罗斯福总统的坚定领导下，在两党意见达成一致的情况下，美国人民逐渐理解自己国家在国际事务中所处的新位置。打败轴心国企图统治世界的野心似乎唤醒了他们。美国似乎终于克服了传统的孤立主义——只专注于解决和发展自己大陆领土的民族愿望，像一些人经常说的那样，不参与"其他民族的争端"。

早在旧金山会议之前——在战事正酣的伦敦，我就和关系最亲近的私人顾问讨论过美国未来的立场，并提出一个我认为大胆且有点冒险的解决方案：为什么不把未来的国际组织总部放在美国，这样，国际合作的理念就可以时刻利用美国人民自己的民主媒介，与它的主要敌人——孤立主义——同场竞技，一较高下？我的顾问们一致认为，如果有机会在维护未来世界安全上发挥作用，美国人民是能够达成共识的。

参与这些早期磋商的有汉斯·伯格，最具天赋的挪威大使；阿恩·奥丁博士，奥斯陆大学现代史教授；阿诺德·雷斯塔德博士，前挪威外交大臣；经验丰富的国际法学家芬恩·莫伊（后来成为挪威常驻联合国代表和挪威外交关系委员会主席），以及托尔·杰斯达尔，挪威战时新闻部门负责人。

当时，我们的讨论是在伦敦——被炸成一片废墟的英国首都，躲在遮光窗帘后面进行的。英吉利海峡两岸，从挪威北角到西班牙边境，整个西欧都在敌人的手中。我们的判断自然会受到这些局势的影响。我问自己，如果灾难再次降临，情况会如何？如果欧洲再次被占领，设在欧洲的联合国总部最终可能会与民主国家彻底隔绝，孤立无援，束手无策，就像曾经的国际联盟一样。这样的错误不能重蹈覆辙。

毫无疑问，这样的想法在当时的政府领导人中并不罕见。我相信，当各个代表团在思考总部问题时，刚才提到的这些因素肯定也引起了他们的重视。尽管如此，当时并没有太多的公开讨论。相反，虽然结论是明摆着的，还是有大量的反对意见——其中许多听上去很有道理，但似乎没有一个能够正视现实。

在伦敦展开的总部之争，有一点很明显，那就是无论辩论得多么激烈，始终保持着礼仪得体，至少不会沦落到后来对已有公论的政治问题还进行讨论的地步。有时候，甚至还有许多漂亮的花招和巧妙的伎俩，这些招数掩藏在彬彬有礼的外交策略之下，旁观者一不留神就很容易上当。筹备委员会一开始审议这个问题，美国人就宣布了他们的中立立场。苏联人立刻表态应当选址在美国，这让大多数西欧国家感到失望。在提议的欧洲备选地点中，日内瓦是最具竞争力的，但是除了大家对欧洲和日内瓦是否合适普遍存疑之外，瑞士政府的态度也犹豫不决。尽管瑞士人的热情好客众所周知，但是对于未来要在新的世界组织中继续扮演东道主的角色，似乎让他们颇感忧虑。联合国将会采取一些此前国际联盟所缺乏的强制手段，他们害怕会有损瑞士保持中立的传统。不过，瑞士最后通过以下方案阐明了立场：欢迎在瑞士领土上设立联合国机构；但它要求安全理事会的任何涉及使用军事力量的决定，都必须在拟议的日内瓦总部以外和瑞士边界之外作出。这种态度表明之后，问题就明朗多了。

就我个人而言，从来没有考虑过把一个积极主动的、致力于"解决问题"的国际组织的理想地点，设立在一个中立国家。我发现，与世界上其他地方相比，在一个中立国家对形势进行分析和论证时，容易产生一些细微的差别。这种气氛甚至会以某些微妙的方式，影响到设立在那里的国际机构工作人员的思维。坦率地说，上次世界大战期间，那种把中立作为首选的思维方式，既不能赢得世界和平，也无法让我理想中的世界成为现实。

不久，讨论开始引入欧洲其他地点作为替代方案，尽管"欧洲总部派"从未放弃将日内瓦作为其争论的核心。布鲁塞尔、巴黎和伦敦也被提了出来，还有三个斯堪的纳维亚国家的首都。但是，随着一个个备选方案被否决，我越来越确信，联合国的思维方式必须随着时代的发展而变化。整个西半球，曾经的帝国阅兵场和欧洲粮仓，如今早已今非昔比，并且正在彰显自己的地位。它的领导人代表着一个全新的、巨大的政治集团，从现在起将在联合国的每一项决定中发挥重要作用。伦敦不再是世界决定性政治力量的交汇点。这个点已经向西移动。我们不得不落脚于新的海岸。

于是，我开始认真考虑将纽约市作为联合国总部最合适的地点。这座超级大都市和国际枢纽，在许多方面能够为整个世界的沟通联络提供最优越的条件。纽约的技术设施，远远胜过其他被提议的美国城市——甚至是美丽的国际大都市旧金山，它已经赢得了早期会议代表们的心。

但这些仍然只是我个人的观点，因为早在威斯敏斯特教堂会场召开的第一次会议前，就已经有许多地点被提了出来。在挪威外交部和我的内阁成员中，意见开始朝着相反方向发展——支持欧洲。毕竟，欧洲离挪威更近。丹麦、英国、荷兰、比利时和法国——我们最亲密的邻国——都支持欧洲，我们很难毫不在意地坚持己见。反对方提出了许多论据——我们必须对这些论据一一加以辩驳，在 1945 年 11 月到 12 月之间，反对的呼声日益见涨。

就在那个时候，挪威代表团准备动身前往伦敦的筹备委员会，我只能建议代表团成员，如果在总部选址问题上发生分歧，先静观事态发展，并请求政府进一步指示。尽管我为此十分担心，却也无能为力。如果决定有利于美国，我建议代表团见机行事，尽量争取一个位于东海岸的合适地点。

与此同时，支持欧洲的一方输掉了第一回合。联合国家执行委员会向其继任者联合国筹备委员会建议，将总部设在美国。这与菲利普·诺埃尔-贝克的愿望背道而驰，他对国际联盟的热爱超过了任何人，他为日内瓦据理力争，尽管失败了。苏联的安德烈·葛罗米柯表示坚决支持美国。至于在美国哪里，就让美国政府来决定吧，他满不在乎地对他的同僚们说。后来苏联又改变了立场，支持在东海岸。

战火很快再次点燃，到 12 月初，形势变得令人担忧起来。关于向大会提议的最终决定，进一步被推迟。时机似乎对美国不利，我听说意见正在转向有利于欧洲的方向。其中一个原因已经在第一章中提到了。挪威代表团报告说"他们普遍希望艾森豪威尔将军担任本组织的第一任秘书长"。对此，比利时外交大臣，保罗-亨利·斯帕克，选址欧洲的主要支持者之一，不失时机地呼吁人们注意《联合国宪章》规定的五大国优先地位，以及对相互平等的强调。他没有提及任何人的名字，但他警告说，不要因为把联合国总部设在秘书长理想人选的祖国，而妨碍他的选举。

还有其他一些出乎意料的变化，预示着未来可能面临的麻烦。

在执行委员会中投票支持美国的加拿大，改变态度转而支持欧洲。英国、加拿大、比利时、法国、荷兰和希腊，现在正不遗余力地推举欧洲。而且——令所有人惊讶的是——波兰似乎也冒着让苏联不悦的危险，表明类似的立场。

莫斯科，也放出某些不同寻常的口风。乌克兰外交部长曼努伊尔斯基，在与我的一位密友共进午餐时，一边重申苏联赞成选址美国的立场，一边又提出奥斯陆也是一种可能的大胆猜测。随后的讨论表明，这不仅仅是一种礼节性的姿态，苏联人实际上也可能对选址欧洲的方案持开放态度——也许是为了换取某些不为人知的妥协。

但是，要搞清楚美国人自己的立场，却困难得多。在筹备委员会成立之前，阿德莱·史蒂文森就曾多次声称，他的政府将保持中立，不参加投票。但如果决定对美国有利，他将非常高兴代表美国欢迎这个世界组织。很快，为了实现这一目的的各种活动就热火朝天地展开了。尽管联邦政府实行"不干涉"政策，但擅长游说艺术的美国人，深信他们各自的家乡城市会成为理想的联合国总部所在地，他们来到伦敦的人数之多，以至于不得不成立一个专门的内设委员会来接待他们。据说，在威斯敏斯特教堂会场的休息室里，他们才是自由自在的主人。

最终——在我认为时机成熟后——筹备委员会的第八委员会以30票对14票的表决结果，同意"联合国永久总部设在美利坚合众国"。但意见分歧的对峙比投票结果显示的更为胶着。就在几分钟前，一项建议欧洲取代美国的修正案以25票对23票、2票弃权被否决了。尽管通过了一项由"欧洲派"领袖菲利普·诺埃尔-贝克提出的附议，委员会最终还是一致同意选址美国，不过支持和反对的票数如此接近也是明摆着的。现在，木已成舟，阿德莱·史蒂文森可以站起来代表美国表示欢迎了，号召美国政府和美国人民再次迎接被赋予的崇高荣誉和重大责任。

到了12月22日，在应付了一哄而来的诸多美国城市代表团之后，委员会同意将总部设在美国"东部"。一个临时委员会，对提议的地点进行了研究，剔除不合适的之后，确定了几个备选地点——都位于纽约或波士顿地区。由南斯拉夫代表斯托扬·盖里洛维奇博士率领的考察组，在进行了一个月的探访和研究后，提出一项正式建议。他们提议，联合国永久总部应当设立在纽约市附近的北斯坦福德和格林威治一带，将临时总部设立在纽约市区。

大会在伦敦召开会议时，我们中的许多人都迫不及待地等着审议这份实地考察报告，尤其是想要了解美国人民对于这个"新邻居"的态度。在考察小组的反馈中，证实了那些美国城市代表团在伦敦所表达的十分积极和友好的意愿。康涅狄格州州长雷蒙德·鲍德温表示将会全力配合，马萨诸塞州州长莫里斯·托宾也表示，马萨诸塞州议会承诺"如有必要，任何地点均可授权征用"。纽约州司法部长纳撒尼尔·戈尔茨坦向州长托马斯·E.杜威保证，"联合国在该州境内征用某个地点，在宪法上不存在任何障碍"。罗得岛州州议会则通过了一项联合决议"邀请联合国组织在该州设立永久总部"。简而言之，等待联合国的，似乎是敞开胸襟的真诚欢迎。

但是，这种美好的气氛转瞬即逝。在伦敦，大会设立的新的永久总部委员会再次出现分歧，这一次是关于将整个选址问题推迟到大会秋季全会进行讨论的提议。推迟决议最终以 19 票对 19 票被否决，不过这反映了支持欧洲一派的力量，他们正在抓住一切机会、不惜一切代价寻求突破。来自澳大利亚、埃及、叙利亚和伊拉克的代表强烈反对纽约，支持旧金山。就在韦斯切斯特县①规划委员会投票欢迎联合国的同一天，州界两侧的纽约州格林威治和康涅狄格州斯坦福德居民聚集在一起举行了抗议集会，以 2 比 1 的票数赞成举行全民公投，反对将这两个地区中的任何一个纳入拟议的总部选址。在所有被提议的地区，会议和集会如雨后春笋般涌现出来，争议激烈，有正面的也有反面的。一些人担心这样的中心会"太欧洲化"。另一些人则担心自己的房子和财产可能会被没收，他们认为选址的整个过程是"非美式的，不公平的"。造成这种情况的主要原因是，当时人们普遍认为，联合国总部应该是建立在一个约 40 平方英里（约 104 平方公里）、自给自足的国际飞地上。不管怎么说，这是美国的"市民会议"在国际上产生影响的一次机会，毕竟这些争论之前只是在伦敦的会议室里翻来绕去。

最终，永久总部委员会再次申明，永久总部应当设立在纽约附近，位于纽约州韦斯切斯特县或康涅狄格州费尔菲尔德县②。此外，它还授

---

① 韦斯切斯特（Westchester），美国纽约州的一个县，位于哈得孙河谷，占地 1 200 平方公里，由 48 个市镇组成，是纽约大都会区的中心县之一。经济比较发达，人均收入位居全州第二位，仅次于纽约县。——译者

② 费尔菲尔德（Fairfield），美国康涅狄格州的一个县，位于该州西南部，人均收入排美国第六位，是经济最发达地区之一。——译者

权设立一个新的总部委员会，分别按照 2、4 至 5、10、20 或 40 平方英里的面积，制定出永久总部的备选方案。

临时总部将设立在纽约市区，授权秘书长可以"在他认为必要或适当之时"，与总部委员会或协助委员会的专家进行协商。

伦敦阶段的总部之争就此告一段落，临时总部的问题则完全交给秘书长处理。

把临时总部设在纽约市的决定让我颇感欣慰。依照我的判断，基于人类的天性，一旦总部成立，即便是临时的，再想搬走就没那么容易了。人类的惰性和高昂的搬家成本，将大大有助于让那些"太平洋沿岸"的支持者们偃旗息鼓，比如澳大利亚的埃瓦特、马金和霍奇森，以及来自伊拉克的阿拉伯代表，精明强干的奥尼·哈利迪博士。苏联人在纽约方案中的表现，同样令人欣慰。在我看来，华盛顿也采取了相当明智的立场：在选择欧洲还是美国时保持中立，在选定具体城市或地区的过程中也始终不偏不倚——不过，作为一个联邦政府，它本来能做的也不多。在输掉"欧洲之战"后，英国代表们表现得体，对获得通过的决议表示坚决拥护，全力支持将总部设立在纽约及周边地区的选择，真可谓"虽败犹荣"。在这之后，年轻的下院议员，肯尼思·杨格①的能力让我印象深刻，他代表菲利普·诺埃尔-贝克参加了总部选址的大部分讨论。他的言谈举止无不彰显出一种过人的缜密周到和正直公正。

临时总部设在纽约市一经确定，我立刻派出先遣小组穿越大西洋，去物色办公场所和会议室。大卫·欧文，当时还是我的行政助理，是小组成员之一。阿德里安·佩尔特，新上任的主管会议和总务事务的助理

---

① 肯尼思·杨格（Kenneth Younger, 1908—1976），英国工党政治家。二战时期曾在情报部队服役。1946 年 6 月任联合国善后救济总署的欧洲委员会主席，年底作为英国代表团成员出席联合国大会。——译者

秘书长，很快也加入进来。不过，先遣小组中最能发挥作用的两名成员，一个是大卫·B. 沃恩，佩尔特先生手下的首席主管，他知道如何跳过繁文缛节，把事情做好；还有亚伯拉罕·H. 费勒①，我任命他为联合国法律事务办公室首席主任兼法律顾问。因为他们熟悉美国的情况，并且具备克服困难、开拓进取的能力。费勒博士是斯特蒂纽斯先生向我推荐到秘书处任职的唯一一位美国人。之前曾担任过战时新闻办公室和联合国善后救济总署的首席法律顾问，他曾是阿德莱·史蒂文森在筹备委员会的副手，以及联合国大会美国代表团的顾问。我第一次见到他并与他交谈时，他的聪明睿智和能谋善断就给我留下了深刻的印象。他很快成为我最亲密和最信任的顾问之一，并在联合国成立后的头七年中发挥了不可估量的作用。

这个秘书处小组，以及此后从伦敦不断加入其中的人们——几乎每天都有，是如何熬过头四个星期的，我始终都没完全搞清楚。我只记得，第一个"视察组"的代表们发电报到伦敦说，预计将会遇到"某些困难"，结果证明这样轻描淡写的说法近乎可笑。

最初的几个星期里，除了局促的酒店客房，也没有办公的地方。几百名秘书处的工作人员正从伦敦和其他地方赶来，还有数百人必须马上聘用。所有的人都得支付工资，并提供睡觉的地方。在这期间，还要日夜不停地寻找必需的会议和办公场所——最好是两者兼顾。

在这忙乱的几周里，迫在眉睫的是解决理事会和秘书处的住宿问题，而半年后才召开的大会场地就排在了其次。在纽约市长威廉·奥德怀尔及其同僚的帮助下，最初几天大家集中察看了临时委员会提出的方案。但是很快就发现，在曼哈顿这样的中心城区找不到理想的解决方

---

① 亚伯拉罕·费勒（Abraham Howard Feller, 1904—1952），美国外交官。1928 年毕业于哈佛大学法学院，曾在哈佛大学任教，罗斯福总统的"智囊团"成员之一。1946 年联合国在伦敦筹建时开始担任其法律顾问，后担任首席法律顾问。——译者

案。这座大都市当时正经历着历史上最严重的住房危机，数十万退伍军人从世界各地返回家乡，根本就找不到空余的地方。提出的每一个建议方案，都有一大堆反对意见和不利条件，最终都被扔进了废纸堆里。"我们不能破坏任何一份现有的合同，"当时我给一位挪威朋友写信说，"也不能冒着风险去强占别人的房子、大楼或办公室。"留给我们的只有位于洛克菲勒中心的几间办公室，是当时正在清理的战时联合国新闻组织留下来的，还有就是我们那些零零散散的旅馆房间。

我还记得和顾问们在战时联合国新闻组织办公室里第一次开会时的一件趣事。来自中国的助理秘书长胡世泽迟到了，而他对此作出的解释，令大家忍俊不禁，哈哈大笑起来，一腔烦恼也随之烟消云散。我们此前一直在华尔道夫酒店里一起工作，在不同的房间。我留给胡世泽的信息是，让他到第五大道 610 号，也就是战时联合国新闻组织的地址，来参加这次会议。但他没搞清楚，以为我指的是华尔道夫酒店的 610 房间。他按约定的时间到那里敲门，一位上了年纪的女士来开门，在看到我的中国助理秘书长时，她立即说道："哦，不，今天没有要洗的衣物。"胡世泽不止一次这样让我们的"内阁会议"气氛活跃起来，他自己在讲述这些段子的时候，总是能以敏锐的幽默感让故事达到最佳效果。

大约在这个时候，我们的注意力开始集中在亨特学院的布朗克斯校区，这是纽约城市大学下属的一所女子学院。校园在战争期间被美国海军接管，刚刚被归还。它有许多有利条件，但也有一些缺陷。这个地方到曼哈顿市中心有三十分钟车程，距离很合适。但这些建筑里没有空调，未来的办公空间大多是面积超大的教室，很难分隔。

尽管如此，布朗克斯校区显然是我们最好的选择，事实上，也是我们唯一的选择。我授权佩尔特先生和费勒博士，请求市长威廉·奥德怀尔让我们暂时先使用其中的三座建筑。他们在 2 月 25 日提出请求，市长立刻就同意了。租约于 3 月 6 日正式签署。但是现在，我们又一次成了反对情绪爆发的目标，就像在韦斯切斯特和费尔菲尔德一样。我敢肯定，它的源头来自于孤立主义、反欧洲的传统，和某些报纸的夸大其词。据他们称，刚刚搬进亨特学院空房子里才几个星期的联合国，会让那些归国退伍军人失去复学的机会。不过，纽约市长奥德怀尔的处理方式很有智慧，既不失威信，也遵守了承诺，为配合联合国使用而对亨特学院进行的改造得以如期进行。

对我来说，亨特学院的项目一直是一个"事在人为"的榜样。在短短的两周内，空荡荡的体育馆和游泳池就变成了一个适合安理会、经济和社会理事会、托管理事会使用的会议厅，超大的教室被分隔成一间间办公室，供秘书处、代表、新闻界、电台和摄影记者等使用。

3 月 21 日，当工人们还在清理最后一批刨花和碎屑时，安全理事会的成员得以坐下来举行了第一次会议。工作按时完成了。对这项被称作是纽约有史以来最快完成的改建工作，杜威州长和奥德怀尔市长在欢迎致辞中给予了高度评价，媒体也纷纷交口称赞。

而为安全理事会制作第一个投票箱的工匠们，也为早先爆发的、孤立主义的新闻舆论给出了一个恰当的回应。当代表们在第一次使用前打开并检查箱子时，发现里面有一张纸，上面写着：

"有幸制作这个投票箱的我可以投出第一票吗？

愿上帝与联合国组织的每一位成员同在，通过你们崇高的努力，为我们所有人——为全世界带来持久的和平。

机修工保罗·安东尼奥"

事实上，这是投票箱中为和平而投的第一张选票，我相信它代表了美国人民对于联合国，以及联合国入驻在自己国家的真实感情。

虽然在寻找临时总部驻地的问题上，我们已经克服了第一个障碍，但是下一步的工作就没有时间可以浪费了。亨特学院只是在头几个月帮助我们渡过难关的权宜之计。我们必须为理事会和秘书处找到一个能维持数年的住所，同时还要为即将举行的大会全会寻找一个会议场地。

我们研究了许多方案，但是最后发现，有关秘书处和理事会的住所问题，只有两个可能的解决办法：要么得到更多的房间，继续留在亨特学院，要么搬到位于长岛成功湖畔的斯佩里工厂①。

从办公用房的角度来说，斯佩里的厂房显然更为合适。它隶属于联邦政府战争资产管理局，是为了战时军工生产所建。有一半的厂房已经空闲不用。整个工厂都安装有空调。行政大楼拥有最现代化的设施，开放式厂区的布局使得建造理事会会议厅和秘书处所需的所有办公室成为可能。

对于曼哈顿来说，这两个方案的交通都不是很方便，到亨特学院需要三十分钟，到斯佩里需要四十五分钟，而且都不能解决住房问题，尽管长岛的希望比布朗克斯更大一些。另外，这两个方案都无法为大会提供一个足够大的会议厅。

4月8日，我邀请安全理事会成员参加一次非公开会议，把所面临的问题向他们和盘托出。但他们的反应并不热烈。当我向他们征求是否有其他建议时，他们除了提出在曼哈顿市中心寻求解决之道外，也没有

---

① 斯佩里公司是一家生产电子元件、信息技术设备和防御系统的美国制造商。埃尔默·安布罗斯·斯佩里（Elmer Ambrose Sperry, 1860—1930），美国发明家、企业家，拥有400多项发明专利，1880 年成立斯佩里电气公司。美国加入二战后，该公司获得了利润丰厚的军备合同；战争结束后减产，位于纽约成功湖的生产基地有很大一部分陷入废弃状态，可以出租。于是，联合国在迁往东河岸边的永久总部之前，自 1946 至1952 年使用这个改建的军工厂作为第二个临时办公地点。乍看之下，这个地点对一个促进和平与国际合作的组织似乎并不适合，但对战后时代来说，会有什么象征比这更好呢？一个曾经生产战争武器的地方现在被戏称为"和平工厂"。——译者

什么别的想法。

别无选择，只好再试一次。不过，在这一次与市长和他的助手们召开的会议上，虽然在曼哈顿寻求解决方案仍然不可能实现，但另一种组合方案也许能解决问题。市长代表纽约市提出，如果秘书处迁往斯佩里工厂，在法拉盛草原公园的世界博览会场地上建造的前市政礼堂可以供大会使用。尽管曾经被用作溜冰场，但市长向我保证，法拉盛的这栋建筑将会被改造成一个合适的会议大厅，并且市政府将免收租金，另加提供120万美元的维修和改建费用。

这显然是个解决问题的办法，于是我赶紧趁热打铁。我当天就回复奥德怀尔市长，我们同意使用法拉盛草原公园的建筑。三天后，即4月15日，我写信给华盛顿的战争资产管理局，表示联合国希望从7月1日起租赁斯佩里工厂的一半厂房，租期三年，并可选择再续租两年。租约很快就签定了。

位于成功湖的理事会和各委员会的会议室，以及秘书处的办公室很快就准备就绪。但是拖延难以避免，留给我们的时间越来越少了。有好几次，隔墙所需的钢材不得不空运进来。在写给挪威的女儿的一封信中，我吐露了自己的担忧："我必须承认，我觉得不可能看到在仅仅四周的时间之内，我们如何能够建造出两间理事会会议室、六间委员会会议室，还要将20万平方英尺（约18 000平方米）的开放式空间改造成办公室。让我们期盼奇迹的时代还没有过去吧。"

虽然这个组合方案是一个解决问题的办法，但我承认这还远不够理想，也做好了迎接抗议和反对的准备。尽管这不是我们努力争取想要得到的结果，但它已经是在目前的情况下，能够找到的最佳方案了。对于这一点我毫不怀疑。如果拖延到了秋天，这些麻烦可能会导致对纽约地区作为联合国永久总部所在地的不满情绪日益高涨——最终产生某些严重后果。而且我们已经竭尽所能，尝试了所有的可能性。"肠满今朝愁，莫添他日忧"①，我想，就这样吧。

当时的烦心事已经够多了。其中最为紧迫的就是工作人员的住房问题。曼哈顿酒店的老板曾经承诺接待所有代表团和来访的记者，却没了下文。我们必须寻找其他可以为工作人员提供长期居住的地方。奥德怀尔市长和罗伯特·摩西——纽约市公园管理局局长和规划协调员，再一次帮了我们。他们向我和我的助手们介绍了一些公司的代表，这些公司当时正在纽约地区建造或规划大型住宅开发项目，不到三十天的时间里，我们就得到了 1 612 套公寓——在格雷特内克、法拉盛的帕克韦村和曼哈顿的彼得库珀村——在十八个月内都可入住。每个房间每月 25美元的平均成本，当时有一些人觉得很高，但不到一年后，我们就发现自己拥有的是全纽约市价钱最合理的住房。有时我会扪心自问，在当时，世界上还有其他哪座城市，有可能提供类似的解决办法吗？纽约，作为永久总部所在地，正在向联合国展示它所能给予的一切。

纽约市政府并不是唯一向我们伸出援手的政府部门。让人难忘的是杜鲁门总统亲自介入解决我们的住房问题。他派财政部长约翰·W. 奈德帮助协调我们的办公用房和住宿用房项目，并为急需使用的公寓优先安排提供所有的建筑材料。

就我个人而言，对于这个我们即将安营扎寨的大都市，在经历了一连串的惊喜之后，开始对它的生活方式和运作方式有所了解。在会见那些外交官、市政府官员、银行家、房地产经纪人或者承包商时，我通常会感觉很踏实自在——他们的世界就是我的世界；但也会有其他一些场合，让我这位新任秘书长陷入窘境。

多年来，我的日程安排都相当的紧凑，以至于几乎没有时间去看戏

---

① 此处原文为 Sufficient unto the day，来自于《圣经·新约》的《马太福音》Sufficient unto the day is the evil thereof，直译为"因为明天自有明天的忧虑，一天的难处一天当就够了"。——译者

或看电影，这使我很难适应我们现在所处的新的社交圈。而且还有许多需要注意的细枝末节，诸如称谓"小姐"的含义之类等等。在挪威，"小姐"结婚后就变成了"太太"，不管以后发生什么，都会一直保持这个称谓。

我记得有一天晚上，受社会专栏作家埃尔莎·麦克斯韦尔小姐所邀，我和我的妻子和女儿们去卡内基音乐厅参加音乐会。中场休息的时候，麦克斯韦尔小姐回到我们的包厢，介绍了她的一些朋友。其中一个英俊的家伙，被介绍为"我的儿子"——至少，我听起来是如此。

我觉得很奇怪。更奇怪的是，在介绍麦克斯韦尔小姐儿子的时候，周围似乎有一阵狂热的骚动——我猜想，这是尊敬的表示。不过几分钟之后，我的困惑和惊愕就完全消失了，我的女儿们冲下来问我，为什么不把她们介绍给刚刚和我说话的那位世界著名歌手。那个英俊的年轻人，她们告诉我，不是别人，正是弗兰克·辛纳屈①。

我的一部分困惑可能源于几天前的一个晚上，当时我认识了另一位"小姐"，一位非常著名的小姐——她后来和我大谈特谈她四岁的女儿。事情是这样的：

那天五大国的代表和一些名人在海军准将酒店聚会。在我们去吃晚饭之前，拍摄了很多照片——有一位漂亮迷人的女士尤为引人注目。尽管还没有相互介绍，我们一起合了影，并开始了一场非常愉快的谈话。她显然是个名人，晚餐时我发现自己就坐在她旁边，思忖着最好问一下她的名字。原来她就是著名女演员拉娜·特纳②小姐：一位迷人的、极

---

① 弗朗西斯·阿尔伯特·辛纳屈（Francis Albert Sinatra，1915—1998），绰号"瘦皮猴"，美国著名男歌手和奥斯卡奖影星，被认为是 20 世纪最优秀的美国流行男歌手之一。——译者

② 拉娜·特纳（Lana Turner，1921—1995），美国女影星，代表作品有《邮差总按两次铃》《三剑客》《冷暖人间》《春风秋雨》，曾获第 30 届奥斯卡金像奖最佳女主角奖提名。特纳与七任丈夫先后经历了八段婚姻生活，包括一次复婚。——译者

富魅力的年轻女士，她说她也有一个女儿。

这段令人惊讶的小插曲由此让我领教了美国人对于称谓的不在乎。在这里，似乎"小姐们"不仅有孩子，而且还公开谈论他们。不过，正是这样的民风，帮助我们从无休止的政治旋涡和事务堆里解脱出来。

如果没有纽约市政当局和当地的名流显要们伸出援手，我的任务是不可能完成的。纽约并没有派代表团去伦敦，不过当决定一旦作出，它便毫不迟疑地表示了欢迎。当然，我在 3 月 21 日从伦敦经华盛顿抵达纽约时，格罗弗·惠伦①就在拉瓜迪亚机场，代表这座城市向我致以官方的问候。一开始，纽约多少会让人有点儿不太适应。在一队老式的、嘈杂的警察摩托车队护送我去华尔道夫酒店的路上，警笛呼啸声中，我不禁想起了早些年在美国听到的一个故事：一个小男孩和他的母亲，看到总统和一个类似的护送车队从身边经过，转过身问她，"他干了什么，妈妈？"

在我回忆起刚到纽约的头几个月时，当时的我们亟需结识这个国家的领导人物，我立刻想到我和我的家人，对厄尔金和卢修斯·布默所欠下的恩情。无论是在美国国内还是国外，卢修斯·布默的名字都是家喻户晓，他和他才华横溢的妻子一起，创建了今天众所周知的华尔道夫酒店，并一直管理着这家世界闻名的酒店，直到他去世。

厄尔金·布默出生于挪威的布维达伦。在德国占领期间，她和她的丈夫是"自由挪威"最坚定的支持者。当我和家人在 1946 年抵达纽约时，这两位亲密朋友给予我们的热情款待无以言表。现在，他们把这份热忱又投入到联合国这个新的世界组织里，在此后的七年中，没有比这两位更加忠实的朋友了。

---

① 格罗弗·阿洛伊修斯·惠伦（Grover Aloysius Whalen, 1886—1962），美国纽约市 20 世纪三四十年代的著名政客、企业家和公共关系协调人，先后担任过纽约市的绿化和市政建设专员、警务专员和贵宾接待委员会主席。——译者

尤其是在纽约的最初几年，布默一家似乎把帮助我们熟悉这个国家的政商要人视为自己的特殊使命——他们的支持对联合国来说意义重大。

通过他们，我结识了前总统赫伯特·胡佛，他的观点和看法对我来说都极为有价值，尽管并不总是与我的观点一致。我与金融家和政治家伯纳德·M. 巴鲁克①的友谊也源于在布默家的一次会面。不止一次，当遇到棘手状况时，我发现在作出决定之前，和这两个人商量一下显然是明智之举。最后，请允许我不要忘记托马斯·J. 沃森②、他的妻子和他们的家人，他们为联合国做了很多工作。

我作为秘书长到纽约的第一天，印象最为深刻的就是纽约的联合国工作委员会为我举行的欢迎午宴。午宴上，我第一次见到了纽约市公园管理局局长罗伯特·摩西，文森特·R. 因佩特利提和罗伯特·F. 瓦格纳二世（奥德怀尔市长的继任者），以及像《纽约时报》的出版商亚瑟·海斯·苏兹伯格，《纽约先驱论坛报》的奥格登·米尔斯·里德，温斯洛普·W. 奥尔德里奇，弗雷德里克·H. 埃克，尼尔森·A. 洛克菲勒③，和约瑟夫·E. 戴维斯（前驻莫斯科大使）等社会名流。

"这件事与我们所有人休戚与共，"我对客人们说，"你在其中，我

---

① 伯纳德·曼恩斯·巴鲁克（Bernard Mannes Baruch，1870—1965），美国金融家、慈善家，先后担任过伍德罗·威尔逊总统和富兰克林·罗斯福总统的经济顾问。1946 年任驻联合国原子能委员会代表，1946 年 6 月提出对原子能实行国际控制的《巴鲁克计划》。——译者

② 托马斯·约翰·沃森（Thomas John Watson, Sr.，1874—1956），国际商用机器公司（IBM）的董事长和首席执行官。从 1914 年到 1956 年，公司在他的带领下成长为一个国际性大企业，并发展了 IBM 独特的管理风格和企业文化。——译者

③ 尼尔森·洛克菲勒（Nelson Aldrich Rockefeller，1908—1979），美国慈善家、商人、政治家，共和党温和派领袖。美孚石油公司创始人约翰·洛克菲勒之孙，1944 年任主管美洲事务的助理国务卿。1950 年任杜鲁门政府国际开发咨询委员会主席。1952 年任艾森豪威尔政府总统顾问委员会主席，卫生、教育和福利部副部长。1959 至 1973 年连任四届纽约州州长，1974 至 1977 年任第 41 届副总统。——译者

在其中，全世界亿万民众都在其中。"

　　从这一天起，联合国和纽约市开始了长达七年卓有成效的愉快合作。我的政治生涯是从阿克尔（现在是奥斯陆的一部分）市政府开始的，并且我在当地政界待了很多年，也许这成了我的一个优势。纽约市长和他的官员们所面对的那些问题，我也曾感同身受，只不过城市的规模小一些。我理解他们必须考虑的政治压力。我了解他们的想法，他们也了解我的。我们也有过不得不进行激烈斗争的时候，但始终保持着朋友间的互相尊重，也总是能够找到解决办法。他们从一开始就是联合国的忠实朋友。正是得益于那些在第一次午餐会上欢迎我的人们的鼎力相助，联合国永久总部选址的问题才在九个月后找到了最终的解决方案。

第五章　伊朗困局

3月18日，我们从伦敦抵达华盛顿后，刚刚进入下榻的布莱尔宫[①]，伊朗大使就找到我，说伊朗遇到了麻烦：按照条约规定，苏联必须在1946年3月2日前撤军，而它显然违背了约定。苏联的军队一直留在那里，伊朗首相至今未能成功让他们撤离。侯赛因·阿拉[②]就向安理会提出申诉来征询我的意见。

在伦敦会议期间，伊朗就曾向安理会提出申诉，理由是苏联通过支持阿塞拜疆北部省份的叛乱行动干涉其内政。安理会随后呼吁莫斯科和德黑兰直接谈判。现在伊朗对苏联的违规行为再次提出控诉。1942年的三方协定中曾达成明确且无条件的约定，驻扎在伊朗的英国和苏联军队，应在对德作战结束后六个月内撤出[③]。英国军队撤出了，苏联军队没有。

莫斯科没有下令撤军引起了全世界的广泛关注。华盛顿提出正式抗议。伦敦也是。在这种形势下，伊朗大使来寻求我的意见。阿拉先生当天上午已经收到指示，要求向安理会提出申诉，因此他实际上是在试探我对其政府决定的反应，而不是听取我的建议要怎么做。他知道我在伦敦的建议是与莫斯科直接谈判。现在他发现我的观点并没有改变。尽管苏联军队没有理由的拖延撤军让我感到不安，我仍然认为安理会现在对此进行讨论，可能会加剧而不是缓和争端。此外，我觉得苏联是可以被劝服撤离伊朗的——如果它可以这么做而又不太尴尬的话，因为它已经撤离了挪威和丹麦的博恩霍姆岛④。尽管苏联人的政策可能是只顾自己不顾他人，但认为威望和"面子"对莫斯科来说毫无意义显然是不明智的。我觉得，要是苏联人被强拉硬拽到安理会面前，他们一定会想方设法向全世界证明，错的不是他们。他们会竭尽全力证明留下才是正确的，而不是撤军。另一方面，通过持续认真的非公开谈判，很有可能劝说他们撤离。我当时相信，现在也依然相信，将矛盾公开化不一定比采取谨慎有效的外交手段更可取。我告诉阿拉先生，伊朗完全有权向安理会提出自己的诉求，但首先应就直接谈判做进一步的尝试，我承诺将会为此提供帮助。我的副手阿卡迪·索伯列夫在莫斯科很受信任，我很乐意站在伊朗一边，请他为伊朗开辟一个良好的渠道，与苏联进行坦率、非正式的协商。

阿拉先生礼貌地接受了我的建议，但是德黑兰已经向他下达了指令，这显然得到了华盛顿的认可。在我们谈话结束后，他穿过马

---

① 布莱尔宫（the Blair-Lee House），始建于 1824 年，原先是私人住宅。1942、1943 年，联邦政府分别购买了布莱尔的住宅及其邻近的一所住宅，并将这两所住宅打通连成一体。1960 年代，美国政府购置了邻近的两所住宅，扩建了布莱尔宫。1980 年代，美国政府重新装修了布莱尔宫，增加了庭院。目前是美国总统会见外国元首和政要名人的地方。——译者

② 侯赛因·阿拉（Hossein Ala', 1882—1964），伊朗政治家。1934 至 1936 年任驻英国大使。1946 至 1950 年任驻美国大使。1951 年及 1955 至 1957 年间担任首相。——译者

③ 英苏入侵伊朗，1939 年 9 月二战爆发，伊朗宣布中立。1941 年 6 月德国入侵苏联，7 月英苏达成合作协议，英国向苏联提供军火和药品援助，而当时从波斯湾港口出发，经纵贯伊朗的铁路抵达巴库和里海，是援助苏联的主要战略通道。1941 年 8 月 25 日至 9 月 17 日，英国和苏联为了确保对伊朗的油田和援苏物资通道安全，实施"支持行动"，联合出兵入侵伊朗，礼萨·汗国王被迫退位，其子穆罕默德·礼萨·巴列维继位，纳粹德国在伊朗的势力被全部肃清。1942 年 1 月 29 日，伊朗与英国和苏联签署了三国同盟条约。盟国保证伊朗在将来不被英国和苏联瓜分。——译者

④ 博恩霍姆岛（Bornholm），丹麦位于波罗的海中的一个岛，扼波罗的海通往大西洋的出海口咽喉，地理位置重要，历史上大多数时间归属丹麦统治。1940 年 4 月 10 日被德军占领。1946 年 4 月 5 日苏军撤离该岛，但同时宣称只允许丹麦部队驻扎。——译者

路去了对面的国务院，把我与他的私人对话向他们和盘托出。于是，我在刚刚抵达华盛顿的第一天，就成功地得罪了国务院的近东①部门，如果不是整个国务院的话。在这件事情上，华盛顿似乎不愿意承认，联合国秘书长与美国的看法不一致是合理的。在我任职期间，许多政府都曾发生过类似的情形，很快我就习惯了，甚至可以笑对"屁股指挥脑袋"。各国政府往往会觉得，当秘书长与他们的意见一致时，那他就是在行使自己的权利，而且是一个好人。当他的观点与他们的不同时，那他显然是在越权，他的推理就是错误的，甚至他的动机也可能令人怀疑。

当天下午，我收到阿拉先生的一封信，提请安理会注意"伊朗与苏维埃社会主义共和国联盟之间的争端，争端持续下去可能危及国际和平与安全的维护"。他们要求，将这份呼吁列入 3 月 25 日召开的安理会临时议程当中，因此我就将其列入了。在华盛顿期间，我收到了苏联大使葛罗米柯先生的请求，要求我将安理会会议推迟到 4 月 10 日，以便苏联政府有时间准备回应伊朗的指控。与此同时，斯特蒂纽斯先生写信给我，安理会 3 月 25 日开会时，他会提出将伊朗问题放在议程的首位。随后发生的一件事，是后续一系列奇怪事件中的第一件，此事引发了某些质疑，即伊朗大使是否准确地代表了伊朗政府的观点，以及伊朗政府的政策到底是什么。阿拉先生给我发了一封信，恳请不要拖延对伊朗申诉的审议，结果没过三天，伊朗首相在德黑兰公开指责他的信，说这封

---

① 近东（Near East），16、17 世纪起，欧洲列强开始向东方扩张，他们根据当时掌握的地理知识，按照离自己的远近，分别把东方不同的地区称为"远东""中东""近东"。后来这三个概念被国际社会广泛沿用。"近东"一词，过去主要指南斯拉夫、阿尔巴尼亚、希腊、保加利亚和罗马尼亚，亚洲的地中海沿岸国家和地区如土耳其、叙利亚、黎巴嫩、巴勒斯坦、以色列、约旦等和东地中海岛国塞浦路斯，还包括北非的埃及和利比亚，但伊朗、阿富汗除外。第一次世界大战后，一般不再把巴尔干国家称为近东国家，目前在国际上"近东"一词已不常用。——译者

信是未经授权的。

我没有采取措施敦促推迟原定的安理会会议。安理会本身如果愿意同意苏联的要求，可以将对伊朗问题的审议推迟到4月10日。安理会于3月26日召开会议，就是否及何时受理伊朗的申诉展开了激烈的争论。接下来的一系列场景则充满了戏剧性。

葛罗米柯先生宣称已与伊朗达成一致意见，苏联军队的撤离已经开始，"除非出现不可预见的情况，估计将在五六个星期内结束"，他认为没有理由把伊朗问题列入安理会的议程。但从华盛顿赶来的国务卿伯恩斯对此表示异议：他指出，伊朗并没有撤回申诉，必须听取伊朗的意见，看它是否愿意撤回。亚历山大·卡多根爵士也持类似观点。波兰的奥斯卡·兰格①博士建议，将伊朗问题列入安理会的后续议程，但不应在该次会议上审议，而应向德黑兰进行正式调查，对苏联已达成协议的说法寻求他们的确切答案。他得到的支持很少——只有澳大利亚一个国家表示赞同——葛罗米柯则没有得到任何人支持。经过两天的讨论后，这一事项被提上了议程，葛罗米柯先生立刻提出将其审议推迟到4月10日。他警告说，如果不这样做，苏联代表团将无法参加安理会在此时间之前对伊朗问题进行的讨论。

总之，葛罗米柯先生威胁说，如果不按他说的做，他就要走人。对于这个威胁，我并没有把它当作是个玩笑。他能如愿以偿的希望非常渺茫，但退席对联合国威信的损害是显而易见的。我私下里会见了葛罗米柯先生，奉劝他不要将威胁付诸实际。当时，我明确表示，就像我后来

---

① 奥斯卡·兰格（Oskar Lange，1904—1965），波兰著名经济学家和政治活动家。1945年任波兰驻美大使、驻联合国安理会代表。1957年起历任国务委员会副主席，议会党团主席，议会外交委员会主席，议会计划、预算和财政委员会主席等职务。兰格在1930年代中期和著名经济学家路德维希·冯·米塞斯、弗里德里希·冯·哈耶克等人的论战中，第一次提出了社会主义经济的分散模型，即著名的"兰格模型"，把市场机制的作用引入社会主义经济。——译者

多次公开声明的那样，我不认为抵制是处理政治分歧的武器。但是葛罗米柯先生得到了指示，他当然要坚决执行。就安理会来说，对于这种被埃尔科·范·克莱芬斯仁慈地称之为"一种被认为是不太公平的压力"持坚决反对态度。于是，审议继续进行，葛罗米柯退出了。

当然，这成了一起轰动一时的事件。苏联人的第一次退席，给公众留下了顽固、不肯妥协的深刻印象，这一点在后来的事态发展中得到了充分印证，但在当时，这无疑令人倍感震惊。不过，即便是最严重的事件，通常也会有一点轻松的小插曲，这一次也不例外。当葛罗米柯大使面色阴沉地走出安理会会议厅时，保安主管弗兰克·贝格利等在那里提醒他，摄影师们正在楼梯脚下等着给他拍照。贝格利目光敏锐，注意到葛罗米柯先生正处于一种尴尬的状态——男人们有时会在公共场合遇到的，他忘了拉拉链。"大使先生，您要拍照吗？"贝格利问他，他们停下来看到记者和摄影师聚集在下面。"当然。"葛罗米柯先生回答说。"不过……"贝格利斜着身子凑近大使。葛罗米柯先生的脸上绽放出灿烂的笑容，他们背对着下面的人群站着，显然像是在交谈时，问题就被解决了。之后，在拍照的时候，葛罗米柯大使的脸上又恢复了严肃表情，记者们不禁好奇地想知道葛罗米柯先生和贝格利先生在下楼时满面笑容地谈论些什么，当然他们一无所获。

尽管现在谈判桌上没有了葛罗米柯先生，但伊朗问题仍然是安理会需要面对的。必须解决这个问题。葛罗米柯先生声称，莫斯科和德黑兰之间就撤军达成了协议，侯赛因·阿拉却说没有。我们应该相信谁？

和我一样，安理会成员私下对侯赛因·阿拉在多大程度上真正代表了他政府的观点颇有顾虑。

无论是他作为争端一方的伊朗代表坐在安理会的谈判桌上，还是在和他的私下讨论中，都让我们感到不那么放心。他的立场究竟是完全按照其政府的指示，还是部分基于他自己的判断，或是其他人对伊朗利益的判断？德黑兰和华盛顿大使馆之间的密电到底是什么意思，让我们捉摸不透，这个问题也始终没能搞清楚。

3月29日，美国国务卿伯恩斯提议，秘书长应就两国政府的谈判情况，向德黑兰和莫斯科进行更充分的了解：苏联所说的撤军是否以两国就其他问题达成协议为条件？这个主意获得了所有人的一致赞成，经过一番讨论，决定我应当在4月3日通报结果。

我发出了询问，不只是德黑兰，莫斯科也及时做出了回应，这让一些人多少感到有些意外。得到的答案并不完全一致，尽管莫斯科向安理会保证，它正在撤军，这一进程将自3月24日起的六周内完成，并且与伊朗和苏联在其他问题上的谈判无关，诸如石油开采权和阿塞拜疆自治等。反之，阿拉先生宣称，如果苏联保证在5月6日前撤离是无条件的，他的政府将不会在安理会进一步提出指控。伯恩斯先生随后提议，安理会注意到苏联的保证，并将对这个问题的审议推迟到5月6日，届时各方应向安理会报告苏联军队是否已经从整个伊朗撤出。他的提议获得了一致鼓掌通过，只有澳大利亚投了弃权票（苏联仍然缺席）。

随着伊朗问题被推迟审议，葛罗米柯先生又回到了安理会。如果事情就此结束，他们都能说到做到的话，我或许就不会继续陷入伊朗问题的纠葛之中了。然而，葛罗米柯先生并不满意：苏联的自尊受到了伤害。莫斯科将会撤军，同时也表明它从一开始就是无辜的。他于4月6日致函安理会主席，要求将伊朗的问题从安理会议程中删除，而不是推迟审议：撤军已经达成了协议，伊朗和苏联之间没有任何分歧了，所以没有什么需要安理会来讨论的。阿拉先生立即提出反对，他的政府希望这个问题继续留在议程上。然而，安理会在4月15日开会时，他得到的指令是不一样的。"伊朗政府，"他读道，"完全信任苏联政府做出的承诺，因此撤回向安理会提出的申诉。"葛罗米柯先生以他冷静的方式得意洋洋，而伯恩斯先生和他的同僚们则态度坚决。因为葛罗米柯先生的做法打消了他们任何想要和解的念头，他不仅要求从议程中删除伊朗的事项，而且强调说这恰恰证实了他的观点，安理会审议伊朗的申诉以及就此作出决议是"不正确和非法的"。

我个人的观点，先不理会葛罗米柯先生"非法性"的荒谬论调，可以概括如下：苏联违反了三方协议，显然使自己站不住脚；它现在承诺，将迅速纠正这种违约行为，伊朗对此表示满意并撤回申诉；在这种情况下，我认为将该问题保留在议程上没有任何意义。我认为，联合国应该致力于解决争端，而不是使其加剧。如果伊朗和苏联都同意他们的争端已经解决，安理会不应表明相反的立场。当然，如果事实证明苏联军队没有在5月6日之前完成撤军，或者如果出现某些此前未知的情况需要进行调查，安理会可以立即回到这个问题上来。伊朗，或安理会的其他成员国，以及根据联合国宪章第99条规定行使权利的秘书长，都可以提出该议题。比如说，如果莫斯科和德黑兰之间的"协议"似乎是在枪口下达成的，安理会当然会审议这个问题，即使伊朗政府不敢采取行动。但这样一来就变成了安理会对莫斯科的案子了——甚至可以说是世界人民对苏联的刑事诉讼，而不是德黑兰与莫斯科的民事纠葛。我不否认伊朗是在苏联的敦促之下撤回申诉的可能性。但尽管如此，伊朗政府仍然是代表其国家主权的发言人。它并没有因国外力量的干涉而被推翻，掌权的还是同一位首相。伊朗国提出了一个合理的要求，安理会应该尊重它。

这些都是我的想法，令我不安的是，安理会的大多数成员并不赞同这些想法。法国代表亨利·博内特和波兰代表奥斯卡·兰格的观点与我相似。后者，当然——如果我要说说他的话——倾向于与莫斯科的立场保持一致，而不管是非曲直。但我认为，一位客观的观察者会承认，兰格博士在联合国任职期间，在遵循苏联集团政策的同时，表现出一定程度的独立性，这是此后没有任何卫星国的代表敢于效仿的。他在一些并非无关紧要的问题上公开与葛罗米柯先生意见相左，我记得葛罗米柯先生曾经开玩笑地抱怨波兰代表给他带来的麻烦。兰格博士是一位著名的经济学家，战争时期曾在美国生活，在芝加哥大学教书，并成为美国公民。后来他决定放弃美国国籍，投奔新生的波兰。没过多久，他就被降职了，从驻美大使和联合国代表的重要职位改任波兰国内的一个不为人知的小职务。

我本想召开一次闭门磋商，向安理会全体成员阐明我的看法；但澳大利亚代表团收到指示，不参加安理会的非公开会议，美国似乎也不赞成。于是，安理会所有成员在公开会议上表达意见，八名成员赞成保留，三名成员赞成删除伊朗议题。我觉得，我不能允许出现这样的先例——至少是在我作为秘书长，认为找到了对联合国来说更为明智的方案之前，不能设立这样的先例——这种可能会对我们这个年轻组织此后的工作产生重大影响的先例。因此，我决定向安理会主席提出我的意见，以供他参考。我原本只是希望主席会提请安理会注意我的意见，并没有想着这些意见能改变八个多数成员的立场。对于这件事，我把它看作是一个法律问题——一个先例——而不仅仅是处理苏联-伊朗问题产生的短期影响。

后来，我在给一位挪威朋友的信中写道："我在考虑这件事的时候，假想是一位挪威的外交大臣面对如是情形：假设挪威和英国之间发生了一场争端（比如说，有关渔业和领海范围），由于英国宣布其本土舰队将保护英国渔船，这可能会被视为引起了一场可能威胁国际和平的争端。挪威行使其权利，提请安理会注意此事。但是通过双边谈判，挪威和英国达成了协议。挪威作为原告，在被告同意的情况下，有权撤回挪威诉英国案。然而（由于安理会不接受我对伊朗问题的看法），在我提出的假设情况中，安理会，或一个或多个成员国（例如，美国或美国和苏联联合），在安理会多数成员的支持下，似乎可以决定将挪威的申诉长时间保留在议程上。眼下，那些决定将案件保留在议程上的人，他们的出发点并不一定是为了申诉国考虑。正所谓，人心不可测。他们的动机可能是出于自己的政治利益考虑——这些利益与挪威或者英国的可能并不一致。"

这个问题承诺在 4 月 16 日进行处理。因此我的意见要么公开，要么就压根不提。那天一早，我召集助理秘书长们开会，向他们表达了我的想法。反应各不相同。有人赞同（索伯列夫自然也在其中）；也有人可能不赞同，至少他们不想承担这个责任——同意我首次公开对安理会的工作进行干预。我的首席法律顾问费勒先生，和我私下里起草了一份备忘录，提交给安理会主席，开头如下：

"有关将伊朗议题保留在安理会议程上的问题，我认为有必要将我在相关法律方面的观点告知与您。安理会在这一问题上所做的决定，可能会成为今后参照的一个重要先例，在我看来，对此最好慎重考虑，以免树立一个可能导致后患的先例。我在此表达的观点供您参考。"

备忘录接着列出了《联合国宪章》里的各项条款，根据这些条款，安理会可以"处理"某个争端或紧张局势，备忘录建议"在伊朗代表撤回申诉之后，该议题将自动从议程中删除是有依据的，除非：a）安理会投票通过进行一项调查……；或 b）有成员将其作为一起争端或紧张局势提出；或 c）安理会发现存在类似性质的争端或紧张局势，并着手提出调停方案。"我意识到，这个问题还有另一个方面，即一旦提请安理会注意某一事项，就不再仅仅是原来各方之间的问题，而涉及到安理会的共同利益。不过我建议，安理会，如果它愿意的话，必须援引有关条款来行使这一权利。如果它没有，我的判断是："它很可能无法继续处理这件事。"

备忘录起草完成之后，费勒先生和我立刻去找安理会主席——中国的郭泰祺①，但是没能找到。在当天的会议开幕前，我在安理会的会议厅里见到了他，说我想就保留伊朗议题的问题向他提交一份备忘录。郭先生似乎很惊讶，嘴里咕哝着，也许是外交版的"这关你什么事？"。他没有接受备忘录，于是，我在走向座位的途中，把它交给了他的一名助手。落座后，我想到了一个可以用来干预此事的有利条件，此前未曾想到的——秘书长的地位。我认为，《联合国宪章》第99条——授权秘书长提请安理会注意他认为可能威胁国际和平与安全的任何事项，因此我完全有权利以这种方式干预安理会的程序。事实上，我认为，《宪章》的目的是，秘书长不仅有权向主席提出法律意见，而且有权就安理会可能审议的任何问题发言。郭先生的态度似乎对秘书长的这一权威提出了挑战。我决定，如果主席没有向安理会确认收到备忘录，我将要求发言并将其记录在案。

不过，主席在会议一开始就让一名口译员大声宣读了备忘录。然后，他提议把它交给安理会的专家委员会进行研究并汇报，得到一致同意。对苏联提出删除伊朗问题的动议的讨论重新开始，没过多长时间，主席宣布他将提议进行一次投票表决。但在他发起表决之前，法国和波兰代表就程序是否符合规程提出了质疑，博内特先生要求安理会在表决前等待专家委员会的报告，兰格博士则表示"对今天的程序感到惊讶"，下面是当时的发言记录：

兰格博士：秘书长向我们提交了一份法律意见……然后我们完

---

① 郭泰祺（1889—1952），中华民国政府外交家。曾任武昌商科大学校长、护法军政府外交部次长、中国驻意大利公使。1932年"一·二八事变"时，任国民政府外交委员会委员、外交部次长、中日停战会议中方首席代表，曾与日方代表签署《上海停战及日方撤军协定》。抗日战争期间，先后任外交部部长、国防最高会议外交委员会主席、中英文化协会会长。抗战胜利后，任联合国安理会中国首席代表。——译者摘自《第二次世界大战百科词典》，上海辞书出版社

全不顾秘书长的意见，继续讨论这个问题。我提请安理会注意，秘书长是联合国的一名重要官员，《宪章》赋予他特殊和重要的权利，我们现在不能投票，就好像他的意见不算数或不存在一样……

　　主席：我完全同意这个建议，在我们听取专家委员会对秘书长备忘录的研究报告之前，我们不能对苏联代表的动议进行表决……对于波兰代表的观点，即秘书长是秘书处非常重要之官员，我没有异议。但我要向他指出，在《宪章》第15章第97条中明确规定，"秘书长由大会根据安理会的推荐任命。他应为本组织的行政长官。"因此，无论我们从他那里得到什么意见——我相信安理会愿意对他的意见给予应有的重视和应有的考虑——决定权仍在安理会。

　　葛罗米柯先生：……既然我们已经决定将秘书长起草的备忘录提交给专家委员会研究，又怎么能进行表决或者做出决定呢？关于秘书长的职能——这个顺带提出的问题——当然，这些职能比刚才所指出的更为重要。我们来看看《宪章》中的一条规定，就足以认识到秘书长肩负的重任。第99条规定："秘书长得提请安理会注意他认为可能威胁维护国际和平与安全之任何事项。"……因此，秘书长更有权利，更有义务，就安理会审议之问题的各个方面进行发言。

　　作为回应，主席承认了他的"错误"，即在秘书长对这个问题的看法尚未得到审议之前，他就提议对删除伊朗议题的问题进行表决的"错误"。无论是他，还是安理会的其他成员，对于安德烈·葛罗米柯对秘书长权利的宽泛解释都没有提出质疑。很快，会议决定将讨论推迟几天，等待专家委员会的报告。

　　这里的委员会，尽管被叫作"专家委员会"，并不是由一般意义上的专家组成——如果我们所说的"专家",是指一位权威的专业人士并在独立判断的基础上得出结论的话。这个委员会是由安理会的十一个成员国,每个国家派出一位代表组成,一般是代表团的法律顾问,而这些代表团成员,其实都是按照本国政府的指示行事的。因此,我完全有理由相信,在删除伊朗议题的问题上,安理会此前出现的 8 比 3 的分歧局面,将会同样出现在专家委员会中——事实也的确如此。

委员会澄清了我的备忘录中不够明确的一点。我提出这个问题将"自动从议程上删除",除非安理会做出某些其他决定,并不意味着我认为只有在安理会做出这些决定后,这个问题才会从议程上删除。安理会的议程显然由安理会来做主,而且,由于它已将该事项列入其议程,它就有权取消该事项。我的意思是,将争端各方要求删除的议题,从议程中删除,是安理会自然而然应该做出的决定。

对专家委员会讨论的错综复杂的法律问题,我就不再详细阐述了。正如法律事务中常见的情况一样,论辩双方各说各的理。这些讨论并不会对安理会的决议产生什么影响,它们更多地不过是安理会决议的一种映射而已。不用说,安理会并没有从议程上删除该议题。但是,这件事并未就此结束。我就伊朗问题表达意见所产生的影响,至少是对秘书长地位所产生的影响,仍然可以感受得到。

当时,我对接替我出任挪威外交大臣的哈尔瓦德·兰格①这样描述:"我的备忘录仿佛投下了一枚炸弹"。我的干预行为成了全世界新闻的头条。华盛顿相当恼火;会议结束后,斯特蒂纽斯先生在代表休息室见到我,对我的立场和没有事先征求他的意见十分不满。我回复他,此前和他的法律顾问交换过意见,但也没能让他熄灭怒火。国务卿伯恩斯甚至

---

① 哈尔瓦德·兰格（Halvard Manthey Lange，1902—1970），挪威外交官、政治家。1946 至 1965 年任外交大臣，1945 至 1948 年任挪威诺贝尔委员会成员。——译者

在记者招待会上说，提交这份备忘录，已经超越了我的权限。他的这番言论见诸报端后的第二天，我会见了伯恩斯先生，问他是否看过我的备忘录。"没有"，他坦白说。于是我向他解释了备忘录的内容，他承认没有获取充分的信息，并请我对他在记者招待会上的言辞不要放在心上。

伦敦采取了一种不那么情绪化的方式：他们认为，我的干预更多的是一种法律行为，而不是政治性的，因此"没问题"。至于莫斯科——好吧，莫斯科当然喜不自禁。我之前提到安德烈·葛罗米柯发表的关于秘书长权利的观点，也许，正如当时波兰代表团的法律顾问在多年以后所说的那样，"苏联受赖伊先生干预伊朗事务的误导，支持给予他更广泛的政治权力，现在却对自己的错误感到遗憾"。不管怎样，我后来提出将我干预安理会程序的权利写入安理会议事规则，得到了苏联的坚决支持。同样，美国在界定秘书长在安理会的"职责"时也很谨慎，华盛顿的某些人开始"透露"我是"莫斯科的人"。对于美国支持联合国及其秘书长的重要性，我从来不曾轻视，尽管我坚信自己是对的，但这种反应让我很是不满。到了一定的时候，华盛顿会认识到，我的做法完全发自善意，也完全在我的权限之内。

花了大量篇幅讲述伊朗问题，部分原因是因为我的干预，对此后秘书长在联合国各主要机构会议上的定位产生了影响。至于这次干预的实际效果，我认为事情的发展已经予以证明。苏联确实撤军了，与伊朗的争端也消解了。然而，与我的建议背道而驰，安理会始终不曾承认这个事实。在问题解决后的八年多时间里，伊朗诉苏联一案仍然留在安理会的议事日程上。

关于秘书长的定位，在我干预伊朗事务时，安理会执行的暂行议事规则没有明确的条款允许秘书长通过口头或书面向安理会提出意见，尽管他们当然承认，秘书长可以根据第 99 条行事。现在，专家委员会开会重新起草了理事会的规则，并对这一缺陷进行了审议。索伯列夫先生代表我转告专家委员会，由于没有授权秘书长就安理会所讨论事项听取其意见，令我感到"相当尴尬"。他们提出的规则与经济和社会理事会采用的规则类似，使秘书能够应主席邀请发言。我希望不只是局限于在主席的邀请下才能介入，因为他可以选择邀请也可以选择不邀请。这个问题并非不切实际。在联合国大会第一届会议的主席团中，斯帕克先生作为当时的主席，在我两次向他暗示我要发言时，都不予理睬。经济和社会理事会，以及联合国大会都授权我只能在主席的邀请下介入。有鉴于此，我认为公开要求在安理会拥有更广泛的权利是不明智的。

不过，我已经授权负责安理会事务的助理秘书长们——阿卡迪·索伯列夫、德拉戈斯拉夫·普罗蒂奇[①]和郭秉文[②]，以及我的法律顾问亚伯拉罕·费勒，就我的观点与安理会代表团们进行了非公开讨论，我认为应该授权秘书长依据自己的判断对安理会的工作进行干预。在专家委员会中，澳大利亚、苏联和波兰代表立即表示同意这一观点。苏联的鲍里斯·斯坦因教授回应索伯列夫先生提出的规则，他说这是"不充分的，因为它只给予秘书长在主席邀请下进行干预的权力"。美国和中国则公开呼吁对秘书长的权力作更有限的解释。索伯列夫先生在这场连续召开了五次会议的辩论中始终保持沉默。澳大利亚外交部长赫伯特·埃瓦特博士授意他的代表，坚持秘书长的干预权是"绝对的，而不是有限的"。美国代表约瑟夫·约翰逊教授（后来担任卡内基国际和平基金会

---

① 德拉戈斯拉夫·普罗蒂奇（Dragoslav Protitch, 1902—1974），南斯拉夫外交官。1945年9月进入联合国秘书处。1954年任联合国副秘书长，一直到1969年退休，先后分管政治和安全、托管领土等事务，参与了刚果危机等一系列重大国际事件的协调处理。——译者

② 郭秉文（1880—1969），中华民国时期的教育家，中国高等教育事业的先驱之一。1926年5月，与美国教育家孟禄（Paul Monroe）在纽约创立"华美协进社"（China Institute in America），任首任社长。1931年返国从政，任国际贸易局局长。抗战期间以财政部次长兼中英贸易协会主席身份赴英国争取援助。抗战胜利后，1945年任联合国善后救济总署副署长兼秘书长。——译者

主席）按照华盛顿的指示行事，表达了相反的观点，他"根本无法确定，《宪章》可以被解释为授权秘书长就政治和重大问题发表意见"。英国代表起初建议委员会"让实践经验表明秘书长的权力应该如何付诸实施"，后来他转而支持澳大利亚-苏联的观点。我不知道是什么促使英国改变立场，但这一转变似乎打破了委员会的平衡，转向支持秘书长的权利不受限制。索伯列夫先生提交了一份新的文案，最终获得委员会全体一致通过："秘书长或其代表，可就安理会审议的任何问题向其提出口头或书面声明。"

我干预伊朗事务的先例，无疑影响了专家委员会的讨论，因此，安理会最终决定给予秘书长权利不受限制的先例，后来也对联合国大会议事规则的修订产生了影响。大会从其规则中删除了"邀请"条款。

在这里要补充的一点是，托管理事会并没有同样的慷慨。我猜测，对于秘书长或其代表可能干预该理事会处理的问题，一些殖民国家持有保留态度。经济和社会理事会并没有出现这样的问题，秘书长在该理事会及其若干附属机构，如人权委员会，享有最充分的干预权。

在给予秘书长广泛干预权的讨论中，尽管《联合国宪章》第 99 条也表明了这一点，但各国政府在最初几个月里表现出的犹豫不决，我是能够理解的。正如我之前提到的，对于整个世界来说，联合国秘书长都是一个全新的政治角色。世界利益代言人的概念，在许多方面都远远超前于我们这个时代——这个民族主义比以往任何时候都更加高涨、主权国家依然是统治力量的时代。正因如此，此后我在使用这些权力时十分的谨慎，因为如果企图走得太远、太快，反而会一无所获。我认为，秘书长这一职位的影响力不可能一蹴而就，只能逐年慢慢累积。不过让我感到高兴的是，我倡议的这些权利在联合国开创初期就得以确定下来，而这正得益于当时的议事程序还没有固化。

第六章　分裂已成定局

1946 年，在西方阵营与苏联之间，许多不祥的分裂迹象已经悄然显现。苏联人违反了在雅尔塔做出的支持东欧建立真正自由政府的庄严承诺，失败的"巴黎和平会议"[①]陷入无休无止的激烈辩论之中，安全理事会忙于解决伊朗和希腊问题，还有苏联代表即将投下一连串不计后果的否决票中的头几个。

不过，这一年的初始和岁末之际，联合国大会一致通过的两个决议，关乎我们这个时代最为重大的两个问题：1946 年 1 月 24 日的原子能决议和 1946 年 12 月 14 日的裁军决议。此外，在成功湖和法拉盛草原公园，经过谈判对裁军决议达成一致意见的大国外长们，又在华尔道夫酒店进行了闭门磋商，使得有关签署对意大利、罗马尼亚、保加利亚和匈牙利和平条约的僵局也得以打破。

在这几个月里，此后旷日持久的冷战态势尚未成为定局。我相信，尽管有危险信号正在浮现，当时世界上大多数的政治家都和普通民众一样满怀期待，西方和共产主义世界之间真正和平、相互容忍的共存关系即将实现。

1946 年 6 月 14 日，星期五上午，正是在这样的氛围中，联合国原子能委员会在亨特学院召开了第一次会议。其职权范围是所有大国和联合国所有其他会员国在 1 月 24 日的决议中一致通过的：[②]

委员会应以最快速度着手对相关问题进行全面调查，并随时就其认为可能存在的问题提出建议。特别是，委员会应就以下问题提出具体方案：

（a）为和平目的，促进所有国家之间基础科学信息的交流；

（b）对原子能进行必要的控制，以确保其仅用于和平目的；

（c）从国家军备中消除原子武器和其他一切可能用于大规模毁灭的主要武器；

（d）通过检查和其他手段提供有效保障，以保护守约国不受违反和逃避行为的危害。

那天早上的情形我仍然历历在目。当代表们在马蹄形桌旁就座时，大多数人的目光都转向了美国和苏联代表。安德烈·葛罗米柯是一张熟面孔；而美国代表则是联合国舞台上一位新的历史性人物：伯纳德·M.巴鲁克，在七十五岁的高龄放弃了此前政界元老和总统及国会私人顾问

---

① 巴黎和平会议，1946 年 4 月 25 日至 5 月 16 日、6 月 15 日至 7 月 2 日分两阶段在法国巴黎举行。会议基本上完成了对罗、保、匈、芬 4 国和约的草拟工作。会议决定意大利前殖民地由苏、美、英、法共管一年，如在条约生效后一年仍未解决，提交联合国；接受法国关于意、南边界线所提的建议：该线以西地区交联合国，的里雅斯特为自由港，该线以东划归南斯拉夫。——译者摘自《国际政治大辞典》，中国社会科学出版社

② 《联合国宪章》第 11 条规定：1. 大会得考虑关于维持国际和平及安全之合作之普通原则，包括军缩及军备管制之原则；并得向会员国或安全理事会或兼向两者提出对于该项原则之建议。2. 大会得讨论联合国任何会员国或安全理事会或非联合国会员国依第 35 条第 2 项之规定向大会所提关于维持国际和平及安全之任何问题；除第 12 条所规定外，并得向会员国或安全理事会或兼向两者提出对于各该项问题之建议。凡对于需要行动之各项问题，应由大会于讨论前或讨论后提交安全理事会。3. 大会对于足以危及国际和平与安全之情势，得提请安全理事会注意。4. 本条所载之大会权力并不限制第 10 条之概括范围……《联合国宪章》第 26 条规定：为促进国际和平及安全之建立及维持，以尽量减少世界人力及经济资源之消耗于军备起见，安全理事会借第 47 条所指之军事参谋团之协助，应负责拟具方案，提交联合国会员国，以建立军备管制制度。

的身份，担负起因为原子弹的发明而带给美国的这一重大而棘手的责任——这一责任可以说是突然而至，并且只能由美国人来承担。

作为秘书长，我宣布会议开始。我承认，这是一个"需要发挥全人类的聪明才智才能圆满解决"的问题，但对于"那些对未来感到绝望，并怀疑是否能设计出一套系统来控制这一新生力量的人"所持的观点，我并不赞同。

"人类在技术发展上取得了如此巨大的进步，如何控制好它，防止它被滥用，为了全人类的利益而利用它，这不可能超出人类的智慧之外，"我说，"全世界人民都希望，原子能的研制，能够减轻他们的繁重工作，而不是让他们的生活充满恐惧。"

然后我转向巴鲁克先生，请他在选举常任主席之前担任主席。他并没有等待进一步的组织程序，而是立即就公布了此后将作为《巴鲁克计划》① 载入史册的方案细节——建立一个国际原子能发展机构，一个激动人心的大胆计划。他的开场白意在唤起人们的紧迫感：

"各位联合国原子能委员会成员，和全世界的同胞们：

我们来到这里，是为了在生存和死亡之间做出选择。

这是我们的职责。

在新的原子能时代，黑暗的不祥之兆背后，隐藏着一线希望，如果能坚定信念抓住它，就能拯救我们。如果我们失败了，就会让

①《巴鲁克计划》（*Baruch Plan*），由联合国原子能委员会美国代表伯纳德·巴鲁克于1946 年 6 月 14 日提出的一项计划，亦称为原子能管制计划。其主要内容是：设立原子能发展总署，作为国际原子能监督机构，管制原子能的发展和利用，甚至包括原料生产，任何利用裂变材料来发展原子弹的违反管制的行为都将受到严厉制裁；该机构可以派遣代表到各国"观察"，以确保有效的管制；该机构不受大国一致原则的约束，联合国常任理事会无否决权；在机构确立有效管制后，停止核武器生产，并销毁一切现存核武器。同年 12 月 30 日，联合国原子能委员会表示同意该计划。——译者摘自《当代国际知识大辞典》，团结出版社

所有人成为恐惧的奴隶。我们不能自欺欺人：我们的选择，不是世界和平，就是世界毁灭。"

这些话经得起时间的考验。今天，它们仍然是真理，未来依然是。但是，我们现在比那时更为清楚地看到，那天慷慨激昂的巴鲁克先生所提到的"拯救"，在任何把和平问题人为孤立对待的方案中，都是难以实现的，比如原子能的控制，无论这个方案蓝图多么富有想象力，多么崇高——《巴鲁克计划》正是如此。他所提出的国际原子能发展机构，对这个领域如何实施国际监管考虑得相当长远。这将是一种超国家的垄断，控制所有国家从铀矿到成品的所有核燃料的生产和使用。这个国际权威机构一旦确立稳固，美国就准备交出它的储备和"技术秘密"，不再制造新的原子弹，现有的所有原子弹都将按照该机构的规定予以处置。但是，防止违规的保障措施必须是立即和自动生效的。"对此不能使用否决权，"巴鲁克先生强调说，"以防止那些违背他们庄严承诺的国家，即不为破坏性目的开发或使用原子能的承诺。"

因此，《巴鲁克计划》远远超出了《联合国宪章》的范畴，它要求各国政府将实质性的权利让与这个跨国家机构。对于任何大国来说，这都是一个非同寻常的提案，对美国来说尤其如此。这个国家在短时期内是唯一拥有被许多人认为是"终极"武器的国家，现在却提议放弃它。这个崇尚"自由企业"① 的国家，这个对世界上很多人来说是资本主义象征的国家，会把这种秘密和力量交与谁呢？这个机构，要做的是一次全球范围内通力协作的大胆尝试，几乎像是社会主义。这不只是由一个政府接管这些生产资料的问题，而是全世界所有政府联合起来，创造一

---

① "自由企业"（free enterprise），大多数美国人认为，如果没有资本主义的经济自由（economic freedom of capitalism）——许多人通常更喜欢称之为"自由企业"——他们的国家就不可能崛起为制造业产品、食品和服务的主要生产国。——译者

个对这种革命性新能源的全球垄断机构，并事先同意放弃对这个机构所做任何决定的否决权。

这对于苏联领导人所宣扬的马列主义理念，的确是一次意想不到的挑战。对他们来说，美国——这个垂死挣扎的、注定要灭亡的资本主义核心，竟然能提出这样的建议，这与他们的信条是完全背道而驰的。我敢肯定，他们很快就会认定，这是一条恶毒的诡计，目的是向西方代理人曝光苏联尚未公开的秘密研发系统。在这个国际机构中，非共产党人将占据多数，这的确是事实。而苏联的理论和制度，绝不允许有如此强大的外部势力入侵，除非苏联国家的内部政策发生彻底改变。

接下来的辩论颇具讽刺意味，苏联站在了保守的一边，坚持国家主权必须不受损害，而美国的立场则是激进的国际主义。我常常在想，如果苏联真的同意了《巴鲁克计划》，它在美国参议院的命运会是如何。要说服参议院批准如此激进的条约，肯定需要巴鲁克先生动用全部的威望和影响力，但这一考验从未到来。

苏联的第一步行动是一项反提案，目的是让美国单方面裁减核军备。葛罗米柯大使宣称，第一步应该是达成一项禁止生产和使用原子能武器的国际协定。协议生效三个月后，所有现存的原子能武器都将被销毁。监管制度则可以晚一些制定。这样的提议不可能被当真，这是一个令人沮丧的迹象，表明苏联倾向于从"东西方"冲突的狭隘定位上处理原子能问题，而不是把它当作一个全球性问题——这需要超越一切次要分歧的政治智慧。

不过，原子能委员会对《巴鲁克计划》的研究和讨论仍在继续，苏联代表也参加了。那年夏天，它的科学和技术委员会开展了一系列卓有成效的工作。1946 年 10 月 24 日，联合国大会在法拉盛草原公园召开第一届联大的第二次会议，人们寄托在原子能委员会身上的希望并没有破灭。很快，有关原子能控制、军备和武装力量管理的各种辩论成为大会的主导。苏联虽然坚持对原子能武器先禁止、后控制的立场，但也同意"严格"的国际管制原则，即通过核查，在"安全理事会框架"内建立原子能和常规军备的"管制机构"。至于在军备控制方面的否决权问题，苏联在第一委员会中指出，"安全理事会的一致性规则与各管制委员会的工作无关。因此，一个拥有'否决权'的常任理事国可以阻止管制制度的实施，这种说法是不正确的"。

最终，第一委员会的一个内设委员会成功拟定了一项决议，并于1946年12月14日获得联合国大会一致通过。这只是一项笼统的决议，但其中的措辞显示，苏联似乎改变了立场，接受了禁止原子能武器不应优先，而应成为国际管制和核查制度的一部分的原则，这项制度通过设立专门的管制机构，对原子能武器实施管控，以及武装力量和常规军备的管制和裁减。这项决议导致安理会于1947年2月成立了一个常规军备委员会，与原子能委员会并肩工作。同时，后者于1946年12月30日通过了提交安理会的第一份报告，其内容与巴鲁克的建议基本一致。投票结果是10比0，苏联和波兰弃权而不是反对，理由是他们没有得到授权就《巴鲁克计划》的实质内容进行表决。

在报告提交给安理会进行讨论的两个月后，葛罗米柯先生提交了若干重大修正案，整个议题又被退回给原子能委员会。1947年6月，苏联最终提交了一份自己的管控制度方案。其中清楚地表明，《巴鲁克计划》中的两个重点内容，苏联不会接受：第一，由一个国际机构拥有和管理原子能设施（反之，这些设施仍然保留在各国手中，接受"国际管制委员会"的"定期"和"特别"检查）；第二，虽然否决权不适用于管制机构的日常行动，但当有严重违反规定、需要接受惩罚的行为提交给安理会采取行动时，可以行使否决权。

由于这些问题，《巴鲁克计划》最终失败了。它得到了绝大多数人的支持，但是没有苏联的认同，它永远不会成为现实。尽管此后每年的大会都会重提这个问题，但僵局始终未曾真正改变，从那之后直到1953年12月9日艾森豪威尔总统的讲话，新的提案才真正出现。常规军备委员会毫无进展，最终与原子能委员会一起被废除，取而代之的是联合裁军委员会。这一步从程序上来说至少是切合实际的，因为我认为，对于现实世界的权力和政治，区分大规模毁灭性武器和装备"常规"武器的大规模军队一直是不现实的。裁减军备和对原子能的国际管制，只可能同步实施，并且包含在同一个更为广泛的政治解决方案之中。

1946年12月一致通过的裁军决议里有一段声明："有关与裁军密切相关的安全问题，大会建议安理会按照《联合国宪章》第43条①所述对武装部队的处置，尽可能加快处理。"

整个1946年，美国、苏联、英国、法国和中国的将军们经常在军事参谋团的非公开会议上会面。其中有许多高级别的将领。如美国的马修·B.李奇微将军和H.肯特·休伊特海军上将，苏联的A.F.瓦西里耶夫将军和A.R.沙拉波夫将军，英国的空军上将盖伊·加罗德爵士，法国的皮埃尔·比约特将军和中国的何应钦将军。他们在这次会议期间的主要任务，是就提交给安理会关于组建联合国军队的基本原则达成一致意见。

1947年2月13日，安理会要求在4月30日之前就这些建议提出报告。这份报告在提交之时，包括25项一致意见和16项分歧，主要分歧是关于五个大国各自贡献兵力的数量。苏联坚持每个国家应当贡献同等的陆、海、空军兵力，其他四个代表团则支持按照比例，并考虑到各自陆、海、空军兵力的巨大差异。

---

① 《联合国宪章》第43条规定：1. 联合国各会员国为求对于维持国际和平及安全有所贡献起见，担任于安全理事会发令时，并依特别协定，供给为维持国际和平及安全所必需之军队、协助及便利，包括过境权。2. 此项特别协定应规定军队之数目及种类，其准备程度及一般驻扎地点，以及所供便利及协助之性质。3. 此项特别协定应以安全理事会之主动，尽速议订。此项协定应由安全理事会与会员国或由安全理事会与若干会员国之集团缔结之，并由签字国各依其宪法程序批准之。

6月，安理会开始讨论该报告时，这是辩论的主要议题。在辩论过程中，军事参谋团被要求对足够安理会履行其维持和平责任的兵力做出估计。法国、英国、美国和苏联都提交了非正式的估计数，中国同意英国的数字。鉴于后来发生的一系列事件，让我们再来回顾一下 1947 年这些早已被人遗忘的数字，很有意思：

	法国	英国	美国	苏联
空 军				
轰炸机	775	600	1 250[①]	600
战略	(225)			
中型	(150)			
轻型	(400)			
战斗机	300	400	2 250[②]	300
侦察机	200	—	—	—
其他	—	200	300	300
总计	1 275	1 200	3 800[③]	1 200
陆 军				
师	16	8—12	20	12
装甲兵	(3)			
空降兵	(3)			
机动或山地	(10)			
海 军				
战列舰	3	2	3	—
运输舰	6	4	6	—
巡洋舰	9	6	15	5—6
驱逐舰	18—24	24	84	24
护航舰	30	48	—	24
扫雷舰	30	24	—	24
潜艇	12	12	90	12
配合所示部队的突击登舰	1	2—3[④]	6	—

① 只分为战略和战术轰炸机。
② 包括战斗轰炸机。
③ 不包括运输机。
④ 2 个团或者旅的兵力。

值得注意的是，美国提交的可用兵力总数估计是最高的，而苏联和英国的数字是最低的，并且除了海军之外，他们的数字非常接近。对于这些估计值，安理会从来没有进行过任何真正的讨论，因为苏联坚持认为，每个大国在空军、陆军和海军各个军种的兵力分担，必须适用均等原则。到了1947年夏天，冷战已经发展到这样一个阶段，毫无疑问，即便没有出现是按均等还是按比例的分歧，就这些问题达成一致意见也是根本不可能了。不过，我经常在想，如果意见能够达成一致的话，即使是按照每个军种估计的最小数字，比如英国最低的估计数8个师，安理会也能拥有足够使用的兵力，不单单是平定暴乱，甚至可以阻止除了大国之外的任何武装侵略行为。当然，在后一种情况下，安理会是无法采取行动的，联合国必须通过大会或者诸如北约等相关的集体自卫组织作出反应。

为了第43条的落实执行，军事参谋团又进行了数月徒劳无功的讨论；但很快由于局势好转无望而中止了这些努力。从那时起，后来只举行过一些走过场的会议，没有进行过任何有实质性意义的讨论。军事参谋团仍然存在，但只是作为一种令人不抱希望的"希望"的象征，只不过这些希望还尚未完全破灭，然而也已经被搁置一旁，留待将来再去考虑了。1948年春，局势已经很明显，第43条在可以预见的未来不可能得到执行，我和顾问们想要重新研究探索一个新的方案，可以为安理会提供某种形式的武装力量。巴勒斯坦境内爆发的敌对行动，使这种想法变得更加急迫起来。经过深思熟虑后，我决定至少试探一下这个想法，由秘书长征召一支小型国际军队，交由安理会使用。这将完全绕过大国在安理会有关第43条产生的分歧。虽然对这个想法会被普遍接受不抱太大希望，但我觉得作为秘书长，有责任去做下尝试。

我选择在6月哈佛大学的毕业典礼上公开这个想法。科南特校长邀请我发表讲话，而在一年前同样的场合，是马歇尔将军发表讲话，启动了马歇尔计划。当然，我要提出的建议，在适用范围和紧迫程度上都无法与之相提并论，但有了这个先例，使哈佛成为一个合适的地点。我在发言中清楚地表明了自己的观点，即我们必须坚持把《联合国宪章》第43条作为最终的目标，但与此同时我们不尝试做出其他努力也是错误的。因此我提出了如下建议：

> "现在，或许可以通过建立一支规模较小的、不同于战斗部队的警卫部队，作为我们的开始。这支部队可以由秘书长征召，交给安理会使用。这样一支力量，无论在过去，还是今后，对我们来说都是不可或缺的。
>
> 即便这只是一支小规模的联合国部队，也派得上用场，因为它代表着联合国，可以行使联合国的所有权力。我认为，迄今为止，在安理会处理过的所有案例中，还没有哪一个需要动用一支庞大的军队来代表联合国采取行动，包括巴勒斯坦，只要能有一支小型的联合国警卫部队可以在适当时候执行紧急任务。
>
> 我希望，在大国解决有关安理会军事协定的分歧之前，能够尽快就此采取一些初步行动。
>
> 这些行动有助于提升联合国的影响力，因为它能够加强本组织行使其权力的能力。同时也是适时地向全世界表明，各成员国政府，在落实《联合国宪章》关于维护和平的条款方面，至少下定决心开始行动起来了。"

这项提议立即引起了公众的广泛兴趣和讨论，后来也得到了一些成员国政府的初步回应。然而，对于吸引那些必不可少的政府支持，时机还不成熟。尽管这不是一项什么大工程，但要落地实施，就需要主要成员国掌握外交政策的人给予一定程度的关注和参与。然而，在1947年之后的几年里，对于这些有助于提升联合国权威和威望的计划，他们似乎都没有给予足够的重视。他们太过专注于冷战时期的一系列动作，比如杜鲁门主义、马歇尔计划和《北大西洋公约》，以及所有随之而来的国内外复杂局势，以至于没有时间和精力去考虑在他们看来不那么紧迫的问题。不过，我仍然认为，这是错失的良机之一，如果抓住这些机会，联合国在维持和平方面的影响力可能会大大增强。

1946 年夏天，一系列关于接纳新会员国加入联合国的争论开始了。① 安理会审议了阿富汗、阿尔巴尼亚、冰岛、爱尔兰、蒙古人民共和国、葡萄牙、瑞典和约旦的加入申请。西方列强反对接纳阿尔巴尼亚和蒙古人民共和国；苏联反对接纳爱尔兰、葡萄牙和约旦，理由是：它与这三个国家没有外交关系。

美国在安理会的副代表赫谢尔·约翰逊试图打破僵局，提议由安理会向大会建议，接纳目前所有的申请国。他坦率地说，美国对阿尔巴尼亚和蒙古人民共和国有很深的疑虑，但他补充说："为了加速实现会员国的普遍性，基于我们所提出的建议，对我们心中有关一些申请者是否准备好承担《宪章》义务的疑虑，我们愿意去解决这些问题。我们建议的实质内容是，安理会，本着公平对待所有现有申请国的精神，并为了本组织的最大利益，应当建议大会接纳所有申请者为成员国。"

约翰逊先生和我就这个问题谈了很多次。所以，在美国最终发表声明时，我是完全知晓的。因此，他一提交正式决议，我就请安理会主席给我发言机会，对此表示支持。我在发言的最后讲道："联合国面临的许多重大任务仍然有待完成。避免战争只是我们的目标之一。如果我们要实现我们的目标，联合国必须在今后一段时间内为改善全世界人民的

①《联合国宪章》第 4 条规定：1. 凡其他爱好和平之国家，接受本宪章所载之义务，经本组织认为确能并愿意履行该项义务者，得为联合国会员国。2. 准许上述国家为联合国会员国，将由大会经安全理事会之推荐以决议行之。

生活而努力。这项工作需要每一个值得尊敬的国家，和全世界每一个正直的人的积极支持与合作。正如我曾经指出过的，联合国的创始会员国，和本组织内的所有大国都曾多次表示，联合国必须尽可能具有普遍性。在这个问题上，从未出现过严重分歧。因此，我作为联合国秘书长，愿意支持接纳今天所有提出申请的国家为会员国。"

先前我与葛罗米柯先生的谈话，已经得到了他个人的支持，当时我告诉他，现在有机会让所有的申请人都被接纳；但他现在收到了莫斯科的指示，拒绝接受这一折中方案。不，他说，安理会不应该全部接纳这些申请国。安理会应就每一个申请国的情况分别进行严格的审议并表决。约翰逊先生立即撤回了他的建议。随后，苏联否决了爱尔兰、约旦和葡萄牙，因为阿尔巴尼亚和蒙古人民共和国分别只获得了 5 票和 6 票赞成票，美国、英国和荷兰投了反对票。阿富汗、冰岛和瑞典则成功通过，并于那年秋天被联合国大会接纳。

就这样，在入会问题上出现的一系列令人沮丧的僵局，一直持续到我的任期结束。1953 年，21 个国家的申请仍然悬而未决，包括阿尔巴尼亚、蒙古人民共和国、保加利亚、罗马尼亚、匈牙利、芬兰、意大利、葡萄牙、爱尔兰、约旦、奥地利、锡兰、尼泊尔、利比亚、越南、柬埔寨、老挝、越南民主共和国、日本、大韩民国和朝鲜民主主义人民共和国。有几个国家设法获得了准入，因为五大国出于某种原因都投了赞成票。这几个幸运的国家是泰国、巴基斯坦、也门、缅甸、以色列和印度尼西亚。

在此期间，1947 年秋天，朝着一年前曾经被自己义正言辞地拒绝的主张，苏联却迈出了第一步。在与意大利、匈牙利、罗马尼亚、保加利亚和芬兰签订的和平条约生效后，葛罗米柯先生提议，安理会应当批准接纳所有这五个国家。然而，这个时候美国在英国和其他一些西方大国的支持下，却采取了葛罗米柯先生一年前奉行的路线。他们强烈反对整体接纳这五个国家，并坚持应该根据每个国家的实际情况分别进行审议。他们支持接纳意大利和芬兰，但反对接纳匈牙利、保加利亚和罗马尼亚，认为这些国家违反了和平条约的人权条款。结果是苏联的否决将意大利和芬兰排除在外，而其他国家也未能在安理会获得 7 票的必要多数票。

两年后，也就是 1949 年，雅科夫·马利克①向安理会提议，苏联主张一并接纳奥地利、锡兰、芬兰、爱尔兰、意大利、葡萄牙、外约旦、尼泊尔、阿尔巴尼亚、保加利亚、匈牙利、蒙古人民共和国和罗马尼亚为会员国。而西方大国又一次否决了这种做法，并且从那以后一直如此。从法律上讲，他们有一个强有力的理由。国际法院曾经给出咨询意见，宣称联合国会员国无权根据《联合国宪章》未明文规定的条件同意接纳新会员国，并且，尤其是它无权以其他国家同时被接纳为条件来表示同意。

此外，《联合国宪章》第 4 条确实规定，希望成为联合国会员国的国家不仅必须接受《宪章》规定的义务，而且必须能够并愿意根据本组织的意见履行这些义务。反对接纳五个苏联卫星国很容易，因为苏联多年来为了这些国家的加入，一直以否决权为武器来讨价还价。尽管如此，在我看来，西方国家同意接纳这些共产主义国家，连同更多因这种僵局而被拒之门外的非共产主义国家，是更为明智的做法：从实用政治的角度来看，西方国家获得的好处将远远超过苏联；从原则的角度来看，显然，如果你认同这是任何一个世界组织的基本前提，那么最快速地实现会员国普遍性的路线无疑是正确的。至于第 4 条的标准，有一些国家的政府在国际上的表现肯定比其他国家政府要差得多。但是，在联

---

① 雅科夫·马利克（Yakov Alexandrovich Malik, 1906—1980），苏联外交官，1948 至 1952 年、1968 至 1976 年任驻联合国大使，参与了朝鲜战争停战调解，1951 年 6 月向联合国提出停战协定。1955 年任驻英国大使。——译者

合国六十个会员国中，又有谁能够宣称自 1945 年以来，在所有方面和任何时候，都充分履行了《宪章》规定的义务呢？《联合国宪章》的确规定了一个理想的国际行为标准，可惜这一标准在实践中还远远没有实现；但是，这一标准，在各国政府都加入联合国之后，将会比他们加入之前对他们的政策产生更大的影响和更为重要的意义。

1946 年初露端倪的东西方裂痕，在 1947 年逐渐演变成为一个永久性的国际格局，这一点在安理会审议希腊问题的过程中体现得也很明显。斗争是苏联方面在伦敦召开的安理会会议上开始发动的，维辛斯基在会上激怒了欧内斯特·贝文。1946 年 8 月，乌克兰苏维埃社会主义共和国的曼努伊尔斯基先生进一步火上浇油。当时，对希腊政府军与共产主义游击队之间的内战①，安理会除了就战争的对错进行了一场不痛不痒的辩论之外，没有采取任何行动。然而，在 1946 年 12 月，希腊自己把这个问题提交给了安理会。它指控南斯拉夫、阿尔巴尼亚和保加利亚都在援助希腊境内的共产主义游击队。尽管苏联及其卫星国愤怒地否认了这些指控，并再次攻击希腊政府和英国部署在希腊的小规模部队，但苏联还是同意与西方成员国一道成立联合国调查委员会，苏联和波兰派代表参加②。委员会前往希腊对侵犯边界的指控和反指控进行调查。

与此同时，伦敦工党内阁做出了一项重大决定。当时的英国麻烦缠身，同时面临着来自印度、缅甸、马来亚、巴勒斯坦、苏伊士和其他地方的问题，再也无力承担继续向希腊——这个传统上属于英国势力范围

① 希腊内战（Greek Civil War），是希腊王国政府领导的希腊国民军和希腊共产党领导的希腊民主军之间的战争，持续时间从 1946 年一直到 1949 年。希腊内战是冷战初期的地区战争之一，也是冷战中世界范围内西方盟国与共产主义联盟互相对抗的缩影，同时也是现代代理人战争的先例。在社会主义阵营内部，对于希腊内战的态度存在分歧，苏联领导人斯大林依照"百分比协定"决定不对希腊内战加以干涉，而南斯拉夫领导人铁托则坚决支持希腊共产党，这也为之后的苏南决裂埋下伏笔。——译者
②《联合国宪章》第 34 条规定：安全理事会得调查任何争端或任何可能引起国际摩擦或引起争端之情势，以决定争端或情势之持续是否可能危及国际和平与安全之维持。

和责任范围的国家提供军事和经济援助的重担了。事实上，此后不久，英国政府就巴勒斯坦问题也做出了类似决定。后者的问题被一股脑儿抛给了联合国。就希腊问题而言，英国人抽身而退的决定，早在 1947 年初就秘密通知了华盛顿。

这使美国突然面临这样一个问题：它是否应该进驻，以填补英国人撤军之后留在地中海东部地区的权力真空。这是杜鲁门总统曾经面临过的几次重大时刻之一，必须要拿出魄力，做出艰难抉择。与后来的韩国问题一样，他在重大问题上表现出了临危不惧的领导能力。土耳其也好不到哪里去。它的经济状况不佳，拥有一支虽庞大勇猛但装备简陋的军队，而莫斯科正在让它陷入一场精神意志上的战争，威逼其修订《蒙特勒公约》①，并重提旧沙皇时期对卡尔斯②和阿尔达汉③边境省份的主权要求。

杜鲁门总统一旦下定决心，就迅速采取行动。1947 年 3 月 12 日，他亲自现身美国国会，提议向希腊和土耳其提供价值 4 亿美元的军事和经济援助计划，并发表"杜鲁门主义"的宣言，这使得美苏首次在这一地区正面交锋。这项计划后来在遏制共产主义扩张所取得的成功，充分证明了他的决定；但是，杜鲁门总统的国务院，当时在一个重要问题上

---

① 《蒙特勒公约》（*Montreux Convention Regarding the Regime of the Straits*），1936 年 7 月 20 日在瑞士蒙特勒签署的有关黑海海峡的国际条约，当年 11 月 9 日生效。公约确认了海峡通行的自由原则，撤销了原来的海峡国际委员会，恢复了土耳其对海峡的全部主权，土耳其获得了在达达尼尔海峡和博斯普鲁斯海峡设防的权力。其后该公约经多次修改，至今有效。——译者

② 卡尔斯（kars），土耳其东北部的一个省份，与亚美尼亚共和国交界。省会也称卡尔斯，公元 9、10 世纪曾为亚美尼亚公国首都，1386 年被帖木儿大军摧毁，16 世纪由奥斯曼土耳其人重建。1878 至 1917 年卡尔斯省全境都是俄罗斯卡尔斯州。1918 至 1920 年该省被亚美尼亚民主共和国以凡南德省的名称统治，省会仍然是卡尔斯。根据《卡尔斯条约》，1921 年该地区被从苏联划给土耳其。到 1990 年代为止，阿尔达汉省和伊戈蒂尔省一直是卡尔斯省的一部分。——译者

③ 阿尔达汉（Ardahan），位于土耳其东北部与格鲁吉亚和亚美尼亚交界边境的一个省，省会也称阿尔达汉。该省是 1994 年从卡尔斯省分离出来成立的。——译者

对他造成了不利影响。安理会正在积极审议希腊问题。显而易见，作为一个如此坚定地承诺联合国是其"外交政策基石"原则的政府，首先应该向安理会告知实施这一援助计划的意向和理由。而实际上，"杜鲁门主义"宣言就像一颗炸弹一样，毫无征兆地在世人面前轰然引爆。有人告诉我，就连美国常驻联合国的代表奥斯汀①大使本人，事先既没有被征求过意见，也没有得到通知。联合国许多友好会员国的政府和秘书长自然也是如此。不管怎样，我记得在新闻报道把总统向国会讲话的消息传来之后，奥斯汀大使立刻乘坐下一班火车赶往华盛顿，另外据我所知，范登堡②参议员也公开表达了自己的强烈不满，即国务院在一个如此影响世界和平的重要问题上，居然愚蠢地完全绕过了联合国。我猜测，这两位长期在美国参议院共事的坚定的共和党国际主义者，在幕后尽其所能地修补损失。

无论如何，奥斯汀大使从华盛顿返回后，立即要求安理会开会审议希腊问题。在这次会议上，他告诉安理会，希腊已于3月3日紧急请求美国提供援助，"杜鲁门主义"是对这一请求的回应，美国援助计划的目标，在于重建和平与安全，这与成立联合国调查委员会的目的是一致的。当然，葛罗米柯先生对此的回应是谴责美国采取"单方面行动"，损害联合国的权威，尽管他暂时同意美国提出的一项决议，呼吁联合国调查委员会在撰写给安理会的报告的同时，留驻一个小组，继续调查希

---

① 沃伦·奥斯汀（Warren Robinson Austin, 1877—1962），美国参议员、外交官。1947 年 1 月至 1953 年 1 月任美国驻联合国大使，参与处理了以色列建国、阿以冲突、印巴战争、柏林空运、组建北约等冷战初期的一系列重大国际事件。——译者
② 阿瑟·范登堡（Arthur Vandenberg, 1884—1951），美国政治家。1928 年当选参议员，是共和党反对罗斯福"新政"的主要代表。1945 年任旧金山会议美国代表团成员，主导《联合国宪章》起草工作。旧金山会议后在参议院中积极为联合国辩护，在美国国会接受联合国过程中发挥了重要作用。1947 至 1949 年任参议院临时议长兼外交委员会主席，支持杜鲁门主义、马歇尔计划和北大西洋公约组织，被称为制造冷战的十二个关键人物之一。——译者

腊北部的情况。三个月后，1947年8月，苏联否决了美国和澳大利亚根据委员会的报告提交的议案。美国的议案发现，阿尔巴尼亚、保加利亚和南斯拉夫一直在援助和支持反对希腊政府的游击队。澳大利亚的议案则宣称这一局势对和平构成威胁，并呼吁希腊、阿尔巴尼亚、南斯拉夫和保加利亚进行直接谈判，以期缓解紧张局势，恢复正常外交关系。两项议案均获得9张赞成票，波兰和苏联投了反对票。

这终结了安理会对巴尔干问题的审议。这个问题已经超出了西方和苏联可能进行谈判的阶段。但它决没有脱离联合国的管控范围。次年9月，西方国家通过程序性表决将其从安理会的议程上删除，并将其提交给联合国大会审议。由此成立了一个联合国巴尔干问题特别委员会，苏联及其巴尔干卫星国拒绝为该委员会提供服务或进行合作；尽管如此，该委员会在随后的几年中仍做了非常有价值的工作。派驻在希腊北部边境的联合国军事观察员和在希腊国内的特别委员会，对提供给希腊共产党游击队的秘密援助构成了巨大威慑。逐渐地，这种援助就停止了，与此同时美国的大规模军事和经济援助，无论是物质上还是精神上，都为这个支离破碎的国家注入了新的活力。希腊国内重新恢复了和平，一个濒临瓦解和崩溃的国家得到了拯救。

第七章　永久总部

联合国大会原定于 1946 年 9 月 3 日在纽约再次召开；但是由于夏季的巴黎和平会议因分歧而拖延，大国们纷纷要求延期。于是我提出了一个新的日期，10 月 23 日，在征询意见时没有人反对。这给了秘书长和他的幕僚们额外的七个星期时间来做准备。

在会议开幕的前五天，位于法拉盛草原公园的新会议厅已经准备就绪。那天，当杜鲁门总统起身向代表们致辞时，他所作出的热情洋溢的承诺，即美国政府和人民随时准备"全力合作，为联合国在这个国家建立一个家园"，在各个方面都落到了实处。

就我而言，我对新总部的安排相当满意。第二天在大会上讲话时，我承认联合国组织过去一直有些"漂泊不定"，不过我也指出，在组织的基础建设方面，每天都在添砖加瓦。

不过，新总部的安排仍然只是一个权宜之计，最终决定越早敲定越好。总部选址委员会提名伦敦的报告，现在已经提交给大会主席团了。结果证明这项工作是令人满意的。委员会对交给他们的任务完成得十分出色；并且根据所收集到的资料，拿出了初步意见。

但事非所愿。

到底是放在纽约还是伦敦的争论再次冒了出来——只是增加了新的论据和说辞而已。夏天的时候，抗议的声音源源不断地从纽约和康涅狄格州传来，批评将联合国永久总部放在韦斯切斯特县或费尔菲尔德县的决定。反对声随着联合国大会开幕时间的临近而有所增加；当代表团抵达纽约的时候，他们在外面闹得很凶。尤其令人感到不安的是他们所展示出的排外主义，有些甚至还有反犹太主义的迹象。我知道这样的立场并不代表那些地区的大多数人；但有的时候看起来就是这样，因为反对团体非常活跃，发出的声音最大。我碰到的许多代表团成员都对此公开表达了不满，他们强烈建议，不要搬去一个我们显然不受欢迎的地方。

正如我所担心的，往返会场途中看到的情况，现在变成了支持伦敦方案的重要理由。开车去成功湖和法拉盛草原公园有很长的路，这可让他们付出了代价。秘书处的工作人员也开始抱怨了，那些来自旧金山和伦敦、特别是日内瓦的老员工，开始拿纽约与上述地方作比较。就算与其他大都市的市中心相比，气候、住房、生活成本高都是问题——所有这些都放大了大家的不满意。工作人员中赞成把总部放到别处——只要离开纽约——随便什么地方都行的人越来越多，对此我一点儿都不奇怪。对那些并非出生和成长于此的人们来说，我会是最后那个称纽约市为理想居住地的人。上面这些问题有那么重要吗？我们有没有考虑过更基本的因素？有一系列政治方面的、强有力的理由，决定了我必须选择这个城市。在当时的背景下，我不得不把政治因素放在首位考虑，把气候、个人舒适之类的问题抛在一边。我们不是来这里度假的。

又一次很难确定美国人到底是什么立场。我记得小爱德华·R. 斯特蒂纽斯比起纽约来更喜欢旧金山——部分可能是因为他觉得离华盛顿远一些对联合国来说更好。据我所知，杜鲁门总统也不是很热衷于选纽约。为了保持中立，他曾经给自己的好朋友提到过波士顿和费城，或者，我记得是中西部某个地方。他或许也有政治上的理由。

因此我非常想听听沃伦·R. 奥斯汀参议员的意见，他是接任6月已经离职的斯特蒂纽斯先生的首位美国大使。我们第一次会谈是在他位于佛蒙特州伯灵顿市的家里，坐在他心爱的果园里，聊了一堆苹果如何杂交和嫁接的事，但根本没提总部选址的问题。不过，等到了 11 月 5 日，大会主席团坐下来讨论这个问题时，他建议对选址报告进行修改，"考虑增加两个永久总部可能的选项，在纽约或者旧金山海湾地区，这两个地方都是不用花什么成本或者合理成本就可以拿到"。我们似乎兜了整整一个大圈子，连旧金山也再次被纳入讨论和建议了，而且这一次还是东道国自己提出来的。美国在总部选址问题上的中立立场，很明显已经被抛弃了。

俄国人的反应是很快的。本来苏联一直赞成放在纽约，这时候乌克兰外交部长曼努伊尔斯基提出对选址报告做进一步修改，写上"将临时或永久总部放在……欧洲的可能性"。曼努伊尔斯基先生的修改建议没有被采纳；但不管这是不是仅仅做个动作，都意味着苏联关心总部选址的问题。一旦苏联外交部长莫洛托夫站出来就此问题发表他国家的意见，事情在俄国人眼里就更加重要了。这一次大家本来以为他不会发言；但他还是说了——一样很有分量。不过，非常有意思的是，他一站出来就坚决反对旧金山，对欧洲选址只字未提——干脆利索地建议下一次联合国大会在哪里开。同时英国人成功地说服了大会主席团，在选址报告中增加美国的其他地方，就像纽约和旧金山一样。这样一来，就重新把东海岸的波士顿和费城纳入了考虑。

在接下来的几天里，纽约的机会似乎随着时间的流逝越来越小。在大会总部选址委员会之下，现在又任命了一个内设委员会，负责研究和报告旧金山、费城和波士顿的情况——先前关于纽约的研究此时已经被晾在一边了。

发生了这么多事，秘书长在其中做了些什么？不管结果怎样，我对总部选址问题的意见，在当时恐怕是公开的秘密。不管此前存在着什么样的问题，都在纽约市官员召开的最后一次会议上全部得到了解决。通过最后的争取，他们准备提供整个法拉盛草原公园地区——包括 1939

年举办世界博览会的场地和目前联合国大会所占用的场地。纽约市参加联合国总部选址委员会的成员有：市长奥德怀尔、罗伯特·摩西、温斯罗普·奥尔德里奇，弗雷德里克·埃克也一起出席了会议。

市政方面的专家已经收集了可能需要的全部资料，进行现场答疑释惑。我记得，有几位内设委员会成员怀疑市政府在法拉盛地区建设大型高层建筑的想法，据说那里的地质条件不太稳定；甚至还有些人提到偶尔出现的沼泽气味和邻近的公墓。到这个时候我的感觉就好多了，开始介入为这个城市和她的计划辩护，并继续依靠纽约市政府的官员，因为没有他们和他们的帮助，就不会有联合国大会举办会议的场地，也没有成功湖。尽管一些评论将那些旧金山、波士顿和费城支持者的怒火都倾倒在我身上，但我的意见的确是基于事实——就在数日之后，当一些代表问起的时候，我回答说将总部搬到旧金山要花费大约 200 万美元，再加上秘书处和代表团每年的差旅费用还要 50 万美元。

在 12 月 4 日之前，内设委员会已经完成了最后的调查工作，并提交了报告。按照字母排序，费城的贝尔蒙特罗克斯伯勒地区和旧金山的普雷西迪奥地区排在推荐名单的前面。纽约州韦斯切斯特县白原市和哈得孙河沿岸 2 平方英里（约 5 平方公里）的地区排名第二，但纽约市和原来的韦斯切斯特县、费尔菲尔德县都没有列入候选。事已至此，当苏联和英国都开始拖出他们自己的重炮时，纽约和旧金山的支持者们只不过是跟在后面打一场全面的拉锯战。对他们来说，旧金山是不能接受的。英国的肯尼思·杨格公开支持费城。美国代表团立即发表声明予以反击，称杜鲁门总统——经过国会批准——愿意将旧金山的普雷西迪奥地区无偿提供给联合国使用。这本身的确是一个颇有吸引力的选择，除此之外，最新的声明似乎也代表着美国总统和政府当局的意见。

接着跷跷板就悬在半空中了，是苏联代表乔治·菲利波维奇·萨辛让它停住的。他指责美国应当对代表们分裂成三派的局面负责，称"对美国不尊重伦敦决议而感到遗憾"。在结束发言的时候，他明确地讲："无论发生什么情况，苏联代表团都不会同意选择旧金山，我们不会到那里去的。"他重申苏联支持纽约，但暗示苏联可能会接受费城作为妥协。还有同样反对去西海岸的代表可能大多是英国人，路途太遥远了，但在其他选择上几乎都没有达成一致。

在这种情况下，关于总部选址的辩论就进入了另一个僵局。大家没有人敢预测结果会是什么。但如果说对一头雾水的其他代表还有些许安慰的话，那就是美国人自己好像也一样找不到方向。在选址委员会12月6日召开的一次会议上，奥斯汀先生很快就打退堂鼓了。关于普雷西迪奥这个选项，他说，是应总部选址委员会的要求才提出来的，不希望对结果有什么影响。美国人自己又开始反对把联合国总部放在太平洋沿岸了，因为距离欧洲太远了；还是选大西洋沿岸的地方比较好。但放在大西洋沿岸的哪里呢？美国人对东海岸的选项有倾向性意见吗？还依然坚持放在纽约地区吗？大家都静观其变。应该说，这段时间对美国政府来说可不好过。

那天的会议结束之后，局面已经清楚了，我们不得不采取一些非常措施，而且要快。法拉盛草原公园已经赢得了大家的支持，除了两位代表之外：南斯拉夫的斯托扬·盖里洛维奇和挪威的芬恩·莫伊。当天晚上我就打电话给市长奥德怀尔和罗伯特·摩西，告诉他们如果不提出一个新的、更好的建议方案，整件事就前功尽弃了。我已经尽我所能了。那结果就会是费城，尽管旧金山还在选项里面，但是已经没有机会了，因为美国政府新的意见也是反对。

在关于总部选址的问题上，我们的这通电话成为了转折点。它引发了后续一系列事情，最终促成联合国的大理石、玻璃幕墙大厦在曼哈顿竖立起来。

位于42街和48街之间、紧邻东河的海龟湾，当时是一片遍布着屠宰场和贫民窟的迷宫一样的区域，在过去十天的讨论中已经多次被提到。我认为是公园专员兼规划协调员罗伯特·摩西第一个提到这块地方的；作为一位务实的理想主义者和城市建设的规划者，这一方案对他颇有吸引力。如果岛上没有现成的联合国总部建设用地，那为什么不把最烂的一个地块推平了腾出地方来呢？由此还可以兼顾城市建设改造计划？

在那天晚上的电话里，摩西先生、奥德怀尔市长和我都回到了海龟湾这个选项上——一个遥不可及的想法，但不管是当时还是现在，这个想法听起来都可以扭转乾坤。那么成本多少？曼哈顿的地产在全世界是最贵的。光那六个街区的土地一项就成本高昂。不过在美国还是有可能的，这个国家有着为公共利益进行大规模私人捐助的传统。为什么不去争取一下那些具有足够相关的世界利益和慷慨的公共精神的人呢——比如洛克菲勒家族；别忘了日内瓦的国际联盟图书馆就是他们捐赠的。我们又能损失什么呢？

"晚上打个电话和尼尔森·洛克菲勒联系一下吧。"我建议奥德怀尔和摩西。

当夜晚些时候，市长给我回了电话。他刚刚已经和正在外面短期休假的尼尔森·洛克菲勒说过了，也和洛克菲勒家族的一位好朋友华莱士·哈里逊①联系过了，他是联合国总部放在纽约的坚定支持者。洛克菲勒先生答应乘第二天的飞机返回纽约。

这一天是12月6日星期五。周六和周日是我记忆当中作为秘书长最紧张兴奋的两天。有人开始给我报告，就在周末，至关重要的酝酿工作已经在私下里进行：事情正在一步步推进，十五个月的努力可能就要功德圆满了。奥斯汀大使和他的副手约翰·C. 罗斯现在也参加进来了，与奥德怀尔市长、罗伯特·摩西和华莱士·哈里逊一起开展工作。他们

---

① 华莱士·哈里逊（WallaceHarrison，1895—1981），美国著名建筑师，美国国际主义风格建筑的重要代表人物之一。洛克菲勒家族的首席建筑师，曾参与洛克菲勒中心的建设，与尼尔森·洛克菲勒是好朋友。——译者

正在和洛克菲勒兄弟以及他们的父亲小约翰·D. 洛克菲勒①进行秘密协商。但所有这些当时只有少数几个相关人员知道。

到了周一上午，我们个人的希望都在提升。首先，洛克菲勒先生的态度充分反映了他那伟大而包容的精神境界。但是这么大一块地产的交易涉及许多事情要做，一下子还确定不下来。正常情况下也要和一大帮律师在商业谈判上花好几个月。

沃伦·奥斯汀周一上午来到了总部选址委员会，并没有透露这个新方案。他只是承认眼下还看不到什么出路，说话的口气好像对整个事情的争论感到完全厌倦了。我认为，他建议委员会推迟到下一次大会再做决定是为了争取时间。无论他出于什么动机，他的建议都有助于延后对费城还是旧金山的投票。接着是烦人的程序性辩论，委员会的会议一直开到晚上 11 点 15 分。眼下这个当口上，哪怕是争取到数个小时，都有着难以估量的价值。

12 月 11 日星期三，奥斯汀先生又来了——这一次脸上的疲倦一扫而光。他拿出一封信来读，第一句话就足以说明原因了，会场里的空气就像立马通了电一样。信是小约翰·D. 洛克菲勒写来的，简短而切中要点，他给联合国送了份 850 万美元的大礼，用于购买东河岸边的地产作为联合国总部用地。"如果这份财产能有助于让您不辜负全世界人民的嘱托，"洛克菲勒先生最后说，"将使我和我的家人无比欣慰。"

至此，筹码全部堆上去了。埃及代表建议推迟考虑这份礼金，但只要到走廊上听听大家的议论，或者看看否决这一提议的 36 比 6 的投票，就足以表明，总部选址的问题已经得到解决了。在接下来的两天里，总

---

① 小约翰·戴维森·洛克菲勒（John Davison Rockefeller, Jr., 1874—1960），美国著名慈善家、洛克菲勒家族的重要人物。他是标准石油公司创办人亿万富翁约翰·洛克菲勒的儿子和唯一的继承人，也是著名的洛克菲勒五兄弟的父亲。——译者

部选址委员会通过了接受这份捐赠的决议，到了12月14日——就是我打电话给奥德怀尔市长和罗伯特·摩西之后仅仅一个礼拜——联合国大会正式批准了这个大家已经事先预知的结论。投票结果是46比7，只有少数阿拉伯国家、澳大利亚和说来也奇怪的萨尔瓦多坚持到了最后。

海龟湾胜出。

随着事情的转机和最终的决定，五大国也再一次达成一致——对他们来说，我们刚刚看到的结果也的确很合理。更为重要的是，联合国这个新的国际性组织的总部，将要建在我们这个瞬息万变世界的无可争辩的经济和政治的交汇口。联合国将处在20世纪这个激荡时代的中心，在这里，将会被各种各样的问题、挑战和斗争所包围。联合国谋求和平的工作将会有一个现实的基础，这在许多人似乎都渴望的相对平静中是无法实现的。对我而言，这是一场长时间战斗的胜利，我是真心赞同哥伦比亚代表爱德华多·祖莱塔·安吉尔博士所说的："曼哈顿的摩天大楼和烟囱，不会妨碍我们的工作，不会像一些人担心的那样。恰恰相反，它们会不断提醒我们所身处的现实和生活。这具有很深远的现实意义，它们将是我们耳边不断响起的警钟，提醒我们不要迷失在沽名钓誉和学术空谈当中。"

从接受洛克菲勒的捐款到1952年永久总部建成，在接近六年的时间里，这座庞大建筑的规划和建设一直都是我心里最关心的事情。

从最早在伦敦的时候，联合国总部选址的问题就困扰着我，所以现在我感觉自己有了一种个人的责任感，一定要把这座大楼建成和启用，这是联合国一份看得见的成就。在那六年当中，这只是秘书长面对的数不清的问题中的一件，但它是最让我牵肠挂肚的。与世界政治局势的令人失望和日益恶化相比，看到总部大楼一天一天长高，是我力量和信心的源泉。我总是满怀期望地要来总部大楼设计图纸看看，或者去参加一下施工方的会议。就算是有一些对它的担心，那也是美好的担心；就算是有一些问题，那也是良性的问题。

只有那些参与了规划和建设的男男女女们才会知道，总部大楼凝聚和加深了大家新的友谊。有三个人和我密切合作：沃伦·R. 奥斯汀，首任总部大楼咨询委员会主席，也是美国政府驻联合国的代表，他对大楼竣工的贡献最大；第二位是希腊的亚历克斯·凯鲁，他忠诚而又能干，也是委员会成员；还有芬恩·莫伊，挪威的第一位驻联合国代表，非常优秀。他们的努力，是超出职责所在的，确保了大会与委员会之间的合作愉快，尤其是在规划和建设的初期。

总部大楼委员会最早采取的动作之一，就是采纳了美国政府和纽约市政府的建议，华莱士·哈里逊被任命为规划设计的主管。哈里逊先生是洛克菲勒中心的主建筑师之一，还有美国铝业公司建造的一系列令人印象深刻的建筑。我们从来没有后悔过自己的选择。他坦诚直率，通情达理，善于和建筑师团队、各国代表、大楼建设承包商们打交道，这和他那出众的建筑设计才能同样重要；他和他的夫人很快就成了颇受大家尊重的好朋友。

华莱士·哈里逊和大家认识不久就提出一个建议，组建一个设计顾问委员会，由杰出的工程师和建筑师组成，其中有些是全世界知名的。总部大楼咨询委员会召开了两次会议，批准以下人士作为成员：G. A. 索利奥（澳大利亚），加斯顿·布鲁努瓦（比利时），奥斯卡·尼迈耶（巴西），厄内斯特·柯米尔（加拿大），梁思成（中国），查尔斯·柯布西埃（法国），霍华德·罗伯逊（英国），斯文·马克利乌斯（瑞典），尼古拉·巴索夫（苏联），朱里奥·维拉马乔（乌拉圭）。他们是一个天才的团队，个性鲜明，但又在艺术上有着很高的成就；但是，在华莱士·哈里逊的领导下，他们在工作上就是一个完美搭配的团队。

在我们可以开始清理东河建设地块上密布的廉价公寓楼之前，有大量艰苦的前期法律准备工作。相关产权登记转让谈判，由费勒博士代表秘书长指导开展。联合国在 1946 年的全部合同事务都是由他代表我，我绝对相信他。

联合国的事情很少能像建大楼这样，我们的目标非常清晰；我们可以不受那令人麻木的、难以预期的国际政治事务影响；我们有自己的自主权，特别是得到了方方面面的大力支持和良好祝愿。

在华盛顿和奥尔巴尼①都通过了立法，免除了洛克菲勒捐款还有联合国资产的相关税费，放宽了我们的征用权利，授权纽约市政府管控与总部大楼相邻地块的广告发布——这是一个颇有远见的举措，让我非常高兴。

周一通常会在市长家里——格雷西大厦——召开非正式的会议，出席人员有华莱士·哈里逊和拜伦·普里斯，奥德怀尔市长，罗伯特·摩西，各位专家，还有我。很快这就成为了六年建设工期当中的惯例，这些聚会让我们有机会使联合国的建设项目与市政府改善周边地区的规划建设相协调。1947 年 3 月 21 日，奥德怀尔市长报告说，纽约市政府将拨出 1 500 万美元，用于改善和美化总部大楼相邻地段的环境。当时我们还无法知道，等所有工作都完成，纽约市政府最终付了接近 2 500 万美元。当然，市政府也会从邻近地区增加可观的财税收入。事实上，后来据估计，单单这一项就能让市政府收回投资，还不包括联合国秘书处和各国代表团每年在纽约花费的巨额开支。不过，2 500 万美元的确是个大数目了，尽管它自己的财政也很紧张，但纽约市政府从来没有违背过诺言。

经过两个月的工作，哈里逊先生和设计顾问委员会给我们提交了大楼的初步设计方案。我记得他骄傲地报告说，这套方案是由 14 位来自不同国家的建筑师设计的。在发言结束的时候他说："世界希望看到一

---

① 奥尔巴尼（Albany），美国纽约州首府。——译者

个和平的象征。我们已经给了他们一个和平工厂。"从来没有想到会达成如此的一致。那天印度代表 M. J. 维苏加尔的感慨，反映了我们大家的集体心声："这一成就可以被称为一个重要的奇迹，应该成为联合国其他机构的表率。"

到了 1947 年 6 月中旬的时候，大楼可以开始施工建设了。但明摆着，我将不得不面对成千上万的工作人员，而且比我过去干过的所有工作都还要复杂，这需要专家的意见。咨询委员会很快就通过了我的建议，聘请三位在纽约业内有威望的财务专家担任顾问，他们是：乔治·斯帕戈、奥托·L. 纳尔逊和约翰·R. 基尔帕特里克。在后面的两年里，他们的工作赢得了我们所有人——不仅仅是华莱士·哈里逊和他的团队——的由衷赞赏。

大家的职责从一开始就分工明确。哈里逊、普里斯和我下定决心，一定要避免出现任何的敷衍塞责和粗枝大叶；每一项措施都要事先深思熟虑，整个进程都必须稳扎稳打、有条不紊。

但一上来的整体成本估算就令人大吃一惊。我有心理准备是个大数目，但等到规划主管提出来，我还是没有想到会高达 8 400 万美元。这也太高了——远超我的预估——我觉得肯定要削减至少 2 000 万美元。经过一系列挠破头皮的会议讨论，把每一个有可能的地方都裁减到最低，我们终于设法降到了 6 500 万美元。但最终，当预算成本提交给联合国大会时，还是没能躲过让大会保留意见。

不管怎样，总体还算不错：现在我们知道了我们自己需要什么。但到哪里能够搞到这些钱呢？那年整个夏天，奥斯汀大使、拜伦·普里斯和我试了所有可能的解决方案。包括：是不是有可能从成员国贷款？他们是否有可能考虑做特殊的评估？是否有机会发行债券？很多这样那样的建议不断地被提出来，又不断地被否决。显而易见的是，只有短短几周时间，等联合国大会再次开会的时候，关于总部大楼财政预算的问题，恐怕拿不到一份令人十分满意的报告了。

然而，当我到联合国大会上报告总部大楼建设进展情况的时候，却发现相当顺利地过关了，让我感到奇怪又深受鼓励。看来与1946年相比，在联合国大会之下新成立的总部大楼特别委员会的工作是令人满意的。这主要归功于委员会的组成官员们，包括主席沃伦·奥斯汀，副主席芬恩·莫伊，和发言人亚历克斯·凯鲁——他们同时也都是咨询委员会的固定成员。到了大会辩论环节，一上来就有了一个不能再好的开头，澳大利亚外交部长埃瓦特博士站了出来，表示接受初步设计方案。他的发言铿锵有力，建议大会尽早启动总部大楼建设。埃瓦特博士做事情从不迟疑。接下来的审议花了几天时间，我记得一共开了五次会。华莱士·哈里逊留给各位代表的印象非常好。还有罗伯特·摩西也是，他再次确认纽约市政府准备在总部大楼相邻地区投资1 500万美元。当时如果对纽约真有什么不满意，我也回想不起来了。

在后面的几周时间里，代表们越来越满意。我得知，奥斯汀大使和奥德怀尔市长及其助手在华盛顿积极活动，争取财政支持。他们和总统及内阁成员已经开过会了。10月29日，我收到了奥斯汀先生写来的一封很关键的信，这位坚定不移、充满干劲的大使报告说，杜鲁门总统已经同意，请求国会批准6 500万美元的无息贷款给联合国，三十年偿还。

所有代表团都很快知道了这个好消息，不过我得承认，很多人不是第一次听到。一个月以来，我一直和华盛顿保持密切联系，并在成功湖花了两周时间与各国代表进行私下里沟通。

11月13日，总部大楼特别委员会一致同意，向联合国大会提议接受这笔贷款。

委员会报告里充满善意和满足的语气，似乎打动了一周后召开的联合国大会。意见达到了联合国历史上极少有过的高度统一。不仅总部大楼特别委员会的报告是一致同意的，就连第五（预算）委员会的报告也是全票通过。那天发言的只有英国国务大臣赫克托·麦克尼尔和我两个人。回想起十四位建筑师的出色工作，我情不自禁地谈了自己满怀的希望，"但愿搞政治的人也能够像搞艺术和科学的人一样达成普遍的共识"。麦克尼尔先生的评论在当时的场合是慷慨宽容的。"和大家一样，"他说，"我对秘书长充满信心。我知道他是个最拼搏的人，不达目标不罢休。但我必须承认，我的政府和我经常会想，他在考虑事情的时候有些过于乐观了，忽视了我们的欲望和能力之间的鸿沟。不过，他还是创造了这个财政上的奇迹。"对他用的"奇迹"这个词，令我感到很骄傲，他能够这样说，同样让我颇感欣慰。

现在回到工作上。华莱士·哈里逊和他的建筑师、工程师团队回去继续细化设计方案。草图和规格都进行了细致的审核，紧接着就要考虑合同招标的问题了。专门任命的专家研究了大楼施工的最终技术方案。我任命拜伦·普里斯负责跟进大楼施工建设，他怀着特有的责任心和决心，挑起了新的担子。到了这个阶段，我自己的角色就变成了提供协助和咨询，参加数不清的会议和讨论，不断给政治事务这个"轮子"上点儿"润滑油"。

亚伯拉罕·费勒和拜伦·普里斯开始与华盛顿方面商量接下来贷款事宜的细节，他们的努力很快就取得了进展，在我们看来，比 1947 年能够期望的要好多了。就像我们已经预料到的，贷款在通过国会的时候有一些困难；但法案在 1948 年 8 月 11 日还是通过了，第二天，在参众两院领袖和内阁成员，还有联合国秘书长的见证下，经杜鲁门总统签署生效。

建设地块上杂乱无章的建筑很快被夷为平地。挖掘施工很快就展开了，打地基的工作在 1948 年夏末启动。略超过一年之后，1949 年 10 月 24 日"联合国日"那天，我们放下了联合国总部大楼的奠基石——在当时，这是联合国成立之后历史上最重要的时刻。当天杜鲁门总统也出席了，还有杜威州长等一批要人，大约 16 000 名纽约市民也参加了奠基仪式。我把一铁锹水泥浆浇在奠基石上，伴随它一起被封存的还有《联合国宪章》和《世界人权宣言》①的副本。在我们身后竖立着秘书处大楼 39 层高的钢筋骨架。就在两周之前，最后一根大梁被吊放到位，当蓝白相间的联合国旗帜在这座"和平工厂"上第一次升起来的时候，工人们纷纷停下手上的活儿驻足凝望。

我 1949 年给联合国大会做的报告没有提出什么新问题；建设工地上的进度就足以说明一切，胜过我写在纸面上。代表们只好跑到工地上，看看自他们上次来纽约开会之后，进展到底有多大。

到了 1950 年，建设进度提速了，竣工在望了，8 月 20 日的时候，秘书处的首批 450 名工作人员从成功湖搬了过来。接着第二个月，大会堂，包括安全理事会、经济和社会理事会、托管理事会办公用房的那座大楼也完工和入住了。1951 年 1 月 1 日，从第一块奠基石放下去两年不到，联合国的官方总部从成功湖正式迁了过来。

海龟湾的总部大楼，此刻终于变成了现实。

作为一个国际性的建筑，很早大家就同意把成员国的艺术和设计风格融入到建筑物的内部装修当中。当决定作出，我很高兴能把会议厅的装修和配家具委托给斯堪的纳维亚国家，他们还是第一次被要求提供这

---

① 《世界人权宣言》（*Universal Declaration of Human Rights*），联合国关于人权的重要文件，于 1948 年 12 月 10 日在联合国大会上获得通过。宣言指出，人人有权要求一种社会和国际的秩序。在这种秩序中，本宣言所载的权利和自由能获得充分实现。行使权利时，只受法律所确定的条件的限制。确定此种限制的唯一目的在于保证对别人的权利和自由给予应有的承认和尊重，并在一个民主社会中适应公共秩序和普遍得到的正当需要。宣言在一定程度上突破了传统的人权概念，而且作为国际人权法律体系的基础，对后来的有关人权公约、宣言的制定提供了统一的依据。1950 年联合国大会规定每年 12 月 10 日为"人权日"。——译者摘自《中华法学大辞典》之宪法学卷，中国检察出版社

样的协助。安全理事会的会议厅被分给了挪威，我的好朋友、建筑师阿伦斯坦·阿尔内伯格负责设计。托管理事会的会议厅由丹麦负责，由建筑师芬恩·朱赫尔牵头。经济和社会理事会会议厅的家具和装饰，由斯文·马克利乌斯率领的瑞典艺术家和设计师团队负责，他是 1947 年参加总部大楼设计的建筑师之一。

这个让不同国家都参与的想法，很快就赢得了广泛支持，其他成员国纷纷主动帮助装修数量众多的会议室和委员会办公室。给规划中的花园区域，大家还提供了雕塑、纪念碑、树木和花草。随着捐赠物品的不断涌入，只好组建了一个艺术品顾问小组，协助我处理好这些捐赠的礼物。

在收到的数百件礼品中，我还能记住一件特别的，因为有着特殊的原因。有一天，我们收到一张 5 万美金的支票，那是全美国学校里的孩子们一毛钱一毛钱捐出来的，为了在秘书处大楼门前造一个喷泉。

新总部大楼当然也会遇到一些成长的烦恼，发生一些难堪的尴尬。最丢人的一次是在 1952 年 4 月。事先没有通知，突然告诉我们副总统艾尔本·W. 巴克利①夫妇到了纽约，已经邀请他们来参观一下新大楼。那天，阿德莱·史蒂文森也在纽约，所以我也邀请他一起来参观。这次来访绝对是一次突然袭击。午餐不得不匆匆忙忙临时准备，负责经营我们餐厅和咖啡馆的酒店公司，在那天就没有做好招待 20 位客人用餐的准备。我们的大厨只好拿出了绝活：烤山鸡，配上蘑菇肉汁，总算是赢得了好评。令人讨厌的是，这里竟然没有盛肉汁的碗，最后只好用汤碗来代替，总算是混过去了。

巴克利夫人坐在我的右边，再过去是阿德莱·史蒂文森。我有点儿

---

① 艾尔本·威廉·巴克利（Alben William Barkley, 1877—1956），美国民主党政治家，曾在国会参众两院任职，1949 至 1953 年任副总统。——译者

小紧张，对这么多客人来说，我们的桌子偏小了，连女服务员上菜都有些困难；巨大的汤碗盛上了肉汁，端起来看着挺累。不一会儿，当我们的女服务员侧身给巴克利夫人上菜的时候，灾难发生了。慢慢地，汤碗划到了托盘的边缘；女服务员失去了平衡，一大碗主厨精心烹饪的蘑菇肉汁全倒在了副总统夫人身上。她的白衬衫上、裙子上、鞋子上，连手提包上都是浓浓的褐色肉汁。接下来乱作一团，尖叫声一片。服务员都跑过来帮忙，试着用餐巾纸吸干汁水，还得绕开他们倒在旁边的同事，那女服务员已经吓得瘫在地上不省人事了。史蒂文森和我看到餐巾纸不够用，就拿起餐桌上的刀子，把肉汁从第二夫人的身上刮下来。

巴克利夫人是唯一一个始终保持着安静的人；脸上挂着微笑，好像这就是一件日常小事儿。她耐心地坐着，直到我们把能清理的都清理干净。但接下来怎么办呢？如何才能让我们可怜的客人穿过热闹的餐厅，上到我在 38 楼的公寓，但又不暴露这一副狼狈样？我们随时待命的保安主管弗兰克·M. 贝格利出现了，带来了第二夫人的皮大衣，把她裹在里面，陪同她像个女王一样在数百人的注目下走过，根本看不出发生了什么。

不论是当时还是此后，让我们非常感激的是，副总统和他宽容的夫人从来未再提起过。至于那位女服务员是否受到了训斥，我真不知道；但打那以后，管理餐厅的公司每天午餐时候都会把盛肉汁的小碗备好。

尽管总部大楼已经竖立起来并入驻了，但有一个重要问题始终没有解决。从动工的那一天起，华莱士·哈里逊、拜伦·普里斯和我，一直都在绞尽脑汁把成本控制在一个合理范围。最初的规划和预算，大家应该记得，是在 1947 年确定的。在总部大楼竣工之前，部分建筑材料的成本已经超出了起初预算的 25%，还有一些成本也在增加。哈里逊和他的助手们创造了奇迹。要想不超出成本，那就只能裁减我们的最初规划。有不少设计只好被简化或拿掉。最终，我们发现大楼远没有规划设计的宽敞；但是，尽管在所有地方都精打细算，我们还是很快就发现，6 500 万美元的预算根本就打不住。

我写了一份专门的报告，把这些情况都讲清楚，从 1947 年 12 月到 1948 年 12 月，纽约地区的建筑材料价格平均增长了 19.4%。但由于我们的存款也有小幅增加，所以还需要追加 300 万美元用于完成大楼施工和环境美化。

当时，大部分出席联合国第六届大会的代表都在巴黎开会，对出现的情况表示理解。只有共产党国家集团的代表，那时候是抓住一切机会让秘书长出丑，提出议案指责我就知道讨钱。不过最后没有得逞。尽管东方阵营一上来就进行了声势浩大的声讨，预算委员会还是以 32 票对 5 票否决了苏联的提议。接着又以 34 票对 5 票批准了我的请求。实际上最终只用了其中的 200 万美元。

到了 1952 年 10 月，联合国召开第七届大会的前夕，开会的一切准备工作都已经全部就绪。只剩下环境美化工作尚未完工。那天，代表们第一次在这个世界组织永久总部的大会堂里欢聚一堂，当我向代表们发表致辞的时候，内心感慨万千。这个建设项目，联合国终于完成了，这是一个看得见的钢筋水泥的"成就"。"在我出任秘书长的时候，刚刚诞生的联合国还没有一个家，除了在人们的心中。我们也不知道总部将要建在哪里，只知道它肯定在美国的某个地方。没有钱，连个画草图的班子也没有。这些年来，作为秘书长，为您建设一个永久总部已经成为我最大的责任。现在，它已经竖立在这里了，在坚实的曼哈顿岛上，展现出优雅的身姿。"

对我个人来说，这代表着一条漫长、艰难道路的终点。曾经的梦想现在变成了现实。这些雄伟的建筑就是醒目的标志，代表着这些年的艰难困苦和不屈不挠的努力。而且，事实上这的确也是"我们"的成就，包括我本人、那些忠诚坚定的助手和顾问们，还有那些不在秘书处但默默无闻在背后做贡献的人们。对我来说，首先要永远记住以下这些人的名字，我对他们的感激是发自内心的：哈里·S. 杜鲁门，华莱士·K·哈里逊，小约翰·D. 洛克菲勒，威廉·奥德怀尔，罗伯特·摩西，沃伦·R. 奥斯汀，拜伦·普里斯和亚伯拉罕·H. 费勒。在纽约市建成联合国总部，他们比其他人的贡献都要大。

经过六年的努力，我们终于找到了栖身之所。在这里，无论是官方政府、社会团体，还是个体大众，都给我们提供了巨大的实质性支持，让我们的蓝图变成了现实。

我们不仅仅成功地建起了一座"和平工厂"，而且正是关于和平的战略决定了这座大楼的位置。

第八章　拉丁美洲的需求和贡献

1947 年 1 月，我对拉丁美洲进行了第一次访问。促成这一决定的，是由于此前一年因联合国公务而对欧洲七个国家的考察，其中包括苏联。

那可不是一趟开心的观光旅行。先是出席巴黎和平会议；然后到瑞士理顺那里联合国机构的关系，接受过去国际联盟在日内瓦的房产；还就许多困扰我们的话题，与欧洲国家领导人和政治家进行了数不清的会话。有一点我可以肯定，就是作为秘书长，就联合国的问题与负责任的政府领导人会谈，放在他们自己国家要有利得多。如果放在纽约，可能会显得很陌生和费劲，往往取决于当时掌握的第一手资料。

我一从欧洲回来，几位拉丁美洲的常驻代表就过来问，是否也能去他们的国家访问。我对他们的真诚邀请表示欢迎，如果情况允许，就安排在 1947 年初成行。拉丁美洲国家吸引我的原因有很多，但我对他们仅有的一丁点儿了解也完全是舶来品。我从来没有去过华盛顿以南的地方——这的确做得很不够，因为拉丁美洲在联合国有许多成员国。没有办法靠跑一趟就遍访所有国家，所以我决定从墨西哥、中美洲和加勒比海地区开始。

我还记得拉丁美洲国家对国际联盟的不满，他们在国联中的地位不高，就像后娘生的孩子。他们都是独立的国家，都在为经济发展和社会民主而奋斗。我希望在不久将来的访问，能够增强他们的"归属感"，提高他们对联合国的信心。而且，我希望这些国家能够尽早批准《联合国各专门机构特权和豁免公约》①，以便他们能够更加直接和积极地参与到国际难民组织②和联合国国际儿童紧急基金会③的工作中来。应当鼓励拉丁美洲国家主动参与上述三个领域的工作，我认为，在增强他们的"归属感"上，没有比承担起具体责任更好的办法了。

同时也还有其他原因，促使我想早日访问拉丁美洲国家。第二次世界大战的结束，让他们的经济陷入了低迷。靠美国战时大量采购原材料而获得的收入，现在急剧下滑。拉美国家的领导人都在四处寻求援助。在联合国登上历史舞台之前，泛美联盟④早就长期存在了，他们自然首先向它寻求帮助。在 1945 年墨西哥城召开的"查普特佩克会议"⑤上，泛美联盟又重新焕发出了活力，为现在的美洲国家组织铺平了道路，很多人都认为这是解决共同关切问题的理想模式。毕竟，美国是这个组织

① 《联合国各专门机构特权和豁免公约》（*Convention on the Privileges and Immunities of Specialized Agencies*），1947 年 11 月 21 日联合国大会通过，1948 年 12 月 2 日生效。公约由 11 个条款和 14 个附件组成，主要内容为联合国和专门机构所享有的特权和豁免权。——译者摘编自《联合国辞典》，黑龙江人民出版社

② 国际难民组织（International Refugee Organization），1948 年 8 月联合国建立的处理难民问题的专门机构。1952 年 2 月该组织宣告撤销。——译者摘自《联合国辞典》，黑龙江人民出版社

③ 联合国国际儿童紧急基金会（The United Nations International Children's Emergency Fund），缩写"UNICEF"，联合国儿童基金会的前身。1953 年，联合国大会决定基金会永久化，无限期地延长其任务期限，并去掉了名称中的"国际"和"紧急"两个词。这就是现在的联合国儿童基金会，不过缩写仍保持为"UNICEF"。——译者摘自《联合国辞典》，黑龙江人民出版社

④ 泛美联盟（Pan American Union），由美洲国家组成的国际组织。1889 年 10 月至 1890 年 4 月，在华盛顿成立，当时有 18 个成员国。1948 年建立"美洲国家组织"，"泛美联盟"被改组为它的秘书处。1970 年美洲国家组织设秘书处代替了"泛美联盟"。——译者摘自《百科知识数据辞典》，青岛出版社

⑤ 《查普特佩克公约》（*Act of Chapultepec*），二战末期美洲国家签署的一项区域性多边国际条约。1945 年 3 月 6 日，在墨西哥城附近的查普特佩克城堡举行的泛美会议正式通过。公约重申了自 1890 年以来美洲国家间关系的某些基本原则。在序言中，以与会国政府的名义宣布了"互助和美洲团结"的原则。——译者摘自《第二次世界大战大词典》，华夏出版社

强有力的成员国，而且几乎所有最迫切的问题都是缺乏资金、技术和教育。简而言之，他们的问题，与世界上各个角落经济不发达国家所面临的问题是一样的。获得美国援助的最直接路径，很多拉美国家领导人认为，就是通过重组之后的泛美联盟，并建立在美国再次重申其"睦邻政策"的基础之上。

中南美洲的忧虑情绪好像在增加，因为一些拉美国家领导人开始注意到美国对联合国的全力支持。他们认为，这可能是以牺牲泛美联盟为代价的：西半球的合作，有可能因为强调世界合作而受损。伴随着这样的疑虑，在他们加入联合国这个世界组织之初就蒙上了一层不愉快的回忆，因而也就不难理解他们考虑问题的方式了。其实根本不存在这样的问题，现在大家都知道了，联合国是致力于帮助弱小国家的。对于这个新建国际性组织的职责，各国的领导人和官员们有一个熟悉的过程。他们什么都不会失去。恰恰相反，在联合国的框架下，泛美联盟将被鼓励发挥新的作用——更为重要的是——还将获得来自世界其他地方的新的援助和资源。

有另外一个原因促使我先去访问了中美洲。加勒比海沿岸的大多数国家，依然还存在着经济不发达地区。让我能够有机会观察那些地区的状况，这可是我们这个时代诸多不安定因素的根源。我还从来没有访问过经济不发达地区，不去实地看看就不可能真正理解那里的问题。

1947 年 1 月，我去中美洲和加勒比海地区访问了三个星期，回来后的心情是既受鼓舞也有不安：受鼓舞是因为我看到了那里的人们在为美好生活拼搏，而联合国能够帮助他们实现；讲到不安，则是此行让我对大规模贫困有了第一手的了解，明白了这一切对于联合国谋求和平与进步的工作意味着什么。

在到访的十个国家中，我觉得每一个都需要问一句"我们如何才能帮到你"，而不是"你能够帮我们做什么"。与上层人士的会面无需太多，就能感觉到一种无论如何都要参与的渴望。但是，随着我对光鲜外表下面的经济和社会基础之脆弱了解越多，我越确信这里首先需要的支持来自于精神方面，而不仅仅是资金。愿望应该得到鼓励，不过我担心能力是不够的。

在不同的国家，我和政府领导人最先提出的话题，都是尽早批准加入《联合国各专门机构特权和豁免公约》。和我第一个会谈的是墨西哥外交部长詹姆·托雷斯·博德，不过却发现了一个问题，是我们自己在纽约的工作人员出现的问题，正在拖延公约的批准。联合国总部非常缺少有经验的西班牙语翻译，迫使我们分发的公约文本都是英文的。在我访问的这些国家，我发现他们差不多都已经准备好将公约提交给各自的议会批准，只等拿到正式的西班牙语文本。因此我立即给纽约拍了电报，随后没过几个月，到访的所有国家都批准了这一公约，这对于联合国的机构和人员开展相关工作是必不可少的。只可惜，并非所有的成员国都这么坦率，有些国家一直到 1954 年 4 月才批准这份基础性的国际条约，其中包括我们最有实力的东道国——美国。

在危地马拉城，外交部长尤金尼奥·席尔瓦·佩纳告诉我，危地马拉需要交给联合国善后救济总署①的 30 万美元会费，打算支付 10% 的现金，另外 90% 用咖啡实物支付——这对很多国家都是一个可操作的办法。我建议他，危地马拉完全可以把脱水香蕉提供给一些国家里营养不良的孩子们。类似的建议在哥斯达黎加也很受欢迎，总统和外交部长都

---

① 联合国善后救济总署（United Nations Relief and Rehabilitation Administration），缩写"UNRRA"，简称"联总"。1943 年 11 月成立，总署设在美国华盛顿，有 48 个会员国，设署长、理事会、中央委员会、分署和办事处，在 39 个国家开展战时难民救济活动，特别注重对因第二次世界大战而流离失所者的援助。1947 年第二届联合国大会决定撤销该署。——译者摘自《联合国辞典》，黑龙江人民出版社

认为，他们国家应该可以为国际难民组织和国际儿童紧急基金会提供各种产品。尼加拉瓜总统安纳斯塔西奥·索摩查①也接受了类似建议，同时还答应了我让尼加拉瓜接受一些难民的提议。洪都拉斯已经签署了国际难民组织章程，总统蒂武西奥·卡里亚斯·安迪诺②称他的国家已经做好准备，等着接收分给他的难民。在多米尼加共和国，我发现他们对几乎所有相关议题都做了积极准备，包括联合国的特权和豁免公约。有人告诉我，共和国已经准备好为来自中欧的"大批"难民提供家园。海地的生活标准太低了，无法向他们要求提供协助。在和总统迪马瑟·埃斯蒂梅③会谈的时候，我已经感觉到当时建议海地给予协助是非常不合适的。恰恰相反，他的国家很快就收到了联合国的第一批援助，并对其经济和社会发展潜力进行了全面调查，以便为后续援助的项目奠定基础。

从墨西哥城南下，沿着中美洲的狭长地带，我抓住一切机会强调小国家在联合国当中至关重要的作用——他们的做法在更加宽广的领域里都是宝贵的标杆。特别是拉丁美洲一些好的做法，可能会让联合国从中受益。我记得在墨西哥城外交部长举办的午宴上曾经说："拉美国家，在和平解决边境争端上，比世界上其他任何地方都有着更加良好的记录。"在长达一个世纪的时间里，他们都是"远离欧洲的冲突，远离欧洲强权对亚洲和非洲的帝国主义扩张"，让他们有时间发展彼此之间的

---

① 安纳斯塔西奥·索摩查·加西亚（Anastasio Somoza García, 1896—1956），尼加拉瓜总统、独裁者，1936 至 1956 年的实际统治者，索摩查家族的开创者。——译者

② 蒂武西奥·卡里亚斯·安迪诺（Tiburcio Carías Andino, 1876—1969），洪都拉斯总统。1933 年就任总统，执政期间大肆镇压反对派，取消劳工组织，限制出版自由，实行财政紧缩政策。1939 年修改宪法，延长总统任期到 1948 年，下台后继续起着幕后决策作用。——译者

③ 迪马瑟·埃斯蒂梅（Dumarsais Estimé, 1900—1953），海地总统。1930 年加入民族主义运动，反对美国占领海地。1946 年 8 月，临时军政府推举埃斯蒂梅出任海地总统，他是 1934 年美国结束武装占领海地以来的第一位黑人总统。任内推行经济社会改革，进行大规模扫盲运动，开展公共交通建设和人口普查，规定妇女拥有选举权，制定最低工资标准，颁布刺激外国投资的《新工业企业事业法》，但收效甚微。——译者

关系。这一评论引起了在场的荷兰外交大臣的非正式抗议，但这种说法还是准确的。

我们对墨西哥公众的热烈反映颇感欣慰。所有报纸都报道了我们的来访，主人们细致周到的安排时常令我们感动。到现在我还记得，我在市政厅发表致辞之后，一支大型铜管乐队先演奏了墨西哥国歌，但显然不会演奏挪威国歌；为了表达心意，乐队演奏了一部挪威经典歌剧当中节选的片段——此情此景，我还是非常感激的。

我与墨西哥的主要领导人都进行了会谈，涉及各种各样的话题，深受启发。我还记得外交部长托雷斯·博德对当时墨西哥经济危机的解释，说是口蹄疫暴发造成的，导致牛的出口被叫停了。这在其他国家的报纸上是很少报道的。墨西哥的领导人考虑深远，开诚布公，没有为了留个好印象而掩盖自己的问题；但他们强烈的民族自豪感常常是显而易见的，想方设法将我们的来访载入史册。

每到一处都是这种感觉。在特古西加尔巴①，洪都拉斯政府将一座可以俯瞰整个城市的高地上正在建设中的公园命名为“联合国公园”。在我们即将离开危地马拉城的时候，连大自然也想给我们留下一点儿纪念。我们正坐在酒店餐厅里吃早饭，忽然感到大地一阵轻微的颤动。助理秘书长本杰明·科恩——本身也是拉美人——和危地马拉的礼宾处长连忙向我解释，说这样的地震十分常见，不用担心。不过，还没过片刻，颤动越来越明显了，他们俩几乎同时跳起来向门外冲去——我想，这才是最明智的选择。

---

① 特古西加尔巴（Tegucigalpa），印第安语中是“银山”的意思，1578 年，西班牙殖民者在当地居民的帮助下发现了大银矿，建立了圣·米格尔·德·特古西加尔巴皇家矿山。1821 年 9 月 15 日，洪都拉斯独立。1849 年特古西加尔巴被定为首都，1880 年被定为永久性首都，1938 年与科马亚圭拉（Comayagüela）合并成洪都拉斯中央区。——译者

在尼加拉瓜，我认识了总统索摩查——除了多米尼加共和国总统拉斐尔·特鲁希略·莫利纳①，他是当时仍然当权的唯一一位加勒比"独裁者"。看上去强硬而好斗。我们的会谈没有触及国内政治，不过，一位尼加拉瓜少数派领导人第二天来拜访我，不理解我为什么不对他们国内的政治纷争表明立场。索摩查总统对自己国家取得的物质进步感到骄傲，马那瓜②的学校、医院和其它公共建筑足以支持他的说法。同时我也注意到，穿制服的人数不胜数。总统的儿子是一名陆军少校，被指派担任我的向导，把一辆轿车开得飞快，还拉着我这辈子听到过的最令人毛骨悚然的警笛声，载着我四处乱跑。

哥斯达黎加是个好去处，绿草成荫，房子和街道都很干净，比她的很多邻国有着更加自由、和平的氛围。但财政是迫在眉睫的问题，通过会谈可以明显感觉到，他们非常希望得到联合国的援助。这里的问题是纯经济上的，不是教育上的。这里的文化水平是令人满意的。除了冰岛（其实没有军队），哥斯达黎加可能是唯一教师比士兵多的国家。

不过，我在哥斯达黎加却遇到了最著名的"战士"：《芝加哥论坛报》的罗伯特·R. 麦考密克③上校。我们在酒店大堂碰上了，抽时间喝了杯啤酒，聊了一会儿。我对他言谈举止的谦和印象深刻，这与他报纸

---

① 拉斐尔·莱昂尼达斯·特鲁希略·莫利纳（Rafael Leonidas Trujillo Molina, 1891—1961），多米尼加总统，绰号"大老板"（西班牙语：el Jefe）。从1930年到1961年遇刺，他一直是多米尼加共和国的统治者。他执政的30年被多米尼加人称为"特鲁希略时代"，被认为是美洲历史上最血腥的时代之一，据估计其暴虐统治共导致5万多人死亡。——译者

② 马那瓜（Managua），尼加拉瓜共和国首都，因位于尼加拉瓜西部马那瓜湖南岸而得名。——译者

③ 罗伯特·卢瑟福·麦考密克（Robert Rutherford McCormick, 1880—1955），美国芝加哥麦考密克家族成员，《芝加哥论坛报》的所有者和出版商，因一战中曾任野战炮兵上校而常常被人称为"上校"。曾任美国报纸出版协会主席，发起过多起著名的诉讼案件，捍卫新闻自由和言论自由权利。1930年代是"美国第一委员会"的主要成员，不干涉主义的代表人物，反对美国参加第二次世界大战和罗斯福"新政"带来的联邦权力扩张。——译者

上激烈、夸张的社论文章形成了鲜明对比。他的风格和相貌都像是一位身体发福的英国爵士，跟在他后面的一群秘书和记者也丝毫没有破坏这种印象。几天后我们在巴拿马运河区①又见面了，加勒比防御司令部司令威利斯·D. 克里滕伯格邀请我们参加游览活动，大家在上船的时候不期而遇。游览加通湖②和运河区的时间比较长，足够我们好好谈谈，自然就涉及到了政治话题。我记得他精准地引用了一些老派的孤立主义言论，对纽约市也是大加贬低——后面的话题就引出了对联合国总部选址的讨论。上校显然认为芝加哥这个城市要好得多，我不记得他建议过把联合国总部搬到那里去。不过，他的确很热心地邀请我和夫人去拜访他——可惜我们一直都没有去成。

与我到访的其他国家相比，巴拿马的地位有些不同。国家的问题也不那么严重，与总统恩里克·A. 吉米内斯的会谈表明，如果联合国在中美洲作出经济上的互助安排，巴拿马有可能会积极支持。

我们在哈瓦那停留了两天，期间的高潮是一场联合国古巴协会组织的集会。来了数千名热情的群众，有大学生、知识分子、农民、企业主，以及妇女组织、工会和媒体的代表，这是一种此前我在中美洲没有看到过的场景。作为联合国的代表，各国政府都给了我隆重的欢迎；这种欢迎是外交上的惯例安排，各国政府对来访贵宾可能都是这样。但在哈瓦那这里，我还是第一次遇到真正的群众集会。

那天晚上一共有九个人演讲，我也做了一个简短的讲话，阐明了一个过去我也曾经多次谈起过的想法，对于我当时的所见所闻似乎有着特

---

① 巴拿马运河区（Panama Canal Zone），美国在 1903 至 1979 年实际控制的领土。根据 1977 年《托里霍斯-卡特条约》（*Torrijos-Carter Treaties*），运河区于 1979 年 10 月 1 日被废除，改由美国-巴拿马联合控制，直到 1999 年 12 月 31 日完全移交给巴拿马。——译者

② 加通湖（Gatun Lake），西班牙语 "Lago Gatun"，巴拿马中部的长形人工湖，为巴拿马运河水系之一部分。——译者

别的意义："对于一个国际性组织来说，如果没有成员国政府的坚定支持，不管其章程写得有多么强硬，它都无法成功发挥作用。反过来，如果一个政府不把自己作为其人民的忠实代言人，它也没有资格去提供这种支持。"

海地与现在大家所熟悉的情况几乎没有什么不同。她的生活标准可能比我刚刚到访过的其他地方都要低。毫无疑问，这里是最需要得到联合国技术援助的国家之一。

在多米尼加共和国首都特鲁希略城①，也看到了与尼加拉瓜差不多的物质上的进步。然而，到了那里没过多久，我就开始听到记者们对政府的强烈不满。还有人告诉我，大学生们本来计划有一场反特鲁希略的游行示威，就在我抵达的时候，但是没有成功，因为被告知了错误的时间。

从这趟 8 400 英里（约 13 000 多公里）的旅行回到纽约，我得了一场严重的痢疾，吃了不少苦头。从离开联合国总部开始算三周之后，我们的访问团提交了一份关于加勒比海沿岸国家的报告。这份报告比我看到过的任何一份都更加有力和雄辩——它不是什么政治家或领导人写的，而是千千万万衣衫褴褛的穷苦老百姓写成的，他们从来没有参加过什么会议，也没有在什么宣言上发出过声音。我为自己亲眼所见的贫穷和如此多的人无动于衷而感到悲伤——而且就在世界上最富裕国家的家门口。如果这种反差出现在同一个城市，或者同一个城市的街区，几乎没有人会相信。

对拉丁美洲的首次访问，奠定了我对经济不发达地区的看法。从我

---

① 特鲁希略城（CiudadTrujillo），即圣多明各（Santo Domingo），多米尼加首都、全国最大深水良港。北美洲最古老的城市，位于南部奥萨马河流入加勒比海的入海口，是一座风光优美的海滨城市，也是美洲大陆上著名的旅游胜地，其旅游收入成为国家的重要经济来源。——译者

回来那一天起，就开始对联合国经济和社会理事会以及特别机构的工作一直保持着关注。只有尽可能帮助我们所看到的这些国家摆脱困境，维护世界和平才会有坚实而长久的基础。对于这一领域的工作，我们应该采取主动；因为我们等不起。在一次广播讲话中，我这样讲道："我一次又一次地留下这样的印象，就是那些国家的领导人在讨论他们的问题时，都是务实和坦诚的。我可以很欣慰和骄傲地说，这些政治家都希望来自联合国的领导和援助。"在早些时候这样说可是心中没底；现在我可以把自己的想法大声说出来了。

接着在 1947 年 8 月份我访问了巴西，到里约热内卢以北 26 英里（约 41 公里）的佩特罗波利斯，豪华的基坦丁酒店，出席美洲和平与安全会议。

自从访问中美洲之后，对我来说，打消拉美人士在忠于联合国还是泛美联盟之间做区分的想法，就显得越来越重要。《联合国宪章》当中，已经对维护和平与安全的地区性组织作出了规定。现在，21 个美洲国家齐聚在里约热内卢，就是为了签署这样一个共同防御条约。这一条约将进一步确认和给予《查普特佩克公约》永久效力，那是 1945 年在墨西哥签署的。这一条约也将成为联合国框架之下作出的第一份地区性防御安排。由于会议是泛美联盟执行委员会发起的，就和巴西共和国一起邀请我出席，大家都非常希望，我们两个组织站在了一起的这种形式，能够消除许多模糊的想法。

从挪威访问回到纽约的总部没几天，8 月 26 日，我就启程前往里约了，同行的还有拉美出身的助理秘书长本杰明·A. 科恩，威廉·H. 斯通曼和大卫·E. 布利肯斯塔夫——他们俩都是我办公室的工作人员。尽管大会 9 月 16 日才开幕，联合国也有一摊子急事等着我处理，我们还是不得不出发了。首先是因为，这次会议将开创一个先例——这对于联合国未来的地位有着非常重要的影响。秘书长的到会至少可以表明，条约是在《联合国宪章》的框架下签署的。还有更重要的——考虑到 1 月份出访中美洲的情况，这一点我更加看重——就是要让更多的拉美人相信，他们对经济援助的需要，超过共同防御条约。在成功湖的时候我就发现，拉美国家代表对智利提出的组建拉美经济委员会的建议颇感兴趣——当时已经提交给经济和社会理事会表决——远超过对武器援助的关注度。因此，我打算充分利用好自己发言的短短几分钟，讲清楚在联合国主导下的经济和技术援助的前景。我觉得，这样肯定有助于联合国赢得拉丁美洲的支持。

基坦丁酒店，名字的意思是"小市场"，简直就是一个超大型的、诺曼加瑞士风格的木屋，开垦了数英亩的休闲农地，餐桌上的食物都是自己种出来的。

在会议开幕之前，有时间进行一些非正式的讨论。通过和与会代表中很多老朋友的交谈，感觉到联合国在这里播下的"种子"，生长的土壤还是很不错。与此同时，一些南美和其他地方的左派组织，也在散布美洲体系与《联合国宪章》下的国际体系存在着矛盾的理论，称加强美洲体系建设没有顾及每个国家和地区固有的合理防卫利益，其目的就是针对苏联的。

作为开幕式上最后一位发言的人，我抓住机会阐明了联合国对这次会议的看法："大家聚会在里约热内卢，签署美洲国家共同维护大陆和平与安全的条约，这是在 1945 年 3 月缔结的《查普特佩克公约》基础之上的——也是在同一年 6 月签订的《联合国宪章》基础之上的。"我想从一开始就澄清，《联合国宪章》和 1945 年的美洲公约，实际上就是即将签署的新条约之母。"所以你们来到这里"，我继续说道，"不仅仅是作为美洲国家，同样还是联合国的成员国，关乎新世界的共同利益，这种利益涉及到所有的国家和大洲。"后面我又回到这一点上，逐条解读了《联合国宪章》当中关于地区性组织和联合国关系的条文，并记得说过"这些条文是经过深思熟虑的，它们的含义，无论对于你还是对于世界，都是明明白白的"。

我那天讲话的整整一半内容，是在呼吁聚在那里开会的国家联手解决他们的经济问题："我对你们国家的考察以及和各国领导人的会谈，让我对你们所面临的问题有了清楚的了解，也知道了你们所拥有的资源。其实你们都拥有财富的宝藏，足以保障亿万人民的美好生活。只要美洲国家之间、还有美洲国家和世界其他地方之间都携起手来，精诚合作，就能够并终将成为人类能力全面发展的出色典范。"

不过这次会议的意义在当时尚未完全展现出来，莫斯科一直都是站在俄罗斯未来的立场上来看待所有的地区性防御条约。在我的讲话之后数日，维辛斯基通过《真理报》发表了一份声明，称里约热内卢协议是非法的，违反了《联合国宪章》。苏联的各大报纸纷纷表示，对秘书长出席这样的会议感到吃惊。不过，出现这种不和谐，早在我们预料之中。

我一回到纽约，就着手组建拉丁美洲经济委员会。经济事务部的大卫·欧文及其同事赞成我的观点，这些国家最渴望和需要的是经济上的援助：帮助他们建立起自己的工业，开发他们的资源，战胜疾病，提高文化水平。组织实施这样的援助，对于联合国成员国还是能力所及的。

到了1948年年中的时候，这个委员会就由经济和社会理事会建立起来了，并给予了持续的关注。委员会包括20个拉美共和国、法国、荷兰、英国和美国。6月，在智利的圣地亚哥①召开了第一次会议。这是组建的第三个地区性经济组织，还有另外两个，一个是为了欧洲，另一个是为了亚洲和远东。拉丁美洲经济委员会的永久总部设在圣地亚哥，里面有个合作交流中心，各个特别机构的代表都在那里，与联合国

---

① 圣地亚哥·德·智利（西班牙语：Santiago de Chile），是智利的首都和最大城市，南美洲第五大城市。——译者

各个领域的专家开展合作。委员会同时作为联合国经济和社会理事会的实体性代表机构，根据组建协议，其活动需要与美洲经济和社会理事会的工作协调一致。

6月会议结束后没过几周，秘书长办公室收到拉美国家的技术援助申请数量不断增多。其中第一批收到的，就包括7月来自海地的申请，要求派一个技术使团过去担任政府的经济发展顾问。大家很快就达成了一致意见，经过与联合国的四个专门机构协商，专家队伍也建立起来了。在10月之前，专家团队已经出发了，并在两个月里面完成了考察研究，为海地的经济规划提供了重要依据。在接下来的几个月当中，看到拉美国家都开始运用这一新机制，真是令人高兴。比如，厄瓜多尔请求派专家帮助他们改进管理和统计工作；危地马拉希望专家就经济发展提供建议；墨西哥需要工农业规划方面的技术顾问；秘鲁要求协助重组他们的毒品管控。

经济委员会有一项早期任务就是启动拉丁美洲的经济调查——这里严重缺少可靠的经济数据。另一项比较紧迫的工作，就是和粮食与农业组织①一起，尽快完成这一地区的粮食增产需求。有一个标志显示了我们对拉丁美洲生产力和经济问题的关注，就是在1948年的《世界经济报告》中，安排了专门章节讲中南美洲。

随着1949年11月的联合国大会通过了"扩大经济援助项目"，拉丁美洲被更加紧密地纳入了联合国的援助工作轨道。在那之前，我们的工作主要集中在饱受战争摧残的欧洲、中东和远东国家。现在可以扩展

---

① 联合国粮食与农业组织（Food and Agriculture Organization of United Nations），简称"联合国粮农组织"（FAO），各国政府间讨论和协调粮食和农业问题的国际组织。1976年增设世界粮食安全委员会作为粮农理事会的常设机构，检查世界粮食供应和储备情况，帮助各国政府进行粮食安全的安排。——译者摘自《农业大词典》，中国农业出版社

到其他地区了，这些地方由于长期贫穷、无知和疾病而引发的深层次问题，常常远超我们的想象。联合国长期致力于并主要负责这项工作的人，是智利常驻联合国代表、后来的经济和社会理事会主席赫尔南·桑塔·克鲁斯。他做事直截了当，又富有远见，和拉美的同僚们配合默契，一心想让联合国的工作在这里有所建树。这与我自己对拉丁美洲的想法完全吻合。

除了经济方面的援助和建议，拉丁美洲还是联合国关于社会事务、教育和健康方面专门机构开展工作的主要舞台。在 1948 年年中之前，我们的社会福利事务咨询机构，已经为所有拉美国家都提供了专家建议。数十位来自这些国家的人员，在联合国教科文组织①、联合国国际儿童紧急基金会和其他联合国机构提供的奖学金支持下，在海外接受了专家培训。1949 年 3 月，联合国国际儿童紧急基金会投票决定，进一步拓展在拉丁美洲的工作，与寄生虫疾病作战的大规模健康战役就此打响了，包括预防结核病的卡介苗接种、雅司病②防控和针对白喉、百日咳的免疫工作。智利建起了生产盘尼西林的工厂。在 16 名来自斯堪的纳维亚半岛的医生和护士带领下，厄瓜多尔开展了全国范围的卡介苗接种项目，还为大多数拉美国家的医生提供了培训基地。没过多久，这些受训医生回到自己国家，又启动了哥斯达黎加、萨尔瓦多、牙买加和特立尼达的卡介苗接种项目。一个研发卡介苗的实验室在墨西哥建立起来，设备是联合国的机构提供的，后来相同的实验室在厄瓜多尔和乌拉圭也

---

① 联合国教科文组织（United Nations Educational, Scientific and Cultural Organization），"联合国教育、科学及文化组织"的简称，英文缩写"UNESCO"，根据 1945 年 11 月通过的《联合国教科文组织法》设立，1946 年 11 月 4 日正式成立，总部设在法国巴黎，同年 12 月成为联合国专门机构。该组织是一个具有独特的多边智力合作职能的政府间机构。——译者摘自《当代国际贸易与金融大辞典》，对外经济贸易大学出版社
② 雅司病（Yaws），是由雅司螺旋体感染引起的慢性接触性传染病，以儿童和青少年多见，其皮损酷似梅毒，但不累及心脏和中枢神经系统等重要内脏器官和组织。——译者

建好了。儿童食品和牛奶安全项目、母婴健康护理人员培训项目也在危地马拉和巴西启动了。

在受援国和联合国相关机构的共同努力下，除了技术援助和卫生健康项目不断增加，基础教育工作也开始启动了。这要感谢联合国教科文组织主席詹姆·托雷斯·博德，他在卸任墨西哥外交部长后担任了这一职务，拉丁美洲在这一领域扮演了领跑者的角色。1951 年，"地区基础教育中心"在墨西哥的帕兹夸罗①开办起来，这是此类机构的第一个，为大家树立了样板，后来类似的机构在世界各地都建立了。

对 1947 至 1951 年联合国在拉丁美洲实施的援助项目做个简单小结，并不是说在这短短四年里就带来了多么翻天覆地的进步。要想改变拉美和其他不发达地区的面貌，往往需要数十年的努力，而不是数年。

1951 年冬天的经济和社会理事会大会选在智利圣地亚哥召开，是最合适不过了。因为我已经收到了智利、秘鲁和厄瓜多尔政府的邀请，所以我决定再对拉丁美洲进行一次访问——此次同行的有我夫人，托尔·杰斯达尔，和我的厄瓜多尔顾问何塞·A. 科雷亚。

2 月 18 日傍晚，我们一行人抵达圣地亚哥，距 20 号大会开幕并没有提早很多，一到紧接着就出席了一系列官方招待会。其中有一场记忆犹新。加布里埃尔·冈萨雷斯·维德拉②总统邀请我们出席晚宴，用他的专机接我们到位于比尼亚德尔马的夏季避暑官邸，陪同的还有外交部长霍拉西奥·沃克和其他官员。本来预计晚宴在 8 点开始，我们都换好了正装，却发现其他客人都穿着粗花呢服装。然后我们接到通知，说晚宴将在 11 点开始，在这之前客人们可以去换正装。就这样，我们饿着

① 帕兹夸罗（Pátzcuaro），位于墨西哥米却肯州（Michoacán）的一个大型城镇。——译者
② 加布里埃尔·冈萨雷斯·维德拉（Gabriel González Videla, 1898—1980），智利政治家，1946 至 1952 年任智利总统。——译者

肚子闲逛了差不多三个小时——原因却是我们自己的粗心。

在第二天智利政府举办的大会开幕仪式上，我是最后一个发言的。我讲了这次会议的意义："经济和社会理事会——作为联合国的主要机构，首次在拉丁美洲举行会议，充分说明了拉美二十个共和国与联合国之间关系的重要性。"有必要强调说明，我有充足的理由相信，自从我首次访问拉美之后，联合国已经在这里赢得了声望，聚集在这里开会的理事会成员国当然也功不可没。作为带领大家与贫穷、愚昧和疾病作战的领导者，所有的功劳他们都当之无愧。但这些成绩——尽管成效本身是显著的——与尚未满足的需求相比，还是很不够的。"请允许我提醒大家，"我说，"从联合国建立以来的短短五年当中，已经有5亿人民实现了国家的自由。这些人几乎全都生活在世界上的欠发达地区。他们，和其他很多国家一样，基本上还没有开始利用他们自己的资源，依然生活在祖祖辈辈延续下来的极度贫困之中，这是无法令他们满意的。"

从智利我们飞往秘鲁，又是新一轮熟悉的套路，穿着正装流连于市政厅和闪光灯之间，但我们还是很快把注意力转到当地居民所面临的问题上。数日之后，当我们登上可以俯瞰整个利马城的山顶，看到漂亮的街道和别墅背后，就是一片片的贫民窟，遍布着土房子和破败不堪的棚屋。此情此景，想到前几天我们还在为了晚宴穿什么衣服而计较，禁不住产生了一种负罪感。

秘鲁的印加文化给我留下了深刻印象。在多个世纪之前，秘鲁人显然达到过令人赞叹的高度文明，这样的遗迹四处可见。在外交部长曼努埃尔·加拉赫和维克多·安德烈斯·贝朗德博士的极力推荐下，我去参观了位于普韦布洛利布雷①的国家人类考古博物馆的印加文物，这一去

---

① 普韦布洛利布雷（Magdalena Vieja），秘鲁西部利马大区利马省的一个自由部落区。——译者

让我流连忘返，此前从来没有如此对历史感兴趣过。

秘鲁表面上看起来相对比较繁荣。除了银行的金库之外，你很少能够看到这么多的黄金被用来装饰教堂。但是财富并没有被大多数人掌握。

厄瓜多尔的基多对我来说太高了。这个风景迷人的首都的海拔有9 300英尺（约2 800米）高，依然保持着西班牙的风格，这和比利牛斯山脉南部的任何一个城镇差不多。如此高的海拔，我身体的循环系统开始提抗议了。我想这就是我干了几年秘书长的代价，在坐着睡了三个晚上后，我很高兴发现自己又恢复了活力。总统加洛·普拉萨·拉索是个非常有趣的人，毕业于加利福尼亚大学，过去是足球运动员，现在变成了为建立公众政府而斗争的战士，在这个经常发生革命的国家。他对1949年地震灾后联合国给予厄瓜多尔的援助表示了感谢。我了解到，相比南美洲其他国家，厄瓜多尔人能够享受到更多的新闻自由。

我碰巧有个机会得以了解政府对言论自由到底有多尊重。我们在基多的最后一天，中央大学要举行一个授予我荣誉博士学位的仪式。我和总统普拉萨、外交部长尼夫塔利·庞斯先在总统府碰面，然后前往举行仪式的市政厅，路上总统告诉我，接到报告称有左翼团体试图表达他们对联合国关于朝鲜和中国政策的不满。他告诉我，政府的政策是不能反对这一类的游行示威。市政厅里面人山人海，我们好不容易才走上了主席台，我的演讲被安排在大学校长和法学院院长之后，受到了热烈的鼓掌。但就在我们离开的时候，游行示威也达到了高潮。普拉萨总统和我从示威者前面走过，坐进了轿车，离开了那块地方。我说到这件事，是把它当做民主实践的最佳范例。

在基多，我和联合国卡介苗接种医疗队的16名成员进行了座谈。这些来自斯堪的纳维亚半岛的医生和护士，由奥斯瓦尔德·奥斯维克博士率领，给我讲述了他们在这里几个月工作中的所见所闻。后来我们在海边城市瓜亚基尔做了短暂停留，奥斯维克博士开着他的吉普车，带着我去参观了穷人们居住的竹子棚屋，这些医疗专家大部分时间都是在这样的环境里工作。当天温度计显示的气温是 105 华氏度（约 40 摄氏度），随着一个下午的时间过去，我对这些医生和护士也越来越感到尊重。

我对三个南美洲国家的访问，媒体进行了广泛报道，大大提高了公众对联合国的关注。在每个国家的首都，我都会接见记者。给我留下深刻印象的是，他们不仅对联合国的活动十分熟悉，对广义的国际政治也是相当关注。

这一次我满怀信心地回到联合国总部。1947 年对拉丁美洲访问的时候，令我有一种无能为力的感觉，为自己亲眼所见而感伤，但又不得不作出保证和承诺。这里有数百万支持我们的民众，而这种支持也正是我们所需要的，只要我们行动起来，他们对联合国的信心就会得到加强。他们所需要的，并不是满世界政治家们挂在嘴上的军事安全。他们需要得到经济和社会事务上的援助，在这片广袤的土地上，如果没有我们的帮助，他们自己就没有起步的希望。

现在，我们至少开始行动起来了。

第九章　时不我待

在联合国工作的七年里，我尽可能地多去访问一些国家，尽力去了解他们的问题，帮助找出解决办法。成员国常驻联合国总部的代表也常常来到我的办公室，说明他们遇到的困难，提出同一个问题：联合国能帮什么忙？现在回想起来，最令人心怀感激的莫过于给了我这样一个独一无二的机会，可以去了解来自几乎世界各个角落的人们及其领导人的喜怒哀乐，掌握了大量第一手资料。

这种阅历的其中一个结果，就是让我坚信贫穷仍然是人类最大的敌人。今天，身处 20 世纪中叶，大部分人类在大部分时间依然在挨饿；世界上有一半人还不会读书写字，有一半人因为疾病缠身活不过三十五岁。据统计，差不多三分之二的人年均总收入不到 100 美元；世界上大多数人都负担不起体面的穿着、住房和娱乐，有数亿人还过着近乎奴隶一样的生活。

开明的政府领导人都盼望着改变糟糕的现状，不少国家也取得了实打实的进步，主要是靠他们自己的努力。但是，进步是缓慢的。

我始终认为，联合国面对的最富有挑战的任务之一——可能是排在维护和平之后最重要的，就是把人们的基本生活状况提高到最高水平。

幸运的是，在经济和社会事务上展开广泛的国际合作，1945 年在旧金山起草《联合国宪章》时就达成了共识。其实，这份文件中有六个条文是专门规定这方面合作的。然而，在第一个年头，化解政治上的紧急事件占用了联合国的大部分精力。尽管深陷政治纷争，但我还是对经济和社会理事会做事情慢条斯理感到不满意，我自己也叫他们"和平总参谋部"。过去在挪威的时候，我主要关心如何提高工人和其他弱势群体的待遇。对于我来说，现在需要处理的国际事务，与我过去三十多年大显身手的国内斗争之间有着惊人的类似。简而言之，就是富人与穷人、有产者与无产者之间的关系，只不过是在全世界这个更大范围里的翻版。挪威的工作经验告诉我们，仅仅靠调整现有的利益关系，是难以长期解决这一复杂问题的；总体生活水平的提升，或许只能依靠经济总量的扩张，这将带来产品和财富的增加。不过，放眼全世界，我们需要解决的就不仅仅是帮助一个相对富裕社会里的弱势群体，还有整个国家，甚至整个大洲都陷于一定程度的贫困，这是在挪威无法理解的。很显然，要想取得任何进步，就必须付出巨大努力。

万事开头难，但必须有计划有步骤。这件事情，既要符合经济规律，也要具备一定经验，还要赔上万分小心。关于商品贸易的全球规划无疑是需要的；但如果相关国家自己不肯承担责任，就不可能取得大的成功。同时他们的合法利益也要得到保护。

因此，联合国要采取的第一步，就是调查世界经济形势，摸清楚它一年年的波动情况。每年的《世界经济报告》，是我们的国际经济学家团队与成员国的政府机构紧密合作一起完成的，很快就成为宝贵的文献资料；这些报告逐步推动大家在面对重大问题上步调更加一致。

由于各个国家、地区的工业生产能力和经济发展趋势不尽相同，这一领域的大部分工作也就需要分散实施。1946 年，联合国的第一个地区性经济委员会——欧洲经济委员会（ECE）建立起来了，第八章提到过的拉丁美洲经济委员会（ECLA）紧随其后，接着是亚洲和远东经济委员会（ECAFE）。近东地区的相应机构还没有组建。这三个委员会，都有各自完备的秘书班子，分别由瑞典的纲纳·缪达尔①博士、阿根廷的劳尔·普雷维什②博士、印度的帕拉马达斯·洛卡纳坦博士领导，负责各自地区的经济规划和指导；他们这些年做出的贡献已经赢得了高度认可。从长远来看，他们工作的价值可能还要更大一些。

不过，与贫困真正的战斗还需要更加直接有效的方法。我们不能仅仅是关起门来做规划，还要考虑如何在全球范围内逐步付诸实施。只有真正行动起来，才能赢得民心，才能证明我们追寻的事业不是一句空话。

早些年我们在这个问题上倾注了大量精力。但联合国用于这方面工作的资金是有限的，很大程度上要依靠社会福利咨询办公室——一个很多成员国都参加的辅助机构。但是它没有权力去协调这个领域的其他工作。它无法再做出新的大规模财政安排，因为这需要庞大的公共资金开支，就像联合国善后救济总署那样的规模。不过后来我们还是看到了一些项目，比如服务于发展中国家的"联合国技术援助扩展项目"，那是在 1947 到 1948 年进行的。

我们已经在正确的方向上迈出了第一步。联合国在一开始做得不太顺的事情，接着被一些专门机构——国际性组织大家庭里面的"近亲"——一步步做起来了。这些机构都是独立运作的组织，有权利和责任在各自领域积极采取行动，范围也涉及全球。他们的相关权利和责任是在组建之初就明确下来的。

---

① 纲纳·缪达尔（Karl Gunnar Myrdal，1898—1987），瑞典经济学家，是瑞典学派和新制度学派以及发展经济学的主要代表人物之一。由于在货币和经济波动理论方面的开创性贡献以及对经济社会和制度现象的内在依赖性进行的精辟分析，1974 年和弗里德里希·哈耶克（Friedrich August von Hayek）一起荣获诺贝尔经济学奖。——译者

② 劳尔·普雷维什（Raúl Prebisch, 1901—1986），阿根廷经济学家，被称为 20 世纪拉美历史上"最有影响的经济学家"。曾任阿根廷财政部副部长、中央银行行长，联合国拉丁美洲经济委员会执行秘书，联合国贸易和发展会议第一任秘书长。——译者

很快，我们就通过经济和社会理事会收到有关于他们工作情况的报告，因为他们和联合国签过专门协议。报告显示，通过特定的技术援助项目，很多地方都取得了预期的成果。但他们也引发了一些其他问题。

对这些专门机构的工作，我一直给予非常高的评价。他们其中几个已经有数十年历史，但大部分都是二战结束后成立的。有的成员国还没有加入联合国——通常都不是他们自己的原因造成的。另一方面，东方集团国家大多数都没有加入，除了少数几个。比如说苏联，只是加入了万国邮政联盟①、国际电信联盟②和世界气象组织③，一直到1954年才又参加了联合国教科文组织、国际劳工组织④和重新加入世界卫生组织⑤。

这些机构管理他们自有的资金，来自于各国政府的直接捐赠。他们有自己的理事会和全体大会，有些时候，会议代表采取的立场与他们政府派驻联合国代表的意见还不一致——尤其是在预算的问题上。有一派意见认为这种关系太松散了：这些专门机构的运作和项目均应当纳入联

① 万国邮政联盟（UniversalPostal Union），缩写"UPU"，联合国专门机构之一，规定国际邮政交换的一般原则并促进邮政部门统一的国际组织。——译者摘自《联合国辞典》，黑龙江人民出版社
② 国际电信联盟（International Telecommunication Union），缩写"ITU"，联合国专门机构之一，负责处理各国政府间关于电信事务问题的国际组织。——译者摘自《联合国辞典》，黑龙江人民出版社
③ 世界气象组织（World Meteorological Organization），缩写"WMO"，联合国专门机构之一。有关世界各地区气象观测与情报交换的国际合作组织。——译者摘自《联合国辞典》，黑龙江人民出版社
④ 国际劳工组织（International Labour Organization），缩写"ILO"，联合国专门机构之一，处理有关劳工问题的国际组织。反对失业和贫困是劳工组织关注的中心问题。1969年该组织获诺贝尔和平奖。总部设在瑞士日内瓦。——译者摘自《联合国辞典》，黑龙江人民出版社
⑤ 世界卫生组织（World Health Organization），缩写"WHO"，联合国专门机构之一，从事发展世界卫生事业的国际组织。所有国家都可以参加世界卫生组织，联合国会员国只需接受其组织法即可加入，其他国家则在世界卫生大会以简单多数通过其申请后加入。——译者摘自《联合国辞典》，黑龙江人民出版社

合国的直接管理之下。我从来不同意这种观点。只要他们能保持正常运作，国际合作就能够获得更多的力量；务实的做法比官僚主义更长远。另一方面，在政策、规划和实际运作上，显然也需要有效的配合，因为许多事情都是彼此关联的。

从现在的情况看，每个机构独立的技术援助项目之间充分合作，正变得不可或缺。经过几次考察和讨论，让我看到，为了使所有的规划在实施中真正取得成效，让不发达地区获得的援助最大化，各个机构之间还需要更好的协同配合。1947年，我首次访问拉丁美洲回来后，就确信联合国自己也必须加入到技术援助的工作中。有太多的事情等着去做，而且我觉得，可以比过去做得更好。

因此，1948年的时候我很高兴能够看到，在巴黎召开的联合国大会上通过了第一个规划，将直接技术援助扩展到不发达地区：秘书处增设了一个专门部门以推动这项工作。在这之前，一提到联合国的援助，秘书长就不得不笼而统之、大而化之。每当看到需要外部援助才能够完成的项目——有些还是非常好的项目，或者碰到那些需要援助国家的代表，他只能说一些鼓励的话，表示希望在将来能够施以援手。巴黎大会的决定彻底改变了这一状况。我们应该很快就可以用实际行动来取代口头承诺了。

到了第二年1月份，哈里·S.杜鲁门在连任总统的就职演说中，给技术援助赋予了全新的概念。那篇演说中宣布了现在已非常著名的"第四点计划"①。技术援助一下子身价倍增，成为国际舞台上的主角，到

---

① 第四点计划（Point Four Program），是第二次世界大战结束后不久，美国对不发达国家推行的所谓"援助"计划。法案规定，美国将"援助"经济不发达地区，从事开发资源和改善他们的劳动、生活状况，办法是交换技术、知识和技能，向这些国家输出资本，鼓励进行生产性投资。——译者摘自《国际关系辞典》，中国广播电视出版社

处抛头露面。影响力联合国很快就感受到了，1949 年 11 月联合国大会就批准了《联合国技术援助扩展项目》，财政上由联合国常规预算之外的捐献资金提供支持。

最后我们终于启动了这项光荣的事业，无论是在联合国的历史上，还是在我个人的经历上，这一特殊领域的工作我都希望简单介绍一下。

刚刚开始的时候，在起步阶段，新的技术援助项目都像是一个世界级的技术和"经验"的交换所，而不是一个援助资金的提供者。大部分都是通过参与的专门机构来运作，他们的负责人将组成一个议事协调性质的"技术援助委员会"，由联合国秘书长或其代表担任主席。后来，到了 1952 年 7 月，委员会得到了加强，大卫·欧文被任命为专职的执行主席，在项目监管和资金分配上享有一定的权力。机构重组的主要目的是为了加强对项目的整体掌控，确保各个机构的工作能够协调配合，推动国家层面综合性的技术援助项目。1954 年初，有六个机构全力投入到这项工作中来：技术援助局、国际劳工办公室、粮食与农业组织、教科文组织、国际民航组织①和世界卫生组织。还有两个机构——国际复兴开发银行②和国际货币基金组织③，也在一定程度上参与了项目建设。

联合国技术援助项目得以存在的基础是，尽管当今世界的技术发展

---

① 国际民航组织（International Civil Aviation Organization），缩写"ICAO"，联合国下属专责管理和发展国际民航事务的机构。——译者摘自《生态文明建设大辞典》，江西科学技术出版社

② 国际复兴开发银行（International Bank for Reconstruetion and Development），缩写"IBRD"，联合国专门机构之一，也称"世界银行"，是世界上最大的政府间金融机构之一。由于世界银行一直执行非常谨慎的财务政策，又擅长利用各种技巧尽量降低借款费用，所以能以低息或无息向成员国发放贷款，在资本市场上享有很高的声誉。——译者摘自《联合国辞典》，黑龙江人民出版社

③ 国际货币基金组织（International Monetary Fund），缩写"IMF"，联合国专门机构之一。其宗旨是：促进国际货币合作和国际贸易的发展；促进汇兑稳定，维持成员国间有秩序的汇兑安排，避免竞争性的汇率下降，建立成员国间货币交易的多边支付制度；消除妨碍世界贸易的外汇限制。——译者摘自《联合国辞典》，黑龙江人民出版社

已经相当成熟，但是在各个国家和民族中的分布并不平均。联合国项目的目标是，促进这些技术在全球范围内的分享——每一个国家都贡献出自己独特的经验，说不定就能够解决其他什么地方的问题。

但是你也不要把它简单地想成，那就是"发达"国家开始领受了一项任务，要去"教会"那些"不发达"的国家。联合国既不是一个能够布置任务的超级政府，也无法违背成员国的意愿，一厢情愿地去给贫困或不发达的成员国派去"老师"。所有的国家，无论富裕还是贫穷，也不管是大国还是小国，在这件事情上都是一律平等的。而我感觉，这一点正是不同于联合国其他工作项目的最宝贵之处。必须坚持这一点有很多原因，其中最重要的一条就是，大部分需要帮助的国家都是比较年轻的国家，尤其珍视他们自己国家的主权。他们常常反对附着在援助之上的"条件"。联合国首先考虑最紧急需要援助的求助国；其次，这个政府必须详细说明它打算怎么做。同时它还要明白，投入的资金要想真正最终达到效果，这个政府还需要提供自己国家的资源并付出努力。就像技术援助委员会执行主席大卫·欧文说的："对那些正致力于改善本国经济和社会状况的国家而言，这就是提供某种专家帮助，按照他们自己的要求，也按照他们选择的方式"。

这里有一些简短的数字，可以说明这个项目从 1950 年 7 月开始实施以后的支出和规模。值得注意的是，当时联合国正经历最严重的政治危机之一，即朝鲜战争的爆发。我还要补充说明的是，这个项目扩张得太快了，各政府的捐款无法跟上不发达国家日益增加的援助要求，因此不得不放慢脚步。经费开支从最初 18 个月的 643.6 万美元上升到 1952 年的 2 296.8 万美元，据我所知，1953 年达到近 2 400 万美元。当我们进入 1954 年时，总共使用了将近 5 300 万美元。聘用的专家从 1950 年、1951 年的 763 人增长到 1953 年的大约 2 000 人。在此期间，资助了近 4 500 个研究经费和奖学金，至少 97 个国家和地区得到了某种援助。

那么专家从哪里来呢？当然，特别是在这个项目启动初期，专家主要来自于先进的工业化国家。但也有非常多来自诸如印度、智利、埃及和墨西哥这样的国家——这些都是不发达国家，他们在接受援助的同时也在为其他国家提供帮助。事实上，这种交换就形成了一个共同的技术池——通过多个国家的共同努力——总是胜过单向流动。这里我再引用一些自己仍然记得住的数据。比如1952年，来自64个国家的约1 600位技术专家（其中来自经济发达国家的并不是很多），被委派到62个不发达国家和地区，有76个国家作为东道国接收了来自92个国家的科研人员和学者。

有的国家可能在农业生产的某个领域遥遥领先，但在工业上却严重落后；不过它的农业专家或许正是同一领域落后国家急需的人才。为了说明这一点，我想举一个典型的例子，"不发达"这个词可不是随随便便用的。

我知道印度尼西亚的鱼类养殖有着悠久的历史。至少有五百多年，印度尼西亚的农民们就在同一块水田里收获鱼类和稻谷，产量很高。小鱼苗被从育苗池塘转移进来，然后再插上水稻秧。等到水稻成熟的时候，排干梯田里的水，里面的鱼已经有三个月大，个头和大的沙丁鱼差不多。凭着这样的鱼类养殖农业，印尼人避免了影响到世界上约一半人的营养不良，主要都在热带地区。为了学习印度尼西亚当地的技术，海地向联合国提出了申请，接受了发展鱼类养殖农业的援助。

印度尼西亚的另一种鱼类养殖技术也吸引了其他国家的专家。通过建海墙围圈咸水湿地，利用潮水始终保持充足的水量，可以养殖咸水鱼，这对任何拥有海边滩涂的国家来说，都可以开发出一个新的又非常经济的食物来源。同样重要的是，这些鱼是防治疟疾非常有效的手段，因为它们以蚊子为食。有大约25万印尼人在从事咸水池塘的鱼类养殖——当你知道每公顷土地的鱼类产出，重量是稻谷的两倍还多，可能就不会对这个数字感到惊讶了。

这样的技术正是世界其他地区所急需的。在以色列，池塘农业的鱼类产出，占到了这个国家鱼类产量的三分之二，而在印度尼西亚才占到一半，很难相信以色列才派了两个人到其他国家学习这项技术。他们仅仅是被选派参加跨国交流学习人员中的两位，给他们传授知识的"教授"往往都是当地的农民——可能从来没有去过现代化的城市，也或许连大字都不识几个，但他们掌握的技术却是世界所需要的，在其他地方还学不到。

这只是诸多事例中的一个，充分说明技术援助并不是高度发达国家的专利。不管哪里有知识，都可以被"收获和传播"。

上面的例子除了说明一个不发达国家也可以与其他国家分享技术，还可以用来说明技术援助这个概念的第二个内涵。这就是，从被援助国家选拔"学生"去有经验的地方培训，与这个地方往外派出专家一样重要。派印度尼西亚专家去这些国家的意义并不大，因为在那里技术和生产系统都无法实际演示。而且，培训专家队伍的工作，往往有必要放在"当地"，按照他们原本的状态进行。就像我们的一位专家曾经说的，"任何短期的成果，尽管看着也令人高兴，但一旦失去了国际专家的维护，靠自身往往很难存续，给人感觉就好像是假的一样。"

联合国关于技术交流项目的第三个教训，就是过于彻底或突然的变化，带来的破坏往往超过什么都不改变。这里我想起了一个阿富汗的例子，那是一个自然资源几乎没有得到开发的国家。90%的人口从事农业，很多都是游牧部落，以部落和家庭为单位迁移，全部家当都驮在驴子或骆驼的背上。五个多世纪以来农业生产方式几乎没有任何进步，为了改善这个国家的状况，阿富汗王室政府决定向联合国寻求帮助。双方很快达成协议，先从一些能够迅速见效的项目开始。尽管这里的农业可以通过引进现代生产方式进行革命性的再造，但通过引进欧洲版的大镰刀这样一些简单的工具，也可以快速实现一项小的技术革命。阿富汗大部分都是山地，土地面积很小；现代化农业——即便对当地农民来说不是成本太高——在这样的地形里实际价值也很有限。多少世纪以来，阿富汗普通农民就是坐在他们的小块田地里，左手抓住谷子或青草，用原始的镰刀来收割。使用了"西方"的工具，他们的效率可以提高五倍，又不用冒风险打破他们的生活方式。

事实证明这个项目既简单又有效。一位瑞士农业专家，带着两位奥地利助手，在收割农作物的地区，使用大镰刀、叉子和搂草耙进行了一系列的演示。通常只需要一遍就可以让当地农民信服。这些工具被交给当地的铁匠复制，并建立起分发机制。年轻的阿富汗农民也被派到瑞士进行为期一年的培训，成为山地农业如何使用手工农具的教员。这个项目从实际出发，对当地的农民和铁匠都很有吸引力，对阿富汗农业生产的贡献远远胜过直接引进拖拉机或联合收割机。

我花了一定篇幅讲的这两个例子，在世界的各个角落还有很多，都说明其实小改小革常常可以极大地帮助那些想要自力更生的人们——只需要在正确的时间和地点给一点儿小小的提升。

为了更全面地了解一些情况，这里我引用一段技术援助委员会在1953 年初提交的报告：

> 联合国技术援助局的水资源专家队在伊朗停留了五十一天，通过航拍照片定位了 50 处可以打井的地点。泰国农民通过从联合国粮农组织专家那里学到的加那利群岛①的成熟技术，可以把菠萝作为全年种植的作物。沙特阿拉伯根据粮农组织专家的建议，引进了

---

① 加那利群岛（Canary Islands），非洲西北海域的岛屿群，面积 7 273 平方公里，是西班牙的一个自治区，1497 年起沦为西班牙殖民地。地理位置重要，是西班牙至美洲海上航路不可缺少的基地，哥伦布四次西航的船队都在该群岛得到补给。——译者

打包流水线，三千年来出口的商品第一次有了包装。印度的纺织厂在国际劳工组织纺织业专家的帮助下，减少了一半的纱锭使用量，大大降低了事故的损害。根据联合国技术援助局专家组的建议，巴基斯坦一家钢铁厂的产量增长了44%。在利比亚，数十位没有或接受过很少教育的工人，在国际劳工组织和联合国教科文组织的帮助下，接受了基础培训，让他们能够肩负起文书和管理工作。在印度西部城市浦那，建起了亚洲各国的第一座盘尼西林工厂，这是一家印度国有企业，根据世界卫生组织专家的建议，设备由联合国国际儿童紧急基金会提供，预计在1954年初投入生产。同样在世界卫生组织和联合国国际儿童紧急基金会的帮助下，印度德里和锡兰的DDT①工厂也在建设之中。它们是世界卫生组织在亚洲防治疟疾、雅司病、梅毒和其他疾病的重要武器。

诚然，这样的成功很多规模都相对比较小。但它们的确是成功，是眼睛看得到的，关系到千百万老百姓的日常生活，这些人正眼巴巴地看着我们是否能兑现改善他们生活的承诺。这些成功都发生在田间地头，不是在遥不可及的会议室或富丽堂皇的大会堂。在当时那样的岁月里，这样的成功都是无价的。

政府内外都有人质疑，联合国的技术援助计划是否真的适合启动最终需要数十亿美元公共资金的项目。他们认为，其他公共或私人领域的

---

① DDT（Dichlorodiphenyltrichloroethane），缩写"DDT"，中文名又叫"滴滴涕"，化学名为双对氯苯基三氯乙烷，是有机氯类杀虫剂。为白色晶体，不溶于水，溶于煤油，可制成乳剂，是有效的杀虫剂，也是不易分解的有机农药。为20世纪上半叶防治农业病虫害，减轻疟疾、伤寒等蚊蝇传播的疾病危害起到了不小的作用。但由于其对环境污染过于严重，目前很多国家和地区已经禁止使用。世界卫生组织于2002年宣布，重新启用DDT用于控制蚊子的繁殖以及预防疟疾、登革热、黄热病等在世界范围的卷土重来。——译者

国际投资，效果并不总是令人鼓舞的。因此，那种认为全人类都能获得某种最低生活标准的想法，难道不是乌托邦吗？

答案并不像人们想象的那么复杂：世界上现有的知识，以及能够外出交流或传授知识的技术专家的数量是有限的。不发达地区自身吸收外来援助的能力也是有限的。就算是各方面都获得最佳条件，我也不认为在可预见的将来，整个技术援助计划的年度最高开支会超过1亿美元。

我对我们当时的规划仍记忆犹新。头一年半我们用了2 000万美元；随后捐款的数量慢慢增加了，根据起步阶段的成效，每年开支增加到了3 000到4 000万美元。后面每年花费5 000万应该也是合情合理的。

当然这要看技术援助项目本身，而不是看能够花多少钱——不同的事情，需要不同的方法。说到这里，资金其实主要来自受援助国自己那点儿可怜的国民储蓄积累。这远远不够，因为这些国家大多数都是农业国，几乎没有盈余。只有在极少数的孤立个案中，资金可能是够用的。就更大规模的建设项目而言，联合国就像建筑师把房子的设计图纸交给一个穷人家："好吧，这是你的设计图。现在你可以去造房子了。"简而言之，技术援助项目在规划和建议方面已经做得很到位了，而且还可以走得更远。但如果要走出第二步，就要看资金了。

对不发达地区的投资一般有三种。第一种可以被称为"人道投资"——对人类健康、教育、改进公共管理等方面的投资。第二种类型是涵盖基础设施的，如交通运输和水电开发，而第三种类型则包括各种生产领域：渔业、农业、工业、林业、采矿和出口。

为了实现所有这些目的，需要各种类型的投资：公众的和个人的、国家的和国际的投资。在我看来，要想取得良好效果，有一个必不可少的条件，就是有关国家必须对本国经济作出一些调整或安排，尽可能地充分利用投资资本。例如，他们中的大多数都拥有巨大的人力资源，但迄今为止还没有得到系统的利用。此外，我坚信，大规模的私人投资不仅是可取的，而且事实证明也是可行的。不过，我怀疑，除非国际社会能作为一个整体担负起特殊的责任，"人道投资"才可以行得通。

联合国对这个问题给予了更多的关注。随着技术援助扩展项目的推进，我们开始越来越多地考虑下一步第二阶段的工作：为经济发展提供金融支持。国际复兴开发银行被要求准备组建国际金融公司①。这个机构将筹集或引导国际私人资本的流向，可以弥补相关国家在工业欠发达地区进行投资的资金不足，包括那些创收型的或自给自足型的工业项目。

为了处理好那些产品很难有快速回报的投资项目，经济和社会理事会召集了一批国际专家听取意见。1953 年初，他们在联合国总部开会，建议设立一个国际发展基金，筹集 10 亿美元的资本。根据他们的建议，这项基金将为联合国规划项目的推动和实施提供部分资金，但各个国家政府以各种名义请求得到财政援助，就需要有一个国际咨询机构来审查其合理性和公平性。不过最终联合国大会未能就"联合国经济发展特别基金"的设立达成一致意见。

在我秘书长任期的最后一个阶段，为了这项计划我四处寻求支持。当然大多数政府都不太情愿，因为近年来经济上的国际或双边援助项目已经让他们付出了很多，新需求增加的财政负担最终基本上还是要落在他们头上。尽管如此，我还是真心希望他们能够尽早认识到迈出这一步的必要性。这一步，对于创造一个不再受贫穷支配的世界来说，必不可少。

在不发达国家投资的风险，也是大家津津乐道的话题。事实上，在

---

① 国际金融公司（International Finance Corporation），英文缩写"IFC"，附属于国际复兴开发银行（世界银行）的一个独立的法人组织，俗称"第二世界银行"。国际金融公司的宗旨是：补充国际复兴开发银行的活动，即通过向其成员国，特别是向欠发达地区的私营生产性企业提供无须政府担保的贷款和投资，把投资机会、国内外资本和经营管理的经验汇集在一起，促进国内外资本流向发展中国家，从而支持当地资金市场的发展，推动私营企业的成长，促进成员国的经济发展。——译者摘自《联合国辞典》，黑龙江人民出版社

私人资本的圈子里，似乎还是占主流的想法。负责托底的国际金融公司的成立也被延后了。风险是真实存在的。各地政府并不都是一样的稳定。而且，有几个国家还显示出国有化的趋势，直接和间接地没收了外国资本投资的机构，有些还是外国政府支持或控制的。

但联合国的工作还是为这片广阔的领域注入了新生力量。我们的计划比起外国投资来，往往拥有更广泛的道义基础。联合国项目是建立在相互的信任和善意之上的，由援助组织和接受国对项目进行联合管理，共同承担责任。这样一来，一方受剥削和另一方被没收的风险都降低了。就像前面已经讲述过的技术分享一样，相互合作和共同利益将培育出一种全新的社会环境。一旦这些事实为大家众所周知，在不发达地区营造出适合投资的氛围——不仅仅是私人资本——就没有那么困难了。有一些国家认清了实际工作中包括大家心理上存在的问题，最近开始采取措施进行一揽子解决。我衷心希望他们能够成功。

联合国的技术援助和经济发展计划，与各国政府或国家集团实施的类似方案之间，也可能存在着竞争的问题。当然，对于美元、英镑、法郎、克朗或其他相关货币的税收份额，可能会有竞争。但我觉得，在这件事情上，竞争应当止步。最后，援助资金的总额才是决定性因素，远远超过援助的提供方式。

当然，最理想的是通过联合国一家来提供各种援助。但如此一来还能达到同样多的数额吗？考虑到很多因素，包括政治方面的因素，我表示强烈怀疑。事实上，我从来就没有这样想过——至少在现阶段。美国的"第四点计划"和"海外业务"捐款，在本来可以得到的资金之外又增加了非常可观的数额。英联邦的"科伦坡计划"[1] 在某种程度上也

---

① 科伦坡计划（Colombo Plan），英联邦国家制订的一项对南亚和东南亚国家的大规模地区性援助计划，全称《南亚和东南亚合作经济发展科伦坡计划》。——译者摘自《当代国际知识大辞典》，团结出版社

是如此。到目前为止，大部分用于经济发展的资金都来自这些渠道。另一方面，当有关国家政府决定审查他们在这一领域的具体捐款时，他们最好重新分配其直接援助款项和联合国自助援助共同池计划之间的比例。

虽然大家支付的都是美元，但我相信，从联合国项目中获得的资金，比从任何其他类似计划中获得的都要多——我有充分的理由这么说。不可否认的是，放在全世界的范围，为招聘合适的专家提供了比一个国家更广泛的基础。来自不发达地区的技术人员，与来自高度发达国家的专家相比，他们也可以制定出更简单、更容易理解、成本更低的方案。他们也许能够提供恰好是迫切所需的技能——这种技能对高度发达的"援助"国而言，可能与问题发生地一样来得陌生。联合国从受援国得到的广泛合作，同样可以使工作更加顺畅，减少官僚主义带来的阻碍。正如前面已经指出的那样，无论在什么地方，只要有人试图去激发一个落后民族的信心，人们总是不可避免地会产生一种怀疑，特别是对一个大国实施的计划——尽管这种怀疑常常是毫无根据的。联合国的项目就没有这些因素的困扰。"接受"援助的国家本身通常都是提供援助的机构的成员，而且多国合作的模式形成了一种推动自力更生的力量，这在双边合作中往往是不具备的。就所获得的价值而言，联合国的技术援助方案是不存在竞争的。应该是出于这个原因，如果没有其他原因的话，一些国家开始权衡是否应该以这样或那样的方式，将自身的项目与联合国的计划更紧密地联系起来，似乎对推行他们自己的援助项目更为有利。

最近，联合国技术援助工作出现了停滞的趋势。在 1953 年，各国政府自愿捐款的预期增长并未实现，甚至还有所减少。不过我了解到，1954 年的趋势好像有所扭转。然而，已经认捐的 2 400 万美元也是远远低于所需数额的。毋庸赘述，持续不断的财政不稳定已经阻碍了长期的规划，迫使我们一年接着一年的勉强维持：我最担心的就是没有足够的钱来应付局面。由于这个项目越来越受欢迎，这意味着现在有将近一半的各种援助请求不得不被拒绝。在许多情况下，由一些负责任的政府提出来的项目甚至都没有进行研究。很多好的机会都被浪费了。一个良好的开端，有可能在收获真正的收成之前，就陷入了枯萎之中。

我希望这只是一个过渡阶段，不久之后，正确的发展方向能再次成为大家的共识。

但如果我们不采取行动，灾难可能再次发生，原因有以下几条：

首先，当今世界各国人民是生活在如此密切的关系之中，他们能够亲眼看到那相对少数人的特权有多么丰富，而贫穷仍然是大多数人的祸根。如果我们现在仅仅就是问一句"我是我兄弟的保姆吗?"，这将意味着我们伦理道德的破产。

第二，我们生活在一个以科学技术的巨大进步为标志的历史时期，我们拥有可以从地球上消除贫困的手段。如果我们只是浪费自己的精力，让我们的工具闲置，这将意味着我们聪明才智的破产。

第三，随着敌对的意识形态正在争夺亿万寻求更美好生活的人们的灵魂，如果我们允许落后的极权主义思想获得新的基础，并将暴力确立为人类的哲学，这将意味着所有自由政治思想的破产。

这一切都岌岌可危。

第十章　巴勒斯坦的挑战

巴勒斯坦的分治和随后以色列的建国是联合国早期历史中最具戏剧性的篇章之一。作为秘书长，从我的任期开始，我一直将我个人的职务放在组织的决定之后。我对此的态度始终如一，但对于其他事情我可不都是这样。

问题很复杂。基督教、伊斯兰教和犹太教信仰，都传承于古希伯来文明和传统。因此，宗教差异和对立对有关问题的讨论的影响从一开始就注定了。再者就是人权问题，一方面对犹太人的迫害由来已久，这种迫害在希特勒试图在欧洲土地上灭绝拥有犹太教信仰的所有人或者说犹太人种时达到顶峰，另一方面是如何公正地对待生活在古犹太人故土上的阿拉伯人的问题。在越年轻的国家，极端民族主义往往越甚嚣尘上。除此以外，还有东方旧封建主义与 20 世纪社会观念的冲突。最后还有战略考量，这片土地上可能有石油资源，各个大国似乎都对此有或多或少的兴趣。

对以上任何一个问题均保持客观的态度并不是一件易事，但我觉得我还是勉强做到了。宗教对立问题对我的干扰并不大。我承认所有宗教都享有进入巴勒斯坦圣地①的平等权利。我更关注的是对犹太人的迫害问题。19 世纪早期，挪威国民诗人亨利克·韦格朗②为犹太人争取自由进入挪威的权利而不懈努力，在这个过程中他写下了《犹太人》和《犹太女》两首诗，而这两首诗给孩提时代的我留下了深刻印象。我也曾读到过关于 1906 年俄国沙皇对犹太人进行大屠杀③的一些材料。在这之后，就是七百多名挪威犹太人在二战期间被纳粹驱逐，最后只有十二位幸存者在 1945 年重回家园。这苦难的历史自然深深地触动了我的内心。对于阿拉伯农民，我只知道他们一直受到在外地主的压迫，毫无疑问，他们将受益于已经在这片土地上开展得如火如荼的犹太复国主义运动④：一个有序的解决方案将全面保障他们的权利。周边阿拉伯国家在前期公开表达的敌对态度，预示着这场运动面临的重重困难。但我认为，考虑到联合国愿意帮助他们维护刚刚赢得的独立——在安理会伦敦会议⑤中已经体现——同时他们显然需要外部帮助来解决内部问题，他们会服从

① 世界上三大"一神宗教"犹太教、基督教和伊斯兰教均把巴勒斯坦耶路撒冷奉为圣城。该城东部为穆斯林区，包括著名的神庙区，该区的伊斯兰教圣地有摩哩山岩顶和圣殿、阿克萨清真寺以及犹太教圣地哭墙。西北部为基督教区，有基督教的圣墓教堂。西南部为亚美尼亚区。南部为犹太教区。城西南面的锡安山为犹太教又一重要圣地。城东的橄榄山有基督教与犹太教圣地。——译者

② 亨利克·韦格朗（Henrik Arnold Thaulow Wergeland, 1808—1845），挪威著名作家、历史学家和语言学家，以诗歌创作而闻名，被称为挪威文学和现代挪威文化的主要先驱人物。——译者

③ 1903 至 1906 年，在俄国的敖德萨、叶卡捷琳诺斯拉夫、基辅、尼古拉耶夫、切尔尼戈夫、叶利扎维特格勒等 64 座城市和 626 个村镇，后者主要集中在乌克兰和比萨拉比亚地区，发生了一系列屠杀犹太人和毁坏其财产的事件，死伤人数和经济损失难以统计，仅 1905 年发生在敖德萨的屠杀就造成大约 2 500 人死亡。不少历史学家认为这些屠杀犹太人的事件是沙皇政府煽动和秘密警察支持的，大多数施暴者都被当局赦免或宽大处理。——译者

④ 犹太复国主义（Zionist），旧译锡安主义，是犹太人在巴勒斯坦重建犹太国的政治主张。公元前，巴勒斯坦存在过两个犹太人的国家，它们分别于公元前 8 世纪和公元前 6 世纪被亚述和巴比伦灭亡。在公元前 1 世纪罗马帝国征服巴勒斯坦后，犹太人绝大多数流散到世界各地。7 世纪起，阿拉伯人就在巴勒斯坦居住。19 世纪末，欧洲各国的犹太人在英国支持下发起"犹太复国运动"。1896 年维也纳犹太人西奥多·赫尔茨发表《犹太国》一书，提出建立犹太人自治国家。1897 年赫尔茨领导在瑞士巴塞尔召开首次"全世界犹太人代表大会"，并成立了"世界犹太复国组织"。——译者摘自《社会科学大词典》，中国国际广播出版社

⑤ 此处是指 1946 年 1 月 17 日，联合国安理会在英国伦敦威斯敏斯特教堂召开的第一次会议。1946 年 1 月 10 日至 2 月 14 日，第一届联合国大会第一期会议在伦敦举行，51 个联合国创始会员国全部派代表出席会议，本书作者赖伊在 2 月 1 日当选首任秘书长。这表明联合国组织系统正式开始启动。——译者

组织的决定。至于各个大国的态度，我认为尽管他们各自之间的关系急转直下，在这一问题上他们应该会保持一致行动。如果他们希望通过联合国做出一些积极的事情，那么就应该在这件事上有所行动。他们中没有一个会希望这一地区的和平遭到破坏，否则他们自己会有被卷入其中的危险。我意识到，英国可能因为作为委任统治国①的身份涉及其中而地位特殊。但正是英国自己将巴勒斯坦问题放到了联合国面前②。

同时，自国际联盟 1922 年确认英国对这一地区的委任统治时起，巴勒斯坦地区犹太复国主义群体的存在就已经成为一项公认的国际责任。当时宣称作出这一决定其中一个目的就是建立一个属于犹太民族的国家，并为这个国家的所有居民的公民和宗教权利提供必要保障，无论他们的所属族裔或宗教信仰如何。

如今已经是 1947 年了，成千上万的难民滞留在欧洲集中营，他们受本能的驱使，希望在浸染着犹太人之血的大陆之外寻求一个避风港，永久的犹太人国家似乎至少能解决一部分问题。然而所有试图促成和解的努力都以失败告终。卡多根是这么说的："多年来我们一直试图解决巴勒斯坦问题，但至今未能成功，我们现在将巴勒斯坦问题提交联合国，希望联合国能够完成我们未竟之事。"

1947 年 3 月，英国政府首次向我透露，将要求把巴勒斯坦问题纳入

---

① 委任统治制度（Mandate System），指第一次世界大战后帝国主义战胜国通过国际联盟对原属战败国的殖民地进行瓜分和统治的一种形式。——译者摘编自《第二次世界大战大词典》，华夏出版社；《法学大辞典》，中国政法大学出版社

② 二战结束后，从纳粹集中营里解放出来的几十万波兰犹太囚徒成了无家可归之人。他们不能返回故园，因为此时在波兰各地相继发生了杀害返乡犹太人的事件；除了几个北欧国家之外，饱受战争蹂躏的西欧国家无力收容他们；连素以移民国家著称的美国都不愿敞开大门。此时，唯一张开臂膀欢迎他们的，就是巴勒斯坦的犹太社区。由于英国继续坚持白皮书的政策，导致犹太武装同英国托管当局的冲突不断升级。当时希特勒杀害 600 万犹太人的罪行正被逐步揭露，国际舆论一边倒地同情犹太人。在国际舆论的压力下，英国决定从巴勒斯坦脱身。1947 年 2 月 15 日，英国宣布把巴勒斯坦这块烫手山芋转交联合国。——译者

于秋天召开的联合国大会的议程中。英国非正式地提出了一个问题，那就是为了在秋天的会议上充分考虑有关问题，联合国大会需要提前召开一次特别会议来安排准备必要的工作。我敏锐地意识到了这件事的紧急性，事实上我已经要求非自治领土托管和信息部①主任拉尔夫·邦奇②考虑可能的解决方案，并与我保持联络；但我没有批准召开一次特别会议来组成筹备委员会，而是告诉英国我认为这么做不切实际，显然成本巨大。在考虑了从秘书处委任一个研究委员会的可能性后，我最终向英国提出，由包括五个常任理事国在内的八个成员国组成一个关于巴勒斯坦问题的筹备委员会：如果安理会的五个常任理事国同意，我会要求所有成员通过电报表明其是否反对成立这样一个机构。如果少于三分之一的成员国反对，我就会采取行动组建该委员会。

1947 年 4 月 2 日，英国政府要求"联合国秘书长在下一次全体会议中将巴勒斯坦问题列入联合国大会议程"。英国政府会向大会提交"一份关于按照国际联盟委任统治管理巴勒斯坦的报告……根据《联合国宪章》第 10 条要求大会就巴勒斯坦的未来治理问题提出建议"。英国进一步"要求秘书长尽快召集一次联合国大会特别会议，以组建和指示一个特别委员会，为在联合国大会全体会议上就这一问题进行讨论而做准备……"

时间宝贵，我很快行动了起来。电报随即发出，向成员国征求召开一次特别会议的意见。为这场大型国际会议服务的机构立即开始运作，

---

① 托管和非自治领土信息部（Department of Trusteeship and Information from Non-Self-Governing Territories），联合国的早期机构，存在于 1946 至 1954 年。——译者
② 拉尔夫·约翰逊·邦奇（Ralph Johnson Bunche, 1903—1971），美国学者、外交官，因在巴勒斯坦和平进程中的贡献而荣获 1950 年诺贝尔和平奖，是历史上首位获得该奖的非裔美国人。1944 年末参与联合国筹建工作，先后出席"敦巴顿橡树园会议"和"旧金山会议"，是起草《联合国宪章》的美国代表团顾问之一，与第一夫人埃莉诺·罗斯福一起在《世界人权宣言》的起草中发挥了关键作用。——译者

4 月 28 日上午，来自 55 个成员国的代表就在法拉盛草原公园集结了。在一番争论后，大会委任了"联合国巴勒斯坦问题特别委员会"并休会。特别委员会职权范围内的调查责任相当广泛，委员会的组成也同样如此：澳大利亚、加拿大、捷克斯洛伐克、危地马拉、印度、伊朗、荷兰、秘鲁、瑞典、乌拉圭和南斯拉夫。

我指派了 57 位秘书处最得力的干将协助巴勒斯坦问题特别委员会，还指定了副秘书长胡世泽作为我在委员会的个人代表，指派了阿方索·加西亚·罗布莱斯博士①担任首席秘书。我确信委员会的秘书处无论在技术层面还是政治层面都应是无可指责的。

至于我，是绝对不会干涉巴勒斯坦问题特别委员会工作的，对于如何公平处理阿拉伯人与犹太人之间的问题，我没有提前交代自己的想法。委员会作为联合国指定的机构，只要他们提交的报告值得采纳，我会给予全力支持。

然而，委员会未能在任何方面达成一致。基于"英国对巴勒斯坦的委托统治应在切实可行的情况下尽早结束，以及在联合国的支持下经过一段过渡期后实现巴勒斯坦的独立"这两点共识，委员会就圣地和宗教利益、流亡的犹太人、少数族群权利、争议的和平解决以及其他事项提出了进一步建议。但这时，委员会出现了分歧。多数成员国（七国）建议将巴勒斯坦分为一个阿拉伯人国家和一个犹太人国家，通过一个经济联盟将两者联合起来。而三大宗教信仰的圣地，耶路撒冷城，将作为联合国的一个托管地另行管理。少数成员国（三国，凑巧的是这三个国家中穆斯林人口都有相当大的影响力）建议成立一个联邦国家，阿拉伯人

---

① 阿方索·加西亚·罗布莱斯（Alfonso García Robles, 1911—1991），墨西哥外交官。曾任 1945 年旧金山会议代表，参与联合国筹建工作。1971 年任驻联合国代表，1976 年任联合国裁军委员会常驻代表。因为在推动拉丁美洲无核化进程中的突出贡献，与瑞典的阿尔瓦·迈达尔（Alva Myrdal）一起荣获 1982 年诺贝尔和平奖。——译者

将是这一国家的多数族群。澳大利亚弃权，未对任何一项建议投票。

多数方认为阿拉伯人和犹太人在巴勒斯坦问题上的主张是有效的，但同时也是不可调和的：任何一方都不可能完全如愿。他们认为，巴勒斯坦问题是关系紧张的两种民族主义之间的冲突，分治是正面回应这两个民族各自诉求唯一的办法。他们在方案中详细阐述了理由，令人印象深刻，但在此我就不赘述了。

当时分治原则的胜利已经很显然了。国际社会通过他们选择的代表已经决定应该建立两个国家。作为秘书长，我接收到了这个信号，因此在代表团向我征求意见时，我坦率地建议他们按照多数意见的方案推进。幕后的讨论很快变得激烈起来，一些阿拉伯国家发言人甚至开始公开批判我，但我并没有妥协。解决巴勒斯坦问题的责任已经转移到了联合国，联合国必须根据最佳判断采取行动。

在经历了一场漫长而艰难的激辩之后，联合国大会第二次会议在1947 年 11 月 29 日以 33 票赞成、13 票反对、10 票弃权的投票结果通过了分治方案。多数票的一方包括美国和苏联、西欧和东欧国家、大多数拉丁美洲国家以及英联邦国家。少数票一方的成员国中，除了两个国家之外，其他国家都有具有相当影响力的穆斯林人口。在此投票之前，各方为将巴勒斯坦的阿拉伯人和犹太人团结起来作出了最后的努力，但都徒劳无功。犹太人一方的发言人表示，即使按照分治方案将分给他们的领土只有当初《贝尔福宣言》① 所承诺的八分之一他们也接受；阿拉伯

---

① 《贝尔福宣言》（*Balfour Declaration*），英国赞成在巴勒斯坦为犹太人建立民族家园的宣言。1917 年 11 月 2 日，由英国外交大臣贝尔福在写给英国犹太复国主义者联盟领导人罗思柴尔德的信中提出。犹太复国主义者于 1897 年在瑞士巴塞尔召开第一次代表大会，宣布要在巴勒斯坦为犹太人建立一个受到公法保护的家园。第一次世界大战爆发后，再次提出复国要求。两名在美国定居的犹太复国主义者魏茨曼和索科洛夫敦促英国政府支持犹太复国运动。在英军占领耶路撒冷前夕，外交大臣贝尔福代表英国政府发表了上述宣言，声称英国政府赞成在巴勒斯坦为犹太人民建立一个民族家园，并将尽最大努力来达到此目的。宣言又表示，不得有任何 （转下页）

人一方的发言人则挑明了他们拒绝接受分治，而且没有任何妥协的余地。投票时，叙利亚、黎巴嫩、伊拉克、沙特阿拉伯、也门和埃及的代表从会议大厅鱼贯而出。又一次离席！英国——委任统治国——弃权，没有就该决议投出赞成或反对票。

英国已将这一事项提交给了大会，但阿拉伯人和犹太人之间无法达成一致已成公开的定论。然而这并没有让英国代表亚瑟·克里奇·琼斯①却步，他告诉大会英国只会实施阿拉伯人和犹太人都接受的方案：英国会"接受"分治方案，但由于可能需要使用武力，英国无法实施该方案。英国的所有保留意见在 11 月 29 日的决议中均有所体现，这一态度也引起了一片舆论哗然。当然，分治方案没能提出可切实实施的措施，但大多数国家还是期待英国作为联合国行动的发起国能够尽其最大努力实施这一行动方案。如果英国这么做了，也就不会像实际情况那样迫切地需要一支国际部队来恢复巴勒斯坦地区的和平了。

从委任统治机构向拟设立的阿拉伯人和犹太人联合政府机构转移行政权力的方案设计这件事，就落到了"五个孤独的朝圣者"身上——根据决议玻利维亚、捷克斯洛伐克、丹麦、巴拿马和菲律宾的代表组成了一个新的巴勒斯坦问题特别委员会。委员会将从委任统治机构手中接过行政权，在两个新的国家分别成立临时政府理事会，以逐步接过管理各自国家的全部责任。委员会将监督在这两个国家建立中央和地方政府管理机构、组建武装民兵，对其维持一般军事和政治控制，包括对其高层人员

<hr>

（接上页）行动使巴勒斯坦现存的非犹太集团的公民权益和宗教权利受到损害，亦不应损害在任何其他国家犹太人所享有的权利和政治地位。《宣言》曾得到美国的承认。第一次世界大战后，巴勒斯坦为国际联盟托管地，委托给英国统治。在此期间，大批犹太人从世界各地移居巴勒斯坦。——译者摘自《国际政治大辞典》，中国社会科学出版社

① 亚瑟·克里奇·琼斯（Arthur Creech Jones, 1891—1964），英国外交官，被认为是外交大臣欧内斯特·贝文的门生。1945 至 1950 年担任议会负责殖民地事务的副秘书长，还长期从事关于英国殖民地的写作和讲学工作。——译者

的选择。最后，委员会将促成这两个国家间经济联盟的建立。我选择了拉尔夫·邦奇作为该委员会的首席秘书长，1948 年 1 月 9 日有关各方齐聚成功湖之时，这一选择几乎是我们当时所面临的境况下唯一的亮点了。

从 1947 年 12 月的第一周开始，巴勒斯坦地区的动乱愈演愈烈。阿拉伯人不断重申他们会武力抵抗分治。他们似乎决心通过攻击巴勒斯坦的犹太人社区来表达这一观点——而他们的攻击也引来了犹太人相应的报复。为了应对这一问题，我在秘书处悄悄启动了关于建立一支国际部队的可能性的研究，并和各成员国政府开展探讨性对话。对外，我特意表现出了对巴勒斯坦问题特别委员会的欢迎态度。在第一次会议上，我强调："你们有权相信，如果事实证明确有必要，安理会会承担起全部责任，采取措施落实大会的决议。我相信，你们有权利认为，在这种情况下安理会定会充分行使《宪章》赋予的各项权力，来帮助你们实现你们的使命。"这些话是大胆的，但不可否认也是给人希望的。我如此公开地敦促安理会，并不因为我确信它会采取行动，而是因为我担心它可能不行动。一票否决根本不是问题。苏联和美国都是支持大会的分治决议的，而且前者的支持态度随着时间推移更加坚定。其他国家的种种表现——阿拉伯人毫不妥协、英国人被动消极、美国人态度摇摆——逐渐破坏了多数成员国提出的建议。

巴勒斯坦问题特别委员会积极地推进工作，要求我邀请英国、阿拉伯高级委员会①和犹太人代办处②开会展开讨论。英国和犹太人代办处

---

① 阿拉伯高级委员会（Arab Higher Committee），最早成立于 1936 年 4 月 25 日，是巴勒斯坦作为英国委任统治地时期的阿拉伯人中央政治机关，由巴勒斯坦的阿拉伯宗族和政党领导人组成。1937 年 9 月，在一名英国官员被暗杀后，该委员会被英国行政当局宣布为非法。1945 年，阿拉伯联盟重新组建了一个同名委员会，在 1948 年阿以战争爆发后被解散。——译者

② 犹太人代办处（Jewish Agency），世界上最大的犹太人非营利组织。成立于 1929 年，是世界犹太复国主义组织的分支机构。1948 年以来将 300 万移民带到 （转下页）

随即指派了卡多根和摩西·夏里特①，但阿拉伯高级委员会在 1948 年 1 月 19 日给我发了如下内容的电报：

"阿拉伯高级委员会决定坚持拒绝分治、拒绝承认联合国对此作出的决议以及任何由此衍生出的行动。基于以上原因，委员会无法接受邀约。"

阿拉伯人的回应倒也并不让人意外。特别委员会和我只能在阿拉伯人反对的情况下尽最大可能落实分治方案，相应地，我们与卡多根和夏里特的磋商过程也相当紧张激烈。

我认为，事实证明英国的做法与信函所言、与分治方案的精神都不一致：英国不想按照大会决议的规定逐步将权力移交给巴勒斯坦问题特别委员会，而是要在 5 月 15 日将权力一下子全部移交出去。同时，英国也没有"在委任统治到期前的两周在巴勒斯坦方面积极推进特别委员会的任何建议"。英国既没有准许建立大会决议所提出的民兵团，也没有推动划分边界线。大会曾进一步建议英国争取在 2 月 1 日前在犹太人国家的区域空出能为移民提供足够设施的一个海港和腹地。但卡多根却报告称："我们政府是不可能这么做的。"

与夏里特的磋商进展得更有成效。在耶路撒冷，犹太人代办处相当配合巴勒斯坦问题特别委员会的工作，夏里特和我——虽然出发点各有不同但目标一致，那就是落实联合国大会的决议——在各种会议上、在我家里都有过多次颇有价值的讨论。

（接上页）以色列，并在全国"安置中心"为他们提供过渡性住房。犹太人代办处在以色列国的建立和发展中发挥了核心作用。戴维·本·古里安（David Ben-Gurion）从 1935 年起担任其执行委员会主席，并于 1948 年 5 月 14 日以这一身份宣布以色列国独立，成为以色列第一位总理。——译者

① 摩西·夏里特（Moshe Sharett, 1894—1965），以色列政治家，犹太复国主义运动的重要领导人。出生时曾用名"Moshe Shertok"。1949 年任以色列建国后的首任外交部长，1954 年任副总理，1955 年再次出任外交部长。——译者

当然，作为秘书长，在推动这项决议的实施过程中，我本该有同样机会和阿拉伯高级委员会进行紧密、愉快的合作。然而阿拉伯人却采取了公开威胁的态度。2月6日，阿拉伯高级委员会的代表致函与我，写道："巴勒斯坦的阿拉伯人……永远不会向巴勒斯坦执行分治的任何力量屈服或妥协。想要实现分治，唯一的办法就是彻底消灭他们——无论男人、女人还是孩子。"

　　巴勒斯坦问题特别委员会及其秘书长开始把注意力放在组建和派遣一支国际部队进入圣地，并不是为了消灭任何人，而是为了防止出现一场无法控制的内战和国际战争。在2月16日向安理会作出的一份特别汇报中，就"巴勒斯坦地区的安全问题"，委员会指出，巴勒斯坦内外的阿拉伯利益集团费尽心机妄图通过武力破坏大会作出的决议，周边阿拉伯国家的武装力量已经开始渗透巴勒斯坦。报告阐述了因阿拉伯国家和英国的态度造成的种种困难，并颇有说服力地断言安理会的武装协助将会是成功的保障："在委员会看来，这已经涉及国际秩序的根本问题。如果事实证明武力或者使用武力的威胁对联合国意志可以构成有效的威慑，那么这将成为一个危险且悲剧的先例。"委员会警告，在5月15日之后，除非有足够的非巴勒斯坦武装力量维护秩序，"委任统治终止后的一段时间，包括耶路撒冷在内的巴勒斯坦地区将陷入失控状态，将出现大范围的冲突和流血事件。在巴勒斯坦地区深受国际关注的时代，这将会是一个灾难性的结局"。

　　毫无疑问，巴勒斯坦问题特别委员会的立场是站得住脚的。随后事态的发展也佐证了这一点：阿拉伯国家公开准备入军巴勒斯坦，推翻联合国的决议。任何武装入侵都将是侵略行为，是对《联合国宪章》的公然挑衅。以违反联合国明确意志为目的的行为都是非法的。这是我对报告的态度，我要求拉尔夫·邦奇起草一份报告提交安理会，我会做好相应准备。在他和我与其他顾问起草报告时，我们强调尽管东西方之间对是否向联合国派遣武装部队存在分歧，但双方在建立一支联合国地面部队上已经达成一定程度的共识，五大常任理事国承诺将成立一支最小单位的紧急国际部队以供安理会差遣。这一部队将足以应对巴勒斯坦问题带来的挑战。第二，报告指出，联合国不会允许任何与其决定和机构相对立的暴力行为，也就是说，如果联合国的道德力量不足以解决问题，那么武力将作为补充力量介入。起草这份提案只是第一步，另外冒险的一步是将它提交给安理会。直到对安理会的讨论和行动倾向有些许把握我才走出了第二步：虽然安理会有很大可能会批准提案，而我也做好了充分准备随即采取行动，但如果仅仅是把这份提案记录在案，那就没有什么意义了。

事实证明我的谨慎是有道理的。安理会在 2 月 24 日召开了会议。来自捷克斯洛伐克的卡雷尔·利西基作为主席，代表巴勒斯坦问题特别委员会呈现了一场精彩的报告。安理会的下一步行动有赖于美国和英国的意见——联合国的积极行动往往需要作为创始国的这两个大国的领导或支持。

英国通过亚瑟·克里奇·琼斯作出了回应，表示"郑重地接受大会的分治决定"，但鉴于"阿拉伯人的具体威胁"，英国政府无法对目前要求的特定合作方式作出承诺。

我对美国抱了更大的希望。美国在联合国大会上直接表达了对分治决定的支持。在美国的建议下，大会通过了一项决议，该决议强势规定了安理会在分治方案实施过程中的作用。然而现在美国却发出了不同的声音。沃伦·奥斯汀坚持认为，安理会可以采取行动维护国际和平，但它没有权力强制实施分治或任何类型的政治和解方案。他主张安理会成立一个由五大常任理事国组成的特别委员会，探讨"因巴勒斯坦问题可能引起的对国际和平的威胁"。

奥斯汀大使认为联合国没有权力强制执行任何形式的政治和解方

案，这一原则听起来像是一个通用主张。除非在特别情形下，无论是统一还是分治，联合国都无权实施政治和解方案。而这里的特别情形，只有在控制某一领土的所有相关方呈交联合国来决定这片领土的命运时才会出现。巴勒斯坦问题中，英国是唯一的委任统治国，并向联合国提出请求处置所涉及的全部领土。我认为很显然，联合国在这一情况下拥有完整的宪章性权力，不仅有权力来维护这片领土内部的秩序，更有权力对抗任何从外部推翻其决定的企图。如果安理会也像《对意和约》规定的那样，能就选定一个行政长官来接管有关职责达成一致，那么这个情况就和的里雅斯特自由区①一样了。这一和约的所有签署国都已经对此达成了一致，因此在我看来眼下面临的法律问题也基本是一样的。

尽管如此，随着奥斯汀大使的表态和随后的武器禁运，华盛顿不再支持安理会可能为实现和平并维持分治决定采取的行动。我担心这种态度除了有损联合国的威望外，还会从根本上损害联合国的权力。不管从原则上，还是从实际角度，我都是反对美国的立场的。现在巴勒斯坦问题特别委员会要求法律事务办公室对安理会在巴勒斯坦问题上的有关权利给出文件说明。这份文件在准备的时候我在挪威，不过当然文件体现了我维护联合国权威的一贯想法——我在之前的一些案件中已经公开表达过，也有记录在案。这份文件提到了1947年初我在的里雅斯特问题上提出的意见，认为安理会在当时就已经"承认根据联合国宪章第24条的有关规定，只要与维护国际和平和安全有直接甚至间接关联，安理

---

① 的里雅斯特（Trieste），意大利东北部边境港口城市。位于亚得里亚海东北岸、伊斯特拉半岛的西北侧、的里雅斯特湾的顶端，西距威尼斯113公里，历史上是日耳曼、拉丁和斯拉夫文化的交汇点。从1382年到1918年一直处于哈布斯堡王朝的统治之下，是奥匈帝国第四大城市、最重要的港口之一。1947年签订《对意和约》时，规定建立的里雅斯特自由区，面积约759平方公里，并把该区分为甲乙两区，甲区（包括城市和港口）由英美管辖，乙区（市外大部分地区，约527平方公里）由南斯拉夫管辖。1954年签订伦敦备忘录，将甲区划归意大利管辖，仍为自由港；乙区仍归南斯拉夫管辖。——译者

会就有充分的权力承担新的责任，但安理会在开展工作时应以符合联合国目的和原则的方式行事"。我从挪威回来后，就将对巴勒斯坦问题的意见书分发给了安理会成员国传阅。安理会在 3 月 9 日召开了一次闭门会议，关于议程上任命"的里雅斯特行政长官"的问题讨论了很久。来自阿根廷的何塞·阿尔塞①博士支持阿拉伯人的观点，趁此机会严辞抨击了意见书。他表示，这份意见书的实质就是"一群精神不正常的人"写出的"谬论"，而且原则上秘书处无权起草这样的文件。对于阿尔塞博士的批判，我的回应是只要我在秘书长的位置上，秘书处就有权应联合国机构的要求给出相关意见。我补充道，我对巴勒斯坦问题可能还有进一步的法律方面的意见，会直接向安理会递交。安理会成员国支持了我，并没有对阿尔塞博士的攻击性言论作出回应。

巴勒斯坦问题特别委员会尽了他们最大的努力，我也尽可能给予了支持。2 月 22 日，我派出了委员会秘书处的先遣队前往耶路撒冷，以与委任统治当局取得联系，对交接问题进行现场沟通。先遣队 3 月初抵达了耶路撒冷，在 5 月委任统治到期日的前夜离开。由于英国的态度，委员会的这次努力一无所获。尽管先遣队的成员们作为委任统治政府的客人住在耶路撒冷，城中的情况仍让我为他们的安全问题深感担忧，我采取了所有可能的措施确保他们的安全撤退。同时，安理会在漫长的争论后，要求常任理事国在 3 月 5 日召开会议讨论对巴勒斯坦问题特别委员会作出有效的指示"以落实联合国大会的决议"。虽然奥斯汀在 2 月份提出的意见已经够弱的了，但这项决议比奥斯汀的还要水得多。

美国、苏联、法国和中国参加了这次磋商会议。照例代表们在各个

---

① 何塞·阿尔塞（José Arce, 1881—1968），阿根廷著名医生、政治家和外交官。1946 至 1949 年任阿根廷常驻联合国代表；期间 1948 至 1949 年阿根廷是安理会理事国，所以阿尔塞担任了 1948 年在巴黎召开的关于巴勒斯坦问题的联合国大会特别会议主席。——译者

代表团的办公室开会，不过有时会议也在我位于曼哈顿的办公室进行。全程我都亲自出席了。英国拒绝参会，但卡多根出席了几次会议来回应一些问题。从一开始，这次磋商就令人泄气。看起来只有苏联真正有意实施分治方案，美国显然没这意思。当时有传言，美国甚至不惜以放弃分治方案为代价来缓和阿拉伯人的立场；而在这样的氛围下，安理会或其他常任理事国也就不可能采取有力行动了。结果，在3月19日常任理事国委员会提出"实施"分治方案建议时，美国对分治方案提出了异议。在新的指示下，奥斯汀发言呼吁"采取任何可行的行动……来立即止息巴勒斯坦地区的暴力冲突"。就是在这种情况下，一些讽刺性的报道臆造出了所谓奥斯汀的虚幻言论："就这一次！——我们必须什么都不做。"为了论证他不作为的观点，他又重提了一个之前的建议：美国政府现在认为，联合国对巴勒斯坦地区的临时托管统治应建立在"维护和平的目的之上……不应损害最终的政治解决。鉴于联合国大会的特别会议尚未召开，我们认为安理会应该指示巴勒斯坦问题特别委员会暂停推进拟分治方案的实施。"

在安理会会议前，我会见了奥斯汀和其他四个安理会常任理事国的代表。奥斯汀向我们转达了华盛顿提出的托管统治建议。我指出，澳大利亚已经在联合国巴勒斯坦问题特别委员会提出了托管统治的可能性，但随后意识到了这一方案会遭到涉及双方而非一方的反对，因此撤回了。我认为，与分治方案相比，这个方案的实施会需要更多的军事力量支持——而且反对分治方案理由恰恰是需要军事力量来实施它。作为秘书长，我表示，如果采纳美国的建议，我必须就是否愿意承担实施这一方案的责任征求各大国的意见。奥斯汀回应称，联合国"当然做好了支持实施它自己作出的任何一项决定的准备"。我不禁想问他，所谓的"支持"是否跟华盛顿给予分治决定的"支持"一样"坚定"。

美国从未就它对分治方案一百八十度的态度转变作出任何解释。可能华盛顿在对分治方案投出赞成票时希望看到的是阿拉伯人较为缓和的反对态度，英国人更加实质上的配合；或者，就如有些人指出的，有些阵营的人担心华盛顿对分治的支持会影响美国在阿拉伯领土上的石油开采权相关利益；又或者，有人认为强制实施分治会引起阿拉伯国家的强烈不满，将阿拉伯国家推向莫斯科的一边，从而助力苏联在中东的利益。

无论如何，美国态度的反转对于联合国而言都是一个打击，体现了美国对联合国效力和地位的漠视，十分令人痛心。我不禁想问我自己，如果这就是联合国可以期待的从美国得到的支持，那联合国的未来将是什么样子。

我就这样焦虑了一夜，身边的广播一直在报道联合国的沮丧消沉、阿拉伯人的欢欣鼓舞、犹太复国主义者的失落绝望和英国人的自以为是。第二天午饭后——我记得这是个周六的下午——我给奥斯汀打了个电话约见面。他邀请我去了他在华尔道夫的公寓，当时我坦率地说出了我的想法——我很震惊，同时个人也感到十分不满。华盛顿深知我在为实施分治做斗争。美国的反转是对联合国也是对我个人的否定，因为对此我是直接作出了坚定承诺的。我对奥斯汀说："你也是作出过承诺的。这损害了你为联合国事业而奉献的诚意，同时还伤害了我。因此，我提议，我和你，我们两个人，作为对你收到的指示所提出的抗议，也为了让更多人意识到整个联合国体系目前所处的危险境地——我们提出辞呈吧。"

"特里格夫，"奥斯汀的情绪被我带动了，他说道，"没想到你这么敏感。"

他以相当美国北方人的方式真诚暖心地向我表达了同情。我想他是尊重我的反应的；但——不知是因为他对分治不太在意，还是就是觉得不应该这么做——他没有赞同我。他不会辞职，也建议我不要这么做。他表示，我不应该把华盛顿的态度反转当成是针对我个人的。

我和奥斯汀一向关系和谐，在和他亲切告别后，我去见了葛罗米柯。即使没有预约，他也会见我。我告诉他，我觉得自己应该以辞职来表达对美国转变立场的抗议。葛罗米柯大使让我感受到了比以往更甚的善意。他惆怅地表达了同情之情，但似乎对我的想法有些许担心。"就我个人而言，"他说，"我不希望你辞职，我也不建议你这么做。这样做有什么好处呢？这会改变美国的政策吗？总之，如果在我和我的政府讨论之前你能先不采取行动，我不胜感激。"

周四，葛罗米柯把我叫走。他说他已经和莫斯科电报联系了，莫斯科的回复是："不行，坚决不行。"听了华盛顿和莫斯科两方的建议后，我没有辞职。

1948年4月16日，联合国大会第二次特别会议在法拉盛草原公园召开。在之前的几周，我很谨慎，对大会的未来行动——是否应该或者会采纳美国提出的托管统治建议——没有公开发表任何预判。当然，当被问到时，我也不能隐瞒显而易见的事实，托管统治在近一年前就已经有人提出，但已经认定是不可行的了。

大会的辩论持续了一个月，还出现了混乱的局面。尽管华盛顿表示当时已经做好准备派遣落实分治方案所需的相当部分的军队，但美国关于托管统治的提案也得到了少许支持；由于巴勒斯坦地区事实上的分治已经逐渐瓦解了英国的权力，英国建议联合国对分治采取强制行动。其他成员国没有提出会派遣军队协助。对托管统治的可行性持怀疑态度的人比比皆是，不过也有相当一部分国家认为联合国应该承诺实施分治，而不是把时间花在不断的讨论中。卡尔·贝伦德森①，机智幽默的新西

---

① 卡尔·奥古斯特·贝伦德森（Carl August Berendsen, 1890—1973），新西兰外交官，新西兰外交部门的创始人之一。贝伦德森长期担任新西兰在国际事务上的代表，出席大英帝国会议以及国际联盟和后来联合国的会议。1967年，第三次中东战争"六日战争"结束后，曾参加联合国特使古纳尔·贾林（Gunnar Jarring）率领的使团，推动恢复中东和平。——译者

兰人，相当有说服力地表达了这一观点，为他在联合国的精彩发言再添了一笔。他非常贴切地说出了与我内心最为接近的想法和感受——我也为此做了一件我从来没有因为一个人的发言而做过的事——我给他送了一束玫瑰花表达敬意！卡尔呼吁大会不应屈服于威胁和暴力而放弃分治。在 11 月，分治是最恰当的解决方案，在 4 月仍然也是；不过由于没有做好充分计划来强制执行分治，大会"以错误的方式做了正确的事"。就自身而言，新西兰会继续支持分治方案的实施。"现在这个世界需要的，"他总结道，"不是各种决议，而是解决问题。"

总之，最后大会就只通过了三项决议。一项决议肯定支持了安理会为促成巴勒斯坦停战协议所做的努力，授权一位联合国调解员利用其职权，与停战委员会合作推动巴勒斯坦局势向和平方向发展，为巴勒斯坦地区人民的福祉提供必要的服务作出相应安排，并确保对圣城的保护。这项决议缓解了停战委员会进一步履行其职责时的压力，同时在另一项决议中大会表达了对停战委员会所做努力的谢意。大会并没有撤销或修改之前在 1947 年 11 月 29 日作出的决议。分治决定仍然也将继续有效。

在大会的辩论进行到会议结束的 5 月 14 日那天，消息传来，随着委任统治的到期，犹太人当局宣告了以色列国的成立。虽然这超出了 11 月 29 日分治决议的范围，但实质上与分治决定是相一致的。但这消息注定会给本就紧张的局势火上浇油。接下来会发生什么呢？

这爆炸性的消息来得相当令人意外。几分钟后，大会讨论了法国和美国提出的为耶路撒冷成立一个临时国际政权的建议，而同时美国承认"临时政府为新的以色列国事实上的政权"的消息传遍了法拉盛草原公园。又一个政策反转！在美国代表团得知美国总统杜鲁门的行动之前媒体就已经报道了，可想而知美国代表们当时是多么尴尬耻辱。

在之后的几个小时甚至几天里，事件不断发酵。阿拉伯人声称将在委任统治结束后开始入军巴勒斯坦。这是对联合国的武装挑衅，他们还向联合国总部发电报公开宣称将发动侵略。安理会在 5 月 15 日的会议召开前收到了埃及外交部发来的电报，埃及居然声称："埃及武装力量已经开始进入巴勒斯坦地区，去建立安全和秩序。"……

第十一章　巴勒斯坦停战协议达成

阿拉伯国家进军巴勒斯坦，是自二战结束后世界上发生的第一次武装侵略。联合国不可能允许这场侵略成功，同时也不可能允许它对和平解决、集体安全和有意义的国际法产生重大影响。这是我的想法，我也付诸了行动。之前阿拉伯人也曾威胁入军巴勒斯坦。早在 5 月 3 日，因巴勒斯坦被外国武装力量侵略，法律事务办公室根据我援引《联合国宪章》第 99 条提出的要求，提交了一份备忘录。这份备忘录分析了这一问题的法律要素，并无保留地认定，我应当有权提请安理会关注巴勒斯坦的侵略对国际和平和安全构成的威胁。于是，我要求法律事务办公室起草了一份提交给安理会主席的信函，以促使安理会根据第 99 条关注对巴勒斯坦的侵略。我把这份信函备在手边，随着 5 月 15 日埃及、约旦和其他阿拉伯联盟成员国的侵略开始，我已经完全准备好要提交这封信了。不过我决定先看看美国是否会采取行动。安理会采取任何行动阻止侵略巴勒斯坦，必然需要美国主导，如果美国同样也准备好了合适的措辞和合适的武力解决方案来提请安理会，那么由它来提出倡议将是更明智的做法。

但在阿拉伯国家侵略行为发生的 5 月 15 日，美国在当天下午召开的安理会会议上却只字未言。而整个安理会（除了苏联的成员国外）似乎达成了保持沉默的默契，让人想起在张伯伦[①]实施绥靖政策的时代，那最令人沮丧的种种像驼鸟一样把头埋在沙子里的行径。

当天晚上，我打电话给我最亲近的顾问，请他们来我在森林山的家中会面。安德鲁·科迪尔、亚伯拉罕·费勒、德拉戈斯拉夫·普罗蒂奇、托尔·杰斯达尔②都来了。我还邀请了新上任的主管协调事务的助理秘书长杰克逊③，这位来自澳大利亚的海军指挥官思维敏捷、行动力强，选拔他上来是希望他能成为我的"灭火队员"。那晚的紧急会议上我们反复研究了有关问题。会议结束时已经很晚了，我决定将杰克逊和科迪尔推向前线，在这个组织面临前所未有的严峻挑战之时捍卫联合国的尊严。

我想用他们报告中的这段话来描述 5 月 15 日以及随后几天里我们的紧张、决心、兴奋和孤注一掷再合适不过了。

杰克逊在报告中写道：

> 根据秘书长的指示，以及我们在周六晚上达成一致的决定，我在奥斯汀大使的华尔道夫酒店套房中与他见了面。
>
> 我解释了秘书长在这件事情上的立场。收到埃及政府的公函之后，秘书长认为他必须采取行动。我告诉奥斯汀大使，秘书长认为这件事的最新进展将会对安理会和联合国在未来的有效性造成损害。秘书长相信，如果安理会没能快速有效地采取措施，这就会成为一个先例，很容易让其他国家在这之后争相效仿采取激进行动，

---

① 阿瑟·内维尔·张伯伦（Arthur Neville Chamberlain, 1869—1940），英国首相（1937—1940）。任内推行纵容德、意、日侵略的绥靖政策。——译者摘自《第二次世界大战百科词典》，上海辞书出版社

② 托尔·杰斯达尔（Tor Gjesdal, 1909—1973），挪威记者、政府官员。二战期间担任在伦敦的挪威流亡政府新闻顾问。1946 年起参与联合国的工作。——译者

③ 罗伯特·杰克逊（Robert Gillman Allen Jackson, 1911—1991），澳大利亚海军军官、外交官。战后在联合国救济和复兴总署工作，参与了欧洲、非洲和远东地区的战后重建。曾在首任联合国秘书长赖伊手下短暂担任助理秘书长，后来长期从事协助发展中国家建设的工作。——译者

甚至为了他们的某些目的完全违背对联合国立下的誓约。

秘书长觉得更大更迫切的危险在于，如果让埃及在这件事上"蒙混过关"，那么目前为止仍接受安理会在争议解决上的权威的其他国家政府（如印尼和克什米尔）可能直接决定完全无视安理会，这么多年来为阻止印尼和克什米尔内战所付出的努力将功亏一篑，两个地区的情况将急剧恶化，后果不堪设想。

基于上述原因，秘书长认为，安理会快速有效地对此采取行动势在必行。他意识到一些政府为了他们自己的政治目的，可能十分乐见安理会陷入这样一个假设，那就是只要允许阿拉伯人和犹太人接触，双方就会愿意进行谈判。秘书长觉得这是一个极其危险的走向，不仅没办法保证在最初的冲突阶段后双方会逐渐平息争端，甚至很有可能出现冲突蔓延的情况，某个常任理事国可能介入其中，导致中东的整个局势发展对全球安全构成威胁。无论如何，耶路撒冷问题都将是犹太人和阿拉伯人之间达成任何真正意义上的和解的一大障碍。

同时，还有一种更为危险的情况。如果任由中东问题的利益各方通过战争自行解决，而常任理事国在联合国安理会作壁上观的做法为各大国所接受，那么显然他们就是默认联合国在维护和平方面是个毫无用处的机构。秘书长认为，这对组织未来的有效性构成了巨大的威胁。因此，他觉得大国应该认识到，快速采取措施将这一问题纳入到联合国的管辖之下，这一点极其重要。

正是基于以上原因，1948 年 5 月 15 日周六晚，我还做了一些尝试和努力，希望能促成 5 月 16 日周日与马歇尔和洛维特①的一个

---

① 罗伯特·艾伯克龙比·洛维特（Robert Abercrombie Lovett, 1895—1986），哈里·杜鲁门时期的美国国防部长。洛维特是被称为"智者"的资深外交政策人员团体的核心人物，美国社会学家威廉·多姆霍夫称其为"冷战建筑师"。——译者

私人会面，由于美国和英国政府在这件事上的沟通存在一定困难，如果秘书长的斡旋能促进这两个政府的相互理解，他可以和英国政府展开谈话。尤其值得一提的是，我还为将这个问题纳入安理会的控制之下作出了努力，希望采取有效的行动解决这个问题。奥斯汀大使可能也知道，安排这样一次会面几乎不太可能，因此秘书长让我等一等，在这件事上寻求他的意见。

奥斯汀大使站在他的立场解释了自己的难处，说明了美国政府与英国政府在这一问题的沟通上经历了怎样的困难。在进行了广泛的讨论并对一些具体问题交换了意见之后，他与美国国务院的腊斯克①进行了电话沟通，两人达成一致，认为当时最好的应对政策就是继续观望。因此，周日与马歇尔和洛维特的会面未能成行。这似乎暗示着他们尚未采取积极措施，而更倾向于为可能因这些事产生的管辖问题寻求合理的说法。我告诉奥斯汀，我认为这个想法是不切实际的。

不可否认，已经有一个成员国告知秘书长它正在一项争端中使用武力，而且很显然，这一行为违背了《联合国宪章》的精神。这种情况下，如果安理会不立即采取有效措施，那么我之前所说的那些威胁定然随之而来。

奥斯汀大使似乎很疲惫，甚至有些气馁，我就没有在这个问题上再劝说他了。我跟他说会向秘书长转达他的想法，秘书长可能会与卡多根讨论这件事。在秘书长决定他可能采取的进一步行动之

---

① 迪安·腊斯克（David Dean Rusk, 1909—1994），美国前国务卿，民主党人。1945年进入国务院，负责联合国事务；同年提出沿北纬38度线分裂朝鲜并划分美苏势力范围的建议。1949年先后任主管联合国事务和远东事务的助理国务卿，在朝鲜战争中发挥重要影响。1952年任洛克菲勒基金会主席。1961至1969年任国务卿，支持越南战争，是"最强硬的鹰派人物之一"。——译者

后，会将这些讨论的倾向性意见告知奥斯汀大使。

这次讨论给我留下印象最深的是，美国政府与英国政府在处理这一问题上存在着巨大分歧，可能正是因为大家想法上的差异，安理会无法立即采取有效行动。我清楚地认识到，如果我们希望安理会采取措施，就必须竭尽全力让这两个国家达成一致。

之后，我前往秘书长的住处，与他和科迪尔、费勒讨论可能就这件事采取的进一步动作。我们同意，应该向安理会的五个常任理事国发函，向他们表明秘书长在这件事上的立场。

另外，应向美国国务卿马歇尔发出一份私人信函，指出为什么秘书长希望与他进行私人会谈，以缓解美国政府与英国政府间的关系。同时，在与卡多根协商后，希望科迪尔明日（周日）一早前往华盛顿，以便美国国务院能够了解赖伊在这件事上的立场，如果可能的话，还可以准备与马歇尔和洛维特的谈话。我们对这一行动路线达成了一致……

我给各安理会常任理事国发函的具体内容如下：

1948 年 5 月 16 日

尊敬的……：

埃及政府已于 5 月 15 日通过电报致函安理会主席，声称埃及武装部队已进入巴勒斯坦，并对该国进行"武装干涉"。5 月 16 日，我收到来自阿拉伯联盟的电报，阿拉伯联盟代表阿拉伯国家也作出了类似申明。

虽然根据《联合国宪章》第 99 条之规定，秘书长可将其认为可能威胁国际和平和安全的任何事项请提安理会关注，但鉴于这件事目前已经提交到了安理会，我就没有必要援引这一条款了。

尽管如此，我想我有职责向贵国强调，这是自《联合国宪章》通过以来第一次有成员国声称其已对其领土以外的地区进行武装干涉。

同时，这一武装干涉发生在联合国已经特别关注的领土内。安理会委派的停战委员会已经在巴勒斯坦运作一段时间了，几个小时前联合国大会刚刚通过了授权一名调停官在有关各方间进行斡旋以争取就巴勒斯坦局势达成和平协议的决议。

联合国的首要目标就是维护国际和平和安全。《联合国宪章》第24条规定，"为确保联合国行动的迅速有效"，各成员国授予安理会维护国际和平和安全的主要责任。

5月15日安理会的公开讨论已经表明，除非安理会的各成员国坚定地支持《联合国宪章》的权威，否则迅速有效的联合国行动恐怕难以实现。

战争行为已经开始。地区局势岌岌可危，紧张程度升级，甚至可能将其他国家卷入中东和平的危局之中。

在这一情况下，如果安理会没能采取行动，将重挫联合国的威望，极大地打击未来有效维护世界其他地区和平的希望。同时，这可能破坏安理会在目前正在处理的其他安全问题上已经取得的进展。

我诚挚地希望贵国政府，能结合联合国现在面临的极端严峻形势，充分考虑在这至关重要的时刻迅速采取行动的必要性。

我已经向安理会的五个常任理事国分别发出了类似的函件。

谨启

特里格夫·赖伊

在此也可以引用杰克逊起草的第二份备忘录中的几段话来说明当时

的情况。

与卡多根的谈话记录

1948 年 5 月 16 日

在与秘书长的讨论之后，我按约定前去与卡多根会面。

我向他解释了秘书长在这件事上的立场。鉴于埃及政府已经发函，他不能不采取行动。事实上，正如秘书长在他给安理会五个常任理事国的函件中所指出，如果不是安理会已经为此召集会议，他本来也会根据第 99 条将这件事提交给安理会……

秘书长意识到，美国和英国目前的分歧容易耽误安理会采取行动，这让他很是忧虑。为此，他不仅极其明确地表达了他作为秘书长对这件事的立场，他也十分乐意协助以促成相关政府对可能采取的行动达成一致。

最后，我想再次强调，时间对这一问题而言至关重要，安理会行动越晚就越危险。

卡多根清楚地理解我所强调的这一点，也很欣赏秘书长在这件事上的立场。

他还表示，对巴勒斯坦的现状，如果还在法律方面斤斤计较，只会让整个问题更加复杂……不过，他也认可秘书长的务实做法，他明白，继续在法律问题上纠缠很容易将问题推向极其危险的境地，这一点秘书长在给五个常任理事国的信函中也提到了。

他承认，这次侵略可以说是联合国历史上面临的最大一次危机。他认为如果不能妥善处理，联合国的未来就可能受到影响，重蹈国际联盟的覆辙。事到如今，他很遗憾至今也没能赋予联合国武装力量，不然就能有效地解决像现在这样的情况了。尽管如此，他表示现在不是讨论理想状态的时候，还是应该重点关注切实可行的方案……

他预见到要让美英达成一致困难重重，但同时他也意识到，如果做不到的话，就会拖延安理会的行动，刚才提及的那些最为危险的后果恐怕不可避免。他问我秘书长目前想到了什么具体措施，他认为（我当即确认了），当前最迫在眉睫的是作出一项停战命令并发给各相关方。我同意他的想法，这是切实可行的第一步。随后卡多根指出，也存在相关方无视安理会作出的停战命令的风险，这或许会更严重地损害安理会的尊严和权威。我表示，如果出现这种假设情况，没能启动恰当的安理会机制，我们会不得不采取更大风险的行动。尤其从安理会的角度来说，即使有其中一个相关方不遵从安理会的指示，当前情况下按恰当的程序处理问题也至关重要。只有这样，各方才能各司其职，才不会出现安理会或者秘书长与其职责不相匹配的情况。卡多根认可了这一观点……

卡多根随后准备了一份发往外交部的电报，并随附了秘书长发给安理会五个常任理事国的信函……

他还表示，他猜测秘书长会与美国政府以及其他政府讨论这一问题，之后秘书长或者我会提出采取进一步行动。我承认这一点。

现在我想引用科迪尔报告中的几段话：

周一上午抵达国务院之后，我立即将（秘书长发给五个常任理事国的）信函递交给了国务卿办公室，并和腊斯克、桑迪弗、布雷斯代以及其他国务院官员进行了一系列谈话，其中腊斯克在国务院中承担有关联合国事务的职责。

我们很快就联合国调停官的提名人选达成了一致。美国准备提名范泽兰①，并转告了在纽约的美国代表团。

　　同时，国务院正在准备一项决议，声明阿拉伯人在巴勒斯坦的行动是破坏和平的行为。国务卿已经批准了这项决议，随后也争取到了白宫的支持。腊斯克之后简要概述了国务院高级官员们正在讨论的下一步计划，美国将在这项决议提交给安理会之后采取相应行动。

　　各项措施中首要的就是武器禁运。对话中似乎可以明确，美国打算提议对争端双方全面禁运武器，如果英国不配合停止向阿拉伯人运输武器，美国将解禁武器运输。

　　美国还在讨论武器禁运后跟进贸易制裁的可能性。当然，相比其他国家，这类制裁对英国的影响更大，可能导致英国行使其在《联合国宪章》下的权利来寻求赔偿，从而抵消其因配合行动而遭受的损失。显然，对于这种强硬的措施，国务院仍在讨论中。

　　他们希望我可以确保，秘书长在周末提出的积极行动方案不应解释为美国对巴勒斯坦问题的消极应对。他们列举了美国在安理会、托管理事会以及联合国大会上已经采取的各种行动，即使其中有些行动是互相矛盾的。

　　这天的最后，他们甚是幽默地表示，秘书长不应把那天发生的事都归功于他自己。而我则开玩笑似的反驳，任何人在这种工作上抢功都相当危险，万一之后打脸呢。同时，今天发生的事明显意味着，腊斯克周六晚上提出的时间表还是慢了些。我指出，无论如何我们所有人都在同一条船上，成败在此一举。秘书长并不想公开他目前在这件事上的动向，这些信函是保密的，他提出要采取的各项措施都是为了各国的共同利益，维护世界和平、增强联合国在当前

---

① 保罗·纪尧姆·范泽兰（Paul Guillaume van Zeeland, 1893—1973），比利时律师、经济学家、天主教政治家。1946年参与筹建欧洲经济合作联盟。二战后多次出任比利时天主教政府的外交部长和北大西洋公约组织的经济顾问。——译者

和未来不得不面临紧急事项时的应对能力。

科迪尔在华盛顿的对话发生在 5 月 17 日，最后他们明确，联合国准备好了在安理会坚决地采取行动。最大的问题在于英国的态度、她与阿拉伯国家的关系以及她在联合国将采取的立场。在安理会，英国再次将问题绕回到了法律程序上，提出对巴勒斯坦的侵略是否是真正意义上的侵略。我有理由相信，卡多根他本人是反对这一做法的。我知道他个人是联合国的坚定支持者，与我一样认为这明显就是侵略，如果不能作出这样的认定，就很有可能导致联合国的最终崩塌，就像当年国际联盟因为在 1930 年代的满洲和埃塞俄比亚问题上处理不当而解散。尽管如此，他必须忠诚地遵守英国外交大臣的指示。

在战场上，英国国籍的官员领导着在约旦行动的阿拉伯军团，阿拉伯军队用的也是英国的武器。我倒并不担心美国和英国会在安理会公开冲突，我想要争取的是英美之间能够达成一致，以促成联合国对巴勒斯坦问题的和平解决。相应地，为了清楚说明秘书长的立场，也为了尽我所能促成英美之间的理解，尤其后者极为重要，我派了杰克逊前往伦敦。英国政府内部有联合国的好朋友和热心支持者。首相艾德礼对联合国组织向来不吝赞美之词。据我所知，斯塔福德·克里普斯①已经带领着他的一群同事公开批评贝文在巴勒斯坦问题上的立场。杰克逊报告中还有几段话更为关键，具体如下：

> 按照您的指示，我前往伦敦与英国政府商讨。
>
> 5 月 18 日周二深夜我离开纽约，于 5 月 19 日 20 点 40 分抵达

---

① 理查德·斯塔福德·克里普斯（Richard Stafford Cripps, 1889—1952），英国政治家。1940 年至 1942 年出任驻苏联大使。战后曾任商务委员会主席、财政大臣等职，推动了英国经济的恢复重建。——译者

伦敦……在与财政大臣（斯塔福德·克里普斯）分开后，我立即给外交部常务次长奥梅·萨金特①的办公室打了电话。我告诉了他的办公室人员我来访的目的，而且我与他、外交部负责联合国事务的格拉德温·杰布约了晚上 6 点会面。会议如约召开，我向出席的英国官员表达了您目前关心的问题，并强调如果不能对中东局势迅速采取有效行动，恐怕中东地区的武力干涉情况会愈演愈烈，这会清楚地表明安理会的无能，可能影响克什米尔、印度和巴尔干地区的局势，引起英美关系的恶化，甚至成为联合国分崩离析的开始。我详细解释了目前形势，看起来杰布十分欣赏我们的立场，他尤其尊重您在第 99 条规定之下被赋予的职责。

萨金特在会议中表现得相当谨慎，问我这实际上是不是您在向英国政府发出警告……我随即轻声否认了这种情况。之后他又问我，那可不可以说您的这些话既是以官方身份说的，也是作为英国政府的朋友说的。我表示可以做这样的解读，要记得您首要关心的是联合国的未来。

萨金特又问我是否会书面体现您的观点。我表示我认为这样做是不明智的，但最后我表示，自己不反对将您关心的各种问题列个标题清单……

我当时感觉杰布是认可我们的立场的，但萨金特和莱特在为我代表您介入这件事寻找一些外部原因，我觉得他们并没有完全意识到这件事对大国之间整体关系的威胁、对联合国未来的切实威胁。

之后我们达成一致，认为需要安排一次与外交大臣的会议……

5 月 22 日周日上午 10 点 45 分，我与外交大臣会面，并达成了

---

① 哈罗德·奥梅·加顿·萨金特（Harold Orme Garton Sargent，1884—1962），英国外交官。1933 年任外交部助理次长，利用一切机会提醒人们警惕纳粹势力的威胁，反对绥靖政策。二战期间任外交部长次长，1946 年任外交部常务次长。——译者

以下意见。杰布和莱特也参加了会议。

外交大臣对我在与他会面前先与财政大臣斯塔福德·克里普斯讨论了有关问题表达了不满。我向他解释，鉴于他自己、财政大臣以及我自己的日程安排，这样的会面顺序不可避免。我也安慰他，有关人士都理解您在政治方面的难处对他和外交部的影响。他看起来接受了我的解释。接着他问我为什么来到伦敦。我告诉了他您对联合国的担忧，我问他是否看了我在萨金特要求下列的问题清单。他表示已经读了这份文件。我说我的主要责任是清楚地转达秘书长的立场，并为秘书长在未来履行其职责的过程中采取什么有效行动寻求建议。

外交大臣随后向我解释了他的政策背后的原因、英国政府为解决巴勒斯坦问题已经作出的努力，然后他又像往常一样开始细数美国政府在处理这一问题上的种种不是。他特别强调了美国总统承认以色列所导致的困境。尽管如此，我表示秘书长最关心的是当前局势对联合国的未来可能造成的影响，希望各国政府能够准确理解他的顾虑。在他看来，目前的情况威胁到了组织的未来，他希望尽一切可能提供帮助，以（最好在幕后）协助各国政府就未来行动达成一致。

当时据说秘书长"正在研读一份关于英美关系的报告"，而他所处的地方是华盛顿，而不是伦敦。

我告诉他们，正如我在萨金特要求下列出的问题清单所言，我也已经表示过多次，秘书长并不是为当前局势给任何政府分配责任，也没有暗示任何政府应该修改他们的政策。秘书长已经在华盛顿向美国政府明确表达了立场。他的立场其实很简单。在他看来，当前局势对联合国的未来构成了威胁，他希望主要的相关政府能够清楚地理解他的想法……

外交大臣随后表示，如果秘书长看了英国的最新决议，那他应该认为英国的提议会带来一个令人满意的结果。我问他是否认为这样一个"停战命令"（一个月之前已经发出了一个类似的命令）会阻止犹太人和阿拉伯人。他表示如果华盛顿和纽约能够控制住犹太人，他认为阿拉伯人会有所节制。

我接着问他对秘书长是否还有进一步建议，他表示"没有"。

这些讨论表明：

尽管我已经极力澄清这件事对您来说只是客观公务，您对这件事只是友好关切，但有关方面对我们介入的原因仍持猜疑态度。

外交大臣方面并没有真正认识到您现在面临的责任和困难，因此：

并没有向我提出对您有效的建议……（之后我得知了当天上午英国内阁的有关讨论，显然他们内部也有截然不同的两种意见）一方是外交大臣，另一方是其他有关的大臣。就此我有理由相信，他们现在完全了解您的立场了，但对于可能的未来走向，我们仍然没有任何清晰的意见。我觉得我们必须结合接下来一两天的进展，决定我们对这一问题应该采取的后续行动。

同时，在纽约还有很多事需要推进。华盛顿已经建议比利时政治家保罗·范泽兰作为联合国巴勒斯坦问题调停官。我向他发了电报，也打了电话。但他犹豫再三之后表示他不得不拒绝这一委任。之后，我提议任命福尔克·贝纳多特伯爵①，他是瑞典王室成员、瑞典红十字会副会

---

① 福尔克·贝纳多特（Forke Bernadotte，1895—1948），维斯博格伯爵，瑞典王室贵族，祖父是瑞典国王奥斯卡二世，外交家。1943 年任瑞典红十字会副会长，二战中从纳粹集中营解救了 3.1 万人。1948 年 5 月担任联合国巴勒斯坦调停者，以调解巴勒斯坦土地分配不公的问题，曾提出新的安置方案，引起犹太人不满。1948 年 9 月，贝纳多特伯爵被犹太复国主义恐怖组织"利希"暗杀，他的死造成了瑞典和以色列的长期不和。——译者

长。五大常任理事国的代表们同意后，我电话告知了他。他一直致力于为他人谋福祉，尽管危险重重，他还是同意接下巴勒斯坦的任务。在巴勒斯坦全面大规模战争持续升温五天后，5月20日安理会常任理事国一致任命贝纳多特伯爵为调停官。他随即前往巴勒斯坦，其中还在巴黎短暂停留，与拉尔夫·邦奇以及秘书处的一些成员会面。我为贝纳多特伯爵配了一架飞机供他使用，飞机机身和双翼上印有大写的"U. N."，还有红十字徽章，以体现他作为红十字会副会长的身份。此后，近东地区经常能看到这架飞机。

除了这项任命，安理会的进展到当时为止可以说不尽人意。美国履行了新的承诺，敦促采取有效行动，但英国并没有同意。安理会的一些其他成员出于他们自己的考量，站在了英国不采取措施的一边。沃伦·奥斯汀相当急切地呼吁对侵犯巴勒斯坦边界的外国侵略进行武力回应，但安理会离对他的呼吁作出响应还差两票。只要英国的政策不改，阻止这场杀戮的希望就很渺茫。实际上，虽然伦敦表示，如果联合国谴责阿拉伯国家的行动，英国就会撤回对阿拉伯军团（侵略军队中最强的一支队伍）的支持，但她并没有对安理会采取这样的措施给予任何支持。舆论批评甚嚣尘上。通过英国首都的各类报道，可以越来越清楚地看到，外交大臣贝文就是阻碍采取建设性措施的主要"拦路虎"。在来自华盛顿、英国内部、联合国总部以及战场上连连告捷的以色列的重重压力下，英国内阁终于承认有必要改变政策了。5月27日，卡多根收到最终指示，同意签发停战令，拒绝执行的一方将受到联合国制裁。这正是我两周前想要做的。

修订后的决议要求停战四周，并授权联合国调停官对停战协议进行谈判、监督执行。为确定停战协议的生效日，贝纳多特伯爵积极组织谈判，不知疲倦地往来于相关国家首都，最后6月9日终于促成阿拉伯人与犹太人接受他对安理会决议条款的解释。两天后，联合国在实现巴勒斯坦和平的道路上取得了第一场胜利：停战协议生效。枪声暂息，流血暂止。

调停官在希腊罗得岛设立了大本营，他手下有一位作为我个人代表派驻的秘书——拉尔夫·邦奇。邦奇从一开始就在调停官的任务中扮演了重要角色，协助他的还有来自联合国秘书处的多位资深干将，如亨利·维吉耶、约翰·里德曼、康斯坦丁·斯达夫罗泊罗斯、保罗·莫恩、威廉·斯通曼以及帕布洛·德·阿斯卡拉特。此前贝纳多特伯爵已经向我提出要求，希望有一些军事人员能在停战管控方面给予他协助。我安排了比利时、法国和美国三国政府代表安理会停战委员会派遣他们武装部队中的官员担任联合国的军事观察员。在第二个停战期这个数字达到了 500 人。他们驻扎在停火线上的战略要点以及以色列和阿拉伯国家的首都。他们虽然此前并没有国际合作的经验，但在短短几天内就凝聚成了一个高效的联合国官员团队。如果没有讲到这群勇士的贡献，联合国在巴勒斯坦的故事就是不完整的。他们唯一的保护措施，就是他们国家军队制服上额外增加的体现他们联合国观察员身份的蓝白臂章。为了维护和平，他们面对任何风险都义无反顾。他们中有的牺牲了，有的受伤了。两位参与本次任务的飞行员在一次飞机失事中失去了生命。但任何危险都没有影响联合国观察员真正秉持联合国的公正原则履行他们的职责。

随着第一次停战即将结束，贝纳多特伯爵请求我安排 50 名警卫在停战管控方面协助军事观察员。我在一个周四收到了他的请求。我个人向联合国警卫队和秘书处成员寻求志愿者。反响很热烈。后续的这个周日，50 位志愿者整装出发，飞往开罗。他们在巴勒斯坦开着吉普车护送车队。他们为联合国征用的房屋站岗守卫、维护车辆、完成其他重要工作，但他们没有配备武器，只有身上的联合国制服作为唯一的保护。

停战达成后，贝纳多特伯爵可以更广泛地开展他的调停工作了。6

月 28 日，为了阿拉伯人和以色列人之间更长期的停战协议，他提出了一些工作建议。尽管他表示这些建议只是初步设想，但他同时正式给到了阿拉伯人和犹太人。毫无疑问，这一阶段他的目标是说服阿拉伯人应该停止他们的侵略。已经顽强抵抗军事攻击的以色列也收到了这些建议。四周的停战期限即将到期，调停官仍然在为他的建议与阿拉伯人和犹太人谈判。他多次呼吁双方同意延长停战期，7 月 7 日安理会也作出了这样的呼吁。以色列人接受了，但阿拉伯联盟拒绝了。7 月 9 日，阿拉伯人重新发起一系列袭击，但取得的胜利比之前低了不少。再加上安理会强硬地发出停战令，明言威胁将制裁不遵守的一方，阿拉伯人不得不妥协。值得一提的是，英国这时与安理会多数成员国站在了一条线上。7 月 18 日，第二次没有时间期限的停战协议生效。

贝纳多特伯爵又开始为更加长期的协议谈判而努力，我也一如既往地全面配合。6 月的第三周，他建议我飞往罗得岛，拉尔夫·邦奇也觉得我的出现会对这次协商机会"大有裨益"。但我觉得我前往罗得岛可能会引起一些误解，我想最好还是回绝他。不过，我建议贝纳多特伯爵，避免向阿拉伯人和以色列人提出他们接受可能性不大的建议，应该集中精力确保延长停战期。我进一步邀请他返回成功湖，亲自向安理会汇报，并与各国代表团协商。7 月，在第一次停战到期后，他回到了纽约。随着第二次停战协议的实施，贝纳多特伯爵和我开始分别在罗得岛和成功湖一起推进与阿拉伯人和犹太人的协商。我们通过电话、电报和信件不断沟通。在邦奇博士接任贝纳多特伯爵的调停官之职时，成功湖这边的调解似乎对于防止各方中断谈判发挥了尤为关键的作用。以色列人总能对我的建议作出积极响应。当然我也要强调，一些阿拉伯政治家虽然受限于他们政府的政策，但他们理解我作为秘书长必须为支持联合国采取的立场。在两次停战的间隔期，埃及没能在战场上有较大的建树，开罗尽管仍然坚持强硬的官方立场，但希望能够讨论出一个更具现实意义的方案。

在埃及同意派代表团来罗得岛与以色列签订停战协议前的很长一段时间，进展相当缓慢。以色列人通过调停官提出与阿拉伯人直接进行和平谈判，但阿拉伯人拒绝了。贝纳多特伯爵之前试图延长第一次停战期时提出的建议，对他现在的立场产生了一些影响，他被指责不公平地偏向了阿拉伯一方。同时，在停战区，尤其是耶路撒冷，阿拉伯和以色列双方又开始蠢蠢欲动。双方都谴责对方重开战端。贝纳多特伯爵，既然作为调停官，自然必须公平公正地对待阿拉伯和以色列。但在犹太人阵营，这点并不招人待见，因为他们认为在联合国框架下他们是正义的一方。在这令人沮丧的氛围下，贝纳多特伯爵仍然保持了冷静和干劲。

在 1948 年 9 月巴黎召开联合国大会前夕，贝纳多特伯爵还在为实现耶路撒冷非军事化、改善成千上万在战争期间逃离家乡的阿拉伯难民的艰难处境而不懈努力。他准备了一份提交给大会的报告，总结他完成的工作，并对和平解决提出建议。同时，他还通过斯达夫罗泊罗斯和里德曼向在巴黎的我转交了一份私信。信中写道：

> 两周前与您在巴黎谈话后，我又与阿拉伯和犹太领导人进行了一次充分协商。正如我在给您的正式报告中所言，我现在更加坚定地相信，基于近期协商的进展，将巴勒斯坦问题纳入大会第三次会议的议程中十分必要。
>
> 根据我对目前情况的评估，将这件事提交大会不会有风险。如果大会关注了这个问题，但没能作出决议，毫无疑问这会是个极其糟糕的情况，之后恐怕停战状态也难以长期维持。确实如此，但如果大会忽略了这个问题，也会是完全一样的结果，甚至停战协议可能会更早撕毁。我与很多人交流了我对这件事的想法，包括阿拉伯人和犹太人，没有人是不赞同的。

因此，鉴于事关重大，我希望您能够竭尽所能将这个问题加入议程中，就算没有其他办法，您也可以自己将这个问题提交到大会主席团……我想通过这次大会的恰当行动，能将这个问题最困难的部分解决。如果不能抓住这次机会，后果将不堪设想。

期待几天后与您在巴黎见面，相信您的挪威之行十分愉快。

谨上

福尔克·贝纳多特伯爵

贝纳多特伯爵9月16日在罗得岛写下了这封信，第二天他就在耶路撒冷遭暗杀。

我当时的震惊难以言表。拉尔夫·邦奇发来电报说，贝纳多特伯爵"今天9月17日周五下午14点05分，在耶路撒冷新城的一场精心策划的冷血袭击中，被不知身份的犹太杀手残忍暗杀了"。他是犹太复国主义的恐怖主义屠刀下最高贵的罹难者。摩西·夏里特立即给我发了电报：

对联合国调停官贝纳多特伯爵和观察员塞洛特上校遭暗杀感到十分震惊和愤怒，耶路撒冷的以色列和犹太人社区的所有人都诅咒这些行径恶劣的暴徒。以色列政府正在采取最严厉积极的措施以将杀手们绳之于法，将恶魔斩草除根。

"诅咒"这个词用得很恰当——体现了我们所有人的厌恶之情。这滔天罪行，这残暴野蛮、愚蠢至极的行为，令人发指。而我们沉浸在更加沉重的悲痛中。

我与贝纳多特伯爵和他的家人有私交，这让我更加深陷悲伤。不过想到贝纳多特伯爵是为了联合国的事业而牺牲的，我内心才稍有一些安慰。

贝纳多特伯爵和观察员塞洛特上校的遗体随后被一同运往巴黎，贝纳多特伯爵的遗体接着回到了斯德哥尔摩。在奥利机场，为贝纳多特伯爵和观察员塞洛特上校，以及在巴勒斯坦被阿拉伯人或以色列人杀害的其他六位联合国人员举行了追悼仪式。我飞往斯德哥尔摩参加了贝纳多特伯爵的葬礼。仪式非常感人。贝纳多特伯爵的叔叔，九十岁高龄的瑞典国王出席了葬礼。贝纳多特伯爵夫人以庄重的姿态接受了她丈夫去世的悲剧，这似乎体现了不仅贝纳多特伯爵，他的整个家族都有着为公共事业无私奉献的崇高品质。

巴勒斯坦问题仍待解决。我任命拉尔夫·邦奇为代理调停官，安理会批准了我的提议。双方都不断违反停战协议，邦奇博士为维持停战状态而坚持不懈，他还紧跟贝纳多特伯爵的脚步，努力帮助阿拉伯难民。在埃及的一次攻击之后，以色列军队一路南进，在加利利和内盖夫爆发了一场战役。邦奇博士飞往巴黎，请求安理会重申停战协议。在他的敦促下，安理会在 11 月 15 日进一步通过了一项决议，呼吁阿拉伯人和以色列人以更长期的停战协议替代当前的停战安排。同时，大会通过了一项对阿拉伯难民的重大救济计划，由我的行政办公室牵头执行。

同时，阿拉伯人和以色列人对贝纳多特伯爵提出的永久和解建议无法达成一致。大会决定设立一个调解委员会，来协助各方达成和解方案。

在 1 月的时候，埃及向邦奇博士发来电报，表示准备好了在联合国主持下与以色列政府进行谈判。邦奇立即行动，将各方召集到了罗得岛。在随后长达四十二天的连续谈判中，邦奇在罗得岛连续不断地推进谈判进程，而我则在纽约与埃及和以色列代表团方面努力配合斡旋。显然，如果没有拉尔夫·邦奇的出众能力和无私奉献，就不可能在当时那个阶段达成停战协议。我们都为他感到自豪。1949 年 2 月 24 日，以色列-埃及停战协议签署。在此之前，其他阿拉伯国家和以色列已经另外开始了谈判，最终黎巴嫩-以色列停战协议、约旦-以色列停战协议、叙利亚-以色列停战协议分别在3月23日、4月3日和6月20日签署。在第二天的记者会上，我表示："调解、调停、和解，都是进展缓慢的工作，但从长远来看，这是为世界和平打下坚实基础的唯一方法。当然，《联合国宪章》也是允许为维护和平而采取强制措施的。但通过武力实现的和平是不会长久的。长久的和平必须建立在基于自由意志的合意和主动达成的协议之上。我想，有了罗得岛的调解和调停中取得的成果——无论是先逝的贝纳多特伯爵，还是继任的拉尔夫·邦奇——所有相信大国间冲突应该和平解决的人们都应该重拾信心。"

挪威议会任命的诺贝尔委员会授予了邦奇博士诺贝尔和平奖。这个奖让我深感自豪。这不仅体现了全世界对这位优秀美国人的钦佩，同时也正如拉尔夫·邦奇第一个提出来的，这也是对联合国和秘书处在解决国际争端上所发挥作用的赞赏。

在这里，我想应该提一下处理巴勒斯坦问题所带来的两个积极的附属成果。

整个1948年的上半年，我一直在想，如果联合国有一支可以由其支配的国际部队，巴勒斯坦的事态会有什么不同。

这年夏天，我开始征询初步意见，当时的想法是组建一支5 000到10 000人的部队。因受到贝纳多特伯爵9月遭暗杀一事的刺激，我将创建这样一支警卫队的建议加入了大会第三次会议的议程。这遭到了苏联集团的强烈反对，他们坚持认为联合国只能按照《联合国宪章》第43条获得军事支持，否则不能拥有任何部队。其他成员国也有犹豫和疑虑，有的是因为成本，有的是因为保守——组建一支国际警察部队的想法对很多政府来说过于激进了。尽管如此，为了尝试每一种可能以获得批准继续推进，我向大会提议设立一个专门委员会研究我的提案，并在下次会议上汇报。大会同意了。我根据各国政府提出的反对意见，进一步修改了方案，并提交给了委员会。最后，大会批准了部分有用的建议，但并没有完全采纳我最初的设想。这个部门后来被命名为联合国外勤事务部。

这个团体在任何意义上都不是一支部队，也不是联合国警卫队。这是秘书处的一个分支机构，有自己的制服，接受关于通讯和运输设备操作和维护的特殊训练。这个部门为联合国外勤任务提供宝贵的辅助服务。虽然没有全副武装，但他们能够在一定程度上保卫联合国征用的房屋和非军事化区域中重要的建筑，比如耶路撒冷的政府大楼，除了20名外勤事务部人员和少量驻扎在此的联合国军事观察员，这里没有其他任何保卫人员。

我的同事和我都认为，以色列政府虽然没有被贝纳多特伯爵之死牵连，但刺杀就发生在以色列领土，这种情形下，以色列政府可能因未能给他提供适当保护而被控失职。在联合国准备有关寻求赔偿的议程安排时，我提出了这个问题。在费勒起草的一份备忘录中我指出，作为一个组织，联合国在法律上有权力根据国际法向一个国家提出索赔。因为这一立场会在国际法上创造一个先例，因此，大会决定向国际法院就这一问题咨询法律意见。分管法务的助理秘书长伊万·科诺和亚伯拉罕·费勒前往海牙，并代表组织进行论证。他们坚持认为，联合国拥有国际司法人格——事实上国际法并没有将国家作为其主体。国际法院支持了我们的观点，在最至关重要的裁定中认定联合国组织是一个"国际法人"，拥有国际权利和责任，拥有提起国际索赔以维护其权利的能力。根据国际法院的意见，我们与以色列展开了谈判，以色列政府随即同意以现金全额赔偿。

之后，也为在巴勒斯坦冲突中因任何一方国家国民袭击而丧生的各位军事观察员和联合国秘书处成员采取了类似行动。

1949 年 5 月 11 日，以色列成为联合国成员国——我很高兴看到这项决议。我在向大会作的第四次年度汇报前言中说道，"以色列建国，是历史上最感人的事件之一，这不仅仅是三十年动荡的终结，更是两千年苦难纷争的终结"，代表着"一种历史的力量，如今的意识形态冲突相形之下不过是昙花一现罢了"。

对于联合国在帮助以色列建国上起到的作用，我深感自豪。不仅是一些政府和秘书长，所有组织成员国都本应该坚决支持联合国曾经作出的分治决议。面对武力违抗，曾经有一段时间一些成员国以绥靖政策应对，确实令人沮丧。但最终安理会一步步扎实推进，为巴勒斯坦带来了和平。希望我们能从中汲取教训。

作为秘书长，我最初就巴勒斯坦分治建议表示了支持，之后大会也为这个方案背书了。对此，我无需道歉。事实证明，阿拉伯人选择挑战这项我必须捍卫的决议，而犹太人基本上选择了支持。相应地，我赢得了犹太人的理解，但阿拉伯人却谴责我不够客观。这些情绪的平息需要时间——如果真的能完全消散的话。

停战协议的签署，并不意味着最终的和平安排是真正可行的——可能只是表明，要实现其他国际冲突的和解也需要花很长时间。

1951 年 4 月我到访中东，访问了 1948 年参战的四个成员国，他们至今还在一些边境地区日夜巡防。在埃及、叙利亚和黎巴嫩，以色列的存在仍然是一个一触即炸的话题。这是仇恨——深仇大恨。显然，阿拉伯国家认为以色列对他们的完整和独立是个威胁。他们似乎深信，以色列会因为人口迅速增长将不得不扩张。据称以色列总理戴维·本-古里安①曾预测，五年内以色列人口将达到 400 万。以色列国土比较小——

① 戴维·本-古里安（David Ben-Gurion, 1886—1973），以色列政治家，第一任总理，任职时间最长的总理，被称为以色列国父。——译者

从特拉维夫海滨到耶路撒冷分界线不超过九十分钟车程——阿拉伯人担心以色列会首先沿着约旦方向扩张。因此，他们坚持认为，以色列会要求控制约旦占领的地区，而在分治前这部分面积超过了巴勒斯坦地区总面积的三分之一。之后以色列也必然会侵蚀黎巴嫩、叙利亚、外约旦和埃及的领土。他们的论点也确实很诚恳。

随后我与以色列总统哈伊姆·魏茨曼、总理戴维·本-古里安以及外交部长摩西·夏里特进行了会谈，结果令人欣慰。我提起了当前的叙利亚-以色列事件，我感到了他们对以色列报复性轰炸行为的遗憾之情；同时，他们也无意中断勒湖地区的荒地开垦，他们坚持认为这对叙利亚和以色列双方都会有好处。

以色列计划修建一条从约旦到太巴湖的运河以发展水利发电，这件事引起了向安理会的进一步投诉。只要原本为实现和平而设计的短期过渡停战安排被当作永久性协议履行下去，这样的投诉就会不断出现。除非阿拉伯人和以色列人相互妥协并达成和平和解，否则没有办法继续实施停战制度而又不被破坏。

阿拉伯难民问题是联合国当时最迫在眉睫的问题，分治以后有 85 万人离开了巴勒斯坦，其中 45 万人在约旦寻求庇护，13 万人来到黎巴嫩，8.5 万人来到叙利亚，13 万人来到埃及。这些国家都面临着阿拉伯难民问题。理论上，这些难民完全有理由回到故乡；但实际上，归国是不可能的，他们大部分人已经在目前呆的地方安定下来。尽管如此，阿拉伯各政府为这一结局争论不休；但至少除非拿到巨额赔偿，他们拒绝采取行动。另一方面，以色列则认为除了合理赔偿，他们不会多付一分钱，同时他们仍继续冻结离开的阿拉伯人的银行账户。在这种情况下，我认为联合国就有强烈的义务要介入了。

我们设计了周密的行动计划，但目前为止都不是很成功。地区机构总部位于贝鲁特的联合国救济和工程处，一直试图鼓励阿拉伯国家像以色列一样推出各种开发项目，为难民提供有建设性的长期就业岗位。但结果并不尽如人意。就目前情况来看，成千上万的难民已经在大型营地住了多年，吃住都是靠联合国的救济（已经超过 5 000 万美元）。显然不能一直这样下去。中东地区的最终和解，很大程度上取决于大规模难民重返社会问题的解决。

在大马士革，我得知叙利亚计划为四万难民提供住房和工作——这是一个很好的开始。但在贝鲁特，黎巴嫩作出了完全不同的表态，我了解到是因为担心穆斯林阿拉伯人的流入会打破当前黎巴嫩基督徒与穆斯林之间的平衡。我在贝鲁特还听说，埃及实际上计划了一个 2 万难民重返社会的方案，但我更倾向不去核实。

这些都只是些零零星星的进步，仍然没有更近一步的进展。主要从政治原因角度来看，我认为现阶段期待阿拉伯国家同意新的和解协议是不现实的，立足现实解决大量难民的问题或许是唯一合理的目标。随后的事态发展印证了我的想法。

以色列对犹太人难民问题的解决方案就截然相反。每天都有上百名犹太人来到以色列，尤其是从阿拉伯半岛来的。在我首次访问时，我得知以色列在之前接收来自德国的移民后，又已经接收了来自埃及（2万）、也门（5万）、伊拉克（8万）以及南非、保加利亚、匈牙利和罗马尼亚的大量犹太人。

以色列接收移民的机构令人印象深刻。每一个步骤都是按照统一的严格制度落实，否则整个以色列在一周内就会陷入混乱。有一天在机场，我们看到一架架载着从伊拉克回来的难民的飞机降落。落地后，刚来的难民会先被安置在帐篷营地中，然后他们会收到金属的预制房，还有一小片土地、工具和一些其他物资，比如九只母鸡、一只公鸡和一只羊。如果他们表现好，在合适的时候他们还会收到更好的房子和一头牛。木质或混凝土的永久房屋大多就建在距离临时营地不远的地方。移民们都在现场工作，有的清理田地，有的建造工厂，有的植树造林。在他们取得进展的各个阶段，政府都会提供更进一步的激励政策来鼓励他们更加努力。

我发现不同种族的混合很有意思。也门和其他东方犹太人尤其明显，同化问题看起来十分严峻——不仅是不同的教义，犹太信仰跟其他宗教一样也有不同的教派。在安息日乘坐火车和汽车出行在特拉维夫仍然是一个政治问题。

除了研究阿拉伯和犹太难民问题，我现在还有机会结合联合国介入多年后在各个方面取得的实际成果，来反思联合国最初在 1947 年 11 月 29 日作出的决议是否明智。在以色列，我被他们取得的成就和这成就背后的精神深深打动了。他们把广阔贫瘠的石头山也算作可生产的土地面积，这让来自多山国家的我目瞪口呆。在这里，沼泽被抽干，用来开发新的灌溉项目；到处都在赶着植树造林。每个人似乎都在努力工作，都在与人交谈。尽管如此，通货膨胀也很明显，物价极高，以色列"镑"在以极低的折扣兑换。据我所知，这整个地区的繁忙运转和发展，都是依靠国外的力量在协助推动，在这里能够自行运转之前，至少还需要五到六年的大量国际援助。与我交换过意见的几位领导人都相信，以色列最终会实现自给自足，但我觉得他们过于相信奇迹了。看起来在移民方面放慢脚步或许更有益。

在隔壁的阿拉伯国家，我也看到了对于国际协助的需求。这里的贫困状况，已经到了我一个北欧人几乎无法理解的程度，人民处在水深火热之中。儿童处境艰难，疾病横行。我记得有一群小男孩，每次我们车子停下的时候都热切地迎上来，他们中有好多人都得了沙眼，这是中东地区的一大祸患。政府领导人非常积极地告诉我他们的改革计划，很显然，这里不少有远见的领导人希望将他们的人民从传统束缚中解放出来。尤其在叙利亚，我看到他们正在认真努力地工作着。埃及也推出了一系列先进的示范项目。但占了人口大量比重的农夫，大部分还是过着农奴一样的生活。我只记得在我1951年5月回到联合国总部时，在给助理秘书长的报告中写道：埃及有大量的社会和经济问题，再加上政治上的动荡，局面令人失望，一年内埃及必然会爆发革命。

1949年的停战协议仍然有效，但并没有带来真正的和平。阿拉伯人和犹太人之间能否达成更长久的和解，可能取决于阿拉伯政治家和领导人能否根据我们时代的现实情况，采取更加务实的处理方式。以色列现在作为一个主权国家存在：它是联合国成员国，与世界上的多数国家保持外交关系。没有阿拉伯国家的认可，巴勒斯坦仍将是一个冲突之源。世界上的大多数人们都盼望着，中东地区国家之间能实现真正的和平、理解和合作。

第十二章　柏林调解

1947 年 12 月，联合国大会决定在欧洲举行 1948 年秋季会议时，并没有预见世界和平的新威胁——柏林封锁——会成为会议讨论的重点。

1948 年初，苏联就已经开始干涉美英法三国在柏林的自由出入。尽管事实上柏林是国际飞地，整个德国被分割为四个占领区，西方国家在柏林与苏联有着同等的权利，但莫斯科切断了他们与其军队和受其管辖的 250 万柏林德国人之间的交通联系。7 月之前，苏联就开始全面实施逐步封锁西柏林的政策，有效切断了西德的西方占领区与西柏林之间的道路、铁路和水路交通。若不是随后启动的大规模空投，成功给在柏林的西方军队和 250 万居民投送了生活必需品，苏联本可以实现全面封锁。

同时，美英法三个西方国家强烈反对莫斯科的行动和企图，为解除封锁，他们通过各个渠道进行谈判，下到苏联在柏林的有关部门，上到斯大林。8 月 30 日，西方国家的使节似乎在莫斯科打破了僵局，并迈出了与苏联和解的第一步。和解涉及复杂的货币改革问题，这正是莫斯科如今坚称其在此前遭遇所谓铁路修复等技术性问题后采取限制措施的原因。美英法已经在其德占区实施了货币改革，这些地区原本疲软的经济也因此得以快速复苏。苏占区也相应地推行了自己的货币改革政策，因为苏联无法与西方国家在任何改革项目上达成一致——这种东柏林货币开始在整个柏林地区流通。西方国家之后开始在其柏林占领区发行在西德使用的特殊标记货币。为使苏联解除封锁,西方国家同意不在柏林推行西德使用的货币,转而推行苏占区所使用的货币,但前提是四个国家需就柏林的货币、银行业和贸易融资的联合控制权达成协议。这就是8月30日协议的核心所在,此外,西方国家将解除已经采取的限制德国苏占区和西方占领区之间人员流动的报复性措施。8月30日莫斯科致令在柏林的四国指挥官,指示他们制定四国对柏林经济贸易的管控方案。方案制定后,8月30日协议将开始全面实行,封锁将解除。

然而这份方案并没有达成。苏军司令官瓦西里·索科洛夫斯基[1]显然另有指示。他非但没有朝着就柏林经济和贸易问题达成协议、从而解除封锁的方向推进,反而提出西方国家需要同意实施新的限制措施,即限制西方国家在柏林的空中交通权。

在与莫斯科再次沟通后,1948年9月29日,美英法三国以苏联在柏林实施封锁对和平构成威胁为由,向联合国安理会提出了申诉。

封锁显然对和平构成了事实上的威胁,而且也有一段时间了。首先,苏联似乎有意图摧毁西方国家在柏林的门户——一个可以轻易窥探东德,甚至整个东欧的门户。显然,这是莫斯科政府的首要目的。从苏联的角度而言,不难发现,西方国家控制下的德国地区已经实现了惊人的经济复苏,而苏占区的经济依然未有起色。莫斯科似乎是在试图挤垮西方国家在柏林的地位;从更广泛的意义上来说,苏联是在试图阻挠一个亲西方的德国政府的建立,同时也利用柏林和解作为在西德安排问题上重新取得话语权的手段。无论如何,整个柏林诡局已经展开,这是对西方国家实力的检验,并将在有关德国未来的斗争中持续下去。

---

① 瓦西里·索科洛夫斯基(Vasily Sokolovsky),苏联陆军元帅。1918年2月加入红军。曾任莫斯科军区参谋长。因柏林战役指挥有方被授予苏联英雄称号。欧战胜利后任苏军驻德集团军群副总司令;1946年3月起任总司令、苏联驻德军管局总指挥兼对德管制委员会苏方委员。——译者

西方国家的联合空投使苏联的计划受挫①。西方国家不但没有接受撤出柏林的耻辱,或屈从于会产生类似影响的条款,反而坚定地将封锁变成了一场彰显空军实力的胜利之战。尽管如此,对和平的威胁依然存在,不仅是由于苏联为了政治目的而擅用军事力量,还有持续发生的危险"事件"。这个时候如果苏联有这个想法,它就能随手拈来一个借口发动战争,而欧洲国家几乎毫无防御力量,前所未有的战争阴云已经弥漫开来。

在局势紧张的 1948 年夏天,柏林危机让我日渐担忧。7 月,我在纽约与美国无任所大使菲利普·杰赛普②谈话;他尽可能向我提供了有关消息,以便我及时了解这个夏天柏林局势的进展。在这一问题提交到位于巴黎的安理会后,我加快了对这次危机的研究,特别是参考了费勒和斯通曼的真知灼见,他们在美国都有很好的高层关系网。苏联方面有关这一事件的消息,我主要依赖于助理秘书长阿卡迪·索伯列夫,他在莫斯科也享有类似的资源。在我看来,很显然,除了西方国家公开申诉形成的国际舆论之外,联合国若要推动柏林危机的解决,就不得不通过调解的方式,因为苏联拥有否决权,安理会必定无法对莫斯科采取行动。但首要问题在于,苏联和西方国家是否真心想要进行调解。在这之后才是采取何种方式解决难题。

作为对西方国家将柏林问题提交联合国的反击,莫斯科于 10 月 3 日提出召开外长会议,讨论四国在德国包括柏林问题上的争端。10 月 4

---

① 柏林空运,代号"运粮行动"(Operation Vittles)。1948 年 6 月 24 日,苏联采取军事行动,全面封锁了盟军出入西柏林的在东德领土的必经之路,包括公路、水路和地下铁路。盟军在苏联封锁两天后做出快速反应,以空中运输的方式,从外部向西柏林输送食物、衣物、燃料以及一切所需的生活物资。——译者

② 菲利普·杰赛普(Philip Caryl Jessup, 1897—1986),美国外交官、法官,昵称"菲尔"(Phil)。1943 年任联合国救济和复兴总署助理秘书长,参加过布雷顿森林会议和旧金山会议。——译者

日，尽管苏联反对，安理会仍将柏林封锁列入了议程。西方国家似乎乐于接受调解。美国为了在这件事上释放善意的信号，放弃了轮值主持10月安理会会议的权利。于是，会议由阿根廷外长胡安·布拉莫利亚①博士主持，由他牵头，安理会六个"中立国"进行了调解的首次尝试。在与柏林争端各方进行了广泛对话后，"中立国"作出了他们的决议，呼吁四国不要采取可能导致柏林局势恶化的行动，立即解除柏林与四个占领区之间的所有贸易、交通和通讯限制，并立即在柏林召开四国军事长官会议，在11月20日之前就柏林统一货币政策作出安排，在以上措施落实后的十天内，再召开外长会议商讨整个德国问题。10月25日，苏联否决了这一决议。

我特意没有参与布拉莫利亚博士及其助手的谈判工作，想着万一他的提议没有成功，我可能还可以不受影响地再提出建议。10月上旬，杰赛普大使和美国国务院联合国事务办公室主任迪安·腊斯克来找我，询问我是否愿意尽我所能为解决柏林僵局寻求一条出路。我表示当然会在我的权力范围内竭尽全力。于是我开始分别与索伯列夫、斯通曼和费勒沟通，就和解方案向他们寻求意见。10月10日，索伯列夫提交了一份题为"有关柏林问题和解的可能依据"的备忘录给我。我和费勒与本杰明·V. 科恩进行了讨论。科恩是美国国务院前顾问，他与杰赛普博士是联合国大会不可多得的杰出代表。谈话过后，费勒草拟了他的建议。我们在布拉莫利亚和六个"中立国"制定可能被大家接受的方案时，将这些建议及其他意见纳入了考量。在苏联否决了他们的提议之后，杰赛普大使再次来找我。接下来的内容主要复述了我关于这次谈话的备忘录，以及随后几周为突破柏林封锁所做的努力。

---

① 胡安·布拉莫利亚（Juan Atilio Bramuglia, 1903—1962），阿根廷外交官、劳工律师。1948年11月任联合国安理会主席，在推动解决柏林危机上发挥了重要作用。——译者

杰赛普大使来到我的办公室，与我热情寒暄。我们在战争年代就相识相交，当时有些阵营对挪威流亡政府的存在充满争议，认为它是违法的，但杰赛普对挪威政府表示了强有力的支持。他是一个十分和蔼可亲的人，在像他这样具有杰出智慧的人当中并不多见。他之后被美国参议院攻击是苏联的傀儡，恶意的偏见（或者说政治上的利益斗争）竟能发展到这种程度，令我震惊不已。（或许正是在美国政治中时常体现出的反智主义①，才导致了对如此才华出众的公职人员党同伐异？）

对于在安理会层面无法达成解决方案的事实，我们都感到十分沮丧。"美国是真的想要达成和解吗？"我直接问道。"是的。"杰赛普大使当即回答，我也没有质疑他。（这个问题并不是一个反问，柏林空运的成功以及之后苏联人所谓的政策调整已经表明，华盛顿只要等待封锁解除，就可以利用苏联的窘境和西方国家对苏占区的反封锁影响而从中获利。）随后，我对杰赛普大使表示，解决柏林僵局的关键，可能在于单独制定关于四国对柏林苏占区货币的控制和使用方案。我可以请索伯列夫与苏联人沟通，请费勒与美国人协商。通过与苏联和美国专家开展的秘密工作，他们可以确保获得必要的数据，并起草一份供四国发布的简短声明或公报。或者，理想情况下，他们可能就货币问题起草一份更为详细的技术方案，这样在随后与柏林的各国指挥官之间的附带谈判中压力会小一些。如果我可以向相关各国提出这样的方案，那么解除封锁和苏占区货币在柏林四个占领区发行就可能同时实现。我记得，当时美国拒绝在封锁解除前就货币问题进行谈判，但苏联人坚持不会就苏占区货币政策达成协议前解除封锁。我们所提议的方案充满了变数，但我认为，就算只是个可能性也应当去验证一下。

---

① 反智主义（anti-intellectualism），指在美国长期存在着一种针对知识分子及其生活方式的敌对态度。——译者

杰赛普大使听了表示赞同。他也认为，任何达成协议的可能方法都需要去尝试；但他没有权利让美国作出任何承诺。他还说："我真的担心苏联人并非真心想要达成和解。"我说，我已经有计划与维辛斯基会谈一次。"苏联人是不是真的想要达成协议，"杰赛普大使表示，"你自己判断吧。反正我对此深表怀疑。"

对于我调解的成功率，我并不抱什么乐观的期待，但我认为即使所有努力付诸东流，至少努力过了，这也可能对相关大国会有所影响，能帮助他们找到最可行的调解方法。

那天和之后的 10 月 27 日，我与索伯列夫和费勒在夏洛宫进行了一系列谈话。费勒一直在与美国权威人士保持沟通。索伯列夫在苏联阵营也有一些人脉，但他没有说明具体与哪些人士进行了沟通。费勒一如既往地尖锐，他说在各种重大国际争端中，少有像现在这样在柏林货币政策问题这么小的事情上陷入僵局的，"试想一下，有关金融技术方面的意见分歧，居然可以成为在全世界引起新世界大战的表面借口！"他想起了"詹金斯的耳朵"① 的故事——1738 年，一只切下的耳朵成为了英国和西班牙之战的导火索。柏林争端并非真的在于货币政策。但鉴于苏联将西方国家逼出柏林的企图已经失败的事实，不难想象，莫斯科应该愿意以解除封锁来换取一些挽回颜面的让步。如果西方国家作出妥协——当然这也是推测的——那么消除了在金融技术层面的小分歧就可能达成柏林和解。

像往常一样，在我们的谈话过程中，索伯列夫始终非常谨慎，对于

---

① 詹金斯的耳朵战争，英国和西班牙之间的战争。1730 年代，英、西两国日益恶化的关系，导致双方在奥地利王位继承战争中的对立。1738 年，船长詹金斯出席英国下议院一个委员会会议时，展示了一只耳朵，进一步引起英国公众舆论对西班牙的不满。1739 年 10 月，英国首相沃波尔在公众舆论压力下，勉强向西班牙宣战。但在这场战争中，英国军队连遭败绩，沃波尔被迫于 1742 年 4 月辞职。——译者摘自《军事大辞海》，长城出版社

我们的磋商和提案可能产生的效果，他还是充满疑虑。事实上，最开始，他说他以为有关货币问题的谈判地点应该在柏林，而不是巴黎。当我和费勒笑着回答他，只要维辛斯基愿意，在事情被传得沸沸扬扬之前，他完全可以在柏林找到很多专家，索伯列夫显然不想在这点上再做争论了。

费勒在10月27日提交了一份备忘录给我，透彻地总结了当时柏林的情况，清楚地说明了他和我的有关思考，因此这里我想引用其中的几段话：

尽管在柏林问题上现在陷入了僵局，但我认为，对达成和解保持乐观态度还是有一定依据的。在某些方面来说，安理会的程序还是有了一定进展。一方面，美国表明愿意接受安理会的行动，这并不等于就要对苏联进行谴责。另一方面，与此前在第107条①上的立场不同，苏联表明了，至少暗示了愿意接受安理会作出的部分决议。此外，苏联政府似乎已经放弃了之前在关于解除限制的限度或新的空运限制方面可能有的所有立场。

对于目前的僵局，或许可以这样总结：苏联政府会同意的唯一方案，是同时解除限制和引入苏联马克。另一方面，在没有进一步明确有关引入和流通条件的情况下，美国认为引入苏联马克并无可能。明确这些条件需要四国召开会议协商。只要封锁不解除，美国就不会同意参与这样的会议，因为美国认为这种情况就是一场胁迫

---

① 《联合国宪章》第107条规定："本宪章并不取消或禁止负行动责任之政府对于在第二次世界大战中本宪章任何签字国之敌国因该次战争而采取或受权执行之行动。"据此，当西方国家寻求将柏林问题列入安理会议程时，苏联坚持主张安理会无权讨论这一问题，并威胁称如果这一问题列入了议程，其将拒绝参与该讨论；但在柏林问题列入议程后，莫斯科并没有退席。苏联声称对这一问题进行讨论是不合法的，而且还是采取了预防措施，投票否决了安理会中六个"中立"成员国于10月27日提交的决议。

下的谈判。从实质上讲，争议中的核心问题在于对柏林货币控制的分歧。《8月30日指令》①涵盖了有关货币转换的相关规定，包括由苏占区发行银行监管货币流通，由四国组成的金融委员会管控有关柏林单一货币推行和流通以及金融方案的实际施行。在《8月30日指令》下达之后，各方在柏林进行了一些对话。其中，英美称索科洛夫斯基司令官拒绝承认金融委员会对发行银行的业务经营有任何控制权。另一方面，苏联9月18日的辅助备忘录显示，苏联同意了有关柏林发行银行的运营控制权，《8月30日指令》中有明确规定。美国专家并没有向我详细说明，发行银行在有关柏林货币的哪些具体业务中，还需要再做这些规定以外的管控，但他们指出了在提供银行和信贷融通、充足的预算用货币等事项上，进行持续管控的必要性。

因此，从表面上看，各相关国家在货币问题的分歧似乎很小，但就是这么小的技术问题，居然给世界和平带来如此程度的威胁，我深感震惊。我觉得必须想些办法来解决这个小问题。另一方面，关于美国的立场，还有很多需要讨论的地方，在没有进一步明确有关技术性问题前，从操作层面来讲是不可能在柏林推行苏联货币的。

鉴于上述情况，我向您提出以下建议方案：指派一位中间人去征求相关政府意见，看他们是否愿意接受按照《8月30日指令》和有关将苏联马克引入柏林的条件的声明，同时解除封锁和引入苏联马克。

这个方案的实际操作可以按照这样一个顺序：作为秘书长，您

---

① 《8月30日指令》（*August 30 Directive*），是经由三个西方国家的使节与斯大林批准后下达给其各自在柏林的指挥官的指令。

负责起草有关货币推行的条件的声明，之后分别提交给四国。如果四国接受这些条件并回函，那么就对六国决议进行修订，并提交给安理会进行审议，这份修订决议将取代军事长官会议的决定，按照《8月30日指令》和补充声明所规定的条件批准苏联马克的即时准入。

显然，整个方案将取决于您起草的这份声明，看其中提出的关于货币推行条件能否令相关各方满意。虽然有难度，但我相信值得一试，并且也是有可能成功的。当然，在各方达成一致，认为由您来起草声明比较合适前，我想您还是先不要动手为好。

如果您认同上述提议，我会尽快准备起草一份措辞恰当的、致四国政府的备忘录。

10月28日，星期四晚，索伯列夫安排了我与维辛斯基会谈。当天7点，我在苏联大使馆与这位外交部副部长会面，莫斯科的首席翻译巴甫洛夫当时也在场。

在与美国代表团进行会谈后，我表示相信美国希望在柏林问题上达成协议。在听了维辛斯基在安理会的辩论发言后，我敢说苏联也希望达成和解。维辛斯基对此表示了肯定。随后我表示，我会尽我所能维护和平，这是我作为秘书长的责任。如果我能因此以某种方式帮上忙，而他能对此提出建议的话，我感激不尽。维辛斯基故意停顿了一下才回答我："您当然有权利也有责任尽您所能维护和平。"

随后我说明了自己的想法，希望索伯列夫和费勒分别在苏联、美国方面做工作，以制定出一个令双方都可接受的货币政策方案。由于货币问题的技术特点，我们需要双方的专家意见。如果可能，最后索伯列夫、费勒和我可以起草一个简短的公告——或者，如果各方更希望获得一个看起来可以接受的具体技术性建议——然后提交给四国，但不必让他们知道这是秘书长和他的助手准备的。

维辛斯基理解了这一点，并说明了他的想法。他表示，他并不认为美国人和英国人想要达成和解——他听了苏联最高统帅斯大林的新闻专访，斯大林表示他们不希望达成和解——而且他也没有权力对我的方案作出评价。同时，他也没有经济学方面的专业知识，不过他之后也承认他可以再学习一下。他认为选索伯列夫和费勒做这件事并不合适，因为华盛顿和伦敦并不想要一个解决方案。他补充道，让身为苏联公民的索伯列夫代表我与苏联专家谈判的这个想法也不合适，这会将索伯列夫置于一个尴尬的境地，而且人们也可能会觉得，这样利用一个联合国秘书处的苏联人是有问题的。我表示，索伯列夫毕竟是安理会事务部的主管，在处理像柏林危机这样的政治争端时，他应该是秘书处中承担首要责任的人。在我看来，他是苏联人这一点反而是一种优势。费勒和美国代表团的观点比较接近，而且美国代表团对他也比较熟悉；同时，他接受过法学教育，有起草文件的能力，在这类谈判中能起到至关重要的作用。此外，我还指出，他和索伯列夫在秘书处中也是才智出众的。我如此反驳后，维辛斯基对我想要借力于他们的想法没有再说什么；但他重申了他的判断，他认为正如斯大林所说，美国人和英国人并不真的希望双方达成谅解。

我平心静气地听他说完，最后表示，我希望他会考虑我的建议。维辛斯基礼貌地回应了几句，就离开房间一会儿，去下达工作指令了。巴甫洛夫开始和我聊起来，我表示从目前的国际形势看，我认为未来发生战争与维持和平的可能性是五五开。他回去之后向维辛斯基转述了这一点。

尽管在整个对话过程中可以感受到，维辛斯基是一个礼貌友善的外交官，但我们之间的接触还是比较少。他显然没有准备好来进行一场严肃的谈判；但这体现的到底是苏联的坚定立场，还是仅仅因为他没有得到上级指示，我并不确定。在分开前，我转身告诉他，秘书长的大门会一直向希望避免战争的人敞开。

第二天和第三天，索伯列夫和费勒与我会面，我们对下一步行动进行了热烈的讨论。尽管前景堪忧，我还是要求他们继续推进对货币问题的研究。10 月 30 日周日上午，索伯列夫在离开后不久又折回来对我说，维辛斯基打电话来问我们能否见一次面；他准备来我的办公室，或者我来定会议的时间和地点。我认为最好还是在苏联大使馆会面，之后我们在下午晚些时候见面了。

在见到维辛斯基的时候，他面露微笑，我就知道事情有转机了。他说他仔细考虑了我的建议，对我关于最终解决方案的计划很感兴趣。我当时确切的想法是什么？是什么让我认为美国人也希望和解？在我回答之前，他问了我对布拉莫利亚的谈判有多少了解，然后他分享了他所知的情况。他阐述的重点在于，苏联之前确实想要达成协议，但在美国和英国态度的刺激下行使了否决权。

我尽可能恰当地说明了我与杰赛普大使和腊斯克的谈话内容，并告诉他，我一直在考虑两个替代解决方案。两个方案的目标都是在解除封锁的同时，将苏联的货币引入柏林西占区。第一个替代方案是，先行单独实施莫斯科《8 月 30 日指令》的实质内容，即同时解除封锁和引入苏联马克，而将四国对苏联马克在柏林的流通管控的具体安排留到之后考虑。第二个方案则是通过秘书长的斡旋，提前确定所有细节。

"这两个方案都很有意思，"维辛斯基说，"但在巴黎这里，第一个方案会更容易推进。不过如果不能在柏林进行具体的谈判，我不敢说到时候一定能够达成操作层面的协议。"

我说起索伯列夫会需要与苏联金融专家协商。对此，维辛斯基说："我可以做这个专家。来找我，或者让索伯列夫来，我会分享我的想法以及任何我可以给到你们的信息。"

我表达了对我们这次会谈的欣慰之情，并说了我明白维辛斯基并没有以任何方式阻碍他的政府，虽然他没有直接表示支持或反对，但他授权了我和索伯列夫继续推进。他赞同道："这个理解完全正确。"

无论是实质立场上，还是表达方式上，他的态度都变得比较开放，因此我认为他已经和莫斯科商讨过，而且得到了欢迎我所提倡议的指示。那天晚上，我与费勒、斯通曼、索伯列夫通了电话。我说我们现在需要专注于我们手上的任务了。索伯列夫似乎很高兴有了新的进展，熬夜等着的费勒惊叹这"几乎是历史性的一刻"。同时，我告知美国代表团，我希望在杰赛普大使结束他短暂的德国之行后尽快会面。

11 月 2 日，杰赛普大使来到我位于拉马丁广场 5 号的公寓。他向我描述了德国目前的情况。空投运作得很成功，运输机就像"串着的珍珠"一样陆续抵达。不论天气多么恶劣，柏林都能得到供给。至于有关货币问题的纠纷，他已经与卢修斯·克莱①将军进行了讨论，情况确实错综复杂。

我给杰赛普大使讲了自己与维辛斯基的会谈，我觉得他看上去是高兴的，不过也谈不上特别开心，他可能希望在他前往德国之前我就能告诉他这个消息。之前受我派遣前往德国的费勒和斯通曼都汇报说，驻在德国的美国人并没有迫切想要一个解决方案，可能杰赛普大使也受到了影响。他们见到了克莱将军、罗伯特·墨菲②和其他几位核心人物，并得到了很有价值的反馈，在柏林的美国人并非不愿意让这场"大戏"成功收尾。杰赛普大使谨慎地表示，想要不公开地推进我的方案恐怕很

① 卢修斯·杜比尼翁·克莱（Lucius DuBignon Clay，1897—1978），美国陆军四星上将。1945 年 4 月任美国驻德国占领军副司令。1947 年 3 月任驻欧洲美军总司令兼德国美占领区总司令，期间组织指挥了"柏林空运"行动。——译者

② 罗伯特·丹尼尔·墨菲（Robert Daniel Murphy，1894—1978），美国外交官。德国投降后出席了波茨坦会议，并留在德国担任政治顾问到 1949 年。后曾任美国驻比利时、日本大使，助理国务卿，副国务卿，在朝鲜战争停火谈判中发挥重要作用。——译者

难；法国和英国专家也应该加入进来。我要求他在当时继续保密。如果可以达成协议，那我到时候不会反对将这件事公开。最后与和维辛斯基会谈时一样，我总结道：他并没有明确地表示支持或反对，也不会以任何方式阻碍华盛顿，但他会向费勒提供任何需要的协助。"我想强调一个事实，"我说，"双方之间目前没有进行任何谈判。"作为秘书长，我已经要求我的助手们研究柏林和解问题并给出他们的结论。"我们现在正在做事实调查，菲尔。"杰赛普大使表示了赞同。

在克利翁酒店举办晚宴的那天晚上，大使和奥斯汀与我们再次会面。杰赛普大使看起来有些疑虑。他说他已经和国务卿马歇尔谈过，必须告知法国和英国。我表示，如果美国坚持，我会私下告诉他们。但这种情况下我的倡议恐怕再难保密，而这个时候公开只会有害无益。

第二天，我先与亚历山大·帕罗蒂①会面，随后又与卡多根对话。如我所料，帕罗蒂对我的倡议表示完全赞同；他会立即通知外交部长舒曼，而且他很有把握地向我保证，法国政府会鼎力支持我。英国方面，正如我所担心的，卡多根的反应体现了英国外交部对联合国任何独立倡议的一贯冷处理态度。他指出，我的活动可以说算是促成了莫斯科和西方国家之间的谈判，而美国和英国政府已经声明，只要柏林封锁持续下去他们就不会参与谈判。

我表示，正是我的斡旋可以避免直接谈判。我不愿相信，英国会拒绝向秘书长提供有关信息，毕竟这是让他对英国联合提交到联合国的争端给出意见。卡多根说无法给我答复，不过他会发电报给外交部寻求指示。

那天晚上，我联系了费勒和索伯列夫，要求他们尽快形成书面报告。

---

① 亚历山大·帕罗蒂（Alexandre Parodi, 1901—1979），法国外交官，首任法国驻联合国大使。——译者

11月5日周五，我正在位于夏洛宫的联合国大会第一委员会的会议厅，在讨论了我拒绝允许在宫内播放南斯拉夫宣传电影《在南斯拉夫的希腊孩子们》①的事宜之后，卡多根过来要求与我谈谈。他把我拉到一边，给我看了一份来自外交部的长电报。贝文的回复是否定的。称我的第一个解决方案是不充分的，因为苏联人可以随时再次实施封锁。（但当时他并没有跟我解释关于解除封锁的任何其他方案，可以如何有效地预防这一情况。）我的第二个建议——取决于规定苏联马克在柏林流通的各项条件的具体协议——如果没有柏林的四国专家的意见就无法实施和推进，要想让我的努力有所成果，需要各方坐下来谈判，但在封锁解除前英国和美国是不会同意谈判的。贝文补充道，任何谈判都应该在布拉莫利亚和"中立国"主持下进行，而非秘书长。

"所以，贝文的答复，"我对卡多根说，"就等于是拒绝了就我的提议寻求英国意见的要求。""是的，确实如此。"卡多根回答。但他补充说，如果在接下来的四十八小时里，我还能继续考虑英国的立场，他将感激不尽。他觉得贝文并没有完全理解我的倡议会带来的各种可能，他本人会飞往伦敦再次向贝文解释这件事。他显然很想帮忙，这让我很高兴。

周日，联合国大会主席、澳大利亚人赫伯特·埃瓦特来见我，他甚至有些激动。他通过堪培拉听说了我为柏林问题进行的一些会谈（显然英国外交部将我与卡多根之间的秘密谈话内容通过电报告诉了澳大利亚），所以现在他因为我没有知会他的事再来找我。埃瓦特博士喜欢直

---

① 希腊内战期间，根据希腊临时民主政府"从战争的恐怖中拯救儿童"的决议，希腊共产党先后疏散了约 28 000 至 32 000 名的马其顿和希腊儿童，其中南斯拉夫负责安置了大约 11 000 人，其他儿童被分散安置在罗马尼亚、捷克斯洛伐克、波兰、匈牙利等东欧国家。此处的电影《在南斯拉夫的希腊孩子们》（*Greek Children in Yugoslavia*），正是南斯拉夫政府用以宣传安置希腊儿童工作的。——译者

来直去，我也直言不讳地告诉他，秘书长有权在不知会任何人的情况下开展他的工作。至于礼节上，柏林问题是在安理会的议程上，而非大会，因此这也并不在埃瓦特的职权范围内。

11月8日周一，执着的埃瓦特博士——他是联合国一位很有能量的朋友——又兴冲冲地来找我。我跟他比较完整地回顾了我与有关人士的会谈，以及费勒和索伯列夫目前取得的进展。他越听越激动，甚至还谨慎地提出，我的倡议或许可以与一个更大的计划结合起来。11月3日，在墨西哥人路易斯·帕迪拉·内尔沃的动议和一些小国的大力支持下，大会一致通过了《吁请列强戮力同心，捐弃成见，破除畛域，奠定永久和平》的决议。埃瓦特建议我或者他，或者我们两个人，就这一决议直接与各大国政府首脑沟通，要求他们亲自会面争取解决柏林危机，推动起草与前轴心国的和平协议。他希望杜鲁门、斯大林、艾德礼和克耶①会接受这一要求，他并不认为贝文会反对。听他说完，我很赞同，要求他把他的想法形成书面文件。

第二天，卡多根找到我，告诉我贝文仍然无动于衷。任何解决柏林危机的尝试均必须由安理会的"中立"成员国作出。他跟我说这些时，杰赛普和帕罗蒂也在场，我也告诉了他们埃瓦特的想法。我还提到英国外交部在给埃瓦特博士的电报中告知了他我们之间的讨论，卡多根看起来很是尴尬。我之前就要求对这件事保密，仅限在四大国之间沟通，因此他对英国外交部知会澳大利亚一事诚挚地向我道歉。当然这不是卡多根的过错，但我担心"信息泄露"不止于此。同一天，新闻媒体就开始或多或少地报道我一直以来为此所作的努力。

11月10日，我与布拉莫利亚博士聊了一下，他似乎很欣赏我的行

---

① 亨利·克耶（Henri Queuille, 1884—1970），法国第三和第四共和国著名的激进政治家。二战后曾三次担任法国总理。——译者

动，他希望我继续货币方面的研究，他的调解工作也有恢复正常的迹象，我的研究成果可以对此有所帮助。他已经受邀前往伦敦与贝文会面，这位外交大臣已经要求"中立国"继续推进。布拉莫利亚认为，英国已经让他的第一次努力彻底付诸东流（正如维辛斯基告诉我的情况），这一次情况或许会好一些。

杰赛普博士与我之前会面过，我们一致同意，我应该加入到布拉莫利亚的工作中。他表示，美国不得不考虑英国的立场；"大门并未关上，只是开得不像之前那么大了。"他倾向于我的第二个方案，也就是达成一个详细的柏林货币流通协议的设想，他希望费勒可以来见他，这样他们可以继续磋商。

布拉莫利亚博士和我在之后也数次会面。其他五个"中立国"和西方国家同意，他应该利用我的助手们已经在进行的货币研究，重启他的调解工作。相应地，我将助手们已经准备好的材料转交给了他；他发现，他们准备发给英美法苏四国的一份调查问卷特别有帮助。毫无疑问，在这个阶段，我最后的努力和布拉莫利亚重燃希望的工作之间需要有一个衔接。确实存在"厨师多了烧坏汤"的风险——说句公道话，可以理解贝文现在处境已经很敏感了——而埃瓦特博士的入局进一步加剧了这一风险。布拉莫利亚博士和我的紧密合作竟被媒体报道成了互相较量。不过我们都一笑置之。他在尝试调解柏林争端上做得很好。尽管如此，和其他一些联合国官员一样，他可能确实在搞宣传方面不太擅长。这也给他带来了麻烦，他回国后不久就被庇隆①免职了，庇隆见不得另

---

① 胡安·多明戈·庇隆（Juan Domingo Peron, 1895—1974），阿根廷军事独裁者，1946至1955年、1973至1974年任总统。提出"国家复兴""民族解放"两项任务。主张第三世界国家间加强合作，任内把社会改革、反美政策、天主教、镇压措施和国有化调和在一起，形成所谓庇隆主义。——译者摘自《大学历史词典》，黑龙江人民出版社

一个阿根廷人声名鹊起。

我和埃瓦特博士当时正在研究准备发给法国、英国、美国和苏联的信，我给布拉莫利亚博士看了，问他是否愿意作为安理会主席也加入签字，或者他更倾向于我们自己签署，但同时就他为调解柏林争端所作努力表示支持。他认为后者更为合适，并强烈建议我和埃瓦特一起在这封信上签字。

11 月 13 日，我和埃瓦特博士发出了这封信，说明了在墨西哥牵头下、联合国大会对各大国的呼吁，并指出他们的代表已经表明了对墨西哥倡议的无条件支持，投出了赞成票：

> 他们已经接受了这一建议，全世界都有正当理由，期待他们采取积极的措施，来毫不拖延地实施这一决议。
>
> 我们相信第一步就是解决柏林问题……我们认为，从安理会对这一事件的讨论过程来看，这个问题是可以解决的。柏林僵局每持续一天，对世界上所有国家的和平与安全的威胁就不会消减……因此，我们……促请各方立即开展对话，并采取所有必要的其他行动重启谈判，以达成遗留的与德国、奥地利和日本之间的和平协议。
>
> 我们也认为，在安理会主席为努力平息柏林争端而进行的调解中，各大国应给予全力积极的支持。而我们自己，也已经准备好提供进一步协助，比如秘书长目前正在进行的货币研究，就可能是对各大国解决这一问题最有帮助的。

三天后，莫斯科回复了，基本上接受了我们对"立即对话"的呼吁。至于"解决柏林问题的其他必要行动"——也就是解除封锁——维辛斯基未置一词。三个西方国家在回应中重申了他们的坚定立场，只有在封锁解除后才进行对话。不过，他们都会支持安理会主席寻求解决方案。四国都没有同意进行各政府首脑会议。这个提议未被采纳，直到后面几年才被温斯顿·丘吉尔重启。

在收到四国回复后，埃瓦特和我在一份联合声明中再次呼吁四国协助布拉莫利亚博士的调解工作。可以说，我们的信取得的最大成果就是，再次确认了柏林争端有关各方愿意接受安理会的调解——苏联的回复表明了对这一行动的支持，这就是朝前迈进了一步。但是这封信也引起了与其结果很不相称的外交风波。英国和美国的新闻记者们进行了强烈抨击，可以说，他们与他们国家的多数外交官是相当合拍。与这个圈子处得很近的一位美国记者，在发回国内的电报中编了个故事，暗示埃瓦特博士和我已经成为"维辛斯基运作能力"的受害者。但其实，引起轰动并不是这封信的目的。我并没有预见到会有如此惊天动地的效果，但我确实希望，这会让各大国的领导人意识到，世界各国都希望柏林争端能够得到解决。英国人建议埃瓦特和我应该单独与莫斯科沟通；毕竟，从根本上来说，过错方在谁是没有争议的。从这一点上来说，他们是对的——埃瓦特和我对此并不抱任何幻想。但我还是发自内心的持怀疑态度，当时英国外交部和美国国务院的各个方面对折衷解决方案都十分在意，因为这样僵持下去意味着没有一方是完全的胜利者：为了威望与"脸面"而争斗，总是十分危险的，我是这样认为的。

布拉莫利亚博士发表了一份公开声明，支持我们在这封信中表达的立场。几天后，他向我提交了一份建议书，提出成立一个由来自安理会"中立"成员国的六位专家和一位秘书长代表组成的委员会。他报告称，包括莫斯科在内的有关各方均同意这一最新尝试，就苏联马克在柏林流通和四国管控协商确定一个具体方案。当然我也承诺将指派在日内瓦的联合国欧洲经济委员会执行秘书——瑞典人贡纳尔·默达尔①作为我的代表加入委员会。鉴于通常秘书有大量工作要做，特别是在技术问题上，所以还指派了经济委员会成员卡尔多博士担任了委员会秘书。关于这类委员会中的秘书处，西班牙历史学家和外交官、国际联盟秘书处的领导人物萨尔瓦多·德·马达里亚加②讲过这么一个至今仍颇为切题的故事。两个国际联盟的老熟人谈起在日内瓦的往事。一个说道："无论是出于什么意图或目的而成立的联盟委员会，都不过是一个主席和一个秘书组成的。"另一个回应说："你觉得这主席有必要吗？"这个故事确实有些点到真相了。

专家委员会整个冬天都在工作，除了帮助各大国保持对话，避免在柏林发生冲突外，他们在2月之前还完成了一份极具建设性的报告。但这一次美国犹豫了。柏林形势也因此恶化。美国国务院认为，单凭一份货币管控协议是不够的；即使在这一颇受局限的问题上，也还存在技术上的分歧。

尽管如此，我并不觉得前景灰暗。西方国家在整个冬天已经成功实施了空运；他们已经表明了他们的态度。莫斯科肯定已经得出结论，西方国家是不可能被赶出柏林的，也不可能为了解除封锁而在对柏林的经济控制上作出让步；莫斯科可能意识到了其激进政策所带来的其他后果，在柏林封锁之后，西欧地区的空军力量已经大幅增长。在我们回到成功湖一段时间后，我跟苏联外交部副部长、常驻联合国代表雅科夫·

---

① 贡纳尔·默达尔（Gunnar Myrdal, 1898—1987），瑞典经济学家、社会学家。1944年，在卡内基基金会赞助下，他对美国的种族问题进行了全面研究，出版了《美国的困境：黑人问题与现代民主》(An American Dilemma: The Negro Problem and Modern Democracy)，在美国引发较大反响。他的研究成果对美国1950年代改变种族主义政策和瑞典福利国家的建设均产生了重大影响。1974年，与弗里德里希·哈耶克一同获得诺贝尔经济学奖，"表扬他们在货币政策和商业周期上的开创性研究，以及他们对于经济、社会和制度互动影响的敏锐分析"。——译者
② 萨尔瓦多·德·马达里亚加（Salvador de Madariaga, 1886—1978），西班牙外交官、作家、历史学家、和平主义者。——译者

马利克提到，如果苏联希望达成和解，他可以找杰赛普大使谈谈。

三四周之后，我听说杰赛普大使已经与马利克沟通过了。1月底在接受一家通讯社采访的时候，斯大林已经公开表态柏林争端可以和解。在他的声明中完全没有提及引起封锁的表面原因：关于柏林货币的争议。

华盛顿也注意到了斯大林的回避，随即指示杰赛普大使采取行动。通常，在召开安理会作出决议前的一小段时间里，安理会成员国的代表们会聚集在代表休息室，或与他们的助手交换意见，或与他们的同事闲聊，有时还会在酒吧喝酒。正是在这种时候——这种非正式的场合，为联合国的常驻外交官不断推动富有成效的外交往来提供了机会——杰赛普大使也是利用这种场合去找了马利克。他问马利克——当然并不像传说中那样拿着一杯橙汁——斯大林是否故意略去了原因。这么做是否有什么特别的重要意义？

马利克说他会想办法搞清楚——显然，如果避开原因不谈是一种试探，那么他并不知情。之后他与苏联外交部进行了沟通。一个月后，3月15日，他告知杰赛普大使，斯大林没有提及柏林货币问题"并非偶然"。马利克和杰赛普大使之后开始密切交流，并且不是偶尔在代表休息室谈话，而是在苏联代表团的派克大街总部频繁会面。在他们那几周的非正式会议中，还有一次是在我森林山的家里进行的。

他们的对话表明，莫斯科已经决定退一步。已经耗费了大量时间和精力试图解决的柏林货币管控问题至此搁置。之前提起这一问题的莫斯科决定暂时放下。其中的人为因素也由此暴露：这个问题从始至终就是一个技术性问题，最终变成了解除封锁后某一次会议上的一项议程。

最后，在1949年5月4日，法国、英国和美国的代表要求我提请安理会关注，其各自政府已经就柏林问题与苏联政府达成一致意见。封锁以及西方的报复性限制措施将在5月12日解除，之后不久外长会议的代表将在巴黎玫瑰宫举行会谈，讨论包括柏林货币问题在内的关于德国的各项事宜。

为什么莫斯科改变了主意？毫无疑问，主要是因为对大获成功的空运的宣传和声势影响——可能也有反封锁措施造成的压力。至于其他原因，可能还包括，联合国已经开始讨论这次危机所带来的世界舆论的压力。

无论原因为何，联合国所扮演的角色并不有损其威信。联合国几乎穷尽了所有方法，来解决一个本应该由其始作俑者——克林姆林宫——去解决的问题。安理会、联合国大会、秘书处，调解斡旋、事实调查、专家意见以及公开讨论、私下谈判——现代外交中的所有手段——都用上了。柏林封锁曾导致拒绝谈判的双方之间局势高度紧张。如果没有联合国，过于紧张的态势甚至可能引起越线行为，让双方陷入战火。

第十三章　东西方碰撞——莫斯科 1946 年 —布拉格 1948 年

在黑暗的战争年代，我们的希望都建立在大国间紧密的军事联盟和表面的政治情谊上，但对于未来他们的关系，我一直有些许担忧。在我看来，有时候各大国的发言人在处理问题时过于"批发"式了，反而忘了这个世界就像马赛克一样，每一个碎片对整个世界都至关重要。可能与为在全球战争中获取胜利而日理万机的大联盟领导者相比，来自小国的人会更自然地有这样的理解，尤其是那些位于各军事防卫区和新兴的政治利益区边界的小国。甚至我自己的国家在一定程度上也是如此。我经常悲观地提醒我的朋友们，边界地区的命运将预示战后世界关系的发展方向。

早在 1943 年，就可以明显看到，各种事件正在推动欧洲各国进行试验性的重新组合，一旦敌对状态结束，各种压力可能会剧增。不过，直到 1945 年二战胜利之年，才首次明显地出现新格局的迹象。

来自对立两极的大量部队在北至波罗的海南至希腊的沿线对峙。这条线上的国家不得不在几个政治力量中作出抉择。芬兰再次延续了与斯堪的纳维亚国家的共同传统，意料之中地找到了他的位置。波兰深受内部脆弱之苦，就像之前多次重蹈覆辙一样，在对立双方的拉锯中四分五裂。七十五年里第三次对邻国发动战争后，德国一片混乱，处于军事占领下的政治真空状态。捷克斯洛伐克，这个在托马斯·马萨里克①带领下重生，之后又经历纳粹侵略的民主国家典范，正在拼命努力将自己重建成为一个对所有国家都友好的自由国度。同为纳粹受害国的奥地利当时也被占领了。尽管有内部冲突，南斯拉夫也通过自己的英勇奋战基本解放了。保加利亚、匈牙利和罗马尼亚则没有在任何政权下实现政治稳定。最后，希腊处在内战之中，而土耳其毫发无损地避开了二战。

《雅尔塔协定》的部分内容就有涉及这一带边界国家的未来。东西方国家在这里达成了一致原则。苏联同意——事实上是承诺——有关的每个国家，其中大部分是红军进军柏林经过的国家，都有权通过公开选举来选择他们自己的政体。反过来，西方国家则如苏联所愿，承认如此建立的国家的效力，与他们强大的邻国保持友好关系。

西方国家的谈判官带着这些想法从雅尔塔归来，他们很高兴俄国人对自由选举作出了承诺，但对于苏联为确保建立"友好"政府最后会采取怎样的方式仍有疑虑。事实证明他们的担心确实是有道理的。后续确实对世界和平和联合国的形成发展产生了重大影响。

在我秘书长的任期内，有四大事件——就这一新组织在维护世界和平方面而言——对战后欧洲的政治发展或者说倒退产生了决定性影响。第一个事件就是美国决定援助希腊和土耳其——也就是"杜鲁门主义"的出台——在巴尔干半岛委员会的承继问题上，联合国也密切参与其中。另外三个事件都发生在 1948 年前七个月的边界国家地带，分别是 2 月的捷克斯洛伐克共产党政变，6 月的铁托

---

① 托马斯·马萨里克（Thomas Masaryk, 1850—1937），捷克斯洛伐克共和国总统。第一次世界大战期间流亡国外，取得协约国的支持，被认为是捷克解放运动的代表。沙皇政权被推翻后，在俄国组建捷克兵团，1918 年 6 月被承认为协约国之一。同年 11 月成立捷克斯洛伐克共和国并当选为总统。后于 1920 年、1927 年、1934 年连任捷克斯洛伐克共和国总统。——译者摘自《第二次世界大战大词典》，华夏出版社

元帅与共产党情报局①的决裂，以及在 7 月全面展开的柏林封锁。

联合国在柏林危机发展上所扮演的角色，在第十二章已经阐述。在这里我有必要讲一下我在捷克斯洛伐克以及战后首次访问莫斯科的经历，毕竟莫斯科作为两极中的一极，对边界地区的这些重大冲突都负有责任。1946 年 7 月我访问莫斯科，并与斯大林会谈，很大程度上是为了从我自己的角度看一看，温斯顿·丘吉尔到底有多么正当的理由得出他密苏里州富尔顿演说中所作的结论。同样，1948 年 1 月我出访布拉格，也是为了直接评估这座至今仍连接着东西方的桥梁。最后，1951 年我分别访问了南斯拉夫和希腊，向他们勇敢的人民表达支持和鼓励，南斯拉夫人顶住了地缘压力，牢牢将命运掌握在自己手中，希腊则幸亏有了西方国家的迅速行动，才坚守住了自己的阵线。

这几个国家都有数以百万计勤劳无辜的人们，已经沦为或即将成为超出他们控制之外的武装力量的受害者。而了解控制这些武装力量的领导人是我的职责。西方领导人和他们的逻辑我很熟悉——毕竟我政治生涯的大部分时间都在和他们打交道。不过另一方面，我与东方国家领导人只有过断断续续的一些接触，我觉得自己在这一点上处于劣势。因此，在我准备与约瑟夫·斯大林的第一次会面时有种不详的预感。

1946 年 2 月，在伦敦的一场晚宴上，维辛斯基不经意地向我提议一访莫斯科，而当时我才刚上任秘书长没几天。他说苏联政府希望与新的

---

① 共产党情报局（Cominform），欧洲九国共产党和工人党的国际组织，二战后为交流经验和协调行动而成立。1947 年夏，联共（布）中央建议波兰工人党出面发起召开成立情报局的会议。1947 年 9 月 22 至 27 日，南斯拉夫共产党、保加利亚工人党（共产党）、罗马尼亚共产党、匈牙利共产党、波兰工人党、苏联共产党（布）、法国共产党、捷克斯洛伐克共产党和意大利共产党等九个欧洲国家共产党代表，在波兰西部斯克利亚斯卡·波伦巴小温泉场举行代表会议，决定成立共产党情报局并出版机关报。总部最初设在南斯拉夫贝尔格莱德，1948 年 6 月第三次代表会议后改设在罗马尼亚布加勒斯特。——译者摘编自《新编世界社会主义词典》，上海辞书出版社，中共中央编译局世界社会主义研究所；《世界文化词典》，湖南出版社

秘书长一会，"一次私人访问对您而言也有好处，可以与苏联政治家们有更近距离的接触，同时也可以更好地了解苏联的情况"。但当时我也有相当紧迫的工作要做，所以只能先谢过他。几个月后在纽约，葛罗米柯也谈到了这个问题，而我正好也有可以安排的时间，就放在我前往挪威与家人朋友庆祝我的五十岁生日之前。我本来计划在那之后短暂访问联合国在日内瓦、巴黎和海牙的工作机构，绕道去一下莫斯科定然是可行的。

之后的 7 月中旬，当在奥斯陆的苏联大使打来电话，告知我 7 月 20 日会有一架俄罗斯专机送我和我的家人前往莫斯科时，我们一家人都很兴奋。19 日下午，载有五位机组人员的一架 DC-3 飞机抵达奥斯陆福尼布机场——这次降落非同寻常。俄罗斯飞行员冒着生命危险以正确的角度降落在常规跑道上。这是一次飞行的壮举，完全吸引了挪威机场的地勤人员，但我只希望这不是一次常规的俄罗斯飞机降落。

第二天上午我们起飞了：我夫人、古丽和梅特、威廉·斯通曼夫妇、克里斯汀·克拉维斯（我的前秘书）和我。我们的飞机相当新，但机组人员非常优秀，我必须承认俄罗斯飞机的起降显然很少受到常规套路的约束。平缓盘旋上升或下降对他们而言简直是浪费时间。我们的飞机还一直在树梢的高度飞行，飞行员沿着奥斯卡堡要塞和瑞典边境一路保持着这个高度。当天天气晴朗，我觉得机组人员可能在航拍。随着我们靠近斯德哥尔摩附近的布鲁马机场，我的这点怀疑更深了。在离机场不远的地方，我们的飞行员沿着斯德哥尔摩岛礁的防御工事来了一段在我看来很长且没有必要的绕飞。不过，这段耐人寻味的航程究竟有什么意义，我始终蒙在鼓里。

那天在斯德哥尔摩只是短暂的停留。之后我们继续飞行，越过波罗的海，在当天晚上落地莫斯科。很难说他们选择沿着苏联边境的这条航线，是否是为了给我这个新秘书长留下好印象。不过，我知道那天我看到的满目疮痍的村庄和城市一直在脑海中挥之不去，这恐怕是我所见过的最能体现"摧毁"一词含义的场景了。

在机场，外交部副部长维辛斯基和礼宾处处长，带领着一个身着军礼服的代表团前来迎接，并护送我们来到了老国家酒店。之前我最近一次访问莫斯科是在 1944 年，与当时相比，这家酒店有些变化：巨大的长绒装饰——比我记忆中的样子稍破旧了些——还有厚厚的帷幔和各种小摆设。显然，在重建饱受战争蹂躏的国家的迫切需要面前，老国家酒店的优先级待遇也确实只能往后排了。不过，这里的食物、酒水和服务还是不错的；一如既往的剧院雅座和芭蕾舞，每个晚上的安排都体现了用心和考究。还给我们配了一辆贵宾车和一位司机，我们可以前往参观一些博物馆和展会。

莫洛托夫夫妇为我们举办了一场午宴，而我从一开始就让原本露着微笑的莫洛托夫僵硬不满地冷下脸来。当时我发表了一个小小的即兴的感谢致辞。我表示，很荣幸作为秘书长受邀来到这个世界上最强大的国家之一的成员国。随后，我提到苏联在某些方面世界领先（比如红军及其战果成就），在某些方面居世界第二（比如财富、经济和产业），还有在某些方面居第三（比如相比英国的海上力量和通过英联邦形成的世界影响力而言）。在说完第一和第二之后，我就该停下了。在克拉维斯谨慎地翻译之后，我看到莫洛托夫和维辛斯基都微笑着点头，他们甚至看起来乐意接受俄国在某些领域可能屈居世界第二。不过表示苏联在任何方面排名第三，我显然是过分了。微笑和赞同瞬间消失，在苏联人的想法方面，这次也给我上了一课。尽管有个小插曲，午宴还是以典型的俄国风格继续，莫洛托夫给我的随行成员们一一敬酒寒暄，我也代表我方还礼。

当晚，我得以第一次近距离地评估苏联与其中一个东欧邻国的关系。但结果并不令人满意。看起来，当时我们并不是苏联政府邀请到他们首都的唯一官方访客。事实上，还有捷克斯洛伐克的一个代表团正在为签署两国间的新贸易协定来访，为此举行的一系列欢迎活动风头十足，完全盖过了联合国秘书长的首次官方访问。就在当晚，所有莫斯科官员都出席了为这个代表团举办的欢迎会。

从排场和豪华程度来说，很难想象这是一场在莫斯科举行的官方欢迎会。我对斯皮里多诺夫宫并不陌生，早在 1944 年我就作为挪威外交部长来过这里；即使在战争期间，这些活动也依旧宏大豪华。这座矮矮的石质宫殿里，到处都是苏联高官、宾客和外交官——所有人都根据级别被精心地分别安排在宫殿的三个房间中。刚进来时，所有人都必须先待在第一个房间，之后在主办方工作人员引导下才可以进入第二个房间。第三个房间当然是"贵宾室"了，是为在场最高级别的客人所留，只有收到特别邀请才能进入。食物的选择也延续了典型的俄国风格，华丽得难以形容：鱼子酱、烤乳猪、各种可以想象得到的肉和野禽；只有酒水饮料的选择比较有限——仅限于伏特加、俄国白兰地和葡萄酒。

在第三个房间，我被引见给了捷克代表团成员：总理克列门特·哥特瓦尔德①、副总理兹德涅克·费林格②、我的老朋友外长扬·马萨里克等。和马萨里克的会面总是愉快自在的，在这个场合下我也特别高兴能见到他。我们是多年老友，曾在战争期间共事，一起飞往旧金山，刚刚一起在伦敦参加了第一届联合国大会。马萨里克朝我耸了耸肩，挑了

---

① 克列门特·哥特瓦尔德（Klement Gottwald, 1896—1953），捷克斯洛伐克共和国前总统、国际共运活动家。1945 年 4 月 4 日，与驻伦敦的捷流亡政府总统贝奈斯合作成立民族阵线政府，哥特瓦尔德任副总理。1946 年起任总理。1948 年 6 月当选共和国总统。——译者摘自《当代国际知识大辞典》，团结出版社

② 兹德涅克·费林格（Zdenek Fierlinger, 1891—1976），捷克斯洛伐克政治家、外交家。1945 年 5 月任捷社会民主党主席。同年 12 月代表捷政府签署《苏捷友好和战后合作条约》。1945 年 4 月任民族阵线政府总理，后改任副总理。1948 年社会民主党同捷共合并，任捷共中央主席团委员。——译者摘自《第二次世界大战大词典》，华夏出版社

下眉，向着与他有些距离的无人角落点了下头，这是他常有的动作，我毫不意外，立即意会。"叨叨叨，叨叨叨，"他低声说着——他这口头禅往往意味着八卦，"大秘密，天大的秘密。"我们朝着角落走去，他左顾右盼，有点儿喜感又有着俄国式的谨慎——微笑着，看起来他心情很不错。"特里格夫，你已经听说这个重大贸易协定了吧。但并不像表面上的那样。纸面上所有事情看起来都挺好，但我告诉你，俄国人已经搞定了一切。"

然后他给我简单描述了捷克与苏联贸易谈判的情况——掺杂着些美国俚语和惯用语，他讲得颇为生动，又带着些许愤愤不平。三尺之外的任何人看到马萨里克笑容满面，都会以为他在讲什么最新的笑话。"这整件事就是个骗局，"他继续说道，"他们控制汇率：在一方面吃亏了，他们就会在另一方面找补回来，就凭那些价格，他们会把我们洗劫一空。"我们至少站了五分钟，一直都是马萨里克在说。最后，他耸耸肩："但我们能做什么呢？我们不得不配合他们。哥特瓦尔德在莫洛托夫面前大气都不敢出。"他握紧拳头，举到胸前，竖起大拇指，来了段左右拳对话的模仿。左边："莫洛托夫，'是。'"右边："哥特瓦尔德，'是，是。'"左边："莫洛托夫，'没有。'"右边："哥特瓦尔德，'没有，没有。'"他似乎觉得，费林格和很多社会民主党人都被骗了，对于贸易谈判的结果他很失望。"我很想跟你找个晚上聚一下，"他最后说，"但我不能冒这个险，我们再找别的时间聊吧。"

周日，我们在迪纳摩体育场观看了一场盛大的体育表演。我们的轿车刚在体育场外的一个停车位停好，一队未着制服的便衣警察就涌上来，怀疑地打量着我们一行人。第一个走出车子的克里斯汀·克拉维斯几乎还没完全下车，就被一个警察拉出来强行带走了。他身上带的一个小包似乎是问题所在。他熟练地用俄语为自己争辩，同样会说俄语的比尔·斯通曼试图介入，但都无济于事。而我的年轻翻译，忽然消失在了一扇守卫森严的门后。

几分钟后克拉维斯重新出现，微笑着跟我们解释，惶惶然的我们才如释重负。警察打开了他的包，发现了几个从瑞典带来的橘子和苹果，对他还是充满怀疑，直到一个个都戳开了才完事。"因为表演可能会持续几个小时，"他向警察解释，"我们想带点儿吃的会好一些？"终于相信这些炸弹大小的水果对到时候坐在我们附近的苏联大人物们不可能构成生命威胁，他们才笑着放了他。

我之前就听说过俄国人的盛大演出，也看过一些之前运动会的影片，但那天的所见所闻我确实还是大开眼界。成百上千的队伍——成千上万的年轻男女，来自这个幅员辽阔的国家的各个角落——列队入场，在斯大林面前表演节目，然后随着永不停息的队列继续行进。在洪亮的军乐和雷鸣般的掌声中，我们的注意力一半被盛大的表演吸引了，另一半则被斯大林和他的随行人员吸引了——莫洛托夫、贝利亚①、马林科夫②、布尔加宁③等——就坐在我们所在的外交人员区附近。

不过，就在我们就坐时，我很高兴地看到扬·马萨里克向我走来。他也心情愉悦，加快了脚步；我们很快开始了深入交谈。不过，我们的会面很短暂。大概半小时后，苏联外交部的一位工作人员来通知他，邀请他和捷克代表团的其他高级成员与斯大林一起观看表演。对此，他看起来很是忐忑，混乱中拿走了我的帽子，一顶至少比他的尺寸大了三个

① 拉夫连季·帕夫洛维奇·贝利亚（Lavrenty Pavlovich Beria, 1899—1953），苏联内务人民委员（1938—1953，1946年起为内务部长）、人民委员会副主席（1941—1953，1946年起为部长会议副主席）。——译者摘自《第二次世界大战百科词典》，上海辞书出版社

② 格奥尔吉·马克西米连诺维奇·马林科夫（Georgi Maksimilianovich Malenkov, 1902—1988），苏联国防委员会委员（1941—1945）、联共（布）党中央书记（1939—1952）。——译者摘自《第二次世界大战百科词典》，上海辞书出版社

③ 尼古拉·亚历山大罗维奇·布尔加宁（Nikolai Alexandrovich Bulganin, 1895—1975），苏联陆军元帅。——译者摘自《第二次世界大战百科词典》，上海辞书出版社

号的帽子。

我们的注意力很快回到了演出上；不过一小时后，离表演结束还遥遥无期，我开始揣测这一切背后的含义。人山人海的演员和新颖的表演带来的震撼印象逐渐淡去，成千上万的年轻人开始了一个新节目，他们的皮肤看起来是棕色的，神情坚定，毫无任何个性的痕迹——表现出对一致行动的一种奇怪又令人不安的推崇感，这让我有种不太舒服的感觉。这体现的是强硬，毫无欢乐和笑容，整个表演变成一个体格力量的机械性展示。

6 月 23 日晚，我乘车来到克里姆林宫与斯大林进行我们的第一次会谈。快到 10 点的时候，一辆俄国轿车来到国家酒店接我，几分钟的车程后，我来到了克里姆林宫宫墙下的第一个警卫点。我们并没有从红场上的大门进入克里姆林宫，而是从另一个更为隐蔽的大门进入的，那里的警卫和检查系统和我记忆中 1944 年的一样。几乎没什么询问；安全检查感觉很快也很高效。到了宫墙的另一边，我转到了一辆特殊的克里姆林宫的汽车上。在接受了两个新的警卫点的检查后，我们在一幢楼前停车了，两年前我曾在这里与莫洛托夫会面。

几分钟后，我与斯大林会面握手——我们都第一时间开始打量着对方。我看到的是一个身形矮小、体格结实、面庞黝黑的男人。在我们走到房间的另一头在桌前坐下时，我觉察到他的步伐和行动有些古怪刻意。我从未见过一个人，在步态看起来并不像军人的情况下如此稳当和准确地放下双脚。他有点儿矮——比莫洛托夫和维辛斯基矮得多；在我旁边，他的头顶只到我的下巴处。他的肩膀宽阔丰满，穿着一件纽扣扣到脖子的硬领夹克，但他完全没有超重的样子：他肯定只有 180 磅到 190 磅（约 81 公斤到 86 公斤）。握手时，我被他深邃的灰色眼睛吸引——除了他微笑的时候，都显得那么平静坚定。不过，我见他笑的次数也屈指可数。不论当时还是之后，关于他对社会民主党人的大体想法，我心中从未有过任何疑问。我可以想象，与来自其他党派的人会面时他有多么高兴和投缘。在他的各种照片中，常常能见到一个弧形的黑色烟斗挂在嘴角，就像是固定在他那灰胡子下面的一样。向所有烟斗客一样，他也有重复的、无意识的吸烟习惯：断断续续地压平烟斗中的烟草、重新点火，时不时敲空他的烟斗，从口袋中拿出随身带着的烟草包，重新填满烟斗。

斯大林的开场白提到了挪威和哈康国王①。一周后，我在巴黎写了一封信向哈康国王传达了有关情况："我记得，"我写道，"斯大林强调'挪威与德国纳粹的斗争给他和苏联人民留下了深刻的印象，国王的勇敢赢得了他最大的尊重'。"接着他对挪威人民在最近战争中的坚韧表现表示了赞赏，还表示他知道挪威在本国前线的出色战绩和挪威政府在英国的亮眼表现。同时，挪威那么多商船都加入到摩尔曼斯克②护航船队中这件事，似乎给他留下了深刻印象；他还特别提到了将武器和弹药运到符拉迪沃斯托克③的挪威船舰。显然，苏联参与到挪威北部的解放中，他是高兴的。他还补充提到，他跟很多当时在挪威的苏联士兵和官员聊过，他们对挪威人民和苏联军队受到的待遇无不都是赞美之词。

尽管对于挪威和她在战争中的角色颇为了解，斯大林有一点还是搞错了。"你们在挪威建造了军舰、武装巡洋舰、驱逐舰等舰船，是吗？"他问道。我意识到他搞混了挪威和瑞典，于是赶忙纠正他。"可惜我们没有能力造军舰，"我解释道，"虽然我们是一个航海的民族，但我们的

① 哈康七世（Haakon VII, 1872—1957），丹麦国王弗雷德里克八世（Frederick VIII）的次子，第一任挪威国王，1905 至 1957 年在位。——译者
② 摩尔曼斯克（Murmansk），位于苏联巴伦支海科拉湾的沿海城市，摩尔曼斯克州首府，世界上最北大的城市，北冰洋沿岸的不冻港。第二次世界大战期间，盟国给予苏联的战略援助物资大多在摩尔曼斯克港卸载。——译者
③ 符拉迪沃斯托克（Vladivostok），原名海参崴，清朝时为中国领土，1860 年《中俄北京条约》将包括海参崴在内的乌苏里江以东地域割让给俄罗斯，俄罗斯将其命名为符拉迪沃斯托克，意为"镇东府"。——译者

军舰——除了一些很小的旧驱逐舰外——都是外国造的；我们的大部分商船也是如此。"

在从挪威来的飞机上，我看到了大片被破坏的区域，我也提到了这一可怕景象："斯大林格勒解放以及莫斯科和列宁格勒保卫战都是巨大成就，赢得了所有同盟国人民的尊敬。"接着我提起了苏联当时必须面对的极度困难的重建问题，他承认在重建方面苏联确实需要帮助，而且是非常需要。在对话中，他几次提到苏联需要 10 亿美元的外国援助："我们急需这笔钱，考虑到苏联对同盟国事业的贡献，这些钱只不过是苏联应得的。"我承诺会谨记这一点，并会向合适的美国有关部门提起。（在我回到美国与杜鲁门总统和伯恩斯第一次会谈时，我履行了这一诺言。）

他的这番话，为我之前决定在第一次会面时涉及的一些内容打开了话匣子。我做了一些铺垫，坦诚地表达了对战后西方国家与苏联关系恶化的担忧："这真的很令人遗憾，尤其考虑到双方之间明显存在误会。从我所见来看，与很多其他美国人相比，像杜鲁门总统和国务卿伯恩斯这样的人，往往对苏联和他的问题表现出更多理解。"在这样的情况下，看到每次友好的主动接触都遇到不信任的反馈，每次热情的握手都遭到拒绝，就更让人沮丧了。"我已经与很多美国和其他国家的人沟通过，"我补充道，"对于苏联的伟大领导斯大林是否完全了解目前在欧洲、美国和全世界发生的事，他们似乎有些疑问。"

斯大林挥了挥手，打断了最后一段话的翻译："但我很了解啊！来！"——这时候他解开了领口的一颗扣子——"给你看看我今天读过的美国报纸。"他用俄语给了警卫一个指令。这位警卫随后离开，然后拿着一叠至少 3 英寸（约 7.6 厘米）厚的报纸回来了。都是美国日报，上面紧紧夹着一些手写纸——显然是翻译的内容。我可以看到一些报头，其中有《纽约时报》《先驱论坛报》《芝加哥论坛报》。他把手放在这些报道今日美国事的报纸上，再次说道："这些仅仅是我今天读的美国报纸。"显然继续在这一话题上纠缠也很难再有收获，斯大林又回到了援助问题上，以此结束了这一部分的对话。"我很遗憾，苏联目前还没有收到所需的这10亿美元援助，我们现在也还是需要这项援助"，他强调道，"我自认为对美国非常了解。在我这一生中，我是见过美国改变想法的，我甚至见过她是如何一夜之间改变主意的。同样的事情可能还会发生。"

当然，关于联合国和苏联，我也有些话想说。我试图让这位伟大领袖意识到联合国的重要性，我分享了关于可以如何利用这一组织来促进成员国之间的和平与理解的想法。不过他只有只言片语的回应。他提起苏联是联合国的创始国之一，说道："我们会尽我们所能，为我们自己决定的事业和全世界的最大利益作出努力。"我觉得我不应该在这一话题上再深入聊了。当时，苏联正试图推动在巴黎和平会议①前召开一次四大国外长会议，似乎更希望在和平会议——或者说联合国——之外，就这一问题达成四大国和解协议。

即使苏联领导人有所保留，我也知道苏联的政策底线，但我还是不能放过这次机会。我不知何时能再次见到他。"您个人对作为联合国创始国一事想必是非常满意的，"我大胆地说道，"想想如今《联合国宪章》有望惠及到所有受压迫的人民，想想殖民地，那些被奴役的人们，还有那些第一次有了自由、独立和更美好生活的希望而向前看的所有人。斯大林元帅，您不觉得《联合国宪章》是最值得信赖的文件吗？世界上仍有些地方被奴役着，而它写满了对这个世界的承诺吗？"我得到

---

① 巴黎和平会议，1946年7月29日至10月15日在法国巴黎举行的会议，为审查对德国的欧洲盟国意大利、罗马尼亚、匈亚利、保加利亚、芬兰五国和约草案而召开。参加者有中、美、苏、英、法等28个国家的代表。——译者摘自《毛泽东周恩来刘少奇朱德邓小平陈云著作大辞典》，辽宁人民出版社

的回应简短扼要。"确实,"他说道,"《联合国宪章》是一份相当不错的文件。"

在我们分开前,我问他能否向秘书处派遣更多苏联人:根据地理分布确定名额的机制,目前的人数太少了。他很快回应称,只有少部分人具有资格,而他希望只派出其中最好的人选。随后,我跟他告别。

第二天在飞回哥本哈根的路上,我思绪万千,这周发生了很多事,我试图将这些所见所闻还有对话碎片拼凑起来。我之前的不祥预感在这次访问之后一点儿也没有缓解。捷克领导人上演了一出大戏;马萨里克偷偷告诉我"整件事是定好的,一切都是骗人的";斯大林表示苏联会为"我们自己决定的事业和全世界的最大利益作出努力"——无论这些是指什么——他简短地评价《联合国宪章》是一份"相当不错的文件"。结合今年发生的各种事件和我点滴的所见所闻来看,毫无疑问,苏联领导人对东欧有他自己的计划——一切都取决于苏联自己的"最大利益",而这些利益显然是要在联合国之外实现的。至于"铁幕"?有人说这是苏联旨在建起一座"友好"卫星国堡垒的悲观政策,无论这是一种丘吉尔风格的隐喻,还是简单地指出这一残酷现实,结果都是一样的。

接下来的两年,捷克斯洛伐克仍然是欧洲边界线上的希望之地。尽管东西方关系恶化,只要捷克斯洛伐克坚持住,就还有机会出现某种妥协。我密切关注着捷克斯洛伐克的日常进展。但突然的结局我还是始料未及。

我只清楚地记得,那天是华盛顿的诞辰纪念日——1948 年 2 月 22 日——结束了在卡兹奇山的几天滑雪之旅后,我们正开车回家的路上。我和我的朋友托尔·杰斯达尔正在疯狂吐槽高山滑雪,拿它与挪威的越野滑雪比较,突然我们的车停了。我的司机和忠诚的警卫比尔正好转开了收音机,听到了最后一条来自布拉格的新闻快报。这消息听起来就像丧钟一样：共产党人占领了捷克斯洛伐克警察局；武装工人已经组建成"民兵组织"，正在"维护"法律与秩序；将近一半政府成员已经辞职。很快，捷克斯洛伐克革命开始。

不到一个月前，在马萨里克位于布拉格的外交部公寓，我和他还讨论了这件事发生的可能性。

对我和其他很多人而言，捷克斯洛伐克是一个悲剧。与我广大的同胞一样，我觉得它的存留和发展与我们的切身利益紧密相关，在很多方面都是如此。在欧洲大陆上很少有国家与挪威的民主有紧密的意识形态关联。事实上，挪威国民诗人比昂斯滕·比昂松①在一战前就通过他的作品和影响力，为争取全世界支持捷克斯洛伐克在未来建立一个自由民主的国家而做过不少努力。因此，几乎所有挪威人都很关注这个国家发展成为一个现代化民主国家的进程，尤其是她在二战后的命运。捷克的主要政治人物和受害者在挪威是众所周知。在击败纳粹后，捷克于 1945 年和 1946 年成立了联合政府，贝奈斯和马萨里克以及他们的民主派同胞们努力抵挡来自东方的冲击。前一年的夏天，捷克政府一致投票决定，参加在巴黎召开的实施"马歇尔计划"的会议，但由于苏联人不高兴只好又退出了。捷克斯洛伐克的民主主义者——很多都是有远见的英勇之士——已经意识到站在他们的地理和经济位置上，他们有义务维护东西方的友谊，因此他们需要维护这座连接鸿沟两端的桥梁，为现实的东西方关系寻求模范解决方案而做出贡献。如今，铁幕显然已经轰然落下，这也就关上了这最后一扇门，摧毁了捷克斯洛伐克的民主主义者和他们所代表的希望。之后的几个月，在熟悉的苏联人操作和标语席卷之下，捷克斯洛伐克的捍卫者们被有组织地一步步清洗，他们有的被送到

---

① 比昂斯滕·比昂松（Bjornstjerne Bjornson，1832—1910），挪威剧作家、小说家。1903 年获诺贝尔文学奖，被称为 19 世纪挪威文坛四杰之一。——译者摘自《文学百科大辞典》，华龄出版社

了盐矿，有的甚至落得更糟糕的下场。但同样重要的是，这次冲击动摇了西欧各国信任的根基，他们不再有疑虑，开始举行集会抗议苏联的扩张。与共产党所采取的任何其他行动相比，1948年2月的这场政治事件给西方国家敲响了最具影响力的警钟。而这一点之后就体现在了一个新的共同防御协定上：加拿大与美国联手西欧国家订立了《北大西洋公约》。

我们从卡兹奇山开车回到家的那晚，以及之后的很多个夜晚，我不断反思前一个月在布拉格与贝奈斯总统和外交部长马萨里克的对话。马萨里克已经在试着为即将发生的事做准备，这很明显；他已经准备好以他自己的方式面对。我还记得，2月26日和27日我和他在切尔尼宫分析政治局势。他当时情绪不错，对于捷克斯洛伐克的政治前景，他看起来比前几个月在纽约时自信得多了。

他认为，共产党人不可能在即将到来的5月选举中赢得比已有的38%更多的选票——可能不会超过32%～38%；不过他说："我希望局势能维持现状。如果共产党人受挫太多，他们可能会冒险发动政变。"虽然意识到政变的可能性，他显然不希望这在一个月内——也就是选举之前——发生。我们讨论了共产党人采取这一动作的可能性。作为一个亲密的老朋友，我问他安排一趟去法国或英国的公务出差会不会是最好的做法——只是以防万一。不过我早该了解他。无论发生什么，他都决心留在捷克斯洛伐克，说起那些在共产党人夺取政权时逃亡的波兰、匈牙利和罗马尼亚的非共产党人，他语气轻蔑。我还记得他最具代表性的评论："我不是那种跑到美国，为了1 500美元给《星期六晚间邮报》写五篇文章而感到开心快乐的人。不了，先生，我要留下来。"尽管他没有说是否希望继续担任外交部长，但我感觉他决心留下来——即使他预见到可能出现最坏的情况。他提起那些逃亡的波兰、匈牙利和罗马尼亚政客，似乎表明他打算冒险面对他们所不愿面对的后果——牢狱之灾或命丧黄泉。

那天，说起克列门特·哥特瓦尔德、弗拉基米尔·克列门蒂斯①和其他捷克共产党成员时，扬·马萨里克可谓是极尽抨击之词，最让他愤慨的是他们被迫对俄国人卑躬屈膝的样子。让他同样甚至更为愤懑的是美国对捷克斯洛伐克的政策，他称之为"失败主义政策"。他试图看穿美国的逻辑，尝试理解美国怎么可以在苏联命令捷克斯洛伐克退出"马歇尔计划"之后，还要求他们明确支持"马歇尔计划"。"华盛顿和伦敦完全没有理解我的立场，"他强调，"他们没有批准我的资金或物资援助请求，是犯了一个严重的错误。"他接着说明了，捷克斯洛伐克的民主派力量是如何从当年的农业丰收和1946—1947年冬天联合国善后救济总署的援助中获益的。"现在，联合国善后救济总署的援助结束了，而1947年的收成情况是灾难性的。随着援助结束和美国坚持必须配合"马歇尔计划"才提供帮助，捷克斯洛伐克已经完全依赖于苏联对哥特瓦尔德承诺的30万吨粮食。"他觉得伦敦和华盛顿早在1946年就或多或少地认定捷克斯洛伐克没有价值了。"这项政策，"他强调，"完全毁了我和哥特瓦尔德进行公平周旋的机会。"马萨里克坚持认为，1946年英国宣扬称捷克斯洛伐克已经转移到铁幕之后，严重地损害了捷克的声誉。"这就是在暗示俄国人和捷克的共产党人，"他继续说道，"美国和英国政府完全不在乎共产党人可能想要在捷克斯洛伐克做的任何事。"他转头对我说，"特里格夫，我的朋友，你能与合适的伦敦或华盛顿人士联系，告诉他们我的这些想法吗？你可以尝试说服他们摈弃失败主义吗？"（我将马萨里克的呼吁转达给了伦敦和纽约，不过那时已经太晚了。）

就在同一天，贝奈斯总统的表现倒是完全没有扬·马萨里克那种绝

---

① 弗拉基米尔·克列门蒂斯（Vladimír Clementis，1902—1952），捷克斯洛伐克政治家、作家。1935年加入共产党。1945年4月任民族阵线政府外交部副部长，6月26日代表捷克在旧金山签署《联合国宪章》。——译者

望的乐观。在我记忆中这是第一次他那么愤愤地说起俄国人；而关于捷克共产党人，他就更加直言不讳了："我看不出，"他说道，"共产党如何能够在 5 月的选举中守住他们的阵地。全国各地，他们都在输，不过我们不知道在失败的结局逐渐清晰时他们会做些什么。"在离开这位伟大的政治家时，我确信他完全不再抱有任何幻想。他的状态和话语就是一个自愿成为阶下囚的人的样子。直到今天，我仍然觉得，1948 年 2 月在布拉格与贝奈斯总统度过的那一个小时，是迄今为止我所经历的最为悲剧性的时刻。那个男人就坐在那里，看着他一生拼搏奋斗的成果从他指尖溜走，想要做任何挽救，却无能为力。而更令人难过的是，一旁的我也爱莫能助。

回顾我的往来信件，我找到了 1948 年 3 月 9 日我写给挪威首相埃纳尔·基哈德森的一封信，当时我已经从捷克斯洛伐克归来，两周之前广播刚报道了捷克的政变。马萨里克和贝奈斯选择留下来——在痛苦的结局到来前他们将坚守下去，希望他们的名字和威望还可能在政变和捷克斯洛伐克人民之间起到一点儿缓冲作用。"关于捷克斯洛伐克近期发生的这些事件，"我写道，"我在某些方面想了很多。贝奈斯和马萨里克这么继续下去是正确的吗？我从头到尾仔细考虑了，我只觉得——结合所有因素来看——他们的选择是正确的。如果逃跑，他们就会面临立即失去所有实际影响力的风险，或者他们可能引发内战——而在当前的欧洲局势下——捷克的内战可能引起更加严重得多的后果。如今，他们二人还在位，他们还能通过拒绝参与或拒绝签署各种决定来行使一些控制权……尽管情势危急，我仍然相信，贝奈斯和那些捷克斯洛伐克的捍卫者，再一次让世界避免了一场武装叛乱——如果不是一场公开战争的话。我们只能希望事情不再恶化——就像他们上次那样——希望目前形势已经到达了极限。"

然而事实上还没有达到极限。就在第二天——1948 年 3 月 10

日——扬·马萨里克，捷克斯洛伐克外交部长，去世了。

他们说是自杀。他应该是从他的浴室窗户跳下而死——但这个说法我难以接受。就在六周前我与扬·马萨里克有过数小时的对话；我们详细讨论了这样的不测，没想到仅仅一个月内这就变成了现实。我深信，他心里已经对即将面对的一切做好了准备——他已经准备好不做反抗，直面牢狱和死亡。在我看来，扬·马萨里克不是那种会自杀的人。

扬·马萨里克死了，贝奈斯总统也紧随其后。他们不在之后，随着新的力量加入，捷克斯洛伐克的清洗行动又重新启动，并最终全面波及到了社会民主党人和其他党派人士。弗拉基米尔·克列门蒂斯就是其中之一。我上一次见他是在1949到1950年冬天的成功湖，他当时忧心忡忡，我看得出原因。"你何不安排一下留下来呢？"我建议道。"为什么要回去？我会看看有什么能够帮到你的。"虽然当时显然有些心动，但他还是谢绝了。他告诉我，他会返回布拉格，碰碰运气。一年后，我在巴黎听说他也被捕了；不久之后就被审判、处决了。

1950年再次访问布拉格时，穿过无疑存在的"铁幕"，来到这片寒冷荒凉的土地上，捷克斯洛伐克的悲剧对我个人造成的痛苦创伤仍未消散。任何看似"桥梁"的存在都已经消失了，最后的捍卫者们非死即囚。当时我还抱着一线希望，与捷克外交部长威廉·西罗基①会面，试图以我的影响力来敦促他释放在捷克境内被留置的希腊儿童*。我本来可能还待在纽约。作为临别的请求，我问外交部副部长塞卡尼诺娃-卡克托娃能否告知我的朋友贝奈斯总统和扬·马萨里克的墓地所在，我想

---

① 威廉·西罗基（Viliam Široký, 1902—1971），捷克斯洛伐克政治家。全国解放后任斯洛伐克共产党中央委员会主席。1945年4月4日出任民族阵线政府副总理，1950兼任外交部长。1953年3月起任总理。1962年12月起为捷共中央主席团委员。1963年9月被撤销政府总理和捷共中央主席团委员职务。——译者摘自《第二次世界大战大词典》，华夏出版社

* 详情见第十六章"我的和平之旅——出访"。

去献花。"我不知道他们在哪里,"她回答说,"外交部长也不知道。"整整一天,我用尽了能用的所有办法,试图找到他们的安葬之地。无论是电话还是亲自拜访,都徒劳无功,最后此次随我同行的助理秘书长康斯坦丁·津琴科透露了我一直怀疑的事。"拜托,"他恳求我,"请您不要再找他们的墓地了。这会让捷克和莫斯科都误解的。"

到了那个时候,再深究本可以如何如何已经太迟了。在 1946 年,就算是小小的支持,也本可以帮助捷克斯洛伐克人降低面临危机的可能性。1947 年,因为退出了"马歇尔计划",外交部长马萨里克没能得到任何援助。那时就已经太迟了吗?我们无法判断。但到了 1948 年,我们知道一切都晚了。虽然没有人会说,捷克斯洛伐克本可以被拯救,但有些时候我还是会想——从事后的角度——在审视这个国家命运的时候,西方国家是否也偶尔会感到良心不安。

第十四章　巴尔干困境——贝尔格莱德、
雅典和安卡拉，1951年

1948年6月与情报局决裂之后，铁托元帅领导下的南斯拉夫暂时独立于东西方之外。南斯拉夫对东方国家的出口占到整个国家出口总额的四分之三，但因遭到苏联及其卫星国的抵制，南斯拉夫对东方国家的贸易陷入停滞。维持欧洲第二大常备军的需求，对这个国家的经济状况也没什么帮助。同时，有可靠报告显示，越来越多来自苏联的坦克和重型火炮已经开始向不友好的卫星邻国输送。苏联正将手中的虎钳转向对准了南斯拉夫，而西方国家在减轻他们这边的压力方面也进展缓慢。

在这一情况下，我决定访问南斯拉夫，也借此机会接受很久以前希腊和土耳其驻联合国大使向我发出的邀请，前往访问他们的国家。

1951年4月6日，我从纽约启程，途经巴黎和苏黎世，在六天后抵达贝尔格莱德。与我同行的有我的夫人、联合国文件处处长乔治·佩塞尔、亚伯拉罕·费勒和媒体与出版司司长怀尔德·福特。

根据前期报告，除了欢迎代表团、无数军人、众多警察和一些正式地欢迎活动外，我心里对在贝尔格莱德还可以期待什么并没有底。意想不到的是——因此一切就更让人高兴——来了人山人海的围观者，这表明我的来访得到了人们强烈的关注。来到贝尔格莱德的第一个小时，让我最印象深刻的是这里的城市和人民风貌。就像是有什么巨大又鼓舞人心的东西突然在行进中停留了下来——我看到机场附近尚未完工的一座座大型建筑，显然工人们已经好几年没有搬动过一块木材、放下过一块石头了。食品店外的长队暗示着严重的物资匮乏，我们中有人想买个小梳子都买不到。不过，通过更近距离观察，我们发现实际情况还是有好转的。大量的房子正在建造中，孩子们也吃得很好，不像大人们一样。如果说这里也没有多少激情，那看起来也没有什么特别大的不满。

接下来的几天，毫无疑问，我的来访被当作了一件大事。有一个小插曲我至今仍记得。我们一行当时正经过南斯拉夫一个比较偏远的小村庄，显然这里的大部分人都出来围观了。我们短暂停留的时候，有几个人从人群中走出来，问我们的一个司机："你们谁是特里格夫·赖伊？"

在南斯拉夫，联合国似乎象征着铁幕之外、在内部政策上完全独立的世界对他们的支持和援助。之前我听到过俄国人对斯大林之名的推崇，而在南斯拉夫令我震惊的是，铁托的地位与之形成了鲜明的对比。我常听到对他的批评，不管是在官方还是非官方的圈子——并不是恶毒地攻击，而是作为他们中的一员，以一种批评者本会如何如何处理这样或那样的问题而他们却没能做到的方式进行批评。同样有意思的是，很少看到元帅的照片——只在政府办公室里有，而且都是一般大小的照片。

4月13日周五，我们到达贝尔格莱德的第二天，快到中午的时候，一位警卫人员来到我这里，陪同夫人和我前往铁托元帅住所，那里一直以戒备森严闻名。行政官邸品味高雅，但一点儿也不奢华。元帅向我表达了诚挚的欢迎，还有外交部副部长乔扎·维尔凡，在纽约工作的联合国常驻代表和大使阿列什·比伯勒，他们也是随后谈话中唯一在场的人。从我的角度看，元帅并不高——不管怎么说，比斯大林高不了几英寸——不过他比我想象的瘦一些，看起来身体比较健康。元帅表示这次会面他很高兴，为了这次与联合国秘书长见面和对话，他推迟了入院进行胆结石手术。虽然大概减重了30磅（约14公斤），但他看起来对坚持严格控制饮食感到很是自豪："我要求每个南斯拉夫人遵纪守法，"他半开玩笑地说道，"而我自己，除了按照医生的要求做之外，还能怎么样呢？"我和夫人3点45分离开时，他的脸色略显疲惫，看来健康状况不是很好。

我们的对话没有任何开场白。就像所有南斯拉夫人一样，铁托元帅认为与邻国的关系是当前最为紧迫的问题，显然我提出对当前情况做一个评估的要求，他是很欢迎的。他解释称，南斯拉夫天天遭到挑衅；每晚都有枪击事件发生，已经有很多人丧生。"我们的耐心正受到严峻的考验。"他承认。"好几次，我们都想把和邻国关系的这个问题提交联合国；目前我们政府内部还在讨论这么做的可能性。"同时，他还表达了对贸易中断以及罗马尼亚、保加利亚和匈牙利三国购买大量重型坦克、火炮和喷气式战斗机的不满。"这个国家所有收入的一半，"他解释道，"现在都用来维持我们的陆军和空军部队。"我了解到，这种持续的军备需求要养活60万人的武装部队，包括40万常备军、10万警察和各种类军事组织中的10万人。

东方集团的抵制，已经使得南斯拉夫四分之三的对外贸易陷入停滞，再加上1951年的洪灾和1950年的旱灾，他表示南斯拉夫的经济情况已经"相当困难"了。在与情报局成员国决裂时，所有新建项目就已经暂停了；粮食供应十分有限，就连土豆都是定量分配了。"目前正是艰难的时刻，"他承认，"但在事关南斯拉夫独立自主的问题上，任何牺牲都不为过。这也是为什么现政府能够在维持行政机构的同时，还能够维护公众的信心。整个南斯拉夫，"他强调，"都支持我关于苏联和东方集团的外交政策。"

不过，总还有其他的办法。铁托元帅说明了打破封锁的考虑：贝尔格莱德和雅典之间有铁路连接，贝尔格莱德和雅典、苏黎世以及法兰克福也有民用航线。"不少国家对他们的贷款和贸易协定问题都作出了善意的回应，"他继续道，"尤其是英国。"尽管如此，当前南斯拉夫需要的是资本贷款来投入重建、新产业和国防中。"几个月前，我们为此求助于美国、英国和法国。但没过多久，我们提出武器援助的请求就在华盛顿被公开了，我被迫对这件事在国会发表了声明。"我觉得他对国家秘密在美国首都被"泄露"感到有些恼怒。南斯拉夫还向国际银行申请了贷款，银行代表已经派人来进行调研。"从来没有一个国家被这么详尽地调查过，"他回忆道，"但我们现在还没有拿到贷款……可能有什么无法逾越的政治阻碍存在吧——但我不明白这阻碍会是什么。南斯拉夫是一个共产主义国家，当然也可以接受不附带政治条件的贷款、信贷或武器。我们不能改变我们的宪法和政体。但如果这些都得到尊重，我们保证不会试图利用手中的权力，去强迫其他国家采用我们的政体或宪法。"

他认为南斯拉夫存在很大的风险，没有理由不能像其他国家一样得到贷款和援助。"不过，"他强调，"如果相关援助当中有与南斯拉夫内政关联的政治条款，我们一定会拒绝。我们希望与苏联和各邻国和平共处。对我们而言，联合国是唯一可以给我们带来安全希望的组织。我们不能加入《北大西洋公约》——实际上，我们不能属于任何一个集团。但还是有人认为，我们在与苏联中断关系这件事上并不是真的。他们错了。"他解释称，南斯拉夫别无选择：苏联已经在利用经济上的筹码，试图迫使南斯拉夫接受根本不可能承受的政治和经济计划。"很明显，"他总结道，"苏联有意像利用其他东欧国家一样利用我们。这一点，我们绝不允许。因此，我们已经没有退路了。如果苏联能够以平等的姿态尊重我们，我们总会是开心的，但我们绝不允许莫斯科把南斯拉夫当作任何二等国家。"

我向铁托元帅保证，对于南斯拉夫的问题，我很了解。不过我不代表任何国家，也不能对物质援助作出任何承诺。"作为秘书长，我也是两手空空——既没有军队也没有权力在出现紧急情况时帮助南斯拉夫。另一方面，如果南斯拉夫遭遇某种特定的困境，我会毫不犹豫地适用《联合国宪章》第 99 条的规定。"元帅看起来很欣慰，他重申，公正的秘书长会尽其所能支持每个成员国自由独立地过自己生活的权利，并作出这样的保证，对他们国家来说就已经意义非凡了。

我对边境挑衅活动表达了严重关切，提醒他切勿采取相应报复行动："像这样的事件总是很难应付的，但我寄希望于您和政府中的同仁们，相信你们都是优秀的政治家，能够不理会这种挑衅，控制住以牙还牙的冲动。"我建议继续等待、谨慎行事，现在并不是向安理会提出申诉的时候。"当前最主要的事是赢得时间，并尽可能地避免出风头。在东西方影响力和权力平衡一些的时候，或许还有机会再考虑南斯拉夫对东方国家提出的申诉。"我承认这么说很难安慰到他，但我认为坦诚直言总比糟糕的建议好得多。南斯拉夫听了我的建议，直到联合国大会巴黎会议（1951 年）才向联合国提出申诉，并且得到了不错的结果。

就在这时候，一件很有意思的事来到台面上。我鼓起勇气问元帅，鉴于他们国家不利的地理位置，如果遭到东方集团国家袭击，他们是否可能通过非正式的经验和情报交流的方式，最终与希腊和土耳其在国防上进行合作。他随即给出了肯定的答复："我们已经考虑过这种可能性。如果东方集团国家袭击我们中的任何一个国家，了解另外两个国家的国防计划，比如他们的兵力部署和各支部队的实力，将会很有帮助。"南斯拉夫会更有兴趣达成这样一个非正式的三方交流机制，而且我也从他那里了解到，他们已经朝着这个方向采取初步行动了。

"您可能觉得有些奇怪，"我承认道，"我作为一个旨在推动世界和平的组织的负责人，居然跟您讨论鼓励国防合作的措施。不过在我看来，只有让另一方重新拾起对军事力量的尊重，才能维护和平。"我提起斯大林在德黑兰的一席话，我们两人都大笑了起来。当时有建议称教皇应该要求希特勒保证对战俘的人道主义待遇，斯大林说："教皇？他有几个师啊？"

当时我还提起了另外两件我感兴趣的事。如果处理得当的话，都能对改善西方民主国家与南斯拉夫的关系有很大的帮助。"主教阿洛伊齐耶·斯特皮纳奇①还在监狱里，"我起了话头，"如果能做些什么促成他的释放，定会得到整个自由世界的高度赞赏，尤其是美国。"铁托元帅当即回复道："如果这件事留给南斯拉夫政府和我来独立处理的话，很快就能解决。不过要是在压力或者交换下推进的话，恐怕就什么也做不了了。政府不会被迫释放斯特皮纳奇，也不会接受以释放他为条件的援助或武器支援。"我再次感受到南斯拉夫对外部干涉内政的深恶痛绝。"斯特皮纳奇，"他继续说道，"是一个叛徒，是按照现行南斯拉夫法律法规被判处刑罚的。"不过，这件事已经平息一阵子了，政府有权赦免并释放他。

我想提起的第二件事是，在希腊游击战期间被送来南斯拉夫的希腊儿童的回国问题。尽管其中很多人已经被遣返了，但我记得还有几百人被扣留在了南斯拉夫。"希腊儿童问题和其他一些问题都引起了民主世界的广泛关注，"我指出。显然对于这件事，铁托元帅并不是很了解——他转头要求外交部副部长维尔凡跟进汇报。我继续解释说，我们收到了在解释联合国大会就此作出的决议上存在法律困难的报告，不过我已经明确表示，我认为这些报告都站不住脚。至于解决方案，我建议把所有在南斯拉夫的希腊儿童移交给之后处理这一问题的瑞典红十字会："让他们全权负责，来决定是应该让这些孩子继续留在南斯拉夫，还是送回希腊或送到任何其他国家。没人比瑞典人更会处理这种问题

① 阿洛伊齐耶·斯特皮纳奇（Aloysius Stepinac, 1898—1960），罗马天主教会红衣主教，从 1937 年到 1960 年去世一直担任克罗地亚萨格勒布大主教。——译者

了。"他承诺会考虑这一方案。之后，在联合国讨论希腊儿童问题时，希腊代表对南斯拉夫的配合表达了满意。

我们的讨论随后转向朝鲜问题。我承认，很难理解为什么南斯拉夫驻联合国代表团在涉及朝鲜战争的所有事项上都放弃投票。"公开清晰的声明会很大程度上表明南斯拉夫的态度，我个人也会感激不尽。"同时，我也很难理解南斯拉夫在这上面的中立态度。"除了大韩民国，谁还有立场来批评南斯拉夫的立场？"我暗示称南斯拉夫"志愿军"可能被派往了朝鲜后，元帅明白了其中的道理。不过他并没有进一步解释，只是表示政府正在讨论他们的立场：在贝尔格莱德看来，结束这整个冲突自然最好，但当前情况下这个希望相当渺茫。"我觉得，"他说道，"苏联并没有兴趣看到朝鲜战争早日结束。"

我问他有没有任何迹象表明，苏联军队在保加利亚或阿尔巴尼亚集结，或者有没有遭到东方集团国家攻击的威胁。铁托元帅表示，南斯拉夫情报部门只能确认在这些国家有苏联教练员；但他们一直在接收各种武器，现在苏联军队加上罗马尼亚和匈牙利国民军已经很强大了，足以对南斯拉夫构成威胁。"尽管如此，我并不认为苏联会进行任何直接进攻。如果克里姆林宫想要攻击我们，各邻国会试图发动入侵，但除非情况发展到极其糟糕的程度，苏联不会加入。"他并不认为东欧的局势会在当年就演变成任何战争。我们当时的对话也就此打住了。

午餐会倒有些出乎意料。餐桌上有十个人，包括我夫人、政府的一些主要成员和他们的妻子。氛围比较轻松愉快，完全不像在莫斯科的那种死板规矩。各个部长都畅所欲言，提到了铁托元帅的病情，还有他们的薪水：显然，这是一个戳到痛处的话题。元帅听到关于薪水的议论后，打断了他们，表示政府成员的工资已经是熟练工人工资的三倍了，所以不会再有涨幅了。而他自己，他坚称自己的工资比他的部长们少。

之后，在咖啡桌上发生的一件事，很大程度上影响了我对铁托这个人的看法。服务我们的一位侍者绊倒了，十几杯洋李白兰地一下子倒在元帅身上，把他从头到脚淋了个透。当时全场都倒吸了一口气，侍者的脸瞬间白了；但铁托元帅泰然自若，完全没有一丝生气的样子，他只是微微一笑，站起来，向坐在他身边的赖伊夫人鞠躬致意："抱歉稍等我一会儿，我得出去擦擦干。"然后他就这样离开了，看也没有看一眼当场不知所措的侍者一眼。

他有着极强的个性，在场的部长和官员们都对他充满了真诚的钦佩与爱戴之情。这里并没有我常在东方集团国家看到的那种卑微屈从或严苛的纪律。

在贝尔格莱德的这段时间几乎天天下雨，因此在之后来到雅典的第一天我很是兴奋。微风和煦，城市清爽迷人——是一片欣欣向荣之景。街上车水马龙，有很多美国汽车，还有各种漂亮的房子，人们都看起来衣食富足。乡村也美丽和干净，农户们也少有显得穷困的样子。

我当时想，这能持续多久呢。毫无疑问，希腊的繁荣是外国援助的成果。当时已经来自联合国善后救济总署（UNRRA）、经济合作署（ECA）和各种其他外国援助项目的超过 20 亿美元资金涌进希腊。而且根据我得到的信息，经济合作署供应着希腊目前大约 70% 的预算。由于是美国纳税人在支持着希腊，确实有理由担心如果援助撤销会发生什么。在与我讨论过这一问题的人中，似乎很多人都认为援助会持续很长时间——否则希腊国内会陷入动荡，外部势力会趁机扩张。当时，希腊还很有兴趣寻求在《北大西洋公约》各国中占上一席之地。

尽管如此，在我和希腊首相索法克利斯·韦尼泽洛斯①以及其他希腊政治家的谈话中，几乎没有提到这些事。他们迫不及待地想知道铁托

① 索法克利斯·韦尼泽洛斯（Sofoklis Venizelos, 1894—1964），希腊政治家。1941 年轴心国入侵希腊后，任开罗流亡政府驻美国大使。1944、1950 和 1950 至 1951 年曾三度担任希腊首相。——译者

元帅说了些什么。虽然我能透露的很少，但在回顾我们的谈话时，我说到了南斯拉夫、希腊和土耳其交流国防计划、兵力和其他必要情报的事，这立即引起了他们的兴趣。

他们也问了我铁托元帅对于遣返希腊儿童这件事的态度。对此，我只能说我们讨论了这个话题，我也告诉他在下次联合国大会前必须采取更加积极的行动。这个话题在与希腊国王保罗①和王后费德莉卡的午餐会上也提到了。王后还很担心联合国国际儿童紧急基金会的协助即将停止，该基金会当时在帮助解决约 9 万名儿童的温饱问题。可惜的是，我也很难作出什么保证，因为资源相当有限，而其他地区也更急需援助。

令人感到欣慰的是，随着游击战争的结束，希腊的领导层正在努力实现与南斯拉夫的关系正常化。首相韦尼泽洛斯数次提到希望与南斯拉夫建立更好的关系。我也看到雅典和贝尔格莱德之间的航空和铁路线重新开通，这算是迈出了非常重要的第一步。

尽管在纽约的时候我曾收到报告，称希腊存在一些严重侵害民主自由的情况，但在我短暂的希腊之行中并没有看到什么相关的证据。相反，在雅典有公开的——而且显然有效的——巴士和电报工人罢工。在参加一场晚宴时，我看到至少四位前首相坐在同一张桌上，即使他们常常有激烈的公开争论和互相指责。在为期两天的访问中，我收到了很多来自左翼和右翼囚犯的信件和电报，来信的人们看起来并不担心被打击报复。

土耳其是那年春天我最后访问的边境地带国家。就安全而言——巴

---

① 保罗一世（King Paul of the Hellenes, 1901—1964），1947 至 1964 年任希腊国王。1917 至 1920 年跟随被废黜的父亲康斯坦丁一世流亡瑞士。1923 至 1935 年间希腊实行共和制，保罗跟随长兄乔治二世国王再度流亡。1941 年轴心国入侵希腊后，保罗一家再次跟随长兄流亡开罗与伦敦，通过广播鼓励国民抵抗侵略。1946 年 9 月跟随长兄返回希腊。1947 年 4 月乔治二世去世，没有子嗣。保罗登基为希腊国王，称保罗一世。——译者

尔干半岛国家的首要关切——南斯拉夫、希腊和土耳其都面临着类似的问题，都同样或多或少有这方面的忧虑。对铁托元帅关于交流国防计划和情报的意见，总统杰拉勒·拜亚尔、总理阿德南·曼德列斯以及外交部长福阿德克·科普鲁律都显得很感兴趣。这里的领导人也倾向于就这一问题在三个国家之间展开对话。不过我相信这一交流的过程中会涉及一些实际困难。

与希腊和南斯拉夫一样，土耳其也面临东方集团国家可能发动攻击的安全威胁，为此深受困扰。十三年来，土耳其有大约 40%~50% 的预算用于国防。在我访问的时候，土耳其拥有的常备军规模居欧洲第三，紧随在苏联和南斯拉夫之后。同时美国对土耳其的军事援助力度也很明显。土耳其和希腊政治家们都对加入《北大西洋公约》表现出了极大的兴趣，或者再签一个《地中海公约》。

尽管如此，土耳其近期倒没有什么特别值得忧心的事。我能想到唯一让人不安的事就是伊朗问题，土耳其人担心伊朗会受到苏联的影响，导致土耳其东部边境暴露。当时已经成为轰动事件的以色列问题，看起来完全没有对他们造成困扰。实际上，我对这个国家的印象是相当友好的。

除了美国军队和军事设备外，日常生活的美国化在土耳其并没有像在希腊那么明显。这里的店铺橱窗里并没有玲琅满目的奢侈品，街上没有来来往往、闪闪发光的美国汽车，也没有那种浮于表面的繁荣景象。实际上，土耳其人坚韧、勤劳、守规矩的品质给我留下了深刻印象。虽然我没有听到关于经济状况的怨言，但如果能再给他们一点小小的援助，相信会受到欢迎的。从各个方面来看，他们对联合国的前景也抱着最好的看法。跟一个土耳其人聊上几分钟，就能感觉到他很自豪土耳其军队能被派往朝鲜。

似乎土耳其正在小心谨慎地向前发展，不断巩固之前已经向前走出的每一步。与苏联邻居之间的裂痕深如鸿沟。和希腊一样，它已经成为围堵苏联的一个堡垒。无论在哪一方面，都不能再把土耳其称做"欧洲病夫"了。

访问这些在欧洲冷战前线上地处边境地带的国家后，我确信了在欧洲需要面对的现实——就像其他地方一样。

东欧——"边境地带"——象征着当前国际事务的现状。《联合国宪章》预期的假设是，东西方国家能够将他们的战时联盟发展成战后条约，但目前这一带国家所发生的事件是对《联合国宪章》的挑战。这些国家并没有机会制定权宜之计或者建立中立缓冲区。苏联的担心和怀疑，再加上斯大林所谓的"基于我们自己和世界的最大利益确定的路线"，已经将他们中的大多数带到了铁幕之后。

分歧双方之间的这条线现在已经划完了，这是联合国不得不注意到的事实。同时，联合国也不得不承认，在划分这条线的方式上它也无能为力。战后的保加利亚、波兰、匈牙利、罗马尼亚和东德，都是苏联在战争即将结束的几个月内所收获的成果。用莫斯科的话来说，"友好"政府们在线的东边找到了他们的位置，而斯大林在雅尔塔承诺的自由秘密选举也并没有举行。联合国只能作为一个旁观者见证捷克斯洛伐克的悲剧。芬兰已经作出了她的选择；南斯拉夫从苏联集团中脱离了出来。奥地利正处于武装对峙状态。虽然联合国的援助已经为希腊做了很多，但为了拯救这个国家，以免她再步捷克斯洛伐克的后尘，美国的大力援助必不可少。土耳其则凭借自己的精神和军事实力坚守着自己的立场。

当时没有一次——在这整个引起轰动的"边境地带之行"中——联合国能够以这样或那样的方式，对局势的发展作出任何决定性的影响。

作为秘书长，我在边境地带的经历中看到了对实用性和常识的挑战。在目前的发展阶段，联合国将不得不面对现实，承认其局限性。

第十五章　中国的代表权问题

1950 年，我在给各成员国的人民和政府发去的新年祝词中承认，对上一年夏天的预期过于乐观了，当时——柏林冲突解决时——我还希望世界会进入一段"冷和平"时期。如今，我不得不承认"冷战"仍然在继续。我表示，虽然通往和平的道路困难重重，但还是希望大国和小国仍然能够共同努力，让 1950 年成为这一进程中的"转折点"。

当我在 1949 年 12 月 29 日写下并录完这段祝词时，我并不知道就在这时，苏联外交部副部长雅科夫·马利克正在安理会会议上发言，质疑中国国民党代表在该机构中代表中国的权利。虽然中国共产党看起来已经牢牢控制中国大陆有一段时间了，马利克也已经在联合国大会上明确表示，中华人民共和国共产党政府现在是中国人民的唯一合法代表，这是联合国历史上第一次有人如此公开地质疑一个成员在安理会享有席位的权利。他提出，"国民党代表团的蒋廷黻①"不代表任何人，应该立即退席。他随即得到了乌克兰人安德烈·加拉甘的支持。在被裁定违反有关规定后，马利克——出乎所有人的意料——支持了主席的裁定，没有提出正式动议。不过这仅仅是个开始。

我有些担心，当时确实没有办法形成明确的意见。当我在 1 月 6 日的一场记者会上被问及此事时，我只能表示希望能有一个和平的解决方案。对于苏联提出的质疑，我提醒记者们，关于在联合国任何机构中的中国代表权问题，取决于有关机构自身的决定。

1月10日，安理会再次召开会议，厄瓜多尔、印度和南斯拉夫被选为新的非常任理事国，取代阿根廷、加拿大和乌克兰。议程上的唯一事项就是联合国大会在12月通过的裁军决议。蒋廷黻博士是时任主席，当时没有任何异常预警。但会议才开始，马利克就向会议提出了关于程序的问题。他引述了来自中华人民共和国中央人民政府外交部部长周恩来的一份电报。这份电报拒绝承认台湾向第十四届联合国大会派遣的代表团的地位，也拒绝承认该代表团代表中国或在联合国以中国人民的名义发言的权利。

马利克继续表示，苏联代表团得到其政府的指示，坚持认为"国民党人的代表"应被安理会除名，因为他并不代表中国。相应地，他也认为蒋廷黻担任主席并参与安理会的各项程序是非法的。马利克最后表示，如果安理会不能采取合适的措施将"国民党人的代表"从安理会除名，在国民党人代表的成员身份被免除前，苏联代表团将不会参与安理会的各项活动。他还提交了一份相应的决议草案。

蒋廷黻的反应几乎是平静的。他表示，马利克在12月29日的会议上已经表达了类似观点，苏联的提案会分发给安理会的各个成员，将会召集特别会议讨论此事。

这并没有让马利克满意，他立即对主席的裁断提出了质疑。安理会对这一问题进行了表决，苏联的动议以压倒性的票数被否决。马利克大使随即重申了他先前的观点，强调尽管有五个安理会成员国已经和台湾方面断绝了外交关系，但在安理会中还是与"主席台上的人"——他这

---

① 蒋廷黻，中华民国时期的外交官。早年留学美国。曾任清华大学历史系教授兼系主任，从事中国外交史研究。九一八事变后，与胡适等人创办《独立评论》周刊。1934年夏赴苏考察。同年任行政院政务处长。抗日战争爆发时，任中国驻苏联大使，主张对日作战。1938年1月离职归国，仍任行政院政务处长。1944年11月，出任行政院善后救济总署署长。抗战胜利后，曾任中国驻联合国常任代表。——译者摘自《第二次世界大战百科词典》，上海辞书出版社

样称呼蒋廷黻——所代表的"台湾人"在打交道。他认为，如果安理会召开会议，会议的主席却是一个在常识和法律层面上都并不代表任何人的人，那么"这里召开的不是一场真正的会议，而是一次会议的荒诞模仿罢了"。他最后表示无法继续在这样一个会议上坐下去，然后起身公然离席。

这是联合国历史上苏联代表第二次退席，情况比伊朗争端时期紧张得多。

让安理会程序重回正轨的尝试只取得了短暂的成功。南斯拉夫大使阿莱什·贝卜勒提议休会，并在之后对中国代表权问题进行更加详尽的调查和讨论，这引出了一场完整的程序性辩论。几位发言人很快援引了《议事规则》① 第 17 条，该条规则规定资格遭到异议的安理会成员"在安理会对此作出决定之前应继续任职，并享有与其他代表一样的权利"。马利克并非不理解这一裁断，或不了解这一规则仍对所有安理会成员具有法律约束力的事实。即使他有获得指示，这也让他有些担心。贝内加尔·劳②爵士建议根据这一新情况修订《议事规则》，但连半心半意的敷衍响应都没有得到。最后，安理会同意召开新的会议，讨论马利克的异议和所有有关的提案。

1 月 12 日安理会再次召开会议时，很多人担心马利克是否会出席；不过在会议开始时，就看见马利克已经坐在他指定的座位上了。蒋廷黻

---

① 《议事规则》（*Rules of Procedure*），《联合国宪章》第四章第 21 条规定："大会应自行制定其议事规则。"1946 年 1 月在伦敦举行的第一届联大基于筹委会的报告通过了临时议事规则，并决定设立由 15 国组成的程序和组织问题委员会。1947 年第二届联大依据该委员会提交的草案通过了《大会议事规则》，1948 年 1 月 1 日起生效。现行议事规则包括联大通过的全部修正案，修正的内容主要有：接纳新会员、表决、机构的增设与增加人数、特别会议、经费、选举、开会程序、语文及记录等。——译者摘自 1993 年第六期《法学评论》，论联合国《大会议事规则》，作者宋连斌
② 贝内加尔·劳（Benegal Rau, 1889—1969），印度外交官。1947 至 1948 年任驻日本大使。1948 至 1949 年任驻联合国大使。——译者摘译自 https://thefreedictionary.com/Benegal+Rama+Rau

建议由古巴的卡洛斯·布兰科博士在中国问题的辩论期间担任主席，经过平心静气和公平公正的讨论，没有人提出异议。然而，这一考虑周到的举动可能带来的希望很快就破灭了：新的辩论最后还是跟之前的讨论一样，没有得出什么定论。

贝卜勒宣称，南斯拉夫会投票赞成苏联的提案。贝内加尔·劳爵士建议，提名成立新的专家委员会说明《议事规则》第三章的规定。蒋廷黻则极力表明，安理会和"联合国秘书长可以放心，关于当前争议，其代表团会在其权力范围内竭尽所能不妨碍或损害联合国的正常机构发展"。当时他显然是愿意关注到我的担心和忧虑，至于之后发生什么，就在于马利克是否决定再次离席了。美国的副代表欧内斯特·格鲁斯①则表示，其政府认为蒋廷黻的资格是有效的，但"如果安理会七位成员均投出赞成票，美国会接受安理会对这一事项的决定"。

第二天，整个问题的讨论在安理会进入决定性阶段。苏联的提案得到了三张赞成票（印度、苏联和南斯拉夫），六个国家反对，英国和挪威弃权。这对马利克来说并不意外，他已经在一段简短的发言中多达三次明确表示，除非台湾方面的代表被免除，苏联代表团不会参与到安理会的工作中。在起身离席前——当时他已经六个半月未出席了——马利克表示，苏联不会承认安理会在有国民党人代表参与期间作出的任何决议的合法性，也不会认可此类决议对其的约束力。

1月13日对联合国来说是一个黑暗的日子。剩下十位代表之间显然弥漫着悲观的情绪。毕竟怎么可能看透苏联这么做的动机和最终目的呢？这次苏联打算走多远？1949年选举南斯拉夫取代乌克兰在安理会的

---

① 欧内斯特·格鲁斯（Ernest A. Gross, 1906—1999），美国外交官、律师。1949年3月任分管立法工作的助理国务卿；10月任驻联合国副代表。1950年曾代理因故离任的常驻代表沃伦·奥斯汀之职务，期间朝鲜战争爆发。1953年后回到法律界工作。——译者

位置时，苏联强烈反对，维辛斯基也只是作出了一些言词模糊的威胁。但如今这种威胁已经有实际行动了，在之后的几周里，俄国人和其他共产党国家代表退出了不少于 21 个联合国的理事会和委员会，场面之精彩就跟在安理会一样。这意味着他们会永远离开联合国吗？无从知晓。

我们知道联合国已经被推到悬崖边上，现在联合国的存在要依赖于它牢牢抓住每一点力量和权力。在公众眼中，联合国的声望已经日渐下降。这是俄国人真的想要的吗？过去的经验现如今应该已经教会了苏联，威胁和独断专行只会降低其决议获得支持的可能性。显然这里面有深藏的动机；但具体是什么，我们只能猜测。

中国与苏联的重要谈判从 12 月起就已经在莫斯科开始了。是克里姆林宫就此想到这一行动，来作为瓦解联合国、建立一个新的与"人民民主"相对立的组织的第一步吗？如果是这样，那我们剩下的这个"联合国"，与《联合国宪章》所规划和预期的"联合国"就相去甚远了。苏联、中国和其他共产党主导的国家一共有约 8 亿人口。以此为基础，他们可以建立一个极其强大的组织。如果这是苏联的目标，那么世界将很快见证两个相互竞争的国家集团的出现。同时，这种情况也很有可能导致阿拉伯和亚洲国家甚至一些其他国家离开联合国，因为他们并不会在意与任何一个集团结盟。

如果俄国人只是想分裂西方国家阵营，而不是抵制对方，那他们也很难再碰巧找到一个更好的问题作为契机。不过如此粗糙和肆无忌惮的施压，还是引起了广泛的不满。除了共产主义集团，其他成员国在承认哪一方面代表中国的问题上出现了巨大分歧。大部分中国的非共产主义邻国，以及包括英国、瑞典、丹麦、挪威、新西兰、南斯拉夫、以色列和芬兰在内的大量其他成员国都已经承认了北京。

我理解包括挪威在内的很多西欧国家的立场。共产党在内战中取得胜利，我并不认为对一个政权的认可与否是问题所在：这其实事关是否承认国际社会的事实。

当年在旧金山确定获得联合国常任理事国身份的"中华民国",不是一个政府,而是一个有着约 4.75 亿人的国家。作为联合国成员的是中国,而不是蒋廷黻。国民党政府如今已经被逐出大陆,手上控制的只剩下台湾。在这种情况下,蒋廷黻怎么可以代表中国在联合国发言呢?

另一个影响我判断的因素是历史。国际社会曾见证了一个共产主义国家——苏联——在取得革命成功后被西方国家孤立。一直以来,我都认为这是一个巨大的错误,西方国家本应在 1920 年代寻求一切手段与俄国人进行更全面地交流。这样的政策可能也会影响苏联国家的发展,让他们朝着一个不同于现在的方向走去。西方世界如今要以类似的方式与中国和她的 4.75 亿人民——五分之一的世界总人口——切割吗?

最后,一直以来,我认为最大可能的普适性对实现一个世界组织的目的而言是至关重要的原则。如果联合国不再是东西方国家聚会交流之所,那它还有什么可能缓解紧张局势、改善和平前景?

一开始,我都不确定作为秘书长应该努力做些什么。在采取任何进一步行动之前,我决定与各常任理事国商议。于是,1 月 21 日,拜伦·普里斯和我前往华盛顿,与国务卿迪安·艾奇逊①和他几个顾问会面。我表达了对联合国现状的深深担忧。"之前在柏林封锁期间,"我解释道,"主要的困难是鞭长莫及,但现在我们遇到的是组织本身的内部危机。"我对为中国问题召开一场联合国大会特别会议这一举动是否明智提出了质疑。"据说,"我继续道,"蒋廷黻已经做好准备,如果承认北

---

① 迪安·古德哈姆·艾奇逊(Dean Gooderham Acheson, 1893—1971),美国外交家。毕业于耶鲁大学和哈佛大学法学院,任职法律界多年。二战后期曾参与建立联合国粮农组织、世界银行和善后救济总署等机构的工作。1949 至 1953 年任国务卿。任内倡导杜鲁门主义,协助拟订和执行马歇尔计划,促进北大西洋公约组织的组成。——译者摘自《第二次世界大战百科词典》,上海辞书出版社

京的立场在成员国政府中占多数，或美国承认北京政府，他就退席。因此，了解美国——或任何其他您可能了解的成员国政府——是否正在考虑在一系列程序后最终承认北京，对我们而言极其重要。"

在回答中，艾奇逊暗示不会，语气很肯定。他认为整个北京政权只是临时的，他们几乎不知道自己在干什么，也不知道他们的行动会带来怎样的国际影响。他继续提到了近期扣押美国财产、关闭美国领事馆和拘押美国公民的事件。在这种情况下，美国当然会反对北京政权在联合国获得席位，也就不会承认北京。他还表示，通过一次联合国大会特别会议来讨论中国问题还为时过早。

尽管如此，在我们的友好——虽然常常直言不讳——对话中，我脑海中浮现了一个可能的解决方案：这个问题或许在安理会内部就能得以解决。安理会的五个成员已经承认了北京——苏联、挪威、南斯拉夫、英国和印度。如果有另外两个成员，如法国和埃及，也投票赞成北京的席位，就可以达到美国已经同意接受所需的多数票要求。

回到纽约，我立即与我们的顾问们重新开始讨论：秘书处和秘书长可能为缓解当前的看似不可能的情况做些什么。我的法律顾问们已经得出结论，投票表决在这里并不适用，因为谁应该代表中国这个问题是一个"程序性"的，说到底是资格问题。但我们可以合理地希望安理会所需的 7 张赞成票一劳永逸地解决这个问题吗？

在我的要求下，伊万·科诺和费勒撰写了一份备忘录，法务部从司法角度审查了这一问题。这份备忘录开篇就提出，核心难题在于代表权问题与成员国政府的承认问题之间的不当关联——从法律理论角度来说这种关联是谬误的。基于所有事实情况、国际联盟和联合国司法先例及实践，这份备忘录得出结论，认为一个国家在联合国的成员身份和一个国家在联合国机构中的代表权，应明确地由其集体行为决定：成员身份问题，经安理会推荐，由联合国大会通过投票表决决定；代表权问题，由各职能机构对有关代表的资质进行投票表决决定。因为对一个国家或政府的承认都是个体行为，而接纳其在组织中的成员身份和接受代表是集体行为，要求个体承认先于后者行为，以此作为后者行为的决定条件，在法律上是不允许的。

备忘录举了几个国际联盟中的例子，成员国明确表示接纳一个国家的成员身份，并不涉及承认这一新成员为国家（比如，英国对立陶宛、比利时和瑞士对苏联、哥伦比亚对巴拿马）。在联合国中也有这样的例子，比如也门和缅甸，联合国大会一致投票准许他们加入联合国，但只有一小部分成员承认他们是国家；在安理会，很多投票赞成外约旦和尼泊尔加入的成员都还没有承认他们是国家。在苏联以尚未与他们建立外交关系为由，拒绝为爱尔兰、葡萄牙和外约旦的加入投赞成票时，还遭到了强烈谴责；为此，我们还向国际法院寻求了咨询意见。对于一个国家而言，在法律上是否有权基于未在《联合国宪章》第 4 条第 1 款明确规定的条件下而同意接纳一个成员，国际法院的答案是"否定"的。

有两个案例涉及非成员，印度尼西亚共和国和以色列，当时的问题在于他们是不是真正的国家。最后他们各自都被认定只是一个实体，而非国家，但两者都获得了成员身份。

备忘录继续指出，中国问题在联合国历史上是独一无二的，不是因为它涉及政府更替，而是因为这是首次出现两个对立政府同时存在的情况。法律专家表示，这种情况很有可能再次出现，很希望看到在两个对立政府间作选择时可以遵循的原则。前面已经论证过，以承认有关政府的成员的个数优势为原则是不合适的，在法律上也是不正确的。那还有任何其他可能的原则吗？

备忘录提出，可以从《联合国宪章》第 4 条的类比中推导出合适原则，要求申请人能够且愿意履行作为成员的义务——只有实际上有相关权力的政府才能履行的义务。对此，推理过程如下：

"如果一个革命政府以代表其国家的身份呈现自己，并与一个原政府形成对立，那么问题的关键应该是，这两个政府中哪一个实际上在履行成员义务的过程中掌握这个国家的资源、领导这个国家的人民。本质上，这意味着要看新政府是否在这个国家领土上行使有效的权威，是否被这个国家的大部分人口习惯性地服从。如果是，那么各联合国机构通过其集体行动赋予新政府在组织中代表该国家的权利似乎是适当的，即使组织中的个别成员根据其现行有效的国家政策拒绝，甚至可能一直拒绝承认该新政府的合法地位。"

基于此，备忘录得出了一个直接和实用的结论，就是法国、埃及、厄瓜多尔和古巴——不承认中国共产主义政权的安理会成员——可投票赞成北京政府在安理会中代表中国，而同时仍然不承认其政权。我认为这一点对法国而言会有特别的意义：北京政府很有可能没有评估后果就承认了在中南半岛与法国支持的政府对立的越盟①。尽管埃及、古巴和厄瓜多尔也很难承认北京政府，但至少他们中有一个国家可能为了联合国的利益为北京政府在安理会的席位投出赞成票。

有了这份备忘录的支持，我开始与安理会的所有成员讨论这一问题。我首先找到了卡多根，他是最资深和最有经验的常任代表。他曾在国际联盟活跃多年，也参与了联合国成立前的所有准备工作，自联合国成立起就担任英国在组织的常任代表。有些人认为，秘书长在联合国的政治工作中的参与并不应该像我这样活跃，卡多根就是其中的代表之

---

① 越盟（Viet Minh），全名为越南独立同盟会。由胡志明（HoChi Minh）于1914年建立，旨在推翻法国统治，建立独立的越南共和国。作为名义上的多党联盟，越盟实际处于共产党领导下。第二次世界大战后，法国拒绝承认越南独立，越盟在后来反对法国的印度支那战争（1946—1954）中发挥了突出作用。——译者摘自《麦克米伦百科全书》，浙江人民出版社

一。对于他而言，国际联盟秘书长埃里克·德拉蒙德的行事作风算是最接近理想状态了。不过，虽然在这个方面还有一些政治问题上存在其他分歧，卡多根夫妇和我们夫妇早已经是非常亲密的朋友。我们的友谊超越了这些意见分歧。

我在大卫·欧文的陪同下与卡多根进行了对话。我向他提出了对美国国务院的迪安·艾奇逊及其助手提过的问题，也跟他分享了同样的信息。卡多根承认，对于近期事态发展，他和我一样担忧。他还表示，他怀疑苏联的态度是精心策划的，不是为了促使而是为了阻止美国或法国承认新的中国政府，因此他更加感到不安。他指出，这样中国就会被更加有效地孤立在西方国家之外，更容易被苏联操纵。而北京自己的政策，无论背后是否有苏联的推动，似乎都会导致中国逐渐落入这个陷阱。不然还有什么可以解释北京扣押美国在中国的财产、承认越盟呢？对于承认北京政府的提议能否从苏联或新的中国政府那里得到积极回应，他是持怀疑态度的。尽管如此，他相信如果经北京政府适当授权的代表来到成功湖，他的政府可能授权他投票取消蒋廷黻的代表资格。他还提到，据他得到的最新消息，埃及很快就会承认新的中国政府。

我问他，英国政府是否会在这问题上对法国施加影响，他回答称不确定。不过他不建议召开一次大会特别会议："最好在安理会内部寻求解决方案。"他还表示，他希望一旦安理会中多数成员投票支持中国的新政权，蒋廷黻就会退席。

在随后的几天里，我私下与肖维尔大使（法国）、贝内加尔·劳爵士（印度）、布兰科（古巴）、马哈茂德·法齐①（埃及）、奥梅罗·维特里·拉弗隆特（厄瓜多尔）、贝卜勒（南斯拉夫）、桑德（挪威）和

---

① 马哈茂德·法齐（Mahmoud Fawzi，1900—1981），埃及政治家、外交家。1942 年任驻耶路撒冷总领事。1947 年任驻联合国代表。1952 年任驻英国大使，同年底任外交部长。——译者

美国的格鲁斯大使和约翰·C. 罗斯公使进行了沟通。他们每个人都向我要了这份备忘录，我也给到了他们。同时，对我在造成严重后果前为解决这个争议所做的努力，他们向我表达了支持。

尤其是肖维尔大使，他对我表示了极大的理解。我一直很欣赏他那清晰可信的观点和有理有据的法律判断。他说他很高兴看到这份备忘录，会立即与法国外交部联系。

我在给挪威外交大臣哈尔瓦德·兰格的一封信中写到了当时我的感受：

> 当前局势很困难，我担心俄国人必定不会一直在联合国的活动中置身事外……我已经向所有安理会成员表示了对这件事的担忧，也与他们会面沟通，争取确定怎样可以拿到七票赞成票……
>
> 要达成一个对所有联合国下属机构都有约束力的解决方案，只能通过联合国大会决议，但现在来说这是不可能的。不过，目前为止我已经沟通过的人中，还没有一个人看起来是支持在今年春天召开一次大会特别会议的……
>
> 这整件事简直一团糟——如果联合国分崩离析，我并不想坐以待毙。不过尤其值得一提的是，在我跟很多成员私下交流时，基本上他们所有人都同意北京政府如今事实上就代表了中国，也应该在联合国中代表中国。

目前我没有理由与蒋廷黻或马利克交换意见。蒋廷黻在这件事中的牵涉太深，而马利克在我看来过于背离了他位列安理会的责任，不值得我这个秘书长找他谈。不过，我与各位安理会成员会面的事现在已经走漏了风声，我有义务向媒体说明我为寻求解决方案所做的一些努力。因此，当2月9日蒋廷黻约我见个面时，我并不意外。

说起来也奇怪，在我们的对话中，他并没有保持一贯的平和，反而大多数时候显得有些兴奋，一直重申北京政府绝对撑不过那两三个月的饥荒。他已经从新闻报道上看到中国正在经历饥荒，他强调中国大陆存在的破坏活动和内部纷争值得重视。蒋廷黻坚持认为北京政府肯定维持不了多久。但我能感觉到，他把夺回中国寄希望于新的世界大战，我与他直言，作为秘书长，阻止世界大战和局部战争是我的职责。

尽管如此，在这次谈话中，我明显看出台湾方面已经从惨败的最初打击中缓了过来，会为代表权问题周旋到底。蒋介石在美国一直有一个颇具影响力而且资金雄厚的"游说团"，他们相信国民党人还没有失去一切，这也让他们在美国得到越来越多的支持。蒋廷黻对国民党而言是一个足智多谋的代表，能够充分发挥他的能力来为此服务。

中国和苏联在莫斯科的谈判进展如此缓慢，让很多人感到奇怪：毕竟从 12 月就开始了。是中国人想要的太多，还是俄国人想要达成一个极其密切的合作关系，自由世界很快将面对一个代表了 8 亿人的大国联盟？2 月 14 日，来自莫斯科的公告就给出了答案：中国和俄国签署了一项为期三十年的《中苏友好互助同盟条约》①；苏联将提供 3 亿美元贷款给北京政府，长春铁路和旅顺口、大连港口都将归还中国。

苏联取得了一次具有重要意义的新的外交胜利。任何耳聪目明、头脑清醒的人现在都不得不认识到民主国家如今在亚欧大陆面临的强大潜在对手。在爱丁堡的讲话中，温斯顿·丘吉尔表达了直接与斯大林谈判

---

① 《中苏友好同盟互助条约》，中苏两国在 1950 年 2 月 14 日签订的条约，由中华人民共和国总理兼外长周恩来和苏联外长安德烈·维辛斯基在莫斯科克里姆林宫签署，同年 4 月 11 日起生效，有效期三十年。该条约取消了 1945 年 8 月中华民国政府代表王世杰和苏联政府在莫斯科签订的不平等的《中苏友好同盟条约》。该条约的签订，在一定程度上为新生的中国提供了一个有利的外部环境。1960 年代起，中苏两国关系恶化，该条约名存实亡。1979 年 4 月 3 日，中国政府发表声明，该条约一年后即告期满，中国将不同苏联继续延长这一条约的期限。——译者

的想法，希望为改善国际形势作出努力，我觉得这是合乎时宜和务实的。安东尼·艾登对这一想法的支持进一步表明，至少有一个西方国家政府作出了良性的反应。

我想现在更有理由让共产主义中国在联合国有一席之地，让其政府承担《联合国宪章》的义务，与国际社会建立联系。然而，安理会各成员拒绝在他们之前的立场上作出让步。尽管出于国内政治考量，美国也不太可能改变立场，但我至少还有一些其他期待。我之前希望美国不会对让北京进入安理会一事施压。不过，我错了。美国国务院后续采取了完全不同的做法，利用自己的影响力（我有可靠消息来源），对原本打算支持中国共产党人在安理会获得席位的拉丁美洲国家（根据我的备忘录可以知道是哪几个）施加压力。法国和埃及也没有任何要改变立场的迹象。

这时，媒体已经风闻我关于中国代表权问题的备忘录——当时还在安理会成员手中保密的辅助备忘录。于是，我将这份备忘录作为文件正式提交了，同时提交的还有一封函，记录了我在3月8日的非正式谈话。

这份具有法律意义的备忘录发布后，引起了来自蒋廷黻、顾维钧①以及美国孤立主义媒体狂轰滥炸式的抨击。他们质疑我向"苏联屈服"，说我变成了一个"绥靖主义者"，还有当然就是超越了我作为秘书长的权限。当时在一份简短的公开声明中，我回顾了自己作为秘书长是如何为了组织的最大利益寻求解决方案的。我为这个问题进行了很多对话，而且之后还打算开展更多对话。我拒绝对蒋廷黻的抨击作出评价，因为

---

① 顾维钧（1888—1985），上海嘉定人，中国近现代外交家之一。1919年任中国出席巴黎和会代表团团长。1920年任驻英国公使。次年为中国出席华盛顿会议全权代表。1924年代表中国与苏联签订《中俄协定》，恢复邦交。1931年九一八事变后，参加国际联盟满州问题调查委员会，任鉴定官。1937年为出席关于远东问题之布鲁塞尔会议首席代表。1945年3月为旧金山会议中国代表团代理团长，参加起草联合国宪章。1945年为中国出席联合国执行委员会及预备会议代表团团长；旋为中国出席联合国第一届大会代表团团长。1946年6月起任中国驻美国大使。——译者摘自《中国抗日战争人物大词典》，天津大学出版社

我并不想与他争论，我只表示在他看来他是在完成他的工作，而我也是在履行我的职责。"他说我的备忘录是恶法、是糟糕的政治，"我回应说，"法律层面上，我很乐意让任何法学家代表组来评判，或者征求国际法院的意见，看是否应该将这个问题提交他们决定。至于政治上，我也很乐于让各成员国来深思判断，让历史来检验。"

我认为"成员国政府的抵制、退席和其他行为将损害联合国的发展和影响"，但有些人显然没有意识到这一点。我也进一步表达了对这一情况的惊讶之情。我重申，联合国的所有成员都有责任完全参与到联合国的工作中，并强调拒绝出席联合国的会议无助于解决中国的问题。

3月13日，根据蒋廷黻的要求，我将他发给我的一封函分发给了各成员国。这封函措辞强烈，还有一家报纸因此称我是"红军的傀儡"，说"赖伊在讨好苏联"。不过，这些攻击完全没有妨碍我寻找新解决方案的脚步。

3月21日在华盛顿，我借受邀在三年一次的"圣约之子会"① 晚宴上发言的机会，解释了关于中国争议的基本问题，还分享了以更广泛的方法来解决东西方僵局的一些想法。我说道：

> 世界各国间的这种分歧完全没有遵循所谓的"常规路线"。我一直努力帮助各成员国政府解决由谁来代表中国的问题。我这么做，并不是因为苏联及其邻国拒绝在台湾方面代表团代表中国的情况下参会。我也从不认为，在会议中退席或不参加会议是解决意见分歧的好方式。

在这点上，我进一步展开，解释说虽然苏联的抵制已经足够严重，

---

① 圣约之子会（B'nai B'rith），犹太教互助组织，1843 年成立于纽约市，致力于道德、慈善、社会、教育和政治活动。——译者

但并不是首要考量的因素。

根据《联合国宪章》，中国的 4.75 亿人民作为一个集体本来就是联合国的创始成员。他们有权利让有权力"利用国家的资源、带领国家的人民履行作为联合国成员的义务"的任何政府在联合国代表他们。我再次强调——是任何有资格的政府，无论意识形态如何。

在我的发言中，我还用了不小的篇幅呼吁听众们回归初心，我们需要重燃信心，通过广泛适用的联合国方法推动和平，更好地理解在实现和平之前所要做的多年奋斗和努力。我总结道，"世界需要的是通过联合国实现二十年和平方案"。这也是第十六章提到的"十点和平方案"的开始。

在"圣约之子会"晚宴后，我造访了美国国务院，与腊斯克、约翰·希克森①和杰赛普对话。我本来希望能受到一些鼓舞，但事与愿违。他们告诉我，北京近期扣押了美国价值 3 000 万美元的货物，这是不可原谅的行为。对于我的问题，腊斯克表示，预计美国政府在中国问题上的立场目前没有要改变的意思。我的担心也就此得到了证实：中国似乎下定了决心采取刺激政策，这也带来了不可避免的结果。

回到成功湖后，我继续开展我的联合国二十年和平方案工作。随着在解决中国问题上陷入停滞，这目前看来是在联合国重启东西方谈判最好的机会。4 月 17 日，我与助理秘书长和几位部门负责人过了一遍备忘录草稿，还告诉他们我打算访问四国首都——华盛顿、伦敦、巴黎和——如果合适的话——莫斯科。

从我与助手和顾问们的最后一次会议，到我开启最终跨越了大半个地球的一系列对话，中间只过了三天。我的第一站是华盛顿，杜鲁门总

---

① 约翰·希克森（John Dewey Hickerson, 1898—1989），美国外交官。1944 年任国务院英联邦处处长兼欧洲事务办公室副主任，并积极参与联合国筹建工作，任美国出席敦巴顿橡树园会议和旧金山会议代表团顾问。1947 年任欧洲事务办公室主任。1949 年 6 月至 1953 年 7 月任分管联合国事务的助理国务卿。——译者

统和国务卿艾奇逊在 4 月 20 日接待了我和普里斯。

杜鲁门总统和我都了解对方在中国代表权问题上的想法，所以我也可以坦诚直言——至少杜鲁门总统似乎也比较喜欢这样的方式——联合国的维持取决于找到这一问题的解决方案。我回顾了在苏联身上发生的事，表示最糟糕的政策可能就是冒险孤立中国，就像当年苏联被孤立一样。

杜鲁门总统插话说，整个问题在于没有人肯信任共产党人。

我没有与他争论这一点，继续将对话拉回我的重点：联合国必须作为东西方国家会面的地方维持下去。为此，必须以公认的现实为基础来解决中国问题。"虽然对美国来说这会是个艰难的决定，"我说，"但美国也不会真的有什么损失。中国人民自己对国民党政府的领导都没有什么信心。"我暗示，如果蒋廷黻的席位被剥夺，苏联代表可能重回联合国，就算中国共产党仍被排除在外。

我们对对方的立场都已经很清楚，我觉得没有必要在中国问题上再深聊下去了。我们之后的对话一直围绕我的和平方案草稿，我之所以把这两个问题放在一起讲，是为了再次让美国意识到，中国代表权问题对任何和平方案的实现可能有多么大的影响。

第二天，我乘船前往伦敦。英国的情况跟之前差不多。4 月 28 日，在大卫·欧文的陪同下，我与格拉德温·杰布进行了会谈。我解释说，虽然我和平方案的大部分内容并不直接以中国问题的解决为条件，但如果苏联和实际上控制了中国大陆的北京政府都没有参与到联合国事务中，通往和平之路恐怕很难有重大的进展。杰布表示同意，同时他还承认，虽然已经为说服埃及、厄瓜多尔、古巴和法国采取新的立场做出了努力，但都没能成功。他说，似乎一切都取决于美国的态度，但对于考虑支持来自新中国政府的代表的成员国，美国就算是非正式的鼓励也不愿意给到。

在我访问期间，欧内斯特·贝文因病还在住院。不过，在与首相艾德礼和国务大臣肯尼思·杨格的对话中，他们透露了对格拉德温·杰布想法的认可，还有对台湾托管建议的兴趣。

我们一到巴黎，法国总统樊尚·奥里奥尔①就邀请助理秘书长亨利·劳吉尔和我赴宴接待我们。我们花很长时间讨论了中国问题，总统和我达成了一致意见，不过他也不忘提醒我们，做出政策决定的是总理和内阁。在之后与外交部长罗伯特·舒曼和法国前常驻联合国代表亚历山大·帕罗蒂的对话中，我很高兴看到他们都赞成我的做法。他们重申，他们已经准备好支持北京的代表加入，而且他们也赞同这一事项应该在安理会内部解决。如果不是因为北京支持在中南半岛的共产党，法国早就投票支持让中国共产党拿到席位了。法国军队在中南半岛损失惨重，而北京对胡志明的承认也已经让法国政府目前不可能再采取这样的立场。尽管如此，他们还是希望情况能有所改变，5月或6月初可能会有解决方案出来。

我带着法国能够很快采取新立场的希望离开了奥赛码头——之后与总理乔治·皮杜尔②的谈话也支持了我的这个想法。"法国本来做好了承认北京政府的准备，"他确认说，"但在北京和苏联承认胡志明时，让我们的承认就变得不可能了。"尽管如此，他相信只要新的中国政府不采取积极行动危及法国在东南亚的利益，"还是可以做一些安排的"。

事情现在越来越有希望了，我也继续行程前往莫斯科。在苏联首都

① 樊尚·奥里奥尔（Vincent Auriol, 1884—1966），法国政治家，1947至1954年任法兰西第四共和国第一任总统。——译者
② 乔治·皮杜尔（Georges Bidault, 1899—1983），法国二战抵抗领袖和第四共和国政治家。1945年代表法国出席旧金山会议，签署《联合国宪章》。二战后在历届政府中先后担任过总理（1946，1949年10月—1950年7月）、外交部长（1947—1948，1953—1954）和国防部长（1951—1952），主张压制德国、统一欧洲，推动马歇尔计划，支持法国控制印度支那和阿尔及利亚。——译者

肯定不会遇到什么困难——至少对于中国方面来说。

首先与我对话的是外交部长维辛斯基。5月12日，我们就安理会的困境交换了意见。很早以前我就下定决心，要借这次绝佳的机会告诉他我对马利克退席，还有把抵制作为在联合国的政策工具的想法。"这一行为，"我强调，"违反了《联合国宪章》。而且我确定你们代表的退席并没有给中国带来什么好处。实际上，反而损害了中国的地位。"我还暗示，如果不是中国犯的错误和苏联的不妥协，这个代表权问题早就解决了。"没有一个国家喜欢迫于压力行事。"我提醒维辛斯基。他只是笑了笑，承认说秘书长有权利从这些角度来说理。

不过在5月15日我与斯大林的谈话中，中国问题似乎也就是莫洛托夫嘴巴里的一个次要话题。结合和平方案备忘录中提出建立安理会定期会议这一点，他问我，为什么备忘录没有讨论中华人民共和国在联合国的代表权问题。是我认为"目前来自台湾资本主义小圈子的代表"就代表了中国吗？我当即打断了他——有点冒火——提醒说，整个备忘录基于的假设是，安理会在召开一个阶段性的会议后恢复正常运转。之后没有再提到中国；对于这个问题，斯大林没再说一个字。

接下来的一天，我第一次有机会与北京政府的一位正式代表对话。中国驻莫斯科大使、外交部副部长王稼祥①来到国家酒店与我会面。

---

① 王稼祥，中国无产阶级革命家。安徽泾县人。1925年在上海加入中国共产主义青年团。后赴苏联中山大学学习。1928年转入中国共产党。归国后历任中共中央宣传部干事，苏区中央局委员，工农红军总政治部主任，中华苏维埃共和国临时中央政府革命军事委员会副主席、外交人民委员，中共第六届中央委员、政治局候补委员、政治局委员等职。抗战时期，任中央军事委员会副主席，总政治部主任，中共第七届中央候补委员等职。解放战争时期，任中共中央东北局委员、城市工作部部长、宣传部代理部长等职。建国后，历任中华人民共和国首任驻苏大使，外交部副部长，中共中央对外联络部部长，中共八届、十届中央委员、第八届中央书记处书记，全国政协常委。1974年1月25日在北京逝世。——译者摘自《中华人民共和国史大辞典》，黑龙江人民出版社

我告诉他，我发出邀请是因为在成功湖收到了来自北京的外交部电报，事关他的政府在世界卫生组织、联合国教科文组织以及世界劳工组织的代表权问题。这份电报要求联合国专门机构将"台湾国民党反动派的代表"除名，因为他们不代表中华人民共和国。"那这是意味着，"我问他，"北京政府想要维持中国在专门机构的成员身份，并愿意为她的代表递交国书吗？"

　　大使的回答有些偏离主题，只是表明他的政府已经发了电报，强调了"国民党"代表不代表中国这个国家。"但实际上并没有来自'国民党'政府的代表参加日内瓦的世界卫生组织会议，"我打断他，"5月8日会议召开时只收到了一份来自台湾的电报，说不会有国民党代表来参会了。"尽管如此，我还是建议，鉴于有这份电报，北京政府或许可以理所当然地派代表前往日内瓦。"这会比让会议对新的参会资格来做决定简单得多。"

　　大使似乎很难理解现在的情况——也可能是他不想理解。不管怎样，我让他告诉他的政府，到时不会有台湾的代表到日内瓦参加世界卫生组织大会，但如果北京正式委派的代表届时出席，可能能够获得一个席位。同时，我建议在5月22日召开的联合国教科文组织大会上也采取相同的做法。大使同意向他的政府传达这些信息。

　　意料之中，王稼祥说的主要还是围绕老生常谈的共产党的观点。虽然这其中大多数都没有回应，但有一点还是证明我之前的担忧是有道理的。"北京的人民民主政府，"他抱怨道，"只得到了苏联和它邻国的支持。"我下定决心跟他说明这主要归咎于什么。"俄国人的抵制和离席，"我解释道，"并没有让北京政府在各联合国机构中获得席位这件事变得更容易。这非但无济于事，反而实际上让你们的处境更加艰难了。"不过，我可能最好就此点到为止。他令人难以捉摸的脸上没有透露出任何反应。

我意识到，目前为止我们的对话仍毫无进展，于是只能最后呼吁北京政府至少给与那些已经承认或有意承认她的国家一定程度的理解和善意。"你们对待一些已经承认了北京政府的国家的方式，"我告诉他，"显然对促进联合国和中国的关系没有帮助。就我自己而言，北京政府对待英国的方式很难让人感到鼓舞，和美国政府的关系也没有改善。关闭使馆，还有扣押总领事、美国军事人员、传教士和公民，已经在美国公共舆论中掀起反对新中国的狂潮，这导致双方关系的损坏会需要很长时间来修补。"我强调，如果可以做出努力改善与这些国家之间的关系，尽早在代表权问题上做出决定的可能性将大大提高。

"当然，尝试影响北京政府放弃她的任何政治原则不是我的责任，"我向王大使保证道，"不过，很多实际问题是可以用双方都满意的方式解决的。在每一个问题上的一致意见，都可能有助于推动这个主要问题的切实合理解决。可惜的是，至少可以说直到现在，俄国人的退席和北京政府对联合国成员国的做法，已经让问题的最终解决变得很困难。"

这时，他才问我为什么英国在承认了北京政府后还在安理会上投出了弃权票。"这可能反应了北京政府对英国，尤其是在两国外交关系上的处理方式问题。"我回答说。他还问到了法国。我解释说，在我看来，北京承认胡志明，只会迫使法国改变对北京政府的看法。"实际上，我知道法国几乎已经准备好支持你们的代表在安理会的席位了，但北京对中南半岛起义者的承认在法国舆论中激起了风浪，法国政府只能采取新的立场。"对此，王大使无话可说。

虽然这次谈话几乎是单方面的，但我很感激能够借这次机会向北京传达我的想法。无论如何，在和这位很少给出反应的新中国代表对话结束时，我如释重负。

5月18日，就在离开莫斯科之前，我拜访了维辛斯基，向他辞行——他告诉了我一个坏消息，那就是英国外交大臣贝文、法国外交部长舒曼和美国国务卿艾奇逊在伦敦会面后，已经同意将关于中国问题的讨论推迟到8月底或9月初。我承认这消息有些让我心烦意乱，我说会在回访巴黎和伦敦时再重提这件事。

5月20日，我在巴黎跟舒曼提起这个问题时，毫无疑问，法国已经被拖着成为伦敦决定的第三方。他向我保证，虽然他不是必须无条件地推迟在中国问题上做出决定，但他认为法国在寻求任何新的进展来改变立场前，不得不与美国和英国商议。他说，他的个人意见是，我们必须在8月前有一个决定：我们不能让这件事再拖下去了。他提炼了几个要点，来主张由来自管理和控制中国大陆的政府代表获得席位。这几个月来，他还有他外交部的各位专家一直是这个意见。

在我为了这一问题进行的所有对话中，对谁统治了中国以及——从而——应该由谁在联合国中代表中国这两个问题，没有一个西方国家的政治家比他更清楚明确地表达了自己的想法。

5月23日，我与欧内斯特·贝文会面。这次漫长还有些出人意料的谈话最后还是绕到了中国问题上。我表示，希望英国会积极支持北京政府在联合国中代表中国。令我惊讶的是，他似乎以为我这是在说反话，在指责这个月早些时候他和舒曼、艾奇逊达成的共识。不过他很快意识到了我真正的意思，明确表示英国已经在尝试说服其他国家承认北京政府，并且会坚持下去。他对中国共产党在正常外交关系方面设置的障碍颇有怨言，明说了他的想法——与之前卡多根和我说的一致——苏联并不是真的有兴趣看到中国成为安理会成员国，因为被孤立的中国更容易被苏联控制。

回到纽约后，我随即又前往华盛顿，并在5月29日与美国国务卿艾奇逊和助理国务卿希克森再次会面。

当时，美国不能改变对中国共产党政府的政策：这一点艾奇逊一开始就明确了。助理国务卿希克森问我对俄国人退席的真正意义的看法，我说俄国人失算了——"就像他们在柏林封锁期间还有很多其他时候做的事情一样,他们被单方面的信息误导了,或者在全然无知的情况下就行动了。他们可能以为,他们在几周内就能达到他们的目的,然后在这短暂的小插曲之后重回舞台。"艾奇逊回答说,在美国看来,这样的花招如果成功了将后患无穷。"如果这次奏效了,那以后只要没能如莫斯科的愿,它就会随心所欲地做出类似的敲诈行为,到时候整个联合国机构就会陷入瘫痪。"

这次华盛顿之行,是我作为秘书长为帮助解决中国在联合国的代表权问题所做的最后努力。此后不到一个月,朝鲜战争爆发。

6月27日,苏联常驻代表来函告知我,下个月就轮到他接任安理会轮值主席了,他正在准备召集第一次会议,时间是8月1日3点。随后很快他就要求我通知所有安理会成员,安理会将讨论以下临时议程:(1)批准议程;(2)承认中华人民共和国中央人民政府作为中国的代表;(3)朝鲜问题的和平解决。

8月份马利克的回归,就跟他在1月的退席一样引起了轰动。

俄国人回来了;不过这就是8月安理会所发生的一切中唯一能称之为"恢复如常"的事了。马利克对所有规则和制度的蓄意破坏和完全漠视堪称荒诞。不过,随着苏联代表和蒋廷黻回到安理会,中国的代表权问题自然而言就被放在了第二位,因为还有更紧急的问题需要解决。

在那之前和之后好几次,中国共产党都派遣了志愿军参与朝鲜战争,我怀疑我是否高估了苏联退席对联合国未来的影响。事后想来,可能确实如此。不过,在1950年春天联合国身处危机之时,我认为我对中国代表权问题的立场,是以《联合国宪章》里那些不容置疑的政治和制度考量为基础的。虽然之后发生的事情完全没有改善整体形势或者缓解根本的紧张关系,我还是深信,如果我的努力能正好有所收获,我们可能会见证一个给国际形势带来利好的苏联回归,而不是一个被可能带来国际浩劫的各种事件所驱动的回归。

我甚至在想，如果 1950 年春天北京政府被允许在联合国代表中国，朝鲜战争到底还会不会发生。如果北京政府已经获得在成功湖的代表资格，受到作为联合国成员国义务的约束，不得不在"世界市民大会"上捍卫自己，那么她还会派遣志愿军前往朝鲜吗？

如今恐怕没有人能回答这些问题，但这些事件的参与者已经开始深思其中的重要性，开始提出同样的问题了。格拉德温·杰布就是其中之一。1954 年 1 月 13 日，他甚至在马里兰州巴尔的摩说出了这样的话："在一定程度上甚至可以说，如果 1950 年初北京政府在联合国获得了代表席位，朝鲜战争可能就完全不会发生。"无论如何，我仍然坚信，我在 1950 年初为解决中国代表权问题所做的努力是正确的。

那停战协议呢？如果北京政府同意坚持《联合国宪章》的原则，代表权问题就可能解决吗？在我看来，没有成员国——首先，没有常任理事国——可以一直让他们自己凌驾于这些原则之上。联合国的成立是为了利用它的力量推动世界上的所有国家"力行容恕，彼此以善邻之道，和睦相处，集中力量，以维持国际和平及安全，接受原则，确立方法，以保证非为公共利益，不得使用武力……"

常任理事国和新成员国一样，都受到第 4 条规定的约束："凡其他爱好和平之国家，接受本宪章所载之义务，经本组织认为确能并愿意履行该项义务者，得为联合国会员国。"

实际上，中华人民共和国中央人民政府在可以真正被承认在联合国代表中国之前，面临着一场艰难的考验。

第十六章 我的和平之旅——出访

随着对冷战形势的担忧日益加深，各方开始积极努力寻找中国代表权问题的解决方案。柏林封锁虽然结束了，但巴黎玫瑰宫的长官们并没有就下一次"外长会议"的议程达成一致。在长达几个月的时间里，西方国家和莫斯科之间都没有任何有意义的外交接触。苏联专注于与新同盟——中华人民共和国的交往，这与苏联的东欧体系密切相关。而另一边，美、英、法三国外交部则忙于通过《北大西洋公约》构建西方防御体系。随着两大军事联盟之间的分歧越来越根深蒂固，联合国——这个将世界团结在一起的唯一组织——被降级到了所有大国的外交部之后。最重要的是，只要苏联继续抵制下去，联合国，作为连接这一鸿沟的桥梁，就毫无用武之地。

必须采取一些行动。我并没有低估重启与共产主义世界磋商的难度之大。不过，我更倾向于通过北大西洋公约组织和其他措施来巩固西方国家之间的关系，但不是以联合国的衰落为代价。我深信，在一个核武器储备日益增多的世界，这将会是一个灾难性的，甚至无法挽回的大错。联合国仍然是实现长期和平的最大希望，也是促进国际社会之间理解和合作的最富建设性的力量。我很确定，人们直觉上是向着这个方向前进的，只是没有得到他们政府的支持。在我看来，所有资源的领导和规划，似乎都被用来支持建立在扩张军备基础上的短期同盟政策。他们没有把眼光放得更长远些——必须以一场第三次世界大战之外的一切可能方式，来实现冷战的最终和平解决，即使这可能需要数年甚至数十年的时间。

出于这些考虑，我想了一些办法，让联合国重新成为一个大家可以会面沟通的地方，同时也希望能让各国政府和人民及时意识到，1945 年在旧金山确定的目标和原则，在如今的 1950 年对实现最终和平也同样至关重要。

1950 年 3 月 21 日我在华盛顿"圣约之子会"晚宴上的发言就是一个开始，希望能提醒人们，在为实现和平的奋斗中，联合国在各个方面——包括政治的、经济的和社会的——都具有长远和重要的意义。这次发言强调了这项任务的长期性："我不相信政治奇迹。要缓解冲突紧张、团结各大国，还有很长的一段路要走。"我在结束发言时是这样讲的：

> 近期，两个主要大国——美国和苏联——肯定了他们之间以及他们各自所代表的不同经济和政治体制之间和平共处的可能性，对此，我深受鼓舞。联合国就是建立在这一信念之上，实现世界和平的希望也取决于对这一信念的认可。
>
> 我们所需要的，这个世界所需要的，就是一个通过联合国实现和平的二十年方案。
>
> 我相信，世界各地的大多数人都和我一样，希望联合国的各成员国政府能毫不迟疑地再次作出努力，为这样一个联合国和平计划共同迈出第一步。

这次发言受到了广泛关注，也随即得到了积极响应。美国副总统艾尔本·巴克利在现场就附议了我。之后的几天里，联合国坚定的支持者，菲律宾的卡洛斯·P. 罗慕洛①、巴西的奥斯瓦尔多·阿拉尼亚②、澳大利亚的赫伯特·埃瓦特和埃及的马哈茂德·法齐都发表了声明，表示强烈支持。美国、加拿大、法国、英国、斯堪的纳维亚国家、印度、以色列和拉丁美洲国家的主要报纸上都出现了表达理解的文章。出乎意料的是，莫斯科电台和《真理报》也是近乎温和的态度。

来自世界各地的信蜂拥而至，这让我相信舆论是站在我这边的。其中最让我感激是来自科学界泰斗阿尔伯特·爱因斯坦的信：

> 我诚挚地祝您伟大的计划马到成功。在我们这个充满困惑与迷惘的时代，很少有人能够保持清醒的头脑，不畏重重困难，冲破所谓狭隘的忠诚，仍然不屈不挠，而您就是其中之一。希望您务实的提案能够成功，更多地通过精神力量而不是物质因素，给我们展现一条走出如今紧张局势的路，同时提出对所有相关方都有利的一个解决方案。即使是在经济合作的方向上取得小小成功，也应该会很快改善和稳定政治与情感上的状况。

不久之后我就完成了《厘定联合国实现和平二十年方案应行注意各

---

① 卡洛斯·罗慕洛（Carlos Pena Romulo, 1901—1985），菲律宾外交家。1945 年起任驻联合国首席代表十年。1949 至 1950 年当选第四届联合国大会主席。1950 年任联合国朝鲜委员会临时主席。1950 年任外交部长。1952 至 1953 年和 1955 至 1962 年两度任驻美大使。1955 年率菲律宾代表团参加万隆亚非会议。1956 年代表菲律宾参加联合国安理会工作，1957 年 1 月任安理会主席。——译者摘自《当代国际知识大辞典》，团结出版社

② 奥斯瓦尔多·阿拉尼亚（Osvaldo Aranha, 1894—1960），巴西政治家、外交家。1947 至 1948 年任巴西驻联合国代表团团长和联合国大会主席，1947 年 11 月联合国大会对巴勒斯坦分治计划的 181 号决议进行表决时，他将投票推迟了三天，确保该决议获得了通过。——译者

点之节略》。

在 3 月 24 日的记者会上，有人问我，"为什么是二十年方案？"我很高兴有这个机会来回答这个问题："我用这个表述是因为，我想让大家知道，世界和平问题不是一个很快能解决的问题，相反，还需要花很长时间才能解决。如果这个问题能在五年、十年或者二十年内解决，我们就该欢呼雀跃了。但我认为 1945 年以来，各种分歧日益加剧，对于实现真正和平的可能性，我们恐怕不能过于乐观。"

媒体并不知道当时我正在起草完成我的十点备忘录，更无从知晓我会在四五月横跨 15 000 英里的行程中，把它带在身边前往华盛顿、伦敦、巴黎和莫斯科。

在我与美国、英国、法国和苏联的政府首脑以及外交部长的会谈完成前，我决定对备忘录予以保密。虽然我有意在备忘录的文本中使用了一般性的表述，但在进行坦诚的私下讨论前，最好也不要有关于这份备忘录的任何新闻报道，这一点至关重要。

我将这份备忘录亲自交给了美国总统杜鲁门、英国首相艾德礼、法国总理皮杜尔和苏联大元帅斯大林，具体内容如下：

作为秘书长，我坚信我们必须作出新的巨大的努力来结束所谓的"冷战"，让世界走上一条更有希望实现长久和平的道路。

通过充分利用《联合国宪章》下调解和积极建设和平的种种资源，可以驱散国际上日益加深的猜疑阴云，避免又一场战争给全世界带来灾难的威胁。如果我们接受和相信所有大国和他们所代表的不同经济和政治体制和平共存的可能性，并以此为原则行事，如果各大国表明他们已经准备好进行真诚的谈判——不是本着绥靖主义的精神，而是在各方面摆脱偏见，为了自己的利益和共识——那么利用这些资源就可以确保最终和平的实现。

集体自卫措施和其他形式的地区救济最多只是权宜之计，从战争角度来说，这些并不能带来任何可靠的安全保障。联合国就是大多数人唯一的共同承诺和普适性工具。耐心积极地长期利用它的潜能，能给世界带来真正安全的和平。我相信，这样的努力对相对较小的成员国而言是有积极意义的，是会得到他们的支持的，他们能对促成各大国之间各种分歧的和解以及具有建设性的、互利互惠的政治和经济合作起到很大作用。

因此，我冒昧就厘定联合国二十年和平方案提出几点建议。希望能就其中一些建议尽快采取行动，其他的则是长远的建议，需要在未来二十年持续不断地努力。在这里我没有讨论奥地利、德国和日本问题的和平解决——因为联合国创始成员国认为这些问题的和平解决应该在联合国之外达成。但我相信，在这里提出的这样一个联合国和平方案，如果能取得进展，会极大地帮助推进这些问题的和平解决。

1. 按照《联合国宪章》和程序规则举行安理会定期会议，由各成员国政府的外交部长、首脑或其他官员参会；进一步制定和利用其他联合国国际争端谈判、调解和调停机制。

《联合国宪章》第 28 条规定的安理会定期会议最终也没能召开。定期会议应该从 1950 年开始每半年举行一次。我认为，应该在这些会议上对联合国高级别未决事项，尤其是各大国存在分歧的事项，进行一般性审查。不应该期待每次会议都能做出什么重大决定，这些会议应该是以协商为主——大部分情况下保密——争取就争议中的问题达成一致取得进展，消除误解，准备新的方案，以提高在之后会议上达成明确一致的可能性。作为基本原则，这些会议应该在联合国总部之外召开，如日内瓦、各常任理事国的首都和世界其他地区。

应该进一步开发联合国调解和调停资源，包括恢复各大国代表私下协商的习惯做法，进一步作出努力，以确保各大国就限制于安理会和平解决争端程序中行使一票否决权达成一致。

2. 为推动建立国际原子能控制体系作出新的尝试，希望能有效防止为战争目的使用原子能，促进为和平目的使用原子能。

我们不能指望在原子能管控这个难题上找到一个快速或简单的解决方案。找到可能性的唯一办法就是重启谈判，按照去年秋天联合国大会作出的指示，"以确定可能达成一致意见的方案为目的，探索所有可能的途径，检视所有具体建议。"不同国家提出了各种建议，希望能为全新的方案提供基础。其中一种可能就是，安理会指示秘书长召集一次科学家会议，他们的讨论可能为控制大规模杀伤性武器和推动原子能和平利用提供各种新思路，之后原子能委员会可以进一步探索。又或者可以达成一个临时性的协议，即使不能带来完全的安全，至少可以使得目前不受限制的核武器竞赛情况有所改善。还有很多其他可能的方法能为新的开始提供基础；每一种可能性都应该一试。

3. 管控军备竞赛的新方法，不仅是针对核武器，还包括其他大规模杀伤性武器和传统军备。

这是另一个有必要重启谈判、为在某些方面达成共识作出新努力的领域。必须认识到，在这一点上，目前为止几乎可以说是彻底的失败，而且近期看来也是前景渺茫。显然，如果各国对政治争议即将达成解决方案有信心，裁军才有可能实现。反过来，如果在达成任何形式的军备管制协议上取得任何进展，这也将帮助缓解冷战的紧张关系，从而帮助调解政治争端。对这一问题的协商，不应该拖延到其他所有重大政治问题解决之后，而应该为与达成政治和解所作的各种努力同步进行。

4. 重新作出努力，就根据《联合国宪章》规定为安理会提供武装力量执行其决议达成一致。

关于根据《联合国宪章》第43条，组建向安理会负责的军队的规模、驻地和组成问题，需为解决目前存在的有关分歧进行新的探讨。基本政治难题可能拖延最终解决方案的达成，但不应阻碍为组建足以防止或阻止威胁国际和平的局部冲突的小规模部队而达成某种形式的临时协议。在处理大多数其可能讨论的案件时，仅仅是这样的部队就会大大加强安理会促成和平和解的能力。

5. 尽快推进普遍性成员身份是明智和正确的，接受并适用这一原则。

目前有十四个国家正在等待联合国的准入批准。出于对这些国家的人民和联合国的利益考虑，我认为应该接纳他们以及未来将实现独立的其他国家。同时也需要明确，一旦有关和平协议达成，德国和日本也会被接纳为联合国成员。

6. 制订一项全面积极的技术援助计划来充分利用所有合适的私人、政府和政府间资源，促进经济发展、鼓励大规模资本投资。

在美国总统的大力支持下，技术援助计划已经开始落实。其根本目的是让欠发达国家的人民通过具体可行的措施，和平地实现生活水平的提升。这应该是在未来二十年乃至以后，主要通过联合国和专门机构来推进的一项持续的、不断拓展的计划，包括以平等而非慈善为基础来规划和执行的各种互惠互利方案。通过这种方式，可以为大规模和不断开放的资本投资带来诸多机会。为打赢这场危机四伏、成本巨大的冷战，这是我们最大的希望之一。

7. 引用《联合国宪章》的话来说，所有成员政府更加积极地利用专门机构来促进"较高的生活水平，全民就业，及经济与社会发展。"

所有政府可以提供更加积极的支持，从而实现各专门机构参与长期计划的巨大潜力，大幅降低战争对经济和社会发展的影响，如各国政府可支持苏联成为部分或全部其目前尚不所属的专门机构的成员。就为建设更好的世界所作的任何长期努力而言，世界贸易的发展至关重要，而这需要尽早对《国际贸易组织宪章》[①] 进行修改。

8. 持续大力推进联合国有关工作，以在全世界范围内更广泛地实现对人权和基本自由的维护和尊重。

1948 年联合国大会全票通过的《世界人权宣言》，注定将成为历史上最伟大的文件之一，这一点已经越来越明显。目前联合国正在参与一项将延续二十年——甚至更久——的计划，来确保持续地、更大范围地维护既定的政治、经济和社会权利。这项计划的成功需要所有政府的积极支持。

9. 利用联合国通过和平而非武力方式推动从属地、殖民地或半殖民地人民走向平等的世界。

自战争结束以来，亚洲和非洲人民正在经历翻天覆地的变化，必须通过联合国的普遍框架将其维持在和平的边界内。过去的关系必须被新的平等、博爱的关系所替代。联合国有能力在避免暴力动荡的情况下推动完成这样的过渡，也最有希望为世界所有国家带来长期经济和政治裨益。

10. 积极有序地利用《联合国宪章》的所有权力和联合国的所有机构以加快发展国际法，最终构建对普遍的国际社会可执行的世

---

① 《国际贸易组织宪章》（*Charter for International Trade Organization*），又称《哈瓦那宪章》，是 1948 年在哈瓦那召开的国际贸易组织会议上通过的关于成立国际贸易组织的国际公约。《宪章》涉及就业、经济发展与复兴、贸易政策、限制性商业惯例、政府间商品协定、投资、服务，以及关于建立国际贸易组织等方面的条款。但因美国未将《宪章》提交国会，《宪章》未能生效，成立国际贸易组织的计划也即告流产。——译者摘自《中华法学大辞典》，中国检察出版社

界性法律。

最后三点与为践行《联合国宪章》重要原则而已经开始落实的多项计划有关。这几点与人们基本的心愿和期望交相呼应，和平稳定的国际关系的最终实现，离不开所有政府为进一步落实这些计划而携手作出的努力。有很多具体的工作需要推进：比如，第 10 点中，修改《防止及惩治灭绝种族罪公约》①、更大地发挥国际刑事法庭的作用、系统地发展和法典化国际法。更重要的是，各国政府应在其国家政策中优先继续支持和推动这些工作，因为这是人民为更好的世界不断奋斗的基石。

这里提出的只是一个计划的初步建议框架，后续还有诸多内容需要细化补充。显然，提出的每一个步骤、每一个建议，都需要精心细致，甚至艰辛的准备、讨论和管理。同样明显的是，要达成必要的一致意见，大多数时候是很难的，甚至有些时候是不可能的。人们总是难以接受令他们失望的建议——这是无法改变的、不可调和的冲突。

我的使命不仅是为了和平，还是为了公平。我启程时并没有任何幻想，因为我认为当时各大国并不乐于接受出于长远考虑的建议，或者任何试图恢复受阻谈判的破冰尝试。另一方面，我深信人们都是支持我的，他们知道我的努力是正确的。无论是之前还是之后，我从来都没有

---

① 《防止及惩治灭绝种族罪公约》（*Genocide Convention*），简称《灭种罪公约》，1948 年 12 月 9 日联合国大会在巴黎通过。1951 年 1 月 12 日生效。共十九条，主要内容是：灭绝种族行为不论发生在平时或战时均系国际罪行，应予惩办。灭绝种族罪就是蓄意全部或局部消灭某一民族、人种、种族或宗教团体的行为，包括杀害团体成员或使之在身体上或精神上遭受伤害；故意将某一团体置于某种生活状况下以毁灭其全部或部分的生命等，包括预谋、公然煽动、意图或同谋灭种的行为。凡被控犯灭绝种族罪的人，应交由犯罪行为发生地国家法院或国际刑事法庭审判。——译者摘编自《刑事法学大辞典》，延边大学出版社；《中华法学大辞典》，中国检察出版社

收到过这么多来自世界各地的人们寄来的成千上万的信件，他们表达了对我的倡议的支持以及希望我取得成功的诚挚祝愿。

我决定在前往莫斯科之前将备忘录的副本给到华盛顿、伦敦和巴黎，但在我与苏联领导人会谈回来后，再与他们讨论备忘录的实质内容。这是一次探索之旅，而非谈判之旅。我也会借此机会访问这四国的首都，讨论中国代表权问题以及其他联合国关切的事项。

以下对话内容是根据每次会议时或之后随即记录的详细笔记整理而成，是第一次披露受访政府代表和我之间的对话。①

在华盛顿

我首站来到了离联合国总部最近的美国首都华盛顿，先横跨大西洋开始这趟行程显然不合理——无论之后可能对此次访问出现怎样的曲解。

4月20日刚过12点，我在白宫杜鲁门总统的办公室拜访了他。当天会面在场的有国务卿迪安·艾奇逊和联合国助理秘书长拜伦·普里斯。

杜鲁门一如既往热情地接待了我们。我们坐下来后，我开始说明联合国目前的立场：

"美国国务院在各个地方都有代表，我了解的信息可能没有你们那么全面。但从我所知的情况来看，我相信苏联政府目前没有永久退出联合国的打算。实际上，在这一点上，我现在比以前更加乐观。"

"不过，"我继续说道，"目前的情况还是很不令人满意。即使已经进行了很长时间的讨论，我们还是没有制定出任何让苏联代表重回联合

---

① 与中国有关的部分，请参见第十五章。

国的方案。而且在有关问题的讨论上似乎正向着打赢而非结束这场'冷战'的方向发展。"在这里,我谨慎地表明杜鲁门总统是个例外,他"非但没有执着于打赢'冷战',反而一直以来更加关心实现长久和平的方式。"

杜鲁门总统点头赞同:确实,他一直都在说安全持久的和平,并且在为之努力,之后也将继续下去。

这时,我从一个文件包中拿出了我的备忘录副本,其中列出了联合国内部可以作为二十年和平方案的具体举措的十种可能性,并将它交给了杜鲁门总统。艾奇逊也拿到了一个副本。我表示:"请理解我并不是要求你们立即作出评价。但我希望你们能够认真评估。"杜鲁门总统向我保证会做到。

为进一步强调联合国在确保实现和平工作中的实际潜在作用,我提到了联合国代表在不使用武力、只通过联合国维和部队的情况下,在巴勒斯坦、印度尼西亚、克什米尔和希腊等地取得的成果。"在西欧,"我指出,"已经通过马歇尔计划和其他和平措施阻止了共产主义运动。"我重申了技术援助在维护世界其他地区的自由与和平方面的重要性。"就建立长久和平而言,经济发展和国际贸易显然是极为重要的影响因素。"

这里杜鲁门总统打断了我,表示他也认为这两点至关重要。

对话的最后,我表示我了解美国不愿与中国共产党有任何往来:"未来如果我能与斯大林沟通,我会尝试跟他说明这一情况的严重性。"

之后,杜鲁门总统主动表示,他个人还是喜欢斯大林的。他说他带着最友好的想法去了波茨坦,甚至已经准备好考虑向俄国提供 60 亿美元的贷款;但结果挨了一巴掌。他重申,只要俄国坚持现在的对外态度,拒绝所有有用的沟通和信息交流,那么事情就永远不能以合理的方式解决。尽管如此,他并没有绝望。他与我是一样的热爱和平,我们应该尽我们所能，为实现和平不断努力。

他起身，再次感谢我的来访和备忘录。他也再次表示这次讨论很有帮助。

在伦敦

4 月 28 日，在助理秘书长、英国人大卫·欧文的陪同下，我在伦敦分别与英国首相艾德礼和国务大臣肯尼思·杨格会面了。当时外交大臣欧内斯特·贝文还在因病住院。

艾德礼很高兴，也很专注，不过甚少说话。我告诉他，我对目前的国际形势及其对联合国工作的影响深感忧虑，也跟他说明我此次出访的任务是，看看是否有任何可能就在几年内结束"冷战"达成某些共识。他表示十分欣赏我所作的努力，也很高兴我来到伦敦见他。

我继续说道："可悲的是，当我们手中真的有一个有效的国际机器时，它的运行却因政治分歧而受到了阻碍，并以冷战告终。"

随后我拿出了我的备忘录。艾德礼说他很有兴趣一读，也会让人仔细研究。他也希望了解苏联政府收到备忘录后的态度。

我感谢首相几年前在联合国做出了令人钦佩的讲话："在那样的时候能获得如此有影响力的支持，真的帮了很大忙。"他表达了谢意，还补充说他的讲话只是真诚地表达了他所坚信的东西罢了。我接着表示，为维持和平，英国（和法国）作为两大国之间关系的平衡力量，需要作出更多行动。尽管我完全理解英国的难处，但与在国际联盟时期相比，英国在联合国的作用没有那么活跃了，这让我有些失望。"英国国内认为，联合国是一个可以通过调解来处理所有国际问题的地方，那如今的政治局势不正给工党政府动员国内各种力量带来了一个巨大的机会吗？军事条约仍然是有必要的，但普通民众更倾向于直接表达对和平的希望。"艾德礼点头表示赞同，或者说至少看起来他是认同的。他认为我可能还有言外之意。

在这次会面的最后，我重申联合国必须更有效地运行下去，这是所有相关方能够讨论"冷战"背后的各种问题的唯一场所。艾德礼回应说我这点说得对。

我和肯尼思·杨格见面时，他还是一如既往地直率。一开始，我就表示要避免战争，中间力量的适度影响可能会是一个决定性因素，但他严重质疑这样的力量会给当前局势带来什么好处：现在的困境在于，这场"冷战"中的一方丝毫不肯让步，对于调解和调停的努力完全不给回应。

我很欣赏他的直截了当，之后他直接问我期待在莫斯科取得什么样的成果。我坦言我对这次行程的结果并不持乐观的态度，我只是觉得应该公开、直接地与斯大林和莫洛托夫说明他们现在的政策可能带来的后果："我的主要目的是让他们重回联合国，继续作为参与者配合联合国工作，同时也强调指出，他们的做法正在让世界舆论对他们的评价更加僵化。如果他们坚持拒绝参加会议，我必须要了解对于我提出的备忘录中的措施，他们准备配合到什么程度。"

杨格还是有疑虑。他说，与斯大林讨论过高层政策回来的人似乎基本上都感觉他们已经取得了不错的效果，只是实际结果却令人失望。"好像在斯大林的下一级官员身上出现了一些问题，"他说，"似乎有必要让斯大林和维辛斯基感觉到，至少可以说目前可能有更有影响力的人物存在，而我们并不熟悉他们的名字。"

在巴黎

在巴黎我与几位法国最重要的政治家都有精彩的讨论，包括法国总统樊尚·奥里奥尔、总理乔治·皮杜尔和外交部长罗伯特·舒曼。

5月1日在爱丽舍宫的一个小餐厅，法国总统奥里奥尔为我举办了一个私人晚宴，我与他从联合国和法国两个角度对世界形势进行了广泛的讨论。我告诉他我将前往莫斯科的打算，而且当时还是保密的，不过我将在与舒曼和皮杜尔会面后向媒体宣布这一决定。

　　奥里奥尔总统对我表达了诚挚的祝愿，祝我的莫斯科之行能够成功。他特别请我向苏联政府转达，法国永远不会参与侵略苏联的任何行动，但苏联应该停止共产党和工人党情报局在民主国家的活动，应该在裁军问题上——无论是核武器和其他武器方面，表现出进行合作和寻求解决方案的意愿。

　　我也提起了中南半岛问题。我告诉奥里奥尔，在华盛顿我得知美国不会派遣部队为正在中南半岛与共产主义越盟苦战的法国提供援助。在此情况下，他同意联合国——如果苏联代表回归和中国共产党政府的席位获得承认——可能是向各方施压、为中南半岛带来长久和平的最有用的平台。我们一致同意，派遣一个委员会以及联合国军事观察员将会有效地维护和平以及法国的利益。

　　对中南半岛的潜在威胁，奥里奥尔也深感忧虑。关于这一点，我提出了一些建议——主要说明了联合国在缓解局势方面能够做些什么。"首先，也是最重要的一步，"我说，"就是让苏联恢复与联合国的全面合作。如果安理会能够恢复正常运行，法国可以将这个问题提交安理会，称这将对中南半岛的完整性构成威胁。苏联会一票否决任何行动。这样，法国就可以将这件事提交联合国大会，而联合国大会可以通过多数票作出有利于中南半岛的正式决议，像希腊问题一样，派遣一个管控使团和军事观察员到这一地区，对跨越边境的外国干涉进行监督。"他要求给他一些时间考虑这件事，我说无论如何从莫斯科回来后我需要再跟他见一面。

　　奥里奥尔很高兴收到我的备忘录。我告诉他我会在莫斯科说明我的想法，世界两大集团目前以"冷战"的形式对立，如果继续下去，可能会导致世界性的冲突；我深信，通过利用联合国的机制，坚持其所包含的"同一个世界"的理念，世界各国能够走上一条通往和平的道路；我已经敦促华盛顿、伦敦和巴黎为这一目标作出新的更大的努力，在莫斯科，我也会这么做。对这一方式以及我已经决定将要采取的行动，他表示基本同意。

"在莫斯科，"我说，"我打算开诚布公。我会清楚地说明西方国家对苏联政府及其政策的不信任。同时，他们拒绝参与国际管控的联合行动，对核战争构成威胁，已经在国际社会舆论中引起反响，我也会一并如实告知。""最糟糕也是最悲剧的是，"奥里奥尔说，"没有人能跟他们对话。如果你能跟他们进行对话，请告诉他们整个问题的关键在于监督（或者说是管控）……可以是派俄国人到美国，派美国人到俄国，或者派瑞士人到各国去。"

奥里奥尔祝我好运，并告诉我，就算我的访问只取得一点点进展，他也会认为是一个重要的成功。

舒曼还是一贯的友善。我们讨论了台湾和中南半岛问题。我将我的备忘录给了他，并向他强调，在目前的情况下，英国和法国在联合国中扮演更加积极的角色至关重要。如果英国和法国能够施加适度的影响，我们应该更有机会安然走过"冷战"，但如果按照目前的趋势发展下去，"冷战"极有可能演变成一场真正的战争。我们都认同最后一点。他强调，尽管内部存在困难，但在目前的形势下，法国会一如既往地保持独立。

在布拉格

在布拉格短暂停留期间，我于 5 月 10 日星期三在捷克斯洛伐克外交部与新任命的外交部长威廉·西罗基会面。外交部副部长塞卡尼诺娃-卡克托娃是当时的翻译。我们的对话并没有围绕这十点和平方案展开。不过，我有提及，因为我想看看莫斯科所依赖的、这些在铁幕后的卫星国政府中的人对此有什么想法。

一开始我们针对目前的局势——中国在联合国的成员身份问题以及日益严峻的"冷战"——分享了各自的整体看法。如我所料，西罗基花了一些时间抨击美国、英国以及杜鲁门、艾德礼、艾奇逊和贝文，还是熟悉的共产主义者观点。在联合国的辩论中，我常常听到这些言论，当时我也不打算在这里浪费太多时间。我打断了他，并告诉他，他所说的关于美国和英国的这些话，与那些国家的人所说的关于苏联及其邻国的话是类似的。"如果我不相信杜鲁门、艾奇逊、贝文和艾德礼——还有斯大林和维辛斯基——真的希望实现和平，我就不会决定走这一趟。我有理由相信，各大国领导正在为他们各自的国家作出最大的努力。但在现阶段，他们之间的分歧已经越来越大，到了无法再与对方对话的程度。如今的'冷战'如果继续下去，迟早会演变成一场'热战'。只有各国领导人——真正的领导人——不再对对方恶言相向，而是通过耐心的讨论，认真为现有的问题寻求解决方案，我们才有可能、有希望避免在我们的有生之年发生第三次世界大战。但如果按照现在的趋势发展下去，"我总结道，"就算是有限的和平恐怕也难持久。"

说完这些后——完全按照我想要的方式说了出来——我提起在希腊内战期间被拐送的希腊儿童问题。我表示，1948 年和 1949 年的联合国大会决议明确要求，必须采取行动进行落实。西罗基向我保证，这些决议对捷克斯洛伐克当然有约束力，但随即又各种托辞。他还说，首先，并不确定家长们真的想让那些孩子回家。其次，家长或者其他亲属可能在监狱或集中营，自然是不能把孩子们送到那里去的。最后，就算家长或者其他亲属已经表示希望孩子能回去，没有办法知道他们是不是真的这么想，因为他们可能是被逼写下了要求他们回去的信。

这时塞卡尼诺娃加入了讨论，她说的比西罗基的诡辩和曲解更甚。我尽可能心平气和地一遍遍重申——面对各种指责和指控——必须立即将孩子们送回去。我强调："对捷克斯洛伐克和藏匿希腊儿童的国家而言，绝对没有比现在不愿将这些孩子归还更有损他们利益的事了。每个普通的父母、外祖父母、叔叔阿姨，无论他们身在何地，都会对这样的无动于衷感到发自内心的愤怒。尽管捷克斯洛伐克和有关国家已经承诺会归还这些孩子，但他们还是被无理扣押着。"

我表示，1948 年的决议已经要求国际红十字会和在有关国家的红十字会组织配合，确保这些儿童返回家园，而这些组织可以确定这些孩子的父母或者亲属是否真的想要他们回家。"为什么，"我问道，"捷克红十字会没有参加国际红十字会 3 月在日内瓦召开的会议？"但我并没有得到回答。

在这个多数时间里氛围有些紧张的沟通中，塞卡尼诺娃一直声称"这些孩子在这里会比在希腊开心得多"，"我们不希望把他们送到集中营去"。我很快就受够了。我对这样的讨论没有兴趣，也就很快结束了这段对话，三言两语感谢了他们对我的接待，我就离开了。我记得，在离开的时候，我提醒他们"联合国的未来也取决于捷克斯洛伐克对 1948 年决议的尊重和落实"。

在登上苏联政府为我前往莫斯科的最后一段行程准备的专机时，我有些消沉。在莫斯科有一个不同寻常的欢迎会正等着我。

在莫斯科

5 月 13 日星期日，助理秘书长康斯坦丁·津琴科来到了我在莫斯科老国家酒店的房间。他笑容洋溢，显然心情不错。他告诉我，已经安排了 5 月 15 日星期一晚上 10 点与斯大林会面。

星期一早上，我在伦敦到巴黎途中发作的喉炎稍微好了一些。在抵达莫斯科时，我曾不得不寻求医疗帮助。那天我还要遵医嘱用药。那天早上，两位俄国专家费尔德曼教授和迪米多夫医生来最后一次随诊，并监督了最后一剂盘尼西林的鼻内注射。我耳朵上的棉纱移除了，他们告诉我，经过恰当护理，两三天内我乘飞机返回巴黎不会有任何问题。当时我没怎么在意；不过从那以后我经常想起，费尔德曼教授一直没有和我单独相处过——几乎就像迪米多夫医生是被派来监视他的一样。在两年后发生的莫斯科医生骗局中，费尔德曼教授是被告人之一，但在当时教授就已经被怀疑了吗？

星期一那天，我花了大部分时间将手上已有的笔记理顺，准备晚上的对话。我得知莫洛托夫也会出席——这一点出乎我的意料，因为之前我已经要求与他单独会面了。维辛斯基也会在场，毕竟他是外交部长。

晚上 8 点，我们一行受外交部邀请在沃洛维茨大剧院欣赏民族芭蕾舞。除了津琴科，随我来莫斯科的就只有我的挪威秘书英格丽德·伯恩森以及另一个挪威人阿尔瓦·吕特。阿尔瓦·吕特是驻布拉格的联合国信息办公室的负责人，他在斯拉夫语言方面的丰富知识可能有所帮助。鉴于我将在克里姆林宫观看"专场演出"，我就让他们自己去看芭蕾了。不过我嘱咐迈克尔·瓦维洛夫，驻莫斯科的联合国信息中心代理主任早些回来，这样在 9 点 45 分之前车和所有随行人员就都能到位。他们离开后，来自挪威大使馆的行政主管海尔格·阿克雷与我共进晚餐，我们品尝了国家酒店著名的鱼子酱，讨论了各种话题，就是没有提及即将到来的这场会面。9 点半左右，我准备好出发。瓦维洛夫看着我上了车。这辆车载着我从上次来时经过的一个有些偏僻的入口进入了克里姆林宫。五分钟后，知名翻译巴甫洛夫引我来到了斯大林的会议室。

第十七章　我的和平之旅——莫斯科之行及后续

斯大林已经很久没有接待西方外交人员了，1946 年后我也一直没见过他。我进房间时，他和莫洛托夫、维辛斯基已经在里面了。我们握手时，我注意到，这位当时已经七十岁的苏联领导人在四年时间里变老了一些；不过他还是像以前一样，给人精神矍铄的感觉。

斯大林首先开口。他向我表示了欢迎，还说他自作主张，相信我不会介意莫洛托夫这个联合国事务专家在场。我回答说我很高兴有他的加入，之前我也表达了想与他见一面的想法，现在这样正合我意。

寒暄之后，我进入了正题。我承认坐下来与斯大林和他最亲密的同事讲话时，我是带有一些情绪的："您不仅是一个有着 2 亿人口的国家的领导，还对总和超过 8 亿人口的数个国家有着相当的影响力。您和您的同事，通过你们的共同理念，影响着其他土地上生活着的亿万人民。至于我，其实是在执行一项个人的和平使命。我不代表任何特定政府，而是作为联合国秘书长展开此次和平之旅的。"

我说的话都一字一句地被翻译了，但没有任何回应。我可以看出他们并没有赞同或不悦的意思。于是，我按照考虑好的继续说下去，对我所看到的苏联已经取得的发展成果，向他们表达了祝贺：

"我已经来过莫斯科五次了，分别是在 1921 年、1934 年、1944 年、1946 年和 1950 年。从我第一次访问苏联到现在已经二十九年了。这是人生中一段美好的时光，这些年也发生了许多事。"翻译这句话时，莫洛托夫头一次朝着斯大林赞成地点了点头，而斯大林看起来也很理解。"我从不是一个共产主义者，但我一直努力在有关苏联的事情上保持一个客观的立场。从我首次访问到现在——尤其是 1944 年到 1946 年——苏联人民取得了长足的发展，我作为一个客观的观察者，在此向你们表示祝贺。大量的街道和房屋都重建了，还有很多在新建中。这场景让我十分惊喜。在街上走一走或者开车转一转，就能看到人们如今的生活更好了。"莫斯科街道上来来往往的新电车、汽车和巴士数不胜数，给我留下了深刻的印象，我也从来没有在莫斯科的店铺见过这么多的肉、面包和其他商品。"可能现在是时候了，"我建议道，"放松进入莫斯科的限制，让其他国家的游客们能够来亲眼见证这里的发展。毕竟，一个已经凭借自身的进取和努力而发展壮大的国家，不会因为采取亲和的态度而丧失威信。作出让步往往体现了不断增强的国力。"

巴甫洛夫坐在桌子的另一边翻译，但他没有任何明显的反应。于是，我按照计划上的第一个事项继续说下去：各国政府首脑召开一次会议的可能性。

我提起埃瓦特和我在 1948 年巴黎大会上曾呼吁，各大国领导人开会讨论当时他们之间存在的种种分歧。然后，我从文件包中拿出了联合国大会在 1948 年 11 月 3 日一致通过的决议副本，我提高嗓门说出了这项决议："恳请大国戮力同心，捐弃成见，破除畛域，奠定永久和平。"我把文件放在一边，接着说道，虽然我们的决议最初是为了柏林封锁问题做出的，而这一问题目前已经解决了，但我们的呼吁和大会的决议也同样针对其他尚未解决的问题。"埃瓦特和我准备这份文件时，"我补充道，"斯大林元帅表示准备好了与其他大国领导人会面。但我觉得现在似乎比 1948 年时更难达成一个解决方案，因为从那时到现在又积累了上百个未解决的问题。也正因为这样，每次深入讨论这件事时，我得出的结论都是一样。各大国领导人的一次会议，虽然不能解决很多事，但似乎是让各种事情开始朝着不同的方向发展最好的方式。"

在 4 月 20 日与杜鲁门总统的会面中，我提及了这种可能性。我重述了当时的对话："杜鲁门总统向我保证，他会一直欢迎斯大林前往华盛顿，他也会十分愿意尽他所能安排往返交通行程；他会调动美国最好的战舰。"我觉得我没有辜负他的信任，杜鲁门总统之前让我转达他个人对斯大林的喜爱，还让我告诉斯大林，他在波茨坦时就准备好向苏联提供 60 亿美元援助用于重建，我依照承诺就此转告。另一方面，我也同样必须坦言，杜鲁门对苏联方面毫无回应还是耿耿于怀。我引用了他的原话，杜鲁门总统说他"挨了一个耳光"，1945 年应该是有人——我不知道是谁——严重冒犯了他，除非苏联领导人先造访美国，否则他可能永远不会坐下来与他们见面会谈。"在我看来，"我说道，"华盛顿可能不是最理想的会面地点。但美国其他地方——比如基韦斯特①——可能能够满足安全和保密的需求。又或者在大西洋或太平洋找个地方会面也可以。"我想起了丘吉尔和罗斯福在二战时期的首次会面，继续说道："像瑞典或瑞士这样的中立国，又或者英国或法国也可以。"在这个问题上，我最后强调，如今全世界人民都活在对未来和战争威胁的担忧之中。"我认为必须做些什么，来结束目前的僵局状态，重建正常、友好、和平的关系。"

当时就只有斯大林开口了。他说，同样的问题在他脑海中也出现过很多次，但是在如今的情况下，各种问题和困难日积月累，仅仅靠有关各国领导人的一次简单会面，恐怕并不能在合理时间内提出一个针对所有问题的解决方案。他继续表示，毕竟各国领导人也都是凡人，这些困

---

① 基韦斯特（Key West），美国本土最南端城市，在佛罗里达群岛西南端的小珊瑚岛上，1822 年初建，1828 年设市，连接佛罗里达群岛各岛的越海公路终点。建有美国在墨西哥湾的重要海军基地和海军航空维修站，著名作家海明威曾迁居于此，其故居现已建为博物馆，同时还有一栋前总统杜鲁门的度假别墅。——译者

难和未解决的问题不计其数，也需要通过正常外交渠道经过长时间的精心准备，这样的会面才能取得成果。他最后说，我提议的这个会面并不是当前形势下非常急迫的问题，而且在哪里会面也并不重要。

在对第一个事项交换了意见后，我接着将话题转到了这次行程最关键的问题上，那就是我准备的《厘定联合国实现和平二十年方案应行注意各点之节略》。我把备忘录递给了对面的斯大林，也给了莫洛托夫一份副本。我也说明了我打算沿着这次行程来时的路再回去，与之前已经收到这份备忘录的国家领导人进一步讨论。

"这份备忘录，"我解释道，"是基于斯大林元帅和杜鲁门总统之前作出的关于各大国在不同经济和政治体制下可能和平共处的声明，以及各国表明准备好真诚地进行谈判的假设。"

我强调备忘录中第一点提出，各国外交部长参加的安理会特别或定期会议可以不在联合国总部纽约召开，而可以在主要国家首都轮流。"我觉得第一次会议在日内瓦召开或许是最好的选择。这样，外交部长们可以在午餐、晚餐上会面，在一个比较轻松的氛围下进行私下对话。他们可以有机会交流观点和意见，并避开各种媒体紧追不舍的镁光灯，而在纽约，这些往往会打扰到他们。"最后我又提到了刚刚交给他们的这份文件，告诉他们外交部长维辛斯基也收到了一份俄语版副本，就在12日星期五我到莫斯科的第一天，我就见到了他。在坐下来的时候，我一开始就注意到，在我把文件给他们之前，斯大林和莫洛托夫手上已经有备忘录的副本了。我也观察到斯大林在每一页的空白处都做了标记，这让我很欣慰。看起来他对每一段都有具体的意见。

我整理了一下我的笔记和摘要，巴甫洛夫也差不多翻译完了。接着我们开始进入让我踏上这次漫长之旅的正题，我决定不浪费这一次难得的机会。斯大林先开口了。但是他说，莫洛托夫对联合国事务更有经验，可以从苏联的角度对我的提议进行评估和讨论。

莫洛托夫的开场白延续了他往常的风格，在我看来有些不自然，或者说有些官方。他一开始就说明，他怀着极大的兴趣研究了这份文件。他理解我在努力为当前的局势斡旋。他在之后的对话中也一直用"调解人"这个词。他说如果我提出的是一个调解建议，那么他对此并不满意；另外他觉得这份备忘录的内容偏离了它的目的，在他来看是"相当片面的"。他说，其中有几点内容可以说是从"美国人"或"英美人"角度出发的，而与其他问题有关的看法也显然"美国化"了。接着，他颇为不满地说，我遗漏了苏联代表提出的提案和意见。

如此直接地开场批评让我有些不悦。我回答道："你居然找理由指责我片面，被美国或英美想法影响，我很震惊。我的备忘录是为了解决目前的问题，作为一个非共产主义者，我写得已经不能再客观了。"我被莫洛托夫的话——虽然算不上是谴责——冒犯到了，这一点情绪我也完全没有隐藏，立即为我自己的立场辩护。"斯大林元帅和莫洛托夫副主席难道没有注意到美国报纸上对我的种种批判，"我回应道，"没有看到他们如何给我贴上'斯大林的人''共产主义支持者'这样的标签，要求我'立即下台'吗?"

但莫洛托夫过于激动了，我的这些反驳都没能让他停下来。他继续坚持己见，说我还试图满足美国人的要求，在第一点中提出研究讨论"否决权的使用"和"限制否决权"问题。他坚持认为这一建议"与苏联的利益相悖，而符合美国的利益"。我回应表示"小联大"已经在处理这件事了——因为俄国人没来参会，所以其他成员国召开的会议被大家笑称为"小联大"，而且《联合国宪章》规定将考虑在1955年对其进行修订。"在起草这份备忘录时，"我继续说道，"我的想法是，安理会各大国成员最好先私下里讨论和研究一下这个问题。我认为要进行这些讨论和研究，没有任何其他机构比安理会自身更合适了。"我明确表示，否决权和否决权限制问题不容忽视。"迟早有一天，"我说，"最晚1955

年，会采取相应行动。在我看来，现在开始讨论是合适的。也正是出于这样的考量，我将否决权问题写进了备忘录中。"

就苏联的立场而言，我紧接着提醒苏联领导人，对否决权的规定目前已经有了一个明显变化，而实际上苏联也已经接受了："苏联在安理会上弃权并没有被视为作出否决，尽管《联合国宪章》规定在七票最低必要多数票中要包括五大国的五张赞成票，决议才有效。你们同意了关于否决的这项修改，未来也就有可能同意其他修改。"我进一步指出，备忘录并没有使用"限制否决权"这一表述，而是说五大国协商一致"在安理会解决和平事项程序中限制否决权的使用"。

无论他们对这件事的感觉如何，我要说明的是备忘录中关于否决权使用的内容并不只是针对苏联："实际上，我并不认为美国和其参议院会考虑完全否决权。"我自己的立场也需要明确，因为莫洛托夫一直强调"调解人"这个词，会把我此行的目的完全引向一个误区。"你要理解，"我强调，"我此次并不是以一个调解人的身份，而是以一个探索者和联合国秘书长的身份前来的。作为秘书长，我必须充分尊重多数成员国对五大国的否决权及其使用的意见。因此，莫洛托夫的话让我很失望——相当失望。"

这时，斯大林打断了我，表示他同意莫洛托夫的看法，但"一个调解人往往会受到双方的批评"。他说，联合国秘书长总会或多或少的扮演调解人的角色，而且无论是作为秘书长，还是作为调解人，都不得不做好准备接受来自争议双方的批评。"不过赖伊先生，想必你也知道，"他露出少有的微笑，补充道，"在这种情况下，中庸之道往往才是制胜之法。"

接着，斯大林将话题转向了备忘录第二点提到的原子能控制问题。他批评称，这里没有提到禁止使用原子弹。我回答说，我也认同需要禁止使用原子弹，但国际控制问题不可避免，这里的难点在于找到一个各国都可以接受的控制机制。不过他显然坚持认为，备忘录应对禁止使用原子弹一事有所提及，他强调说我在备忘录中完全没有讨论这一方面的问题。我之前就预见到了会有这样的批评，所以也有心理准备，并提出了一个建议："国际红十字会刚刚通过了一项决议，敦促各大国尽一切可能就禁止使用原子弹达成一致。我们可以做的是在备忘录中提及红十字会的决议，并追加其为安理会未来讨论的新议题。"可能是对文件进行调整或增补的这一提议得到了认可，我觉得苏联人或许会对在备忘录中引述红十字会的决议感到满意。

之后莫洛托夫提起了第三点：控制军备竞赛和有效裁减武装部队。他对这一点的主要不满还是我没有提及苏联的建议。对此，我指出，备忘录没有提出任何具体行动，而是呼吁"作出新的努力，以在某些方面达成共识"。如果备忘录成为未来安理会定期会议的基础文件，那苏联人也完全可以再提出他们的建议。"不过，"我微笑着补充道，"如果有可能通过的话，我还是希望再做一些调整。有一点必须要记得，那就是这份备忘录只是列出了一些建议，各国政府可以进行增补、修改或变更，但他们需要同意召开定期会议。最后这一点才是最重要的。"

接着，副主席评价了第四点，以及其中提出的——为打破在组建由安理会调遣的军队（《联合国宪章》第 43 条）问题上的僵局迈出第一步——"就组建一支小型军队以预防或阻止威胁国际和平的局部战争而达成一个临时协议"的建议。他指责说，这一点也反映了英美国家的观点。我回答说："并非如此。"我还转向维辛斯基寻求他的肯定。当然，这只是奢望罢了。我提起，一直以来，美国在军事参谋团和安理会都支持组建武装部队，而且还是最大可能规模的部队，而不是小规模的，这对斯大林和莫洛托夫而言是有利的，这时维辛斯基确实微笑着点头了。"美国人支持为联合国提供最大规模的空军、陆军和海军部队，而其他大国则更倾向于小规模的部队，"我试图解释，"在当前这个时间点，备忘录的目的在于，确保就基于各大国提出的建议人数而组建一支最少人数的空军、陆军和海军部队达成临时协议。这对预防或阻止威胁国际和平的局部战争来说已经绰绰有余了。同时，我也不认为会经常用到这样的军事力量。在我看来，甚至戴着蓝色臂章的联合国观察员都常常比武装部队、战机和战舰要强大得多、有影响力得多。哪怕是一支小规模部队的存在，就可以给安理会带来决定性的力量，能够支撑它关于和平解决方案的决定。"最后，我重申我在第四点上所表达的观点并不代表美国的意思："实际上，我都做好了心理准备，美国可能提出与今天我在这里听到的完全相同的反对意见。"这时，我能察觉到斯大林胡须下的嘴角露出了一些笑意。

我们的对话跳过了关于推动普遍性成员身份的第五点，苏联人接着开始讨论第六点。第六点提出向欠发达国家人民提供积极的技术援助和资本投资，从而推动其经济发展，我认为目前来说这一点是有利于斯大林的。他说："我很有兴趣看到这项重要的工作在未来几年能够继续推进拓展下去。"不过他认为，这项工作不应该在联合国之外开展，而应该仅限于组织内。我能不同意吗？我表示原则上同意，最好的解决方案是通过联合国和专门机构推动技术援助计划。我继续说道："尽管如此，我必须提醒你，支持技术援助计划的资金并不包括在联合国的日常预算中，而是来自自愿捐款，目前主要来自美国。因此，不太可能由联合国来确定技术援助的条款。要让作为秘书长的我告诉美国参议院，把它为技术援助拨款的数百万美元全部交给联合国以及其加入或与之合作的组织，这不仅不现实，在政治上也不可行。在我心中，政治是一项达成可能达成之目的的艺术。"鉴于这样的事实，联合国收到什么就只能接受，而且得知足。"不过原则上，"我重申，"我同意斯大林的想法。如果通过联合国及其有关组织提供和管理技术及经济援助，有关帝国主义、资本主义之类的批评会少很多，甚至会消失。"我知道苏联目前对技术援助计划毫无贡献，于是，我谨慎地补充道："可能也到了苏联开始为这第六点相关的重要工作作出贡献的时候了。"但这话并没有得到任何回应。

　　第七点呼吁所有成员政府给予各专门机构更多支持，尤其希望苏联加入其中。同时，这一建议还呼吁承认《国际贸易组织宪章》。斯大林略过了专门机构成员资格的问题。他强调苏联对国际贸易，或者用他的话说，"与全世界进行贸易、在小国之间进行跨境贸易、与各大国和所有其他国家进行贸易"最感兴趣。他主动表示，国际贸易组织的章程确实不错，经过一些修改后，包括苏联在内的很多目前尚未承认它的国家可能会正式承认它。不过，他补充道，章程必须以不同的经济和政治体制共存为基本点。一个会损害苏联现行经济和政治体制前景的国际贸易协定是必然不会通过的。因此，必须修改章程。他明确表示，仅仅承认《国际贸易组织宪章》并不意味着苏联贸易目标就此达成。同时，也必须处理美国和其他国家对苏联的"歧视政策"。他认为，美国在对外贸易中采取的"最具歧视性的政策都是直接针对苏联的"。必须讨论这一政策和由此导致的国际贸易限制，以期带来一些改变。只有这样，所有成员国才能够从国际贸易扩大中获益，比如提升生活水平。他似乎对这一话题很有兴趣。

　　关于这一点，斯大林跟我提到了杜鲁门总统所说的他在波茨坦时已经准备好为苏联提供的 60 亿美元援助：战后，我们国家确实需要贷款，但现在不再需要了。"我们经历了极其糟糕的四年，尽管艰苦，但所有苏联人勇敢地挺了过来。现在，我们想要的是贸易，而不是贷款。"虽然他语气稍缓和地表示，"如果有人主动提出给予金钱援助或贷款"，他也不会拒绝，但他强调这已经不再是苏联想要的了。对于他的这番话，作为回应，我提出将废除目前的"歧视政策"补充到备忘录第七点中："这样，这个问题也可以在可能召开的定期会议中进行讨论。"就此，我们关于第七点的讨论结束。这段时间，斯大林一直是苏联方面唯一发言的人。

对备忘录中的剩下几点，苏联领导人并没有什么意见；与此同时，还有很多事情需要讨论，我获得允许——为了总结我对这部分讨论的理解——提出了两个问题：

"就我理解，斯大林和其他在场的各位同意根据《联合国宪章》第28（2）条召开定期会议？"得到的答案是肯定的。

"对到目前为止的讨论，就我理解，根据本次讨论中提及的修改和补充内容，在对备忘录进行调整后，可以将其作为安理会内部或其小组委员会讨论的研究报告，从而推动形成召开定期会议的可能计划？"得到的答案也是肯定的。

接着，我提出想问一些其他问题，毕竟与斯大林见面和讨论的机会难得。这三位苏联官员立即应允，请我自便。

首先是关于专门机构的问题。我提起了备忘录第六点和第七点提到的、所有专门机构的总干事——5月3日我在巴黎行政协调委员会与他们会面——通过的决议。我说到之前曾与外交部副部长安德烈·葛罗米柯就苏联在各专门机构的成员身份问题进行过讨论，还提起了《联合国宪章》中关于联合国与专门机构的关系的条款。我继续说道："目前，除了万国邮政联盟、国际电信联盟等纯技术性专门机构，苏联只在联合国本身活动。联合国要想取得更大成果，各成员国在最重要的专门机构中保持成员身份或成为其中的成员是必要的。"我重点强调了世界卫生组织、联合国教科文组织、粮食与农业组织和国际劳工组织。"几天前我与葛罗米柯讨论时，他说卫生组织——苏联曾是成员之一，但已经退出了——是无用的。而我认为，这一说法并不正确。在我看来，专门机构的设立体现了团结的精神，而这正是我们各种国际承诺的基石。因此，我恳请苏联领导人充分考虑这一问题。或许，苏联的相应技术部门对卫生组织、教科文组织、粮农组织和其他专门机构兴趣不大。但我认为，即便如此，现在苏联也是时候积极参与到这些组织中，以帮助支持这些组织在亚洲、非洲、南美洲和世界其他欠发达地区的工作。一个国家不能只基于它想要的、对它而言有用的来选择成为一个组织的成员。"

巴甫洛夫翻译完后，斯大林微微向前倾着说他认真听了，承诺会慎重考虑我提出的问题。不过他不能保证很快就有答复：在苏联，他们有个规矩，在作出任何决定前要花时间来全面深入考虑有关问题。

下一个是关于希腊儿童的问题。我一上来就提起了1948年和1949年联合国大会一致通过的决议："所有成员国已经同意，将目前在南斯拉夫、罗马尼亚、保加利亚、波兰、捷克斯洛伐克以及东德的希腊儿童归还给他们的父母或在希腊的亲人。根据苏联提出的一项议案，1948年通过了一项决定，由国际红十字会和在有关国家的红十字会组织配合落实具体工作。但直到现在，整件事的进展令人十分失望。到目前为止，没有一个希腊孩子回到家中与父母或亲人团聚。实际上，这整件事已经被刻意阻挠了两年之久。"接着，我提起3月份的时候国际红十字会邀请这些国家的代表到日内瓦会面，但最后一个代表都没有现身。"我在布拉格时，与捷克外交部长当面聊了这件事，"我表示对这次会面深感失望，"全世界都知道这些决议已经通过了，并向作为秘书长的我发出了种种抗议。苏联邻国对这件事的处理方式，已经被近期甚嚣尘上的反共产主义宣传所利用。我认为这是有损于苏联及其邻国的。因此，斯大林元帅，我必须恳请您发挥您的影响力，结束这让人无法接受的局面，让希腊儿童重返家园。"我最后表示，应该想办法确保孩子们的父母和亲人是自由的，能够照顾回家的孩子们。"为此，国际红十字会和在有关国家的红十字会组织可以互相合作，提供安全保障。"我还提到瑞士外交部长马克斯·珀蒂皮埃尔[①]在日内瓦告知我，瑞士政府已经准备在

————————

① 马克斯·珀蒂皮埃尔（Max Petitpierre, 1899—1994），瑞士政治家、法学家和瑞士联邦委员会成员。1944至1961年主管政务部（即外交部），期间1950、1955和1960年还三次担任联邦总统。——译者

瑞士搭建校园或住所，以供所有希腊儿童在返回他们的祖国前落脚。这样，就可能确保他们回到"有人身自由"的父母和亲人身边。

这些话翻译后，我得到了意料之中的回答：没有希腊儿童在苏联，因此这一问题与苏联无关。"可能从技术角度来说确实如此，"我表示，"但协助落实大会通过的决议仍然是每个联合国成员的责任。所以，我必须再次恳请您，斯大林元帅，希望您发挥您个人的影响力来帮助解决这一问题。"这时，整个晚上一直保持安静的外交部长维辛斯基插了几句话，不过他说的是俄语，也没有被翻译。斯大林突然严肃地说了一句"孩子们属于他们的父母"，这段讨论就戛然而止了。这对先前的交流来说意味着什么，我不得而知；但我注意到莫洛托夫和维辛斯基都认真地记下了他说的话。接着，他转向维辛斯基，向他询问所有相关情况。

我看了看表，当时已经很晚了；但他们请我继续。这是我议程上的最后一点了，我决定当即提出来：这事关和平协定。首先是与德国的和平协定，我说我在世界各地都表达了希望尽早达成和平协定的想法。为了向斯大林表明西方世界对达成解决方案的重大兴趣，我分享了在巴黎时有人向我提出的一个计划："有人提议西德和东德联合制定一套德国统一宪法。在这套宪法中规定一个条款，德国保证一段时期内，比如二十五年，在东西方之间保持中立。也就是说，德国将不会被允许加入大西洋公约或与苏联、波兰、捷克斯洛伐克或任何其他国家订立协议。德国将是中立的。其边境将由其邻国负责保障，其重工业将受到控制，以确保其不会重新武装起来。邻国代表将负责有关管控，如有必要，其他国家可能提供军队和警察协助。这意味着需要丹麦、荷兰、比利时、卢森堡、法国、捷克斯洛伐克和波兰的积极参与。就我而言，"我总结道，"我可以不在这个计划上持任何立场；但我现在到了莫斯科，无论如何我还是想提一下。"

这三位俄国人听了翻译后，并无置评。他们似乎不想透露他们的想法。

不过，还有一个关于柏林的选举问题，于是，我继续说道："我从报纸上得知，苏联要求西方国家的部队撤退，以此作为进行选举的条件。我了解到，美国、英国和法国已经以必须有充分的监督和控制来确保自由选举为由拒绝了。"在读了有关新闻报道后，我想到联合国或许可以就这一情况提供帮助。"显然，"我说道，"必须让柏林公民在不受任何压力的情况下自由、独立地进行投票。鉴于当时的情况，联合国可否提名一位专员来确保选举以自由和民主的方式进行？如有必要，这位专员可以支配警察和军队，而这些警察和军方人员可以由中立国家来提供。"我请斯大林考虑这一建议。"在未来，如果苏联领导人和在场的有影响力的苏联政治家面临类似的问题，他们可以想想联合国或许能够提供帮助。"斯大林说他会考虑我提出的想法。

最后，我提起了与奥地利的和平协定，我说全世界都会乐于看到现在就签署这份协定。就我的所见所闻而言，我了解到实际上已经可以签署这一协定了，但最后一步却一拖再拖。"与奥地利的和平协定，"我说，"应该是目前形势有所改善的一个信号。必须打破当前的'僵局'，无论从哪一个地方切入。从我个人来说，我认为第一步应该从与奥地利的协定开始。"斯大林只是再次表示他会考虑我的想法。

这时已经过了11点半。我觉得我们之间的对话也已经持续得够久了，于是，我对这次能与他们会面表示了感谢，道了晚安，返回了酒店——就像我来时一样，一个人回去了。

5月18日，我离开莫斯科前往巴黎。

再访巴黎

在与斯大林会谈后，我第一个见到的欧洲政治家是法国外交部长罗伯特·舒曼。5月20日下午5点，我们在他位于奥赛码头的办公室坐下来聊了聊。

舒曼从他的抽屉中拿出了我之前交给他的备忘录，说他认真研究了。我可以看到他在文件边上做了一些笔记。总的来说，他认为，为达成和平与谅解而作出努力，这是一份不错的计划。虽然法国政府还没有商议此事，但总理皮杜尔已经详细研究了这份备忘录。两天后，我在与皮杜尔的会谈中确认了这一点：显然，他对这份文件和其中的内容也很熟悉。

我讲述了在莫斯科发生的事，说基于中国代表权问题得以解决的假设，苏联接受召开安理会定期会议的提议。

舒曼表示，他相信不同经济和政治体制可以共存。事实上，这是当前政治局势下唯一可能的解决方案。任何其他选择都迟早会引起世界大战和浩劫。个人而言，他也同意召开安理会定期会议，他认为如果我们花时间为这些会议制定切合实际的议程，我们就可以相互理解、谨慎耐心地讨论出双方都能接受的提议。但我们也必须注意不要对这些会议抱有错误的幻想，他补充道。他还担心美国可能会犹豫，英国也有可能。他承认，近期在伦敦与西方各国外交部长对话后，他有这样的感受。

舒曼也同意，应该对否决权问题展开讨论。法国一直以来的观点就是，应该尽可能地限制这类权利。不过他认为，各国很难较快就此达成协议，应该通过几次定期会议来研究这件事。鉴于到1955年才会对《联合国宪章》进行修改，应该通过年度报告记录取得的进展。法国对管控"大规模杀伤性"武器和限制军备竞赛的观点与备忘录所述一致。

"我仅代表我自己发表看法，"他总结道，"但我了解法国人民，他们一定会同意我的观点和评论。您可以当然地认为，法国会以赞成票支持您的各项建议。法国认为，联合国是唯一可以带领世界实现持久稳定的和平的组织，因此，对于为结束这场'冷战'而作出的任何努力，我们都会给予积极支持。"

我们起身，舒曼感谢我花了这么长时间，不辞辛劳地赶往莫斯科，说访问四国政府既是我的权利也是我的责任。对我为团结各大国而作出的努力，不管别人说什么他都不会理会，这一点他觉得无需说明。"对您现在所做的一切，法国非常感激。我们也会尽我们所能提供帮助，以结束目前的艰难处境。"他最后这么说道。

再访伦敦

我走进外交大臣欧内斯特·贝文的办公室时，他很艰难地从椅子上起身。他看起来很疲惫，眼睛总是一闭一闭的，他明显承受着很大的痛苦。我们握手后，他先告诉我，他进行了一次手术，而且很快要回医院去。这种情况下，我决定不谈任何有争议的话题，就简单说一下在莫斯科和巴黎的会谈内容。他在听我讲的时候有些心不在焉。

他唯一打断我的时候，就是我提到斯大林在讨论第七点国际贸易问题时提及了他的话：斯大林认为《国际贸易组织宪章》不错，但俄国人希望进行一些修改。贝文插话说，俄国人并不是真的想要进行国际贸易。他们在贸易协定谈判时对有些国家也是这么做的，为的是强行让这些国家接受他们想要的条件。他似乎越来越兴奋了。"我真的已经尽我所能，"他继续说道，"努力想与俄国人达成一个一般贸易协定，我甚至派贸易委员会主席哈罗德·威尔逊前往莫斯科。但跟他们达成一致是不可能的。"

接着，贝文从桌上拿起一份蓝色的文件，读了起来——不管在什么时候，我印象当中他总是在读文件。他开始讲道，在进一步商讨之前，英国不会同意召开安理会定期会议。目前主要也是最重要的任务是，坚定不移地推动建立北大西洋公约组织，以及团结大西洋两岸的相应国家。这意味着力量，而俄国人唯一会尊重的也就是这种力量。

这最后一点，我也赞同；但当他表示英国政府不愿配合联合国在当前形势下提出的任何具体倡议时，我有些不安。贝文说，除非俄国人通过行动证明他们已经改变了心意和想法，否则在他担任外交大臣期间，他不会参与任何与俄国人的新的讨论或者谈判。他们必须通过行动和让步，证明他们准备好了来谈判，而且值得与他们一谈。他们必须证明他们愿意接受和尊重规则。不能允许他们继续像现在这样施压，继续在联合国搞退席和抵制。他最后说，作为劳工领袖，他已经参与到驱逐共产党的行动中，因为他们从不注重规则。作为外交大臣，自二战以来，他对俄国人及其行为的看法就没有变过。

接着，贝文把话题转向了我备忘录中提出的召开科学家会议讨论原子能问题的建议。他告诉我，英国政府不赞成召开这样的会议。这可能引起混乱。科学家们会面后，他们的言论只会吓到普通人，而这也只会对俄国人有帮助。总之，原子能以及核武器和大规模杀伤性武器的管控是政治问题，必须由各国政府来决定。

他继续读他的蓝色文件。关于第九点，他告诉我，联合国对殖民问题的处理以及对英国的误解，英国一直以来都很不满意，为帮助尚未独立的人民实现自由，英国做的比任何国家都要多，但英国非但没有得到认可，反而在联合国遭到了各种恶意批评和令人不快的攻击。与殖民地重大社会和经济发展有关的所有问题，最好还是留给管辖他们的国家。我打断他，一个联合国委员会近期访问了非洲一些托管领土，并在日内瓦提交了一份报告，我问他是否对此不满。不过，他否认了，然后又继续诉苦。他已经派了"英国的最佳人选"——阿瑟·克里奇·琼斯①——来处

_____

① 阿瑟·克里奇·琼斯（Arthur Creech Jones, 1891—1964），英国工党政治家。1935 年当选国会议员，专注于殖民地事务。1945 至 1950 年在工党政府的殖民地办公室任职。1954 年再次当选国会议员。——译者

理这些问题；但他所有的报告都给人感觉，联合国没有以一种正确的方式处理这些重要问题——至少对英国而言是这样。

对备忘录的第九点，贝文显然是不悦的。为了换个新话题，我提起了近期在伦敦召开的西方各国外长会议，我说对他们发表的公报"相当满意"。他脸上露出了片刻笑容，叫他的秘书拿一份公报的副本过来。我从我的公文包中拿出了一份副本，从第二点开始说——"让我真的深感欣慰的一段话"：

> 他们重申，他们的政府将继续坚持《联合国宪章》的各项原则，他们坚信，所有自由国家正在为维护世界和平与人类福祉不断努力，而根据条约采取共同行动是其中不可或缺的一部分。

接着我又引用了第五段的一段话：

> 考虑到他们国家的实力以及对和平的愿望，各位外长已经准备好抓住一切机会，对各项国际问题达成一个真正的、长久的解决方案。

然后，我十分小心地提醒他，他一开始说如果俄国人不能证明他们改变了心意，英国对定期会议不会有任何兴趣，这与各位外长"准备好抓住一切机会，对各项国际问题达成一个真正的、长久的解决方案"的公开声明有出入。

"如果不尝试召开会议进行新的谈判，"我坚持道，"如果我们就坐在这里等着对方有一天让步，我们可能就没有时间了，会有新的冲突发生的危险，甚至可能导致第三次世界大战。"但贝文并不赞同。《北大西洋公约》绝对是首要的，其他任何事情都得排在后面。不过，如果时间和条件有利的话，他也不会反对在联合国内部进行谈判。

像往常一样，我们友好地告别，我祝他早日康复，然后离开了。

当天 6 点，我来到唐宁街 10 号拜访首相艾德礼。门口的警卫友好地欢迎了我，我记得之前的几次来访也见过他。"希望您给首相带来好消息，赖伊先生"，我经过门口时他礼貌地说。我也这么希望。同时也意识到，这说明平民百姓每天也都渴望着和平的到来，这让我感到很开心。4 月底，我的和平之旅刚刚开始时，曾在格林酒店碰到过一个电梯员。"我们一直期待着您的到来，赖伊先生，"随着电梯到达我的楼层，他说道，"现在有很多外国官员和军事代表团在伦敦。我们在问自己什么时候一切会重新开始。不过，我们很高兴您能来，因为我们知道您是为了和平而来的。"

与艾德礼坐下来谈一谈是不错的体验。他说得少，听得认真，容易相处。不过他可能有个问题：他表面上同意，导致对方期望得到一些积极的结果，但实际上对方的期望却又落空了。我不禁想起了 4 月底在这里拜访他的情形，那次我解释了自己此行的原因，强调联合国是通过调停的方式来处理所有未决国际问题的唯一场所，这需要各国的支持。当时他看起来是同意的。"确实，"他态度坚定地表示了赞同，"您说得对。"

我开场就提起了与外交大臣的会面，毫不掩饰我的失望："我在 4 月的时候就与首相和肯尼思·杨格进行过会谈，但现在却得到了一个我无法预期到的答案。"我说，当然每个人都有权利表示怀疑，要求拿出证据；贝文肯定就是这么一个人。但是，怎么会有人能拿出确凿证据，证明冲突的一方会在谈判开始前就作出妥协呢？我肯定不会说我有什么证据能证明俄国人改变了心意。他们只是愿意会面而已。"毕竟，没有人会在圆桌上坐下来之前就放弃任何东西。"我说道，而这次的圆桌就应该是各国外长参加的安理会定期会议。艾德礼理解地点了点头。

"不过，我还是可以将贝文的否定回答理解为英国政府的全部答复吗？"我问道，艾德礼缓缓地表示了肯定。不过他停顿了一会儿后补充说，他可以打个电话，要求再次见面商议一下这件事；内阁也可能再对这个问题进行一次讨论。对于再次会面，我表示了反对："贝文现在身体不好，我觉得你们或者内阁进行新的讨论会给他的健康带来负面影响。"艾德礼同意了，看起来好像松了口气。我告诉他，我会尝试就我访问伦敦这件事起草一份不作任何明确表态的公报，并向媒体发布，这时我更感觉到他的如释重负。"比如，我们可以说'真诚谈判'的大门在伦敦一直敞开着，"我建议道，"我认为我需要英国的支持和善意。如果我能够直接与首相沟通，我将感激不尽。"艾德礼再次表示了同意。

接着我简单介绍了一下我们上次会谈后发生的事，以及我在莫斯科得到的关于各国外长参加安理会定期会议的提议和召开一次四国政府首脑会议的反馈。斯大林说领导人不可能自己解决所有问题，艾德礼似乎对这句话最感兴趣。他说，1949 到 1950 年之交的那个冬天，杜鲁门在新闻发布会上也表达过同样的看法。我们都认为，目前来说，促成一次各国政府首脑会议的可能性不大。

我接着说，相关西欧政府领导人和公众对我此行表示的理解、赞同和支持，真的给我带来了莫大的鼓舞："我非常感激，尤其是下议院 145 位议员通过决议表达对我此行的认可和支持。"尽管如此，从我所见所闻来看，我深信，当前的国际政治形势将给世界各国领导人的政治才能带来一场极大的考验。"是否有可能将《北大西洋公约》推动的防御工作与联合国促进世界和平的努力结合起来，还有待观察。1949 年《北大西洋公约》签署时，各西方民主国家的人民确实感到满意，这也完全可以理解。深陷战争和俄国人侵略的担忧，人们都十分无助，他们确实很高兴能看到有这么一个协定，向他们保证得到美国的支持与配合。虽然军事力量上的平衡也是必要的，但仅仅构建强大的防御力量是不够的，"我强调，"仅仅让各国愿意提供更多军事支持是不够的。广大人民想要和平的生活；他们不想要战争。东西方冲突已经让他们筋疲力尽，他们最担心的是成为这两大集团之间新的致命冲突的受害者。"

经首相首肯，我冒昧建议，如今英国比以前任何时候都更应该积极地支持联合国的工作。"通过安理会常规的定期会议，我可以看到东西方之间的理解开始得到改善的可能性。当然，这些会议都需要提前进行充分的准备，只有在我们准备的临时议程有希望得出成果时才能召集会议。不能给人们幻想。如果即使我们尽心竭力，也没能在这些会议上得到想要的结果，那就只能怪那些对此负责的政客了。"

像我们之前的会面一样，我感觉首相是持认同态度的。我再次提起英国在当前国际局势下的战略政治立场。"在我看来，毫无疑问，现在英国比以前任何时候都应该扮演一个领导者的角色。"

我起身告辞，首相就这次谈话向我表示了感谢，并向我保证这次访问不会是徒劳的。他还表示希望国际形势会有好的转机。

再访华盛顿

5 月 29 日，周一，上午 10 点半，我来到华盛顿国务院，我约了国务卿艾奇逊和助理国务卿希克森，这次陪同我的还是助理秘书长拜伦·普里斯。国务卿确定了这次会面的时间，这是他从伦敦"西方国家外长会议"回国后的第一个会约。我了解到，他想在与总统见面前以及两天后的国会发言前与我先谈一谈。

整个氛围都很友好——从美国方面来说——还有些急切。毫无疑问，艾奇逊很想了解我访问伦敦和巴黎的情况，尤其更想了解我莫斯科之行的情况。美国外交人员已经好几个月没有与斯大林沟通了。

我照常简单介绍了一下伦敦、巴黎和布拉格之行，最后详细回顾了在莫斯科的情况。我描述了斯大林和他的同僚收到备忘录后的反应，以及他们对其他事项的评价。艾奇逊和希克森都问了我对于副主席莫洛托夫在国际事务上的活跃程度的印象；当我说起四位负责美国事务的官员——索伯列夫、葛罗米柯、维辛斯基和莫洛托夫——时，国务卿评价说："这确实就是他们最好用的人了。"

从接下来的对话看，国务卿显然在我的备忘录上花了不少精力。艾奇逊桌前放着这份备忘录和一些想必是与之有关的其他文件；不过，这天美国方面没有给出什么具体的反馈。希克森表示，美国会准备好在合适的时机提出各种建议。"我进入了讨论的决定性阶段，"我解释道，"目前为止，我一直只是在摸索；但现在我必须决定是单独发布这份备忘录，还是将它放在我的年度报告中，抑或是把它附在我对各大国的意见中。"我表达了对最后一个方案的疑虑，这或许不是一个明智的选择——国务卿对这一点表示了认同。

"我们很乐意将您的备忘录作为讨论的基础，"他向我保证，"因此，我们不会对您说'不'……我觉得您关于'进行各种探索'的那些话很有启发，也很有用，您可以放心，收到请求后，我们会准备进一步考虑所有相关事项。"

12 点 45 分，杜鲁门总统和艾奇逊在白宫的办公室接待了我，普里斯还是与我同行。

除了中国代表权问题（详见第十五章），我跟杜鲁门总统的谈话内容主要集中在我与斯大林的对话，这也是他比较感兴趣的点。

我告诉杜鲁门总统，斯大林元帅接受了在未来某个时间与他会面的建议，但斯大林强调，必须为这次会面做精心的外交准备，而且只有在有一定可能达成一致意见的情况下才会面。这期间，杜鲁门总统多次点头。在说到其他几点时，他也有类似的反应，不过他只发表了三次看法。

我提到我向斯大林提起总统个人对他的喜欢，杜鲁门总统插话说：

"我确实喜欢他，相信他也喜欢我。"

我提起《国际贸易组织宪章》和《哈瓦那宪章》，斯大林指责说这是对苏联经济体制的歧视，艾奇逊打断我，提高了嗓门说："这完全是胡说！"杜鲁门总统也这么说。

当说到苏联与欧洲其他国家的关系时，杜鲁门总统第三次表达了他的看法。他说，事情的真实情况是，土耳其、希腊、挪威和其他很多国家都生活在对苏联的恐惧中，而没有一个邻国是害怕美国的。

在这次会面结束时，杜鲁门总统诚挚地感谢了我，"我觉得您做了很多好事"，他最后说。

后续

回到成功湖后，我决定是时候把我所做的事情正式告知所有成员国政府了，不过还不是时候透露四大国领导人对我和平方案备忘录中各点建议的初步看法。可以说，通过与他们的对话，我确信在各国政府的外交政策中，联合国仍然是一个首要的影响因素，就特定未决问题重启真诚谈判还是有可能的。

显而易见，如果联合国各成员国对安理会常任理事国——中国——的代表权问题上还存在严重分歧，上述事宜就难以取得重大进展。因此，很有必要先解决这一问题。

我要求所有政府密切关注我的这份关于制定二十年和平方案的备忘录。我还告诉他们，我可能会在合适的时机正式向安理会提交，并将它放在下一届联合国大会的临时议程中。

我希望在我的信中对斯大林元帅在我们的对话中提出的两点异议作出回应。关于涉及原子能的第二点，我引用了红十字国际委员会向各国政府发出的呼吁，希望他们"尽其所能在禁止使用原子弹和广义上的

'暗'武器上达成协议。"我认为这一点与斯大林坚持将禁止使用原子弹作为原子能相关讨论事项之一是一致的。关于第七点的联合国专门机构工作，我指出，欧洲经济委员会执行秘书纲纳·缪达尔与欧洲各国政府的对话已经强调，需要作出进一步努力，让国际贸易摆脱危害商品自由流动的限制和歧视性做法。加上这一点是为了回应斯大林关于限制和歧视的控诉，也是因为我个人对这些贸易政策的反对。

6月2日，也就是6月6日备忘录公布的四天前，我也谨慎地与马利克分享了我的信，请他给点意见。

6月6日周二上午，他来到成功湖，给我带来了一封简短的俄语信，他的翻译如下："您的信体现了备忘录发布之后取得的进展，但进展甚微，无足轻重。在您访问莫斯科时的谈话中就已经表达了苏联方面的立场。"

对此，我回复说，我很感谢苏联至少承认了我们取得了一些进展，虽然只是"无足轻重"的进展。"我也很感谢你告诉维辛斯基，如果苏联现在真的准备好为解决问题采取一些行动，那我的工作会大大提速。在英国和美国，他们说苏联不会作出一丝一毫的让步。如果贵政府不拿出更加积极的和解态度，那无论做什么也没法结束冷战了。"

这是我在发布备忘录和信之前与各大国的代表所进行的最后一个对话。

十九天后，朝鲜战争爆发，使得我为打破大国僵局所作的所有努力付诸东流，如果没有这件事，后续会发生什么，谁也说不准。尽管如预想的一样，各大国领导人对谈判的态度比较冷淡，对双方的权力较量还有明显的心结，但他们对我这次出访的反应还是让我受到了一些鼓舞。无论如何，我都准备好了继续努力。比起各国政府，普通民众的支持更让我坚定了这一信念。

在整个旅途中，我感受到了普罗大众的关注和支持，虽然他们只知道我在争取把各大国重新拉回到同一张桌子上。在伦敦、巴黎和日内瓦，无数信件、电报、鲜花涌入我的酒店房间，回到成功湖后，这浪潮也完全没有退散。各种邮件淹没了我办公室的通讯部，所以有必要发表一份公开的感谢信，来表达我的谢意。这也绝不是所有政治家都熟悉的那种有组织的信件攻势。我也清楚地意识到，一些西方政治家担心，当时正在进行的共产主义和平运动会"利用"我的出访来破坏为和平作出的真诚努力。但大部分信件都是自发的，都是人们发自内心写下来的，并没有受到任何虚假宣传推动的影子。

我在世界各地见到了联合国协会的代表团，以及致力于建立更好的国际关系的其他公民团体。在法国，一个有着300万成员的退役老兵组织表达了他们的支持。还有我提到的英国下议院145位议员签署的决议。然后还有很多个人向我表达了支持，包括前面提到过的唐宁街10号门口的警卫和我在伦敦酒店里碰到的电梯员。

同样让我印象深刻的还有联合国专门机构领导人的支持和团结。5月在巴黎召开的行政协调委员会半年度会议上，一些在当今国际社会举足轻重的人物都出席了：联合国教科文组织的詹姆·托雷斯·博德、国际劳工组织的大卫·莫斯、联合国粮食与农业组织的诺里斯·多德、世界卫生组织的布罗克·奇泽姆博士、国际民用航空组织的爱德华·沃纳、世界银行的小尤金·布莱克、国际货币基金组织的安德鲁·奥弗比、国际难民组织的布兰查德、国际电信联盟的杰拉尔德·格罗斯、万国邮政联盟的富尔克·雷迪斯和国际贸易组织临时委员会的温德姆·怀特。在我回顾了目前的政治形势，解释了我到访四国首都的感想后，这一群杰出的领导者一致同意作出一份直接的、强有力的声明，肯定联合国在成员资格普遍性原则下按计划为实现和平所采取的积极行动。"我们也相信，所有政府有必要作出新的努力，就让他们产生隔阂、阻碍经济和社会进步的政治分歧进行协商和谈判。"他们说。同时他们还呼吁

"尽快解决联合国内部目前存在的政治僵局"。

这份声明对我与政治家们的对话很有帮助。6月6日，在我发给所有成员国的和平方案提案中，我随附了一封信，其中也包括了这份声明的内容。

我的这次出访所得到的关注程度，是我从未预料到或期待过的。以前很少甚至完全没有听说过联合国的很多人，现在意识到了它在争取和平的斗争中有着多么重要的意义，纷纷对联合国表示了支持。

我相信，这一切都会以这样或那样的方式对后续发展产生影响。

各大国的领导人清楚地了解到，人们不仅想要和平，他们还想要他们政府做的不只是建立防御联盟和武装力量的政策——虽然有必要。他们不想一直惶惶不可终日，不断为军事安全预算缴纳各种税、进行投票，除了最终爆发世界冲突外，一切都遥遥无期。他们希望他们的领导人能采取建设性的积极行动，来支持联合国和《联合国宪章》，为避免第三次世界大战作出努力。

1950年6月25日之后，很明显，我们不得不等到朝鲜战争结束，才能推动二十年和平方案中提出的最初和主要目标。尽管如此，我认为即使在当前形势下，联合国大会对这十点建议进行讨论还是会有帮助的，因为这种和平方式不会随着时间的流逝逐渐失去作用。于是，我将方案提上了大会的议程，为期两天的辩论在1950年11月18日和20日进行。事实证明，代表们对我的建议背后的理念有很强烈的兴趣，而且都是比较积极的。当然，我在朝鲜问题上的立场激起了苏联人的满腔怒火。苏联外交部长安德鲁·维辛斯基在他的发言中这样评价我的出访："这里说特里格夫·赖伊带着他的备忘录从莫斯科返回。但事实并非如此，他其实是带着他的备忘录来到了莫斯科，而这之前备忘录已经先后获得了美国国务院、英国外交部和法国外交部长舒曼的认可。换句话说，这份备忘录是先得到了整个反对和平的阴谋家团体的批准，最后才出现在我们莫斯科的眼前。"尽管如此，维辛斯基强调"有必要根据他提出的意见对这份备忘录进行修改"，但他也表示苏联"准备在这项工作上予以配合"，而且苏联同意"秘书长备忘录中提出的想法，有可能通过联合国成功采取行动来结束所谓的冷战，巩固和平"。

虽然有一些针对我的人身攻击，但我对整个高层级的讨论和结果还是很满意的。维辛斯基的修改意见以惨败收场，只得到了 5 票支持。由此，联合国大会以超过 50 个成员国的赞成票通过了一项决议，认可秘书长提出的倡议，要求相关联合国机构考虑备忘录中与之有关的具体内容，并在下一届大会上汇报取得的进展。

这也是这项和平方案的当前命运。我之所以说"当前"，是因为它新的历史主要篇章尚未开始书写。这十点中的每一点，到如今也还是像 1950 年时那样一样适用。实际上，就算现在重新写，我也会几乎一字不改地重复其中的内容。为实现长久和平，无论何时何地，我们都需要沿着 1950 年 6 月 6 日确定的大纲一步步推进。

在本章的最后，我想说，正在发生的一些事让我深受鼓舞。大国谈判已经重启。六年后，各国外交部长再次会面，虽然并不是在安理会的定期会议上，但我相信这一天迟早会到来。在联合国内部，大会已经召集各大国进行非公开会议讨论原子能问题，美国总统艾森豪威尔带来了建设性的优秀提案。他在发言中强调采取新的方式来打破旧的僵局，我听到这话时不由地想起了我和平方案中的第二点："有一种可能的方案是召开一次科学家会议，关于推动原子能的和平使用，他们的讨论可能带来很多新的想法……而联合国原子能委员会可以在之后进行探索……还有很多其他可能性可以为全新的开始提供依据；我们应该探索每一种可能性。"

自 1950 年以来，联合国技术援助扩大计划已经取得了很大的进展。当年我在莫斯科呼吁斯大林加入，如今三年后，苏联已经作出了他们的第一个承诺。

我希望这些都是风向标。巨大的问题和危险仍在眼前，但如果世界坚持走这条路，我相信我们会发现，随着时间的推移，我们将稳步前进，越来越有希望实现持久和平。

第十八章　我的任期延长

　　作为秘书长的五年任期即将结束，但我个人陷入了一个极不舒服的处境。1950年10月和11月初，关于秘书长个人出现了前所未有的激烈争论。关于我对继续任职的真实态度——无论是连选连任还是延长任期——有各种各样相互矛盾的说法，对我的描述也从"欲擒故纵"到冷血的官场玩家，五花八门。我是否真心反对过任何继续任职的计划？我有没有在压力下暗中改变立场，而在公开场合继续说不？还是我曾积极努力争取继续待在这秘书长的位置上？

　　实际上，这三件事我都做了——而且还就是按照这个顺序。最后这一步是被迫为了捍卫我在这个职位上的诚信和我自己的荣誉。1950年发生的一些事件完全改变了我的想法：一开始，我只是个疲惫不堪的公职人员，对能有机会在"合适的时机辞职"还心怀感激，但到最后，我坚定地认为，我不能允许自己因为履行了职责反而受到惩罚被赶下台。最终，一些超出我控制的事件为我做出了决定。

　　在一系列促成我的秘书长任期延长的事件中，第一件事发生在1949年10月1日，纽约公园大道680号苏联代表团驻地。当时是安德烈·维辛斯基为一些代表举行的晚宴——只要他愿意，他就能成为一个最有魅力的东道主，他总是带着轻松的笑容，而且随时都能讲出各种段子。那天晚上，他挥洒自如地进行着各种交际，努力地劝说着客人们，如果不顾苏联的反对而把南斯拉夫选进安理会，就会违反在伦敦达成的"协议"，把东欧的席位让给苏联的盟友。在饭桌上，他与罗慕洛将军、帕迪拉·内尔沃、何塞·阿尔塞博士，还有我正兴致勃勃地聊着，突然他就把话题转到了一年后的秘书长选举上。在听了在场各位的想法后——让我感到尴尬的是——他随即宣称说我是他能想象到的苏联会支持的唯一候选人。第二天，当这一消息泄露给了媒体时，真是让我感到更加尴尬。

来年1月，我私下里获悉，挪威外交大臣收到了挪威驻苏联大使的一份备忘录，报告了与苏联外交部美国司司长、前联合国助理秘书长阿卡迪·索伯列夫的谈话。当被问及苏联将在1950年大会上支持哪位候选人担任秘书长时，索伯列夫曾回答说，莫斯科只考虑一个人，那就是我。5月15日，我的四国首都和平之行来到了莫斯科，当时我出席了一个午餐会，葛罗米柯、津琴科、索伯列夫和行政主管海尔格·阿克雷都出席了；在那里，维辛斯基再次说明了苏联的意向——尽管苏联批评我支持"马歇尔计划"和《北大西洋公约》。

在其他地方也有类似的活动。6月14日，在我从莫斯科回来后不久，美国驻安理会副代表欧内斯特·格鲁斯大使举行了一场晚宴，在那里我了解到美国国务院的一些想法。助理国务卿约翰·希克森在晚宴前把我拉到一边，上来就问了几个关于我四国之行的问题。他突然问道："你相信俄国人吗？"我回答说："无论我们信不信任他们，这场游戏我们都必须在不损害基本原则的情况下继续玩下去。"最后，他终于挑明了心中所想，私下告诉我，国务院"经最高权力层批准"，已确定我为美国新一届秘书长的候选人。他问我是否会接受提名，我回答说，我已经决定辞职。只有事态发展表明联合国的利益确实需要时，我才会考虑再多干一两年。"再干五年无论如何是不可能的。"我说。后来，我从挪威驻联合国大使阿恩·桑德那里听说，美国代表团的副团长和候补团长欧内斯特·格鲁斯和约翰·罗斯也一直在追问是否可以说服我继续留任。

这一切都令人受宠若惊，但也支持了我先前的决定，那就是现在是离开的时候了。1949年12月16日，我发表公开声明说"我不是重新任命的候选人"，这是正确的，我应该坚持。作为秘书长，我的首要目标是创造一个完全公平公正的记录，而现在对立阵营的双方都支持我就是最好的证明。一个积极履职的秘书长，在国际事务的漩涡中搅合了五年后，不可能指望有更好的个人诚信证明了。是时候回家了。正如我在1949年12月13日写给挪威的女儿和女婿的信中所说的那样："在我看来，我已经完成了我的职责，只要我能够度过这最后一年，全身而退，我就心满意足了。"1951年2月1日，我将以联合国首任秘书长的身份"顺利完成比赛"。我特别引以为豪的永久总部大楼也将接近完工；尽管"冷战"愈演愈烈，但联合国组织本身将团结一致，维护和平的希望；尽管有种种失望和困难，但这是一段充满荣光的历史，我可以在双方的支持下安然而退。

接着6月25日就来了，我发表了对朝鲜战争的立场。很快7月8日，苏联作家列夫·奥沙宁就在《文学报》上发表了一篇言辞强烈的批评文章，题为《特里格夫·赖伊的伟大与堕落》。在这第一击之后，《真理报》于7月13日又发表了一篇题为《世界各国人民正在牵制侵略者》的文章，其中几乎包含了苏联对我在这件事上发挥的作用的标准评价。

《真理报》此举并不完全出乎意料，因为差不多两年前，1948年9月我发表赞成"马歇尔计划"的声明时，这家报刊就义愤填膺了——这也许是一种有意的警告。虽然马利克在8月回到安理会的时候，对我的立场保持了沉默，但还有其他来自莫斯科的攻击言论；很明显，如果局势不发生根本性的变化，苏联将不再支持我连任。我的第一反应是感到欣慰，因为虽然离我的任期结束还有整整八个月，但这通发言已经促成了我的离场。

后来我开始重新考虑这件事。尽管我当然对苏联新闻界不公正的人身攻击感到愤怒，但我可以容忍这些攻击，因为我知道我在朝鲜问题上的立场是正确的。然而，这给联合国方面却带来了令人不安的影响。由于我作为秘书长在朝鲜问题上的干预，我显然已经成为苏联方面的眼中钉。如果我离职，无论是我自己选择的还是成员国选择的，苏联会不会把它解释为一种胜利，相应地也就是我所代表的立场的失败？我不介意在大国之间的斗争中被当作政治足球踢来踢去。但另一方面，我也不希望我的离任被看作，是因为我在朝鲜问题上的立场而被苏联打败并受到了惩罚。

到了9月初，我都不知道该怎么想了。谁将成为下一任秘书长，长期以来一直是各大媒体猜测挑战的热点话题，尤其在最近莫斯科反赖伊趋势日益高涨的情况下。然而，大多数报纸都认为，尽管苏联和国民党明确反对，但我可能被迫继续留任。我的结论是，如果美国、法国和英国希望我为捍卫联合国的政策而继续做下去，我可能不得不接受再任职一两年，以此作为阻止苏联在政治上胜利的手段，但在任何情况下我都不会接受一个完整的任期。

这一阶段开始有传言说，如果有延长我任期的提案，俄国人可能投弃权票；这种传言有一些间接的支持。9月中旬，苏联外交部长维辛斯基抵达纽约——令人惊奇的是，他见到我满面笑容，态度亲切；但他没有主动表明苏联对下一任秘书长的立场。我请我的助理秘书长、俄国人康斯坦丁·津琴科就这一点向苏联代表团打探情况，以便我能够一劳永逸地作出决定；但马利克和维辛斯基与他保持了一定距离。第五届联合国大会于9月19日星期二在法拉盛草原公园拉开帷幕，几天后，我听到报告说，当时在纽约的贝文、舒曼和艾奇逊先生举行了会议，同意请我继续担任秘书长两年。

第一个佐证出现在9月22日，我和妻子在格兰斯顿大厦举行的晚宴上，艾奇逊和维辛斯基也是客人之一。在其他人离开后，艾奇逊和格鲁斯大使多待了几分钟，他看起来兴致很高。大家就各种话题闲聊着，直到他突然极其开心地高声说："好了，问题解决了。你的探亲假没了：你得继续做下去。"当时他就是这样说的。我觉得对于一向冷静沉着的国务卿来说，这非常"不艾奇逊"。

三天后，我在另一次晚会活动中见到了英国外交大臣贝文。我告诉他，那一周他在大会上所作的讲话令人鼓舞，我很欣赏。我也对他如此良好的幽默感感到有些惊讶。"确实，"他说，"联合国现在已经取得了一定发展。我也并不是一直喜欢它，我相信你在许多场合也夸大了不少。但大家或许有必要团结起来。现在联合国已经成为了一个可以为和平而努力的组织，有了说到做到的能力……我希望我能看到你继续从事这项工作，现在我们已经走上了正确的道路。"欧内斯特·贝文的这些话让我感到很高兴。

几天后，法国外交部长罗伯特·舒曼打电话到我的办公室告别，他说，他要带着对联合国比以前更美好的印象回国了。"我希望，"他最后说，"明年我回来时，还能在你的办公室里见到你。"不久，安德烈·加内姆在法拉盛的一个走廊里碰见了我，他还是他一贯的作风，甚至连打开话题的托辞都没有，就向我抛出了问题："关于你的职位和你的新任期，我能为你做什么？如果你有什么需要，尽管告诉我。现在是为你达成目的做些安排的时候了。"我有些惊讶。安德烈·加内姆当时是行政和预算问题咨询委员会的成员，在法国外交部有着举足轻重的地位，与法国各届政府关系非常密切，在外交界被称为"灰色阁下"。他此举只意味着一件事：我是法国的候选人，毫无疑问，代表团收到了这方面的指示。

当时据我所知，三个大国都同意请我继续留任。在这种情况下，我在考虑了所有的利弊之后，决定我应该接受延长任期。但我不想在这时候正式接受。只有三个大国非正式地表示了支持；苏联还没有消息。

时间很快就开始紧迫起来。大会现在已经开了一个多星期，但在选举秘书长的问题上刻意保持了沉默。我开始发现我的处境非常尴尬。在不知道是我还是其他人将要在1月之后执行决定的情况下，很多日常的事情就难以拍板。在委员会会议和与代表们的谈话中，我不断地收到、听到或看到关于"赖伊未来几年应该在某种事务上采取这样那样的方针"的发言和意见，虽然我试图与新闻记者们"至少保持20步"的距离，但保持沉默越来越难。

我认为和格拉德温·杰布讲清楚至关重要。他是安理会9月的轮值主席，也许可以在这个问题上帮我拨开迷雾，让我安心。9月的最后一个星期，他在牡蛎湾举行了一个晚宴，我见到了他，但他出乎意料地有所保留。他只说"有足够的时间"；当我提出请两个星期的假时，他表示，离开几天可能是"一个好主意"。我一直视他为私人朋友，但这次谈话令我深感失望：本来有机会可以坦率地说一句建议或鼓励的话。我想起之前我在美国代表团那里，感觉到法国和英国阵营对延长我的任期有些犹豫不决，但后来舒曼和贝文对我直言不讳，这些疑虑就打消了。然而，现在，我又开始怀疑了。后来我听说，格拉德温曾找过马利克，建议五大国就此事聚在一起开个会，但马利克也推脱了这个建议，这就让我更加疑惑了。他一度向他保证"不着急"，后来他又说还没有接到指示。有些奇怪的事情正在发生。

我不能再等了。我和我的新闻部首席主任托尔·杰斯达尔一起坐下来，起草了第二天9月28日我将在大会上发表的讲话。到时候我将在大会面前重申我退休的决心；我将感谢他们过去五年的工作，而这也将把眼下的情况画上一个句号。如果他们愿意接受我的声明，他们可以这样做；如果不愿意，那也会引出在表面的沉默之下可能正在发生的事情。当我们把这份草稿给安德鲁·科迪尔、亚伯·费勒和怀尔德·福特看时，立即遭到了抗议。他们强烈反对这一声明，并建议作为替代措施，我可以用同样的文字写信给安理会主席格拉德温·杰布爵士和大会主席纳斯罗拉·恩特扎姆。在信中，我提示两位注意我的任期即将届满，还请他们将任命秘书长作为"议题17"列入大会议程。"我在1949年12月16日说过，"我写道，"我不是连任的候选人。我希望您了解我在这件事上的立场依旧不变。"我把这封信的一份未署名副本交给了格拉德温爵士，还让美国代表团的欧内斯特·格鲁斯和大会主席恩特扎姆也看了。美国人强烈建议不要寄出这封信。"如果你把它寄出去，然后按原定计划发表这篇演说，"欧内斯特·格鲁斯说，"这会让我们的工作更加难做。"恩特扎姆先生似乎也赞成再等等。于是，我听从了这三方面的建议。几天后，格拉德温爵士问我是否决定将信正式寄出，我说："不了——目前先不寄。"

因为随后发生的事件，我常常对这一决定感到后悔：我本应发表这个讲话，寄出这封信。我相信这么做会有助于澄清事实，让我们有更充分的理由来运作。我在10月3日寄给家里的一封信中描述了我当时看到的情况。"到目前为止，安理会还没有在任何会议上提到秘书长的任职问题。但与此同时，我也没有听说其他名字——尽管一旦谈判开始，候选人随时可能出现。我的立场仍然不变，那就是我仍然不会是候选人。但我们必须等待，看看整个事件如何发展。"

10月9日星期一，安理会在非公开会议上讨论了新秘书长的问题。当时美国的沃伦·奥斯汀大使正轮值主席。除其他四个常任理事国外，古巴、厄瓜多尔、埃及、印度、挪威和南斯拉夫也派代表出席了会议。

会议开始不到几分钟，就进入了正题。南斯拉夫贝卜勒大使提出大家对将我的任期延长五年一事交换一下意见——马利克大使欣然接受了这一挑战。他援引了1946年1月24日第一届大会通过的"关于秘书长任命之条件"的决议，他坚持认为，现任秘书长的任期为五年，任期的任何改变必须由安理会和大会共同作出决定。他继续说道，《联合国宪章》第97条要求秘书长的任命须经安理会同意；大会的单方面行动将违反《联合国宪章》，这样选出的秘书长任职将是非法的。"鉴于上述考虑，我不能接受第一任秘书长的任期可以延长的观点……延长赖伊任期的提议对我国代表团来说是不可接受的。"这是他的开场白，也是苏联在之后几周内对延长任期问题上法律角度的实质意见。

由于苏联现在公开反对延长任期——大概也会反对连任——格拉德温·杰布爵士认为没有必要再推进南斯拉夫的提案了；他补充说，安理会将被迫考虑另一个提案或另一个候选人。法国代表肖维尔的观点也同样很有意思，他同意首先要看安理会是否能够提出建议，对目前为止提出的唯一人选，最好了解一下是否还有什么其他反对意见。法国代表团"对这个问题没有强烈的感觉"，但比较关切组织的运作能力。

随着关于这一问题的第一次会议见报，我之前的所有预感都得到了证实。现在到了关键时刻。苏联决心把我赶下台，美国却有同样的决心挽留我；英国仅仅认可了苏联的立场，提议寻找新的候选人，法国"对此事没有强烈的感觉"。来自最高层的情报本来使我相信，西方三大国在延长我的任期问题上会坚定地团结在一起，然而事实并非如此。事与愿违，我让自己被引向了一个孤立无援的境地。苏联的策略现在已经很清楚了，但其他国家的意思在这第一次会议后更让人困惑了。很明显，我将扮演一个政治足球的角色——这是我一直想要避免的，因为这只会对我个人造成损害。虽然我知道这事涉及到更广泛、更严重的政治问题，但我仍为自己被人牵着鼻子走而感到愤怒，也为别人牵着我的鼻子走而感到愤怒；可惜现在回头已经太晚了。

几个星期后，我在给挪威的一位朋友的信中写道："俄国人最终暴露了他们的意图，惩罚一位根据《联合国宪章》第99条做了他认为正确的事情的秘书长，让美国在政治上遭到一次大失败，而此时我已别无选择。如果我说'不',就会给俄国人带来其在政治冲突中从未有过的畅通无阻的机会——这也正是关于秘书长一职的斗争发展至今的原因"。

10月10日,巴西的西罗·弗雷塔斯-瓦莱在大都会俱乐部举办了一场晚宴,我借此机会与格拉德温·杰布爵士进行了沟通。我向英国大使表达了我个人的情绪,但恐怕我当时措辞有些不客气。这次我必须要了解英国的立场。不论现在有什么精心设计的计划正在进行中,我都不希望再成为一个可以被随时利用的议价商品,不希望成为一个威胁,不希望成为一个讨价还价的筹码。我提起贝文在格兰斯顿大厦说过的话,明确表示我希望在四十八小时内得知伦敦的立场。我的忍耐是有限度的,没有人可以期望为一个像现在看来如此令人质疑的目标牺牲自己。格拉德温爵士只回答说他会给伦敦发电报请示。

我从来没有像那天晚上那样,那环境和氛围激发着我率性直言。格拉德温爵士和我经常一起打猎,我们一直很享受这些打猎旅行带来的坦诚交流的机会。我多希望这时我们是在我挪威的狩猎小屋,而不是纽约的大都会俱乐部。当天晚上,我给我在奥斯陆的女儿写了一封信:"我深信我最快乐的一天就是我一手牵着妈妈,一手拿着行李箱回家的时候。这里的生活就像在疯人院一样。"

第二天,我与奥斯汀大使谈话,他对英国和法国政府的突然动摇感到不安。我要求美国政府同样给予明确的答复,还警告说,如果不说明情况,我就准备"弃船"了。第二天上午,对英国代表团的指示传来——据我的消息来源——英国重申我是他们心中连任的候选人,他们也支持我延长任期。

安理会当天的会议证明了当时情况的糟糕程度。格拉德温爵士根据他收到的最新指示,支持让我继续任职的提案。马利克则重申苏联代表团不会接受我,还提名波兰外交部长齐格蒙特·莫泽莱夫斯基为候选人。面对莫泽莱夫斯基和我本人的候选资格,安理会以4票反对(中国、古巴、厄瓜多尔、南斯拉夫）、1 票赞成（苏联）、6 票弃权否决了前者。而南斯拉夫关于重新任命我为秘书长的提案获得了 9 票赞成、1票反对（苏联行使否决权）、1 票弃权（中国）。在此，苏联采取行动，投出了它的第 46 张否决票，除了马利克在朝鲜战争爆发后对担任秘书长的我作出了些刻薄评价外，几乎没有其他解释。中国投了弃权票，考虑到苏联将行使否决权，而且有可能冒犯美国，因此选择了中立立场。显然，这个问题陷入了僵局，安理会以 10 票对 1 票（美国）的投票结果决定，通知大会其未能就推荐候选人达成一致。

然而，苏联代表团远未就此罢手，"战斗才刚刚开始"。按计划，在10 月 19 日举行的联大全体会议上，将向大会提交一项延长我任期的 15国联合提案，为了阻止这次会议，马利克要求安理会主席再召开一次会议。大会最后被推迟到了 10 月 31 日，在此之前安理会一共召开了四次会议，前面讲到的就是第一次会议的情况。在这十天里，苏联想尽一切办法，不惜一切代价寻找新的人选——除了现任秘书长之外，安理会可以同意的任何人选。

在 10 月 18 日的安理会会议上，马利克采取了比较缓和的做法。他告诫大家不要操之过急，还强调说，也许可以在中小国家的常驻代表中，特别是拉丁美洲和亚洲的常驻代表中找到一个可以接受的候选人——也许甚至可以在安理会的常驻代表中找一个。印度的贝内加尔·劳爵士真诚地希望，探讨所有的可能性以便提出有效的推荐人选，他提出了他所说的"可能的程序"。根据他的建议，安理会十一个成员国的代表可以每个人写出两名候选人的名字，然后放入投票箱。接着，安理会秘书根据这提交的名字列出一份名单，名单上的人选应该不能超过 22人，实际上估计会少得多。然后，可以将这份名单交给五个常任理事国，剔除所有有异议的人选。再之后，可将剩下的人选名单分发给各非常任理事国，再给他们三天时间剔除他们希望退出的候选人。这样，就会避免出现对这份名单上剩下的人选行使否决权的情况。

格拉德温·杰布爵士要求再给他二十四小时时间，他需要就所谓的"巧妙的建议"与他的政府协商。中国、埃及和意料之中的苏联随即对印度的方案表示了支持。法国的肖维尔同意印度的建议是"巧妙的"；但奥斯汀大使虽然同意以安理会主席的身份分发印度方案，但他也不失时机地以美国代表的身份发言，警告各成员要考虑清楚这个方案将意味着什么。"第一个影响，"他提醒说，"就是赖伊会被从候选人名单中移除。"他指出，安理会大多数成员早些时候都表示了对我的支持，现在他们是否希望改变立场。

此时，挪威的桑德大使对当前的斗争发表了最直率的声明。他说印度的方案在正常情况下是公平的，但他强调，这对现任秘书长显然是不公平的。作为第一个公开和坦率地承认目前僵局的政治意义的发言者，他抛开了所有忽视苏联和中国动机的掩饰，提醒大家需要"看清楚背景"。

"可以适当地问一下，"他说，"苏联是不是打算因赖伊在朝鲜问题上的立场而对他进行报复。苏联是不是因为赖伊在《联合国宪章》第99条下的立场而惩罚他？"他最后说："安理会有九个成员国投票支持赖伊。因此，他的离任就等于苏联人的胜利。"

在10月29日的安理会会议上，没过多久就明显可以看到印度的方案逐渐失去了支持。肖维尔说，虽然不打算放弃考虑五个常任理事国可能接受的任何候选人的权利，法国代表团准备确认其先前对我投出的赞成票。对法国来说，未能批准一名候选人并不一定会结束对这个问题的考虑。事实证明，南斯拉夫与美国一样，几乎是秘书长立场的坚定支持者，它断然反对印度的方案，并申明安理会已经就此事发表了意见。格拉德温·杰布爵士也征求了他政府的意见，英国"经过深思熟虑"，指示他反对印度方案。美国当然也是反对的。

马利克认为，安理会可以通过或拒绝印度的提案，但无权终止讨论；他立即采纳了古巴提出的常任理事国举行磋商的建议。印度撤回了其表决计划，各成员国以 7 票赞成、4 票弃权——以举手的方式，允许常任理事国举行会议，希望找到一个可能的候选人。弃权的四个国家中包括美国和英国，这说明这一程序成功的前景并不乐观。常任理事国应在 10 月 24 日之前向安理会提出报告。

10 月 24 日，肖维尔给我打电话说，我现在是法国的唯一候选人。同一天，杜鲁门总统与国务卿艾奇逊因联合国日的活动来访。为了方便前往法拉盛草原公园，杜鲁门总统一行选择继续乘火车直达长岛的贝尔蒙特公园，没有在曼哈顿停留。奥斯汀大使、大会主席恩特扎姆和我迎接了他，他邀请我们进入他的私人车厢，恩特扎姆和我与艾奇逊先生同坐一桌。就在过道对面，总统和沃伦·奥斯汀随即开始讨论秘书长人选问题，当时我听到杜鲁门总统授权奥斯汀在必要时使用否决权，以维护美国的立场。

当天晚些时候，杜鲁门总统、恩特扎姆和我分别在大会上发言，杜鲁门总统会见了代表们之后，一行官员和其他客人来到我家，参加恩特扎姆先生和我为杜鲁门总统和夫人举行的午餐会。这次午餐会结束后，就在离开之前，杜鲁门总统把我拉到一边。"你必须继续做下去。"他跟我说，并强调了当天早些时候他对奥斯汀大使说的话。

国务卿艾奇逊在离开我家之前，重申了杜鲁门总统的话——但他说得更详细。他告诉我，奥斯汀大使已奉命代表美国在必要的时候使用否决权，以确保我的重新任命。对此，我回答道："当然，选择权在美国。但是如果决定行使否决权的话，请提前告知我。"他给了我肯定的答复。

然而，第二天，我得知，在杜鲁门总统来访的前一天——就我所能重建的时间线而言，奥斯汀大使已经在安理会常任理事国的一次非公开磋商中，提出了将对任何其他候选人使用否决权的可能性——这是美国在联合国历史上第一次使用这一武器。

安理会于 10 月 25 日再次召开会议，轮值主席的奥斯汀大使报告说，常任理事国经过两次会议，未能就候选人达成一致。除我本人外，他们还考虑了路易斯·帕迪拉·内尔沃、贝内加尔·劳爵士和黎巴嫩的查尔斯·马利克——他们都是苏联提议的，以及中国提名的罗慕洛将军。不过，雅科夫·马利克对主席的说法并不满意，他急忙有意提起了会议中的具体情况。他说 23 日星期一的常任理事国磋商会上，有三个成员支持我，一个反对，一个弃权。苏联候选人中的贝内加尔·劳爵士获得了一名成员的支持，一名成员明确反对，一名成员表示必要时将反对，另外两名成员投了弃权票。对剩下的两名苏联提出的候选人帕迪拉·内尔沃和查尔斯·马利克以及中国提名的罗慕洛将军，各有两名成员支持，两名成员弃权——不过一名成员表示他将支持其他常任理事国可能同意的三名候选人中的任何一人——最后一名成员反对所有三名候选人，并表示必要时将行使否决权。雅科夫·马利克坚持要求安理会对所有五个候选人进行表决。

这是第一次向安理会其他成员表明，沃伦·奥斯汀曾威胁要行使否决权——雅科夫·马利克曝光了这件事。在当天随后的辩论中，他抓住机会强调这一事实，还指出："美国作为安理会常任理事国，已经放弃了其广泛宣传的放弃否决权的立场。美国代表表示，他将否决除赖伊以外的任何候选人。因此很明显，他打算通过诉诸否决权来推动确保赖伊的候选资格，即使后者是非法的。"毫无疑问，马利克先生幸灾乐祸地坚持要把沃伦·奥斯汀在非正式会议上所暗示的意思引到安理会会议上来强调。让这一点记录在案对苏联来说是有利的。我可以想象，奥斯汀大使对这种针锋相对坚持不了多久，最后——由于前一天才从总统和国务卿那里得到明确批准——他决心直接说出来。沃伦·奥斯汀是我见过的最为诚实的人之一，我觉得这种情况下他根本不可能保持沉默。良心和诚实驱使他为自己认为正确的事情仗义执言；但我相信，他也下定决心是时候一劳永逸地解决这个问题了。他已经绕了足够多的弯子，他知道，美国史无前例地威胁在必要时对任何其他候选人使用否决权，将永远结束这一切。

伴随着联合国在朝鲜的行动，秘书长的遴选才逐渐引起广泛争议，奥斯汀详细回顾了这一主要问题后申明说："在这个问题上，美国行使否决权并不会与其他国家的利益冲突。安理会面对的是对一项道德原则的攻击，问题是自由人民的团结会得以维持下去还是就此遭到破坏。是使用这个强大的武器，还是让它闲置生锈？答案是我们必须使用它来捍卫总体安全。"

安理会会议最后的结果表明，就没有必要行使否决权。肖维尔以前曾报告说，帕迪拉·内尔沃不希望把他纳入考虑，贝内加尔·劳爵士也正式退出了——我知道他一直想这么做。雅科夫·马利克继续坚持对其余两人进行表决。苏联建议任命黎巴嫩的查尔斯·马利克的提案随即以4票赞成（中国、埃及、印度和苏联）和7票弃权遭到了否决。推荐罗慕洛将军的提案以同样的票数被否决。在苏联代表的抗议下，第二封信最终起草，并转交给了大会，信中指出，安理会"仍然无法就向大会推荐秘书长人选一事达成一致"。

于是，虽然苏联采取了最后的拖延行动，在第二天要求安理会再次召开会议，但这个问题实际上已经脱离了安理会的控制。在10月30日的会议上，主要是苏联重申了它的立场，同时苏联还警告说，大会即将采取的行动将被其认定是非法的。此前，雅科夫·马利克提议推迟审议秘书长任命一事，但以7票对3票被否决。他最后威胁说："如果强行任命赖伊，苏联将不会顾及他，也不会把他视为联合国秘书长。"

大会议程第17项是由十五个国家提出的联合决议草案，提议我继续任职三年。提案中援引了安理会的两份来文，说明其无法就秘书长推荐人选达成一致，以及"有必要确保《联合国宪章》赋予秘书长的职能不受干扰地得以行使"。根据该决议，大会将依据安理会于 1946 年推荐我为秘书长、大会将我的任期定为五年的事实，现在在其宪章权利范围内，将这一任期再延长三年。

此项决议安排在 10 月 31 日联大全体会议的议程上。在 10 月 30 日的安理会会议上，马利克没能成功实现他的拖延之计，苏联外交部长维辛斯基决定在当天下午举行一次新闻发布会，这真是难得一见。维辛斯基先生那天状态不错，说了很多话。我都听到了，因为他在安理会会议厅里会见了一群新闻记者，而我的办公室有与那里连接的喇叭。在这气氛热烈的六十三分钟新闻采访结束后，我对苏联人眼中的特里格夫·赖伊有了更多了解：鉴于苏联行使了否决权，我没有正式退出就已经违反了《联合国宪章》。"不过，"维辛斯基接着说，"赖伊并没有说：'我没有得到《联合国宪章》规定的适当推荐，因此我撤回我的候选人资格。'相反，他已经尽一切可能抓住这个职位不放。当然，2.5 万美元确实是相当多的钱了——除了其他之外。"从种种迹象来看，这场新闻发布会很合他的胃口；他似乎很喜欢这次扮演"检察官"的机会，就像在莫斯科肃反审判中一样。而且他很适合这个角色。随着诽谤和谩骂愈演愈烈，我可以看出，如果大会第二天投票延长我的任期，我的处境恐怕注定不会好。

10 月 31 日和 11 月 1 日，在大会上发生的事情是有案可查的。实际的战斗已经在安理会打响，并取得了胜利，现在的主要问题是，大会的决定性多数能达到什么程度。如果没有至少四十五个成员国的支持，我仍然准备拒绝延长我的任期——不管这拒绝在维辛斯基的"恐吓"策略面前会显得如何。苏联集团作为一种政治报复而提出的反对是一回事：虽然苏联的愤怒会让未来三年变得很艰难，但一切皆有可能。另一方面，如果有更多的国家站出来反对我，我继续任职下去的理由就不够充分了，因为事实上，我面临的是对我秘书长职责的解释的信任投票。

在当天众多发言者中，有一个人将这场争论的主要因素都联系了起来，他的论点十分尖锐、切中要害，甚至连维辛斯基都不得不为之皱眉蹙额。他就是加拿大的莱斯特·皮尔逊。就在几个小时前，苏联代表团接触了这位本应成为新一任联合国秘书长的人，据我估计，这是苏联人绝望中的最后一搏。如果苏联早就从莱斯特·皮尔逊切入，而不是最后才想到他，我就会带着家人和行李，高高兴兴地回挪威了：在他的手中，联合国的未来会一样充满确定性。不过，他说"不"的理由与我说"是"的理由完全相同。

中午休会后不久，皮尔逊直言不讳地说："不管我们是否喜欢，我们面临的情况是大会必须有所作为。"他的常识判断很简单："对《联合国宪章》的任何条款的解释，更不用说对大会的任何决议的解释，都不能导致《联合国宪章》所建立的联合国的整个机构无法运转下去。"对"为应付安理会僵局而采取的权宜之计"而提出的非合法性指控，他也进行了反驳，他坚持认为，苏联最近提出的这一非法性指控实际上就是与我个人算账的一种手段：

> 维辛斯基先生宣称，在过去五年中，他的代表团和他的政府逐渐对赖伊是否适合担任这一职位产生了一些质疑。但我怀疑，不是在五年期间，而是在 1950 年 6 月的五天里，他们开始意识到赖伊可能不是站在他们那边的秘书长。
>
> 那些不久前还把赖伊捧上天，想要把他揽于自己名下的人，现在对他进行攻击的依据是什么？事实上，这些人对他高度赞扬，以至于另一方的极端分子攻击他是"赤色分子"。如果一个联合国秘书长受到两方的攻击，那么他要么是一个无关紧要的人，要么就是一个真诚、诚实、公正的联合国公仆。赖伊不是无关紧要的人。当

然，对那些在 1946 年希望任命他，在 1947 年、1948 年和 1949 年支持他，但现在又坚持要解雇他的人对他的种种形容，完全没有必要进行反驳。

苏联集团的五个成员国以真正暴风骤雨般的抨击和指责进行了反击。波兰的朱利叶斯·卡茨-西基指出美国军队是我的"后台"，乌克兰的阿纳托利·巴拉诺夫斯基说"特里格夫·赖伊是两面派"。维辛斯基还是保持了他一贯轻描淡写的风格，他说如果我"从正确的门进来"，就应该被承认。然后他接着这个比喻说道："我们为什么要让他从窗户或后门进来？他已经足够高大了，可以从门进来，而且他也太过于高大了，怎么能从窗子进来。"

这程序进行了两天，我在家里通过电视机全程关注，接着大会对十五国联合决议案进行了表决。我向大会主席要求以无记名投票方式进行表决，但遭到了智利代表的反对，原因为何，我无法确定。于是表决是以简单的举手方式进行的。四十六个国家投票赞成我继续任职；苏联集团的五个国家反对，八个国家和地区弃权。在弃权方中，台湾方面的理由很显然。澳大利亚，虽然支持我个人，但也承认对程序的合法性有"合理怀疑"。阿拉伯集团也解释说因为"法律理由"所以投了弃权票；不过，伊拉克代表的解释有所不同，他们认为"从 1947 年以来巴勒斯坦的悲剧来看，赖伊并没有做到完全公正"。

虽然大会的表决结果是 9 比 1 的多数，但这并不完全令人满意。虽然我与阿拉伯集团和台湾方面有严重的分歧，但我还是希望其他人代表我作出的决定能够赢得五十个国家的支持。澳大利亚的态度最令我受伤。虽然与我预想的最低赞成票数差距甚小，但这并没有让我对再经历艰辛的三年感到轻松。

1951 年至 1953 年期间发生的各种事件——人事调查的炼狱、无休止的朝鲜斗争和苏联的持续抵制——让我严重怀疑我同意再担任三年秘书长的决定是否正确。随着大会投票结果让我重返岗位，眼前的政治目标也实现了：联合国在朝鲜的行动得到了再次确认，联合国行政管理的连续性得到了保证，秘书长的独立地位在大国的威胁和压力下得到了维护。但这些目标的实现——尽管这些目标非常重要——对我和我的职位来说是以沉重的代价换来的。必须在组织的直接利益与我的职位随后受到的严重损害之间进行权衡。苏联的抵制将我的活动限制在了《联合国宪章》为秘书长规定的一小部分政治作用上。

这是一个令人不悦的情况，我真诚地希望，未来的联合国秘书长能够免受这样的磨难。

第十九章　秘书处内的共产党人问题

在我担任秘书长的最后六个月里，秘书处被卷入了笼罩美国的国内安全风波中，秘书处的"高风险"地位在这时候暴露无遗。这是一个残酷的命运转折，秘书处、各代表团和我几乎被这几个月里高度紧张、相互误解甚至指责的混乱局面击垮。作为一个人，我当然会犯错误；但不管当时我受到怎样的指责和赞扬，有很多起因都并非是我所持的立场，也不是我认同的看法。我希望通过以下文字来明确和诚实地澄清事实，以便人们可以基于事实，深思熟虑作出判断。

为了了解 1952 年秋至 1953 年春这一时期发生的事件，有必要回溯到 1946 年。在联合国成立的第一年，我们不得不迅速招募秘书处成员——1946 年 3 月至 12 月期间招了 2 900 人，1947 年又招了几百人。如此快速的招聘流程虽然是必要的，但还是让我感到不安。当然，我们调查了应聘者的所有证明人和前雇主，也走完了一个审慎的商业公司会采用的所有常规人事程序；但我们没有一个国家政府的调查资源，当时也还没有完善的国际招聘制度——精心设计的制度是在这之后才生效的。我对美国人的招聘特别关注。可以肯定的说，受聘的美国人总体上表现都非常令人满意。但问题是，美国国籍的工作人员占的比例太大了，而美国在我们考察申请者时给予的帮助还少之又少。

我的做法是，请成员国政府提名秘书处的候选人，再与他们核实拟聘人选情况。当然，根据第 100 条赋予秘书长的宪章权力，我一直保留最后决定权，国际征聘程序是在独立的基础上进行的。尽管如此，只要我的判断和决定的独立性得到尊重，各国政府在获得最佳人选方面的帮助显然是必要的，也是可取的。

然而，美国从一开始就采取了极端的态度。除了分管行政和财务的助理秘书长和我的法律顾问亚伯拉罕·费勒之外，没有收到国务院对秘书处职务应聘的任何其他美国人的提名。多年来，我也无法从美国得到任何在核查申请人或雇员记录方面的帮助。国务卿詹姆斯·伯恩斯告诉我，美国的动机是值得信任的，因为美国政府不希望以任何方式影响我对雇员的选择，也不希望侵犯《联合国宪章》赋予秘书长的专属职责。虽然我理解他的动机，但当这些临时雇员在美国的居留出现问题时，美国政府庞大的系统本可以在重新筛查上提供协助，他们能做的远比资源非常有限的联合国要好得多。实践经验证明，虽然绝大多数人都是仓促任命的，但非常幸运的是他们都能力不错，尽职尽责；不过，几个月时间过去，西方和共产主义世界之间的"冷战"逐渐发展成为国际社会上的主要政治事实，有一件事越来越让我感到担心：我怀疑有美国共产党的少数成员可能就在秘书处。

在《联合国宪章》或《工作人员条例》中，没有任何规定禁止共产党员成为联合国秘书处的成员；在一个既有共产党人又有非共产党人的组织中，也不可能有这样的规定。此外，秘书处的每个成员都有充分的个人政治和宗教信仰的自由和隐私，只要他或她履行作为国际公务员而许下的誓言即可。尽管如此，我绝不会在明知的情况下在秘书处雇用一名美国共产党的成员。首先，美籍共产党员并不是有代表性的美国公民。虽然美国没有直接规定共产党是非法的，但许多法律法规实际上已经给它贴上了致力于用武力和暴力推翻美国政府的颠覆组织的标签。既然如此，永久总部设在美国的联合国，不希望秘书处里有美国共产党人也是简单的常识。

我并不担心这些共产党人在联合国内的活动带有间谍或破坏性质，或对美国的安全造成其他威胁。联合国内没有什么可刺探的。各国政府并没有向联合国提供它们想隐瞒的保密信息。联合国的会议和文件都是公共资源。秘书处的工作一直受到成员国政府的监督，对任何他们认为偏离客观性的行为，他们都会立即提出抗议——虽然这种抗议确实很少。对于间谍活动来说，联合国可以说是一个荒漠。秘书处唯一被法庭指控从事间谍活动的官员是俄国人瓦伦丁·古比切夫。他被定罪并被遣返苏联，不是因为在联合国从事间谍活动，而是因为据称收到了朱迪斯·科普伦①从华盛顿带给他的文件。

我的理由是我提出的常识性和实用性的政策。秘书处中有哪怕一个美国共产党员，我都希望让他离开。我会根据《工作人员条例》，按照我在挪威习惯的方式，悄悄地做。西欧各国政府如果发现一个共产党员担任了一个他们认为不合适的职位时，不会公开宣扬，也不会破坏这个人未来谋生的机会。他们会把他调到一个非敏感的岗位上，或者悄悄地把他换掉。这就是我对我在秘书处可能发现的任何美国共产党员的打算。

我不知道是否确有其人——我只是隐隐不安地觉得可能有几个。于是，我设法调查。在 1946 年和 1947 年，我非正式地要求美国政府提供在秘书处工作的美籍人士的有关人事数据。1948 年 8 月，在巴黎召开第一届大会之前，我提供了一份 377 人秘书处美籍官员的名单，并要求按惯例进行护照核查，如果存在任何可能影响发放护照的情况，希望可以获得通知。当然，这种情况不会成为解雇的理由，但可以作为调查的依据。1949 年 6 月，拜伦·普里斯应我的要求，向美国联邦调查局的一位高级官员询问，联邦调查局是否有可能向我们提供他们所掌握的关于秘

---

① 朱迪斯·科普伦·索科洛夫（Judith Coplon Socolov, 1921—2011），在麦卡锡时期被指控为苏联克格勃间谍，是当时的三大间谍案之一。——译者

书处职位的美籍申请人的任何"负面信息"。他得到的回复是"不可能"——我想是受到现行法律法规限制的原因。最后，在 1949 年秋天，国务院同意审查美国政府文件中关于有关职位的美籍申请人的现有记录；之后，审查范围扩大到了已经在秘书处工作的美籍人员。

我非常感谢他们的合作，但这一安排的结果并不令人满意。报告回传的进展相当缓慢：1950 年仅收到了几份报告，1951 年和 1952 年多了一些。我并没有收到我可以作为判断依据的信息，而都是国务院作出的评价，他们所依据的文件是什么也不得而知；少数负面的评价还是口头转达的，往往都是"否决""可疑"或"信息不完整"这样简单的一个词。我不能也不会根据这样的评价就对任何工作人员采取行动。这些意见唯一的作用就是让我提高了警惕，让我有理由在秘书处有限资源允许的情况下进行独立研究和调查。

这一切都需要时间。随后更复杂的情况出现了。1950 年，我解雇了几名临时合同的工作人员，因为我认为我有确凿证据证明，他们从事了不当活动。他们向联大为审议违反雇用合同的指控而设立的行政法庭提出了申诉。行政法庭认为，即使是临时雇员，也必须说明终止合同的具体理由。在许多情况下，我无法做到这一点，否则就会泄露高度机密的信息。在 1951 年大会上，我提出并促成了《工作人员条例》的一项修正案，允许秘书长无需给出任何其他理由，就可以终止临时工作人员的合同，而只需注明"该行动符合联合国的利益"即可。该修正案于 1952 年 3 月 1 日生效。根据该修正案，在随后的几个月里，我又解雇了几名临时工作人员，因为根据有关信息我确信他们不宜继续留在秘书处。

1952 年夏初，我收到美国国务院对大概二十名美籍工作人员（共 1 800 人）发出的警示，国务院给出了"否决""可疑"或"信息不完整"等评价。其中有些人持有长期合同，只有在证明职位裁撤、工作不称职、身体不称职或因不当行为而予以纪律处分时才能解雇他们。我当时没有任何确凿的证据证明他们中的任何一个是共产党员，或有不当行为。我正在对这些可疑情况进行仔细和秘密的惯例调查，而这时，美国上空笼罩的乌云突然暴发，狂风暴雨袭来。

现在有必要简单地研究一下，在那之前几年美国关于共产主义和国内安全问题的舆论氛围发展的成因和性质。

我在挪威的朋友们认为，美国对共产主义和国内安全的偏执几乎令人无法理解。他们知道，拥有300万人口的挪威，与拥有1.6亿人口的美国有规模相当的共产党存在——约3万名党员。他们知道挪威与苏联边境相连，同时挪威是北大西洋公约组织中坚决反共的成员；这个国家正在重建武装力量；挪威人是世界上最不允许一个新的吉斯林（Quisling）① 颠覆他们的自由民主的人。不过挪威并没有陷入歇斯底里的状态。那么，今天的美国为什么会如此饱受煎熬？连当它还是一个年轻、弱小的国家时，它都敢于在一个不宽容的世界里保持宽容。而如今，它是世界上最强大的国家，但却突然坚持说自己被一种内部疾病所困扰，而这疾病对它的生命构成了迫在眉睫的威胁。我的欧洲朋友们说，来自富有攻击性的苏联势力对西方制度的极为真实的外部威胁是一回事。但他们难以想象美国——当今世界上最伟大、最富有、最稳定的社会——受到来自在西方存在最弱的共产党的内部威胁。欧洲人普遍认为，美国正陷入巨大幻觉产生的困境之中。

在相当程度上，对这样的反应，我很有共鸣。我在挪威工会和劳工运动中一直与共产党人进行了成功的斗争，但我从没有经历过像笼罩在美国现在那样歇斯底里的氛围。在与秘书处中发现的少数美籍共产党人打交道时，我一直采用同样的常规套路，毫不张扬，稳步推进。出于善

---

① 维德孔·亚伯拉罕·劳里茨·吉斯林（Vidkun Abraham Lauritz Quisling, 1887—1945），挪威民族统一党领袖，第二次世界大战期间曾任挪威首相，卖国贼。——译者摘自《第二次世界大战百科词典》，上海辞书出版社

意的政策原因，我不希望他们留在这里；但我并不担心任何留下来的人会推翻美国政府，颠覆其宪法。我也不认为，在东河"玻璃屋"这样一个公开的、随时被监视的地方会发现间谍。当我看到美国人对安全的关注，远远超出了任何一个政府应该对颠覆活动采取的合理措施时，我感到惊愕和恐惧。颠覆政权与表达异议、现行表现与过往经历之间的分界线已经模糊不清，令人困惑。国会所属的各个委员会一味追逐上报纸头条，他们的搜捕侵害了每一个职业：政府工作人员、教授、教师、科学家、作家、艺术家和演员。一小部分前共产党员或现共产党员作为证人，享有不回答可能让他们自证其罪的问题的宪法权利，但当他们拒绝回答有关共产党活动的问题时，他们却到处被曝光或遭到各种恶意揣测，他们的名誉被不分青红皂白地抹黑。所有这一切，都与我所读到的美国历史上的优秀传统背道而驰，在这"自由的土地和勇敢的家园"上，竟滋生出如此不合理的恐惧和狭隘，我深入思考了其中的原因。

欧洲的朋友们担心，他们正在见证美国法西斯主义的开端，而我曾试图解释，美国目前在世界上所处的全新环境和地位或许才是根本原因。几代人以来，美国人隔绝在大西洋和太平洋的背后，他们感到是安全的。战争都远在千里之外，普通美国人从未想过任何敌人会对自己的国家进行破坏。即使在两次世界大战后，美国成为一个大国，其命运从此与世界其他地区紧密相连，但美洲大陆本身仍然毫发无伤。但后来它突然觉醒了。喷气式推进器和原子弹的时代来临了，一下子瓦解了一个世纪以来保护美国免受攻击的物理上的安全屏障。同时，美国卷入了"冷战"，成为反对苏俄的主要领导者。于是，美国人民几乎毫无预警地就来到了一个他们并不习惯的处境中，暴露在大多数欧洲人早已习以为常的变化中。现在几乎所有的美国城市都担心会在另一场战争中受到敌人的攻击，几乎所有的家庭都会被敌人摧毁。

对处于这种全新的、尚未习惯的不安全感中的美国人来说，就连本来掀不起多大风浪的弱小共产党也构成了新的威胁。尽管美国的共产党规模很小，但美国人把共产党员们看作是敌对势力潜在或实际的行动者，他们认为如果战争来临，这些共产党员有能力给这个国家造成严重破坏。这种心态，如今对发生的事情深感震惊的欧洲人和亚洲人应该更能理解。对国内安全的执念，以及随之而来的歇斯底里，在某种意义上标志着美国的最后一次痉挛性的转型过渡，从一个有着无边无际边境线、对"别人的战争"作壁上观的年轻而无忧无虑的美国，成为一个承受所有忧患和重担的完全成熟的世界大国。

同时，这一情况也被那些没有原则或责任感的政客们所利用，来进行煽动性的宣传。为苏联服务的共产党间谍能够对美国造成巨大的破坏，原子弹间谍案充分证明了这一点。如果连如此受信任和尊敬的政府官员阿尔杰·希斯①，都可以因否认自己为苏联从事间谍活动而被判作伪证，那么，还有什么政府官员可以不受怀疑，尤其如果他还与罗斯福领导的"新政"或者与战时联盟有关。如果出现了一个希斯，谁能保证不会再有一百个希斯，巧妙地潜伏在有影响力和权威的职位上？因此，许多原本理智的人认为，参议员麦卡锡②发起他那捕猎赤色分子的行动

---

① 阿尔杰·希斯（Alger Hiss, 1904—1996），著名的"希斯间谍案"当事人。1944年任国务院特别政治事务办公室副主任，专门负责研究筹建战后国际组织，出席了敦巴顿橡树园会议和雅尔塔会议。在1945年4月25日至6月26日召开的起草《联合国宪章》的旧金山会议上，希斯担任秘书长，为联合国的成立做了大量工作。此后他被指责在雅尔塔会议上向苏联做了不必要的妥协。1946年末离开政府，任卡内基国际和平基金会主席，1948年被指控为苏联间谍，1949年5月被迫辞职。1950年因伪证罪被判处五年有期徒刑。"希斯间谍案"是在冷战初期美国国内麦卡锡主义盛行的背景下发生的，一直备受争议。——译者

② 约瑟夫·麦卡锡（Joseph Raymond McCarthy, 1908—1957），美国参议员、共和党人。历任两院住房联合委员会副主席，银行与货币委员会委员、副主席，参议院战争调查特别委员会委员和参议院常设调查小组委员会主席等。任职期间以反对"共产党"及其"同情者"著称。1950年指责美国国务院里有共产党，1954年又宣称美国陆军纵容共产党，还对许多组织和个人进行"忠诚调查"，迫害民主和进步力量，制造恐怖气氛，这就是"麦卡锡主义"。——译者摘自《资本主义大辞典》，人民出版社

时，他指控有两倍于这个数字的间谍或许是对的。

后来朝鲜战争爆发，给原本已经燃起的大火又浇了一把情绪上的油。100 万美国年轻人远离家园，走上战场。伤亡名单不断增加，朝鲜战争成为美国历史上第三大代价的战争，仅次于南北战争和第二次世界大战。这样的经历影响深远。对美国人而言，这就是一场简单的反对共产党人的战争。他们认为，造成超过 13 万美国人死伤的敌人是共产党人。由此激起的情绪，对那些毫不犹豫地利用悲伤、仇恨和恐惧来提升自己的人来说是一种不可抗拒的诱惑；1952 年夏秋之际，当联合国秘书处也陷入了一个理智和负责任的人无法控制的局面时，情况就是如此。

在此之前，我曾与美国的"红色猎人"和铁幕后的"资本主义猎人"有过几次单独的接触。早在 1947 年，安全理事会派遣"巴尔干委员会"前往希腊，调查其与共产主义邻国之间的边界事件，秘书处也派了一些工作人员作为委员会的成员，那个时候就有他们其中一些人不够客观的传言了，还激起了一时波澜。虽然这些谣言似乎都是希腊的消息来源在推动，说他们不客观，但也没有任何政府提出正式的申诉或事实来支持。接着，事件的高潮来了，一个知名美国记者在专栏文章中指出，委员会工作人员中的一个波兰人，在试图潜入委员会另一位英国成员房间的时候被抓个正着。于是，有人指控我试图破坏杜鲁门总统对希腊和土耳其的援助计划，或者至少在委员会中安排了对共产党有利的工作人员。尽管这一指控和随后的其他指控都是假的，但这并没有让我的批评者们沉默。我派威廉·斯通曼前往欧洲，调查当时在挪威人罗舍尔·隆德上校领导下的委员会工作人员的工作情况。他发现，虽然有些工作人员可能对希腊当局的态度比较圆滑，但对他们的恶意指控都是无稽之谈。

不久之后，另一边也开始不断向我提出同样的问题。葛罗米柯对在秘书处受雇担任口译、笔译和文件干事的白俄罗斯人——白俄罗斯移民及其后裔——提出了抗议。他没有提供任何事实来证明这些人做了什么错事，所以我拒绝解雇他们。第二年，在捷克斯洛伐克政变之后，我也遇到了类似的经历，当时代表新共产党政权的弗拉基米尔·胡德克，要求我解雇秘书处内所有在布拉格被视为不受欢迎的捷克人和斯洛伐克人，他还递给我一份名单。我告诉他，这不是他政府的事，我不会考虑采取这种行动。后来他又发来一封信继续施压，但我以同样的话答复了他，这是我最后一次听到关于这件事的消息。

1948 年，国务院的两名初级安全官员在参议院司法小组委员会上作证，他们指控称"数百名"外国特工利用联合国雇用或允许参加代表团的机会，为颠覆活动做掩护。这些证言当时被大肆报道。国务卿马歇尔回应说，美国不知道有任何一个与联合国有关联的人在从事危害美国安全的活动。一年后，同样是在参议院司法小组委员会面前，一位身份不明的所谓"8 号证人"声称，秘书处处于共产党的操纵之下，而我本人就是共产党的工具——其中，指挥官杰克逊的职位之所以被取消，就是因为他站出来反对我所谓的亲共行为。当时我在欧洲，作为代理秘书长的拜伦·普里斯，对这种"毫无根据、不负责任"的攻击提出了抗议。尽管美国政府有关当局公开申明了他们对我的信任，但未必总能对这种指控——毕竟经常发生——进行及时否认。

与接下来发生的事情相比，所有这些都只是小打小闹。一个为调查纽约地区的共产主义活动而组建的联邦大陪审团，将目标转向了在联合国秘书处的美籍工作人员。这样的陪审团本应在完全保密的情况下进行调查；却发生了一系列向媒体——特别是一贯攻击联合国的报纸——"泄密"的事件，这些报道的大意就是秘书处里到处都是危害美国安全的破坏分子。不久，华盛顿国会的某些委员会办公室开始发表声明，称联合国里隐匿着"一个共产党间谍窝"，并要求立即进行内部清理。同时，我收到传闻报告说，秘书处的一些美籍工作人员拒绝回答大陪审团提出的与共产党的联系和可能的颠覆活动的问题，为此还援引了美国宪法第五修正案，该修正案规定"任何人不得在任何刑事案件中被迫自证其罪"。

和来自纽约和华盛顿的歪曲和夸大的报道一样，关于第五修正案案件的联合国报告，也让我感到不安。联合国的豁免权只适用于秘书处成员以其官方身份作出的行为。豁免权并不延伸到他们的外部活动或私人生活。我强烈认为，至少那些有西方民主传统保护的国家，联合国官员应充分配合本国政府官方机构进行的调查。在担任秘书长后，我本人曾在1946年返回挪威，在一次议会质询中，对挪威政府战争期间在伦敦时的行为，我就各种事无巨细的问题作了全面的回答。此外，由于联合国官员是国际公务员这一事实，他有特殊的义务，在任何时候都不应仅以批评责备的态度面对成员国政府。这一点，联合国也是完全认可的，联大在其通过的《工作人员条例》第1条第4款中规定：

> 工作人员的个人观点和信念包括其政治和宗教信念不受侵犯，但应确保这些观点和信念不影响其公务和联合国的利益。秘书处工作人员应时刻谨言慎行，以符合其国际公务员的身份，并且不从事任何与正当履行联合国职责不相容的活动。凡是有碍工作人员身份或有损这种身份所要求的忠诚、独立和公正的行动，尤其是公开言论，都应避免。

我认为，尽管免于自证其罪是一项宪法权利，但除非在特殊情况下，援引这一特权显然违反了第1条第4款。这并不是联合国官员在成为国际公务员时必须放弃的唯一宪法权利。例如，根据《工作人员条例》制定实施的细则规定，不能竞选政治职务或公开参加党派政治活动。

由于这些原因，我立即要求获得关于此次大陪审团案件的官方资料，以便之后可以据此采取进一步行动。但我遭到了拒绝，理由是大陪审团审理程序是秘密的。然而，具有明显倾向性的报纸和电台的专栏作家们，还是能继续收到模棱两可的情报。

接着，1952年10月，美国参议院司法委员会国内安全小组委员会来到纽约，举行了一系列公开听证会。在这些听证会上，共有十八名联合国工作人员以第五修正案作为抗辩理由。我阅读了每一个案件的证词记录，我越来越确信这些工作人员严重和不负责任地违反了《工作人员条例》。此外，我还知道，根据美国法律，行使宪法权利并不意味着权利人有任何类似的宪法权利继续从事公职。在美国联邦、州和市政府聘用人员的实际工作中，采取的都是恰恰相反的做法，在这种情况下援引宪法权利通常会导致解雇。当然，联合国无须遵循这个或那个国家的法律实践。联合国的规则也不能纳入任何一个国家的法律惯例。但这样的先例还是让我更坚定了自己的想法。此外，在当时的情况下，这些证人的态度有可能使整个秘书处丧失信誉，使所有工作人员都受到怀疑——更严重的是，这危及到了联合国组织本身在东道国的地位。总的来说，内部安全小组委员会只传唤了那些之前在秘密听证会上拒绝回答有关共产党员问题，或承认过去是共产党员的工作人员来公开听证会上作证，这一做法加深了人们对秘书处包庇美国机构中破坏分子的印象。虽然这些证人只占了联合国雇用的美国人的百分之一左右，但给公众的印象却是，为联合国工作的美国人都是共产党员、前共产党员或至少有一些隐瞒。

在对联合国从来都不友好的新闻界人士的煽风点火下，美国的公众舆论达到了骇人听闻的程度，而秘书处的士气也受到重创。费勒和我一直在密切关注着事态发展——我们和拜伦·普里斯一起担起了处理"颠覆"问题的主要责任——我们都很担心。一方面，对秘书处的地位和诚信的全面攻击是恶毒和歪曲的，与事实大相径庭。另一方面，在我看来，毫无疑问，作为一项周全的政策，涉及第五修正案的案件应该与公众的呼声完全分开。他们没能以国际公务员的准则为人处事。我解雇了那些持有临时合同的人；但我不确定根据《工作人员条例》，我是否有法律权利解雇那些持有长期合同的人。因此，我暂时让他们强制休假了。费勒和我认为，征求一个由著名法学家组成的国际委员会的意见，以确定我可以和应该采取的进一步行动，或许是个明智的做法。我与我的顾问、助理秘书长和一些代表团讨论了这个想法，得到了各方的赞同。各代表团尤其支持这一建议，不过其中一些代表团后来也批评我仅仅根据委员会的其中一项建议采取了行动。与此同时，我几乎是独自一人，尽我所能地应对美国当局和美国舆论。在 1952 年秋天，其他国家的政府几乎都没有介入，以维护秘书处的良好声誉。倒是在第二年春天，在一切都结束之后，某些代表团才不失时机地建议如何以不同的方式处理这些事情。

决定任命一个委员会是一回事；寻找杰出的法学家来承担这样一个任务又是另一回事。看起来，必须有一位对美国法律有深入了解的美国成员；我们认为，一位英国法学家可能同时具有所需的法律能力和客观态度；第三位，我们希望找一个采用盎格鲁-撒克逊以外法律制度的小国的代表。法律事务办公室不停地寻找合适人选来组建这个小组。他们或通过各国政府联络，或直接征询了美国、英国和比利时著名法学家的意见。我们找过的人里有美国人勒恩德·汉德法官、曾任英国工党政府检察长的哈特利·肖克罗斯爵士以及后来对法学家报告作出严厉批评的比利时人亨利·洛林。西方世界很多优秀的法律人士都以这样或那样的理由拒绝了我们的邀请，或者他们的政府反对我们最初提出的人选。最后，我们组建了一个由三位杰出法律人组成的专家组，包括英国著名律师埃德温·赫伯特爵士、曾在胡佛总统手下担任美国司法部长的威廉·

米切尔以及鲁汶大学民法学教授保罗·维尔德肯斯。正是由于整个事件中弥漫着希腊悲剧的气氛，我后来受到指责说我"包办"了这个法学家委员会，但事实上，我自始至终的努力就是为委员会争取到特别有资格就这些问题发表意见的人。

11月14日委员会碰头。

就在前一天，无论是联合国，还是对我个人而言，都遭受了无法估量的损失。当时，我作为巴西外交部长的客人，正在大都会俱乐部吃午饭，在场的还有国务卿艾奇逊、格鲁斯大使和其他几位高级代表。突然有人着急地来找我去接电话。电话是安德鲁·科迪尔打来的，他告诉我亚伯·费勒从十二楼的公寓跳窗身亡了。

震惊和悲痛淹没了我。除了直系亲属外，亚伯·费勒是与我最亲近的人。七年来，他一直是我的亲密顾问，我和他在总部几乎天天见面——大多数时候他都会来见我好几次。每当有什么事情发生时，亚伯总会在那里，警觉、谨慎、精力充沛、足智多谋。我一直很钦佩他的聪明才智，也因他本人的忠诚和个人魅力而对他有了更深的感情。

毫无疑问，费勒是这次政治迫害的受害者，是反动派为达到自己的目的而推动和利用疯狂攻击联合国所带来的可怕压力的受害者。他在政治上是一个自由主义者，但他像法律人一样尊重正当程序，从这方面来说他又是一个保守主义者。他知道，秘书处中没有一个美国人因从事间谍活动或任何其他针对他国家的颠覆活动而被起诉。虽然他和我一样强烈地认为，那些以第五修正案为抗辩理由的联合国官员背叛了他们的义务，应该被撤职，但他真的同情那些为上头条夺人眼球的调查的受害者，他也对不断升级的针对整个秘书处的"抹黑"深恶痛绝。他日复一日地关注着参议院的听证会，目睹了悲剧的发生。他亲眼看到歇斯底里的情绪侵入高层，席卷了他的国家，违背了他一生坚持的公平竞争和有序正义的基本原则。这种压力愈演愈烈，最终击溃了他。

在亚伯·费勒的葬礼上，我情绪激动得都无法发言；十一个月后，我有幸在联合国图书馆设立了亚伯拉罕·费勒纪念室，来纪念这位伟大而忠诚的国际公务员、这位伟大而忠诚的美国人。

11 月 29 日，法学家委员会提交了意见书。与许多法律解释一样，这份意见书是有争议的。虽然在某些方面我并不认同，但各位成员在执行如此艰巨复杂的任务时所表现出的奉献精神、善意和智慧让我深感钦佩。

法学家们得出的主要结论是，美籍工作人员以可能自证其罪为由拒绝回答关于共产党员身份或任何颠覆活动的问题，从根本上违反了《工作人员条例》第 1 条第 4 款。我接受了这一结论，并据此采取了行动。这也支持了我后来在 1953 年 1 月 30 日向大会提交的关于人事政策的报告中所表达的观点："尤其在政治局势严重紧张和国家安全受到严重关切的时候，联合国工作人员有积极的义务不采取会使自己被严重怀疑对某一国家的安全构成危险的行为。当他拒绝回答与涉及颠覆活动的罪行有关的正式询问时，他就是通过自己的自由选择违反了这一义务；因此，他在很大程度上破坏了作为国际官员需要维持的信任。"

法学家们认为，我有权以这种方式解雇援引第五修正案的九名长期合同工作人员，并建议我这样做。不过，一开始我决定给他们第二次机会。在向全体工作人员宣布我接受法学家的建议后，我通知被停职的工作人员，因为他们根本上违反了《工作人员条例》第 1 条第 4 款规定的义务，我将不得不解雇他们，除非他们在三天内告知我，他们已通知美国有关当局，他们打算撤回援引宪法权利所作的抗辩，并回答向他们提出的有关问题。但他们都拒绝了。我认为，这种拒绝显然构成了根据《工作人员条例》第 10 条以严重不当行为为由立即解雇的情况。尽管如此，我还是决定给予他们本来因立即解雇而没有资格获得的常规补偿金和遣散费，以帮助他们度过一切风波平息后再找其他工作的困难时期。

在法学家委员会向我提交报告几天后，一直在纽约寻找秘书处美籍工作人员从事颠覆活动证据的联邦大陪审团的任期即将结束。如果有针对秘书处任何成员进行非法颠覆活动的确凿证据，大陪审团就会根据其职责提交起诉书。结果它连一份起诉书都没有提交；但它在"起诉报告"中笼统地、不分青红皂白地作出了"有罪"的结论，指控称"有一大批不忠诚的美国公民渗透进了联合国"，这种情况对美国政府构成了"威胁"。这份起诉报告不仅没有指出任何名字，也没有提供任何数字来支持"一大批不忠诚的美国公民"的说法。这种对司法程序的奇怪滥用受到了广泛关注。我正式要求获得大陪审团记录的副本，如果不能提供，就要求提供关于其结论可能依据的具体证据的正式声明，但都遭到了拒绝。

国内安全小组委员会主席、参议员麦卡伦①很快提出了一项法案，"防止对美国政府忠诚度存疑的美国公民接受联合国或联合国下属的任何职位或工作。"这项法案规定，任何在联合国任职的美国公民，都必须首先获得美国司法部长的安全审查许可，已经在联合国任职的公民也必须获得类似的审查许可。"凡是故意违反的美国公民，均应处以不超过 10 000 美元的罚款或不超过五年的监禁。"

令我失望的是，我所能发现的这种法律的唯一先例，就是 1927 年法西斯意大利为防止反对墨索里尼的意大利人成为国际联盟雇员而颁布的法令。这项法令也规定了政府的审查许可，但对违规行为只处以不超过 5 000 里拉的罚款和不超过一年的监禁，不如麦卡伦参议员所认为的适当处罚重。

美国政府的行政部门在这件事上行动迅速。杜鲁门总统在参议员麦

---

① 帕特·麦卡伦（Pat McCarran, 1876—1954），美国民主党政治家、法官。1933 至 1954 年任参议员。著名的强硬反共人士。——译者

卡伦提出这项法案两天后，也就是 1 月 9 日发布行政命令，要求"向联合国秘书长提供有关联合国秘书处雇用或正在考虑雇用的美国公民的某些资料"，包括由联邦调查局对秘书处在国际上招聘的工作人员中的美国成员或候选人进行全面的实地调查，以及由公务员委员会对秘书处在当地为低级别职位所雇用的其他美国人进行较小规模的调查。如果调查报告中含有不利于被调查工作人员的信息，这位工作人员有权要求美国忠诚审查委员会举行听证会。调查结束后，"在安全考虑允许的情况下"，将向秘书长转交"详细"材料，供其"在履行《联合国宪章》赋予的确保联合国雇员诚信的责任时使用"。调查、听证会（如果有的话）、以及转交秘书长的调查结果和证据，在任何情况下都不会公开。不会引人注目，不会有歇斯底里，也不会有名誉受损。根据这项行政命令的规定，美国政府不会指示秘书长应该或不应该雇用谁，也不监禁任何秘书长可能不顾司法部长的判断而雇用的美国公民。美国有关部门收集的证据将提交给秘书长，而秘书长将作出自己的决定。

虽然该行政命令不是因为与我达成了什么共识而颁布的，但我对此表示欢迎，因为我终于得到了多年来一直寻求的帮助。秘书处的许多美国成员也同样表示欢迎，认为这将使他们能够洗脱不分青红皂白的嫌疑，并和我一样急切地希望迅速开始调查。采集指纹和填写表格是第一步，但问题在于，我是否应该允许美国当局在总部大楼进行这些程序，因为这里是国际领土。当时，主要是欧洲的工作人员和代表团，对我允许他们这样做的决定提出了强烈抗议；但与我沟通过的美国人——"受害者"是他们，而不是欧洲人——认为，这个决定是一种可以迅速通过初步程序的合理方便的方式。战争期间的美国人，无论是在政府机关还是在军队中，都已经把指纹采集当成了理所当然的事情，不像现在这样，对许多人来说，指纹采集仍有涉嫌犯罪的羞辱性含义。我还允许美国联邦调查局和公务员部门调查人员，在办公室里对愿意的美籍工作人员进行面谈。这也引起了抗议，主要还是来自没有涉及其中的欧洲工作人员。但大多数美国人更愿意在办公室而不是家里进行这种面谈。至于法律先例，这也不是国家警察第一次进入联合国的处所。在伦敦举行的联大第一届会议上，英国安全警察获准进入威斯敏斯特教堂会场提供保护；在巴黎举行的第三届和第六届会议上，法国安全警察出于安全和调查原因获准进入夏洛宫。如果秘书长认为是联合国的利益需要，那他有一定的自由裁量权决定允许国家官员进入联合国"领土"，而且应该这样做。

鉴于杜鲁门总统的行政命令和在此之前发生的各种事件，显然现在需要我向大会提交一份全面报告，并由大会进行讨论。于是，我提出了一个关于人事政策的议程供大会正式审议。同时，我还与几位顾问一起着手起草了一份综合报告，并在1月底分发。联大在3月审议了这个提案。我在3月10日的全体会议上发言时进行了介绍。

我首先把问题放在大背景中来阐述，指出国际秘书处职位虽高，但相应地也是极易受到攻击的。"虽然光荣，但就算联合国的头七年是在世界相对稳定和良好的气氛中度过的，这一职位本来也是面临诸多困难的……我们知道，事实上，情况恰恰相反……西方世界及其支持者与苏联及其同盟之间的政策和意识形态冲突，显然给为一个双方都有代表的组织所服务的秘书处带来了极大的困难。"

我意识到，将总部设在最为强大的参与者之一的国家境内，给秘书处、东道国和整个联合国都带来了一个特殊的问题。我承认有来自各方面的民族主义压力，反对《联合国宪章》第100条关于秘书处的责任必须完全是国际责任的规定。不过，我回顾说，这些压力不止一种。"除了一个例外，在其他所有情况下，各成员国政府都尊重我作为秘书长的权利，尊重我的言论和行动；同时他们也可以行使自己的权利，私下或公开地支持或反对我。而这唯一的例外就是苏联以及与它结盟的四个成员国政府。"持续三年的抵制,他们以最为粗鲁的方式对秘书长的独立性施加压力,以最公然的方式违反《联合国宪章》第100条;自1950年以来,苏联新闻界一直不断地诋毁我和我的工作人员。而这一切的中心主题就是秘书处被美国人主导,他们和我在各方面都是华尔街和华盛顿的工具。而极具讽刺意味的是,在美国秘书处同时也因为完全相反的原因受到同样的攻击。至于美国的立场,我宣称:

"我希望,随着美国政府当前行政调查的完成,情况会有所改善。我已经提到过去几个月来,联合国秘书处不得不在美国的政治氛围下开展工作。对于已经说过的一些话和已经发生的一些事,我并没有发表意见的立场。① 这些是美国政府和人民必须自己解决的问题。"

"不过,平心而论,我必须说,过去七年来美国政府和人民对《联合国宪章》和联合国各机构的支持给我留下了深刻印象。我认为,这种支持远比我所提到的暂时性困难,更能体现美国对联合国基本宗旨长期而坚定地践行。"

我在发言中主要阐述了有关事件和我所奉行的政策。我最后说:

"对于这件事,就让我们开诚布公地来说吧。在整个审判过程中,在我应坚持和捍卫的基本原则上,我没有丝毫退让。你们中有些人可能不认同我为应对政治现实而采取的所有实际行动。但你们不应误解我采取这些实际行动的意图,我是为了维护和捍卫秘书处的国际性质及其按照《联合国宪章》规定的方式运行下去的能力……"

"主席和各位代表,请允许我简单地说,我已经在非我所为的政治环境中尽了最大努力。"

我的发言收到了不错的反响。甚至可以说,我回答了许多人的疑虑。联大对这个问题进行了一周的辩论,总体上支持我的立场。当然也

---

① 离任后,我终于有这么做的自由了。——原书脚注

有人提出了批评，特别是针对法学家的报告。在 4 月 1 日的一次简短"反驳"中，我试图回应其中的一些批评。我指出，虽然"我很感谢三位法学家，在各成员国政府独留我自己处理一个所有代表团都认为是极其困难的情况时同意帮助我"，但我没有接受他们的所有建议。

大会在结束辩论时通过了一项决议，这项决议实际上体现了对我所奉行政策的信任。

几天后，我离任了，我的公务责任也告一段落。秘书处作为民族主义世界中的国际主义孤岛，其困难处境并没有改变；世界仍在为实现长久自由而斗争，美国既在海外领导着这一斗争，同时也有着自己的后方。虽然联合国秘书处不能参与打这场符合美国自由主义传统的战斗，但它必须防范对其国际性的公正和理想所进行的持续攻击。

第二十章 辞 职

1952 年 11 月 10 日,星期一下午,还是像往常一样在主席右手边的位置,我在大会上发言。我向各位代表和公众披露了我认为是联合国历史上保守得最好的秘密。

代表们的座位和公众席上都坐满了人。联合国大会的年度会议从一般性辩论开始,大家都在等着听法国外交部长罗伯特·舒曼和其他一些人关于外交政策的发言。就在几天前,永久总部的这一大会堂举行了一场感人的落成典礼,对我来说,这意味着多年来为联合国提供一个与它在世界上地位相称的家的努力,终于迎来了最高光的时刻。

当时,我感慨万千,深为感动。现在更是如此。我首先宣读了当天上午我交给大会主席莱斯特·皮尔逊的一封信:"记得在 9 月 11 日我们的私下秘密谈话中,我告诉你,经过几个月的深思熟虑,我已决定提交辞呈,辞去联合国秘书长的职务。"我接着解释说,我已将宣布辞职的时间推迟到五个常任理事国的外交部长齐聚联合国大会之时,希望这会有助于迅速就继任者达成共识,并要求将"任命秘书长"这一议题列入本次大会议程。我向大会提出,希望在 1950 年退休:"我同意继续工作,只是因为在发生了朝鲜战争的情况下,我有义务继续干下去。现在我觉得情况已经有所不同了。如果停战,经五个大国、安理会和大会一致选择一位的新任秘书长,也许比我在位更有帮助。另一方面,如果世界局势进一步恶化,如果有任何希望达成可以阻止世界性灾难的新的谅解，至少我不希望秘书长的职位对此造成哪怕一丝的阻碍。"

为了说明我的退休是合适的，我提到了永久总部大楼的完工和我的行政重组方案，我认为在联大作出决定之前，应该先由新的秘书长对其进行评估。

"我想让大家知道，"我最后说，"我现在卸任，是因为我希望这能帮助联合国挽救和平，更好地为全人类的自由和进步事业服务。"

当我走下讲台回到我的私人办公室时，大会堂里一片寂静。除了极少数参与秘密的人之外，所有的人都感到惊讶，而当时我也难掩复杂的情绪。这是一个在公共集会上难得一见的时刻，大家都通过默契的沉默来表达共同的情感。很快，同样人性但不那么善意的反应出现了。走廊里各种猜测横飞，谣言四散：我说的并不是真心话；这只是一个小花招；我是弃沉船而去的船长，我只给面临诸多困难的代表们又增加了一个新的问题。甚至有传言说，我离职是为了接受一个巨额商业要约。虽然我的决定是在没有预警的情况下突然向大会和全世界宣布的，但这一决定并不是仓促作出的，我经过了好几个月的深思熟虑。

从我 1951 年 2 月 2 日延长任期开始，苏联及其四个卫星国就拒绝承认我为秘书长。他们的抵制非常极端，甚至达到了荒唐的程度。例如，联合国大会的议事规则规定，"应向秘书长提交"代表的全权证书。安理会的议事规则规定，全权证书"应送交秘书长"，"秘书长审查后向安理会提交报告，供其批准"。然而，从 1951 年 2 月 2 日起，我就没有收到过五个成员国中任何一个国家关于联合国任何机关的全权证书、提案和函件。现在，这些都只发往秘书处。

我本可以很简单地对此事提出质疑，以程序不当为由拒绝接受他们的全权证书；但成员国之间的分歧已经够大够深了，不需要再增加一个问题。因此，我让抵制活动没有受到应有的抗议就这么过去了。这也延伸到了社交生活中。在社交活动中与同僚们进行非正式的交谈，是长期以来已经形成的国际外交工作的一部分，联合国秘书长在这方面的义务很重。在纽约的这些年里，我和夫人经常招待苏联和其他东欧国家的代表。我们也经常受共产党代表团的邀请去做客。然而，1951年2月2日之后，这种社交活动戛然而止，但这并不是我们的选择。我们继续在恰当的时候向抵制国家的代表发出邀请；但没有得到过任何答复：没有一张表示礼貌拒绝的照会，甚至连条电话留言都没有。也再没有人邀请我们参加任何共产党代表团安排的活动。俄国人邀请了安理会成员和我在秘书处的下属参加他们的年度晚宴，他们还特意告知媒体称，秘书长和他的夫人都没有受到邀请。我并不介意错过一些招待会和晚宴，因为如果这些招待会和晚宴少一些，国际关系就会好得多；但我憎恶这种对一个人及其家庭的失礼行为。在这两年中，秘书处里一群忠诚的朋友给予了我坚定的支持，他们拒绝了苏联及其卫星国代表团的每一次邀请，这一切我至今难忘。各国代表和其他人并没有对这种政治和社交上的抵制提出抗议，他们忽视了这对秘书长办公室威望的影响，这毕竟是联合国六个主要机构之一，同时从我的角度来说，他们也完全忘记了人性方面的考虑。

虽然这种表面上的愤怒可以接受，但对我来说，这个问题在另一方面还有更严重的影响：《联合国宪章》有意让秘书长发挥政治作用，过去五年里我也在一直为此努力，但如今秘书长恐怕再也发挥不了这一作用了。在一个各方都有代表的世界组织中，我对控制或影响世界三分之一人口的政府束手无策。我曾试图通过一系列先例，一步步地建立秘书长的影响力和威望，不是为了我自己，而是为了世界组织的有效运作、为了和平，但在如今这种情况下，我无法继续推进下去了。

与此同时，朝鲜战争仍在继续，我对早日停战的希望已经落空。冷战也没有停止的迹象，在整个1951年和1952年，第三次世界大战的危险丝毫未减。1952年夏天，我回挪威休探亲假，在一次家庭讨论中，我问，我能允许这样的情况继续下去吗？当联合国秘书长不能充分发挥其作为整个组织公认的发言人的影响力时，联合国推动和平的影响力就被削弱了。最重要的是，我希望由我继续担任秘书长一职，不会让防止战争和维护和平的可能性减少哪怕是一点点。

这些就是那年秋天联合国大会召开时，我决定辞职的主要原因。我在 11 月 10 日的辞职演说中阐明了这些因素，但在 1953 年 3 月关于人事政策的讲话中，我通过以下几段话做了更详细的解释：

"就政治事务而言，我想在座的大多数代表都很清楚，过去七年来，我一直在履行并坚定地捍卫《联合国宪章》和联合国各机关赋予我这一职位的政治责任。在这一过程中，我一直保持谨慎，对这个时代的政治现实也有充分的认识。

"这一方面，我只需要提起伊朗事件、中国代表权问题、我的'十点和平方案'、朝鲜以及我关于世界局势的年度报告，就可以证明，我一直坚持维护和巩固秘书长一职的宪章地位。此外，我还参与了无数次在联合国就各种问题进行的私下讨论和磋商，而且往往都是主动参与的。

"我知道，一些成员国政府有时希望我能保持沉默，但我觉得形势需我为联合国的整体利益而说出我的想法时，我就会直言不讳。尽管如此，除了一个例外，在其他所有情况下，各成员国政府都很尊重我作为秘书长的权利，尊重我的言论和行动，同时他们也行使自己的权利，私下或公开地支持或反对我。而这唯一的例外就是苏联以及与它结盟的四个成员国政府。

"由于我对朝鲜战争的立场，这五个成员国政府甚至从 1950 年开始就拒绝承认我为秘书长。近三年来，我一直默默地忍受着，对随后发生的许多违反既定程序的行为睁一只眼闭一只眼。

"但我认为现在是时候了，我要直言相告，我认为这是迄今为止发生的最严重违反《联合国宪章》第100条的行为。苏联政府及其盟国的政策一直是，也会继续是一种最为粗暴的施压政策，这不仅是针对我，还针对任何可能因履行《联合国宪章》规定的职责而引起苏联不满的未来秘书长。

"我之所以提出辞职，并请求联大在本届会议期间任命我的继任者，很大程度上是因为苏联的这种态度。不过，不要误解我的意思。如果仅仅是继续忍受苏联及其支持者对我的各种攻击，我也会很愿意留到任期结束。我对这些攻击早已习以为常，在我职业生涯的其他阶段，我也曾在不同的情况下经受过类似的攻击。

"其实还有一个更大的原因。我希望秘书长能够以尽可能大的影响力和威望行使其宪章权力。当秘书长在未来的某些危机中为和平与自由而发言或采取行动时，他的背后不仅要有宪章赋予他的权力，还要有安理会所有五个常任理事国投下赞成票和所有成员国承认他为秘书长的这一事实所赋予他的政治影响力。

"因此，虽然有些人可能会说，我的辞职在某种程度上是向苏联对我个人的施压屈服。但我认为，这是为了在今后的关键时刻巩固秘书长一职在联合国框架内的地位，并提升其对世界和平的影响力。我的朋友们，这一直就是我在处理一切事情上首要考虑的因素——不是为了我个人，而是为了我这个职位和我的工作人员。"

当然我还有其他考虑。除了景观设计外，永久总部将在1952年年底之前完工，这让我深感自豪和高兴。在我任期内的这么多年里，为这座宏伟的大楼付出了很多努力，而联合国大会也将第一次在这里召开会议。接着，就是人性方面的因素。所有了解我的人都知道，我有各种弱点和优点，对于这些我一直都非常坦诚。用一句俗语来说，我是"受够了"。我知道这是有根源的——苏联的故意作对让我恼火，常驻代表的地位普遍下降让我感慨，大会第五（行政和预算）委员会让我越来越不耐烦。我敢肯定，有些对我的缺点忍了很久的人，对我也有同样的感觉。这些迹象显而易见。我的政治经验告诉我，没有一个人是不可或缺的。我可有可无，应该由一个新的秘书长来代替我。新的秘书长能以全新的方式进入工作，对人和问题的成见也会比我少。

在一些读者看来，我既有高尚的政策性原因，又有非常个人化的考虑，所有这一切似乎非常复杂；但我可以向大家保证，身居高位的人与其他人并没有什么不同。无论公众形象如何，各行各业的人都一样是人。

那年夏天，在山中小屋里我与家人们商定，我应该辞职。在那之后，我只跟极少数人说了我的决定。秘书处的托尔·杰斯达尔和安德鲁·科迪尔知道这件事。在9月访问伦敦时，我告诉了安东尼·艾登，他表示英国政府不建议我在那个时候退休。在伦敦我还见到了莱斯特·皮尔逊。当时我确定，他会在那年秋天当选为联合国大会主席，再加上我深知，他在我任职的七年里对联合国坚定忠诚，于是我也跟他分享了我的打算。他表示理解并尊重我的决定，他当时就意识到我已经下定了决心。在法国，我从舒曼和帕罗蒂那里也得到了同样的反馈，不过我后来发现，他们都以为我说的是从1954年2月1日起辞职，而不是立即辞职。

回到纽约后，我请当时正在访问的挪威首相奥斯卡尔·托尔普转告挪威国王哈康陛下，我打算在11月宣布辞职。我在11月5日，总统选举日的第二天，与迪安·艾奇逊沟通，他对我的立场表示遗憾，但也理解我已经作出了决定。事实上，毫无疑问，他与我很有共鸣，原因也可以理解的。他被解职时，他本人可能是全美国最开心的人了，尽管他的政党落败了。

11月9日星期日，怀尔德·福特来到我家，帮我起草给主席的信以及第二天在大会上的讲话。虽然他反对我的退休让我很意外，但这也无济于事。午夜之前，安德鲁·科迪尔、亚伯·费勒、普罗蒂奇和托尔·杰斯达尔也来到了格兰斯顿大厦。对他们中的大多数人来说，这是一个令人震惊的消息；凌晨，我们把两份文件都准备好后，看到与我最亲近的这些工作人员如何接受这件事，我很感动，但也有些不安。不过，他们再好的理由也没有改变我的想法。

11月10日，下午两点半，我叫来了所有助理秘书长。平时，我一向都是有话直说；但那天，我差点儿说不出口。他们坐在我周围，但大家脸上的表情并没有什么帮助；有几个人震惊得愣住了，还有几个看起来近乎绝望。我将半小时过后在大会上发言的内容努力进行了解释，这时我才意识到，在这七年即将结束的时候，这最后一段时间有多么难熬。我尽力让自己振作起来。

3点刚过，大会参会人员落座，我做了发言。一切都结束了！

我曾希望在11月底之前——无论如何在圣诞节之前——辞去我的职务；但很明显不会这么快就对继任者达成共识。第二天，在一般性辩论中，我在国际交往中一些最为亲密的朋友开始呼吁我重新考虑。我记得，英国外交大臣安东尼·艾登是第一个对我的决定提出抗议的人："我们的事业正处在关键时刻，而在这时我们要失去我们尽忠职守的秘书长，这简直是个噩耗，我希望能说服赖伊重新考虑他的决定。"巴西外交部长若昂·内维斯·达丰图拉、巴基斯坦的穆罕默德·扎夫鲁拉·汗爵士和希腊的基隆大使也表达了这一希望。其他国家的首席代表，应该有二十到三十位，也私下里来请我重新考虑，并表示希望能够想办法改变我的想法。另外还有纽约《先驱论坛报》的海伦·罗杰斯·里德女士——她是一个非常热诚的人——过去七年来一直是联合国坚定的朋友和捍卫者。我记得里德女士是第一个给我打电话的人。我向她解释了我的理由，她也表示了理解，我还让她放心，在任命一个合格的继任者之前，我不会离开联合国。

这些声明、来访和消息反映了当时情况的一面：迷惘、挫败和悲伤的一面。许多人问道："联合国将何去何从？"然而，苏联方面完全没有这种手足无措的表现。莫斯科电台欢呼雀跃，很快发表了一个"胜利宣言"，我觉得我都可以提前写出来："特里格夫·赖伊的辞职，表明他在政治上的彻底破产。他费尽心机帮助美国，用联合国的旗帜掩盖对朝鲜的侵略，这激起了全世界的愤慨。"

但这一次，任何呼吁或攻击都无法迫使我继续留任。虽然对那些担心我的决定会使组织陷入危机的人，我保证了在选出继任者之前会继续工作，但我不会再继续下去。我已经明确表示，我很庆幸在大会因圣诞假期而休会之前就作出了这一选择。"我的决定不会改变，"我告诉他们，"你们必须抓紧时间选出最合适的继任者。"

我家人的反应让我轻松了不少；在家里的日子确实幸福和快乐。这一步已经迈出去了，我们可以开始期待一个更加安宁的未来。在我的大会发言后约一周，我给身在挪威的女儿希施儿的信中写道："随着这一决定的做出和宣布，我在联合国的工作也就结束了。"不过在找到继任者之前，我还不能返回挪威。"这并不是放弃立场，也不意味着我弃沉船而逃。我相信联合国。没有我，组织也可以继续为和平与安全的事业而工作。"

我在大会上发言过去几小时后，新闻界就已经开始评估可能的继任者了。首先是加拿大的莱斯特·皮尔逊——很明显，他是英联邦、西欧和一些南美国家的候选人，恰巧他也是我自己比较倾向的继任者。菲律宾的卡洛斯·罗慕洛准将据说是美国的首选，而聪慧的伊朗人纳斯罗拉·恩特扎姆则是法国和中东的选择。提到比较多的还有联合国的老朋友、墨西哥外交部长、能力突出的帕迪拉·内尔沃博士，黎巴嫩的查尔斯·马利克博士，印度的贝内加尔·劳爵士和维贾雅·拉克什米·潘迪特夫人，荷兰的迪尔克·斯蒂克博士，比利时的亨利·斯帕克以及瑞典的埃里克·博赫曼。这个"潜在候选人"名单一天天增加，一度达到 17 人。

很快我就清楚地认识到，接受辞职是一个问题，但找到一个继任者又是另一个问题。12 月过去了，1 月、2 月过去了，安理会还是没有采取任何行动。在"不上不下"的情况下工作越来越难，我一直数着日子。日常的工作很繁重。预算必须在联大圣诞节休会前通过，而美国多个部门对秘书处工作人员的讯问没完没了，让我们的日子很是难过。不过即使在那时，我多年来第一次可以带着一种安适的心情走进办公室，仿佛肩上的重担已经卸下。

3 月 11 日，也就是关于人事政策讲话后的第二天，安理会终于坐下来选择新的秘书长。美国的亨利·卡伯特·洛奇大使提议安理会推荐卡洛斯·罗慕洛准将；苏联的瓦莱里安·亚历山德罗维奇·佐林大使推荐波兰外交部长斯坦尼斯瓦夫·斯尔泽夫斯基，而丹麦的威廉·博伯格大使则推荐加拿大外交部长莱斯特·皮尔逊。两天后，安理会召开会议，驳回了这三位候选人。罗慕洛将军获得 5 张赞成票，2 张反对票，4 张弃权票；斯尔泽夫斯基获得 1 张赞成票，3 张反对票，7 张弃权票；皮尔逊获得 9 张赞成票，1 张弃权票，但遭苏联否决。我希望，我和皮尔逊在苏联手中遭受了同样的命运能让他感到些许安慰——他是在 1953 年，我是在 1950 年，但我觉得西方代表当天强行表决是个错误。苏联本来想拖延，我至今都认为，如果西方各国再坚持一两个星期，苏联最终可能会接受皮尔逊。

常任理事国随即进行了一系列非公开磋商，并在 3 月 19 日报告称对一些新的候选人进行了讨论。除了先前提到的候选人，还有一些仍在讨论中的人选，包括泰国的万·怀特亚孔王子、哥伦比亚的爱德华多·祖莱塔·安吉尔博士、巴基斯坦的艾哈迈德·博卡里博士和瑞典的博赫曼。不过，巴基斯坦和瑞典的候选人很快就退出了竞选。3 月 24 日和 27 日的安理会会议没有提出任何提名，因此，后续会议推迟，直到大国能够举行新的磋商。

3 月 31 日，出现了一个巨大的惊喜。如公告所说，五大国在秘密会议上商定了一个瑞典候选人，"瑞典外交部总顾问"达格·哈马舍尔德①。事情进展得太快了，以至于在公告中对他头衔的表述都出现了错误——虽然对他个人的评价是正确的。当时他在瑞典政府中是不管部大臣。五大国对提名达成了一致，连维辛斯基也乐于让他"接替目前履行秘书长职能的人"。最惊讶的恐怕是达格·哈马舍尔德本人。在这前一天，瑞典代表团的一名成员听说在考虑达格·哈马舍尔德之后，给斯德哥尔摩发了电报，把这个消息告诉了他。他没有把这份报告当回事。"我很高兴，但不感兴趣。"这是他第一反应的回答，他认为这无疑是纯属猜测罢了。不过二十四小时后，这居然变成了事实。

在 4 月 1 日联大关于人事政策的辩论中，我是最后一个发言的。我借此机会表示："我曾希望，在讨论现在摆在你们面前的问题时，我的继任者已经接替了我的位置。我们所有人的注意力都应该放在未来，而不是过去。"这，也是我最后一次敦促维辛斯基的机会。我转向他，直视着他的眼睛，补充道："在这次辩论中，苏联代表提出非法性的指控，我并不意外，但我真正感谢他们，至少声称我辞去秘书长职务的行为是严重违反《联合国宪章》的违法行为。"这是整个辩论中他第一次露出笑容。

4 月 7 日，大会确认了对达格·哈马舍尔德担任秘书长的提名。即将卸任的秘书长、新的继任者、大会主席和其他许多人都发了言。我作为秘书长在联合国大会进行了最后一次发言：

"在任的七年零二个月是我一生中最艰苦的，同时也是最具挑战性

---

① 达格·哈马舍尔德（Dag Hammarskjöld, 1905—1961），瑞典著名经济学家和外交官，联合国第二任秘书长，诺贝尔和平奖获得者。——译者

的一段时光。在组织的形成时期担任联合国第一任秘书长，对任何人来说都确实是一个为和平事业、为人类服务的难得机会。我很感谢各成员国政府给了我这个机会……

"各位选出了达格·哈马舍尔德，我去年 11 月提出辞职时的主要希望也就实现了。我们所处的时代压力重重，巨大的毁灭性力量威胁着世界的和平与文明，我们有责任不遗余力地、更充分地利用《联合国宪章》和联合国各机构所能提供的一切资源来维护和平前景。

"四个月前，我提交辞呈，就是为了给各方带来一个机会，打开自 1950 年以来就一直关闭的一扇门。今天各位选出了一位得到安理会所有五个常任理事国认可的秘书长，也就重新打开了这扇门。

"我衷心希望，这是个预示着各方有意缓和目前紧张局势的好兆头。"

在这次告别演说的最后，我发表了一些个人宣言：

"各位代表很清楚，我不是乌托邦主义者。我在联合国所看到的，是一种切实可行的实现和平与进步的方式——不是通过任何速成和简单的公式，而是通过各成员国政府多年来明智、真诚和坚持不懈地利用联合国各机构去达成——这不是七年能够实现的，而可能是七个七年。

"我看到了历史的选择，无论是今天还是未来，世界和平都是人类生存之必须，而联合国又是实现世界长久和平之必须。

"这是我担任联合国秘书长所追求的事业。这也是在今后的岁月里将继续为之忠诚奋斗的事业。"

现在我就是赖伊，而不再是秘书长赖伊。我怀着只有当过秘书长才能体会到的深厚感情和诚意，向达格·哈马舍尔德致以最美好的祝愿。不过后来我们在威尔德机场见面时，我曾提醒他："秘书长是世界上最难完成的工作。"根据我对《联合国宪章》的理解，任何一位秘书长，如果想要成为宪章预期的那种官员，最后都会意识到这一点。如果他与我的想法相同，未来几年他就会发现，自己会无法避免地被各种大大小小的问题所困扰。他将成为右翼、左翼和中间派等各方势力批评的目标。

我曾试着让自己完全坦诚地面对这七年的经历。我睁大眼睛，逐一分析出现过的许多问题。我没有试图回避它们。我觉得涉足这些问题是我的责任；我对《联合国宪章》及其规定，以及联大通过的决议进行解释，是我工作的一部分。秘书长是联合国、而不是任何一个国家的雇员，因此，他有义务为了达成公正的解决方案而冒险。

最后的日子即将到来。5月1日，我告别秘书处——这是新任秘书长达格·哈马舍尔德的安排。我曾经与工作人员之间出现过问题，而且是很困难的问题——特别是在过去两年里。但当我看着眼前一张张诚挚而又熟悉的面孔时，我忘记了曾经的那些分歧，想起了我们一起工作以来共同度过的所有或喜或悲的日子。无论在伦敦、日内瓦、巴黎还是纽约，无论时间长短，无论面临怎样的工作压力或个人问题，他们总是愿意多付出一点点。他们形成了一支坚定团结的力量，为联合国及其目标而共同努力。

"人们说头七年是最难熬的，"我说，"秘书长，我希望对你而言，对各位工作人员而言，这句话都是真的。我不介意承认，过去的七年对我来说很艰难，我知道对你们来说也不容易。所以在我离开之前，我要做一件我想做很久的事情。我要把过去所有的烦恼、所有的失望、所有的麻烦，都装在袋子里，扔进东河。我只带走所有美好的记忆，只记住那些让这份工作成为我一生中最满意的经历之一的事情。我希望大家也能记住我们在一起的最美好的时光。"

离开纽约，尤其是格兰斯顿大厦，真的很不舍。七年来，这里一直是我们在森林山的家，任何一个人都会想要在这样一个亲切的社区里有这样一个舒适的家。在这里，我们曾招待过来自世界各个角落的客人，有政治家、皇室成员和各种名人，他们的来来往往，帮助我们在十年间塑造了历史。虽然我们在格兰斯顿大厦的七年时间里，有时可能会对附近地区的安宁造成一些干扰——因为经常会有警察护送、警卫，还会因安全原因而封锁街道——但邻居们都很好。他们理解我们的工作职责，也理解为什么我们很少有机会与他们熟识。我们家周围都没有围墙，也不需要围墙。从来没有出现过非法入侵我们的前院或花园的情况，甚至都没有少过一朵花。回忆起森林山宁静和谐的邻里关系，我们就更不舍离别。

还有西城网球俱乐部和那里的一切。在忙碌的一周中，能有几个小时的时间来锻炼和完全放松，对我来说意义非凡。我很感谢在俱乐部里结交到的好友们，朱利安·默里克、小阿里克·曼、伦维尔·麦克曼、乔治·科赫和劳埃德·拉尔森。无论我们身处何方，我都希望卸任的秘书长还是那个俱乐部的成员。

现在，只剩下最后一步了。在我们5月8日启程之前，在纽约的最后几天里，我们忙得不可开交；七年来，我们在这个伟大的城市与这里的人民一起生活，并成为其中的一分子，在各种聚会和礼物中这段旅程将告一段落。去参加纽约市告别活动的时候，格罗弗·惠伦开车载着我们从联合国总部来到市政厅，跟在该市传统的警察护卫车队后面——就像七年前一样。在我看来，我们与纽约市民及其当局如此告别简直是再合适不过了。在这不平凡的几年里，这儿的人们与我们分享了他们的城市，是我和我的家人最值得感谢的人。

最后，要返回挪威了！

第二十一章 反 思

在我辞职一年多后，在我位于劳洛斯高原的狩猎小屋，我可以安安静静地反思。在这与世隔绝的挪威山区，我远离联合国总部和纽约的繁忙生活，终于有机会全面思考自己作为秘书长时几乎每天都要面对的问题。

在挪威政府工作了十一年，在联合国工作了七年多后——持续长达十八年的公共服务——换换环境，独自思考曾经遇到过的问题和困难，远离所有影响我思想或决定的企图，感觉真是不错。

我首先想到的——不管从政治上还是职业上，对于每一个提早辞职的人来说，可能都是如此——是挥之不去的挫败和失望。就我自己的经历而言，还有我从有过相同境遇的其他人那里听到、看到的情况来看，这可能就是人类的自然反应。不过，一旦成功克服了第一个适应期的考验，那些亮点——朝着目标取得的显著进步——就开始在他的思考中占据主导地位了。

因此，在这里我想分享一下对我来说最伟大和最美好的事情——也是一个胜利——那就是在我担任秘书长期间，世界和平得到了维护。尽管有很多次，前景一片黯淡——事实上，即使是最乐观的人也放弃了对世界组织和世界和平的希望，等待着在几周或几天后灾难的来临。记得在一个欧洲国家的首都，我曾从可靠的消息来源听到过一句话。这句话是一位挪威驻外代表说的，他是一位年迈的外交官，和其他许多人一样，他对 1946 年在伦敦举行的安理会会议结果深感失望，在那个黑暗的时刻他激动地说："哎，这事态的发展不妙啊。不过我还是希望联合国能撑过这一年，这样特里格夫·赖伊就不会被任命为我的继任者了。"

1948 年，就在捷克斯洛伐克政变之后，大约是柏林封锁正全面展开之时，一位英国朋友和他的妻子来到成功湖拜访我。我和比尔·斯通曼带着他们四处参观，之后我建议比尔带他们俩去酒吧喝酒。他们对所见所闻，以及对联合国的总体情况都看上去颇感兴趣，那是我和他们在一起时。后来，比尔告诉我，在我走后，这位沉着冷静的英国银行家把他拉到一边，有些忧心地小声问道："但这一切能持续多久？"

可能很多人都有类似的想法。我经常听到这样的话。不过，我们好好想想，"这一切"确实持续了下来——世界大战这一最可怕的威胁得以避免。并不是说功劳全是联合国的。有许多因素，说得清楚的，说不清楚的，在此无法一一列举，共同促成了这一成就。但其中有一个因素——绝不是最不重要的因素——就是联合国。

作为秘书长，我可能犯了许多错误。就像船长突然发现他的船搁浅时说的那样："我们都会犯错误"。我把自己视为联合国的"一部分"，但这并没有让我的处境更加轻松。我觉得不管在道义上还是法律上，我都必须从"联合国的角度"看问题，尤其是当我认为成员国没有履行其在《联合国宪章》下的义务时。我已尽我所能，防止联合国这艘大船沉没或搁浅。如果真的发生这种情况，我相信今天我们离一场世界大战的距离就会更近。曾经有很多次，我相信联合国就是和平与战争之间的那最后一道屏障。为此，在这岁月静好的挪威山间，我很庆幸尽管我在联合国这些年冷战甚嚣尘上，但我们还是能够维持和平。这个想法超过了所有其他因素，占据了我的大部分回忆。

接着我详细地分析了 1946 年以来所发生的事情，我想我得首先承认联合国组织的弱点，以及它所代表的挫败与失望。其中很多事，我认为部分归咎于我；还有很多事，我负有责任。不过，在我们能够客观地评价联合国及其中发生的事情之前，有必要了解一下联合国能做什么，做不了什么。

联合国，是一个由致力于实现共同目标的各个国家自愿组成的联盟。它致力于鼓励和促进在共同利益的问题上进行有效的合作，并致力于和平化解国际争端；但一般而言，它无权将其意志强加给任何成员国政府。安理会的否决权和《联合国宪章》中禁止联合国干涉任何成员国内政的条款，只是这一自由联合原则的众多证据中的两个例子，这一原则将最终决定权留给了各个成员国政府。当联合国大会或理事会进行表决并作出"决定"时，它们所通过的并不是对各国政府有约束力的一般立法意义上的法律。它们通过的只是"建议"。这些决议代表了各成员国政府对最佳行动方案达成的共识。因此，决议只是在道义上具有很大的分量；但并不强迫任何政府来遵循。

不过这条一般规则有一个重要例外。那就是安理会下令对武装侵略或对和平的威胁或破坏行为采取行动。只有在五个常任理事国都没有行使其否决权的情况下，安理会才能这样做——当然，这五个常任理事国包括苏联和美国。安理会只在命令巴勒斯坦交战方停火的时候采取过一次这样的行动。即使在朝鲜问题上，安理会也只是建议各成员国政府协助抵抗。

因此，联合国不是一个超国家的机构。它几乎完全取决于各成员国政府执行其建议的意愿和能力。采取行动的权力仍然几乎完全属于各成员国政府。联合国的作用是，推动他们为了共同的利益而有效地协调和行动。

但是，这并不意味着联合国就是软弱或无能的。

简单地说，联合国首先依靠的是各国政府通过加入组织而承认的原则，那就是他们的国家利益和他们各自国家的存亡取决于联合国的成功。

除此之外，联合国的效力还取决于，各国政府在联合国处理的每一个问题上运用国家最高利益原则的智慧和技巧。

因此，联合国就是各成员国政府希望它成为的样子——不会比这更好，也不会比这更坏。

我认为，这是解决我们这个时代困境的一个合理明智的办法。

难以想象，生活在西方民主传统下的社会，和生活在共产党国家的社会千差万别，大家竟会在目前的情况下，同意将他们国家独立性中极为重要的一部分交给一个超国家的权力机构。我们在考虑西方社会与亚洲大部分地区社会之间的巨大差异时，情况也是如此。

1953年9月23日，艾森豪威尔总统在白宫接待筹备"联合国日"活动的美国委员会成员时，对联合国作出了以下评价：

"尽管它有各种缺陷，尽管我们可以发现它的很多问题，但它代表了人类用会议桌取代战场的最美好的共同希望。

"它有过失败，但也有过成功。如果我们没有联合国，谁知道在过去这些年的紧张和斗争中会发生什么？我认为，在这些日子里，它远不止是一个理想的组织。随着科学家们的每一项新发明，似乎都让人类更有可能将自己消灭在这地球上，我想联合国绝对已是不可或缺。"

在我看来，这可能是对联合国的现状和地位最恰当的评价了。可能有很多人同意。如果问一个普通人——也就是苏联集团国家以外的人——他对联合国的看法，他很可能会回答说，联合国是一个不错的、有用的组织，但是……接着就是对大国否决权及其使用的疑惑：这是他最难理解的一个方面。

那么，现在让我们来看一下这个否决权。目前在对修订《联合国宪章》的可能性所做的任何评估中，一直都有围绕这一点进行的讨论，因此，将这两个基本问题视作一个问题来处理是完全合理的。我相信，在今后两年里，我们会听到大量关于修改这一国际宪法，特别是关于修改或废除否决权的讨论。

不过，即使有些变更或许是可取的，我们也决不能夸大变更表决程序或《联合国宪章》任何其他条款的重要性。温斯顿·丘吉尔在《他们最光辉的时刻》第15页曾引用过拿破仑的一句话，在这里或许值得一提："一部宪法应该是简短而晦涩的。"这句话，我相信温斯顿爵士是在提醒我们，宪法中重要的不仅是文字，还有民众接受宪法精神的意愿。这当然也适用于联合国，它通过对《联合国宪章》的建构性解释而做了大量工作。例如，将常任理事国在安理会表决中投弃权票视为不构成否决权的做法，就大大减轻了否决权的影响；同时还有一部分权力从安理会向无否决权的联大合理转移。因此，进步绝不仅仅取决于对《联合国宪章》文本的修订。对《联合国宪章》不断进行创造性解释，对我们而言有着巨大的前景，这对加强国际社会的团结也许是更切实可行的方法。

关于否决权，我们要记住，无论安理会或联大采用何种表决程序，和平解决重大政治问题都需要有关各方的自由同意和协商一致。

我们还要记住，否决权只存在于安理会，各成员国政府已经在目前的《联合国宪章》下找到了建立集体安全制度对抗武装侵略的方法和途径，其中包括区域性防卫条约；同时，在安理会因否决权而瘫痪时，联合国大会还可以采取行动。除非各成员国政府都准备公平地肩负起各自的责任，否则这一制度，或者其他任何可以制定出的制度，都不可能有效地发挥作用。

于是，我们又回到了各成员国政府的政策和行为上。到底是战争还是和平——最终责任都在于各成员国政府；无论他们可能提出或通过怎样的《联合国宪章》修正案，这都是无法逃避的事实。

另一方面，不可否认，否决权确实遭到了滥用。目前已经有六十次否决权的正式行使，几乎都是苏联作出的——确切地说是五十八次。这不是在使用权利——而是一而再再而三地公然滥用权利。显然，这种做法一定会妨碍有效适用《联合国宪章》来解决提交给安理会的任何实际争端。显然，这种程序将降低世界各国人民对联合国行动能力的信心。

在联合国滥用否决权特权，是引起普通民众极大不满甚至怀疑的问题。如果没有全世界人民的理解和支持，联合国永远不会成为它想要成为的样子。只有世界上大多数人选择支持《联合国宪章》规定的原则，要求这些原则得到正确的适用，世界和平才会真正有保障。因此，未来对修订《联合国宪章》可能涉及的复杂问题，人人都有责任研究并提出意见。

从某种意义上说，《联合国宪章》是一部国际宪法，同时它也是一部由联合国六十个成员国批准的公约或协定。

有一个极其重要的问题，《联合国宪章》的起草者是极有远见的，同时也是很让人庆幸的。他们意识到，最多十年，也可能之后，需要对《联合国宪章》进行修订。这样做的前提是，要有大多数成员国和安理会七个成员国投票决定，举行《联合国宪章》第 109 条要求召开的会议。会上还需要就第 108 条和第 109 条达成一致——这两条都是联合国宪法的一部分，因此对包括苏联及其盟国在内的签署国都具有约束力。

让我们来看一下这两条规定：

第 108 条

本宪章之修正案经大会成员国三分之二表决并由联合国成员国三分之二，包括安全理事会全体常任理事国，各依其宪法程序批准后，对于联合国所有成员国发生效力。

第 109 条

一、联合国成员国，为检讨本宪章，得以大会成员国三分之二表决，经安全理事会任何九理事国之表决，确定日期及地点举行全体会议。联合国每一成员国在全体会议中应有一个投票权。

二、全体会议以三分之二表决所建议对于宪章之任何更改，应经联合国成员国三分之二、包括安全理事会全体常任理事国，各依其宪法程序批准后，发生效力。

三、如于本宪章生效后大会第十届年会前，此项全体会议尚未举行时，应将召集全体会议之提议列入大会该届年会之议事日程；如得大会成员国过半数及安全理事会任何七理事国之表决，此项会议应即举行。

毫无疑问，《联合国宪章》是可以审查的。事实上，这是 1945 年 6 月在旧金山作出的决定。对上述条款，特别是对第 109 条，不可能有其他解释。

我完全赞成在 1955 年之后尽快召开一次联合国成员国全体会议，来审查当前的《联合国宪章》。我在几年前就表达了这一立场，我的"十点和平方案"中第一点的最后一句话就是证明。具体内容如下：通过联合国，"进一步作出努力，确保各大国就限制于安理会和平解决争端程序中行使一票否决权达成一致"。

还有 1950 年 5 月 15 日，莫洛托夫和我本人在莫斯科当着斯大林元帅的面所作的讨论。我现在对否决权问题的看法并非事后诸葛亮。无论当时，还是现在，我都深信在第 109 条规定的条件满足时必须召开全体会议。此外，审查《联合国宪章》是可取的，也是正确的。

在一个人或一个政府看来，一项措施可能是完全正确和可取的。但要知道最终能说服各成员国接受什么，则是另一回事。如上所述，否决权只限于安理会，当这个机构获得"实现和平"的权力时，需要 7 张多数票，其中包括五大常任理事国的"同意票"。当然，如此一来，每一个常任理事国都会对整个世界生死攸关的事情有影响，但前提是主要由他们来提供击退侵略所需的武装力量。他们都不希望因为其他国家投出的多数票而违背自己意愿卷入战争或军事行动，于是他们商定了一个否决权方案。最初，苏联坚持的否决权方案，要比其他大国倾向于接受的方案更加宽泛。在雅尔塔，罗斯福总统提出的折中方案赢得了共识，随后各大国在旧金山会议上提出了这个方案。

在旧金山，各小国代表对大国希望保留给自己的否决权提出了异议——即使根据"雅尔塔公式"的规定，否决权也是影响广泛的——并提出了多达 17 项修正案；他们向大国代表团提出了 23 个单独的书面问题，要求澄清，其中许多问题错综复杂。最终，以解释的方式对一些问题作出了令人满意的回应，主要是关于任何成员国将其申诉事项列入安理会议程进行辩论的权利；但最终旧金山会议技术委员会对既定的否决权条款进行表决时，投票的结果依然耐人寻味：30 票赞成、2 票反对，同时有十五个国家选择弃权，表达了沉默的抗议。

这就是《联合国宪章》中否决权的历史。

在我看来，如果联合国要持续存在下去，并在国际关系中逐步实现世界发展所要求的核心作用，就必须采取一些重要的行动，这不一定需要正式修订《联合国宪章》——通过建构性地解读目前的文本就可以做到很多。

首先，必须大幅缩小否决权的范围。我认为，在和平解决争端的情况下，要求安理会五个常任理事国的"同意票"才能行使否决权是不合理的。在这种情况下，并不存在安理会立即命令其成员采取武力行动的问题；因此，我看不出有什么令人信服的理由，可以让一个大国阻止安理会作出调查和调解的努力。如果不能保证这一概念得到完全接受，那么至少应该作出一些实质性的改变。一致性规则——也就是否决权——不应适用于接纳组织的新成员。在我的整个任期内，我一贯公开主张，在接纳新成员方面要持开放的态度。我仍然认为，成员资格的普遍性应当是联合国的一个基本要素。此外，我还想冒昧地说一句，联合国秘书长的选举，也应该是一个不需要 5 张"同意票"的问题；事实上，联合国大会应该对根据安理会任何七个成员的建议选择秘书长承担主要责任。双重否决权①本身就很荒谬，错综复杂，令人失望，在此就不作讨论了——双重否决权应予以废除。可能还有其他的例子，都是精心准备好的提案，也一样应该被提交给全体会议。

那么，我们改进的机会有多大？作为一个务实的人，同时根据我的政治经验，我认为，全体会议不能被忽视。多年来，联合国大多数机构几乎一直在讨论《联合国宪章》及其许多条款的解释。已经提出了无数修正和改进的建议。那些积极关心联合国的支持者们，现在应该有机会来表达他们的各种意见和想法。任何限制他们的企图都是拙劣的政治手段。将广泛的议题较好地整合到议程中，提供充分讨论的机会，将对组织大有裨益，各种想法和建议也能得到国际舆论的关注。同时我认为，就改进或修订《联合国宪章》所涉及的问题进行辩论，将直接有助于维护和平。无论这个会议做出什么样的决定，这些决定都将具有相当大的份量，尤其如果以绝对多数通过决议的话。在这样的会议上，必须允许成员国在没有任何压力的情况下自由发表意见。不过非常不幸的是，苏联及其盟国 1953 年已经宣布，他们不愿意接受任何改变。他们甚至反对收集文件证据和对《联合国宪章》的历史进行研究。如果这种完全消极的立场坚持到最后，那么全世界就会可悲地发现，这些国家最初加入

---

① 对一项拟议决议是否属于程序性问题，安理会上已经投出了七票或七票以上赞成票，但其中安理会的一个常任理事国投了反对票。在捷克斯洛伐克案（1948 年）中，安全理事会议事规则第 30 条规定了防止双重否决权的办法。

联合国只是出于政治上的权宜之计，对日益增长的国际社会需求并没有任何长远的责任感。

苏联集团国家在 1953 年大会期间发出的最后通牒，在西方民主世界中毫无立足之地，其效果恰恰与它们试图达到的效果相反。任何一个自由的国家，任何一个独立自由的个人，都不会向这样的最后通牒屈服。那些经过大家辩论考验和检验的合理观点，必须允许为众人所知。而这恰恰是最终的全体会议必须设法推动的。苏联领导人非常清楚，联合国的朋友和支持者——包括成员国和个人——不会做出任何会损害其生存机会的事情，从而破坏维护世界和平的希望。因此，我希望通过这样一次全体会议，能取得对苏联领导人而言也有相当分量的、具体重大意义的成果。如果在下一轮会议上，苏联领导人再无视"铁幕"以外的世界舆论认为合理和可取的东西，那就真的太令人遗憾了。但我对共产党人的政治敏锐性还是有充分的信心，所以我敢说，他们不会冒着将自己与工人、中产阶级、知识分子和共产党人所说的"资本主义世界"中所有积极倾向的人——不管他们的主张或政治观念如何——孤立的危险。如果这些共产党领导人犯了这样的错误，那么联合国的未来和实现和平的机会都将一片渺茫。

因此，结合所有因素考虑，我认为有充分的理由期待，这样一次会议将产生促成决定性进展的结果。

那么然后呢？全体会议最终提出的《联合国宪章》修正案，必须得到各成员国的批准和认可。这里又出现了否决权的问题，而恰恰在这一点上，首先需要大国的协助。我曾一度希望，能够把大国召集起来，讨论让《联合国宪章》更加有效的各种方法。我早在 1950 年就做过这样的尝试，但结果并不乐观。另一方面，我们都知道，在 1945 年旧金山会议之前，大国举行了许多长时间的会议，而且在 1956 年最终举行全体会议之前，仍然还有时间开类似的会议。如果在全体会议之前或之后各大国都没能达成一致意见，那么想要在《联合国宪章》和各机构议事规则的文本修订或解释（尽管这类解释并不完全取决于五大国的一致同意）方面取得进展就希望不大了。在这些大国会议上，与会者可以讨论一些与《联合国宪章》和组织活动有关的问题，如果能达成共识，就可以提出明确的改进意见。我相信，其他五十五个成员国差不多会接受五大国同意的任何建议。

在这样一次全体会议和可能的大国会议上应该讨论的问题中，也许最重要的是如何使我们已经拥有的《联合国宪章》得到忠实地遵守。对此，我想问：为什么到现在都没有召开一次《联合国宪章》第 28 条规定的会议？第 28 条规定："安全理事会应举行定期会议，每一理事国……指派其政府代表出席。"

令人遗憾的是，没有一个成员国，无论大小，曾采取明确的行动要求遵守第 28 条。让我们期待，能够就落实这自 1945 年以来就从未被使用过的重要条款达成共识。

还有一个同样重要的问题。那就是对于《联合国宪章》第七章"对于和平之威胁、和平之破坏及侵略行为之应付办法"的适用，我们已经做了哪些工作？按第 43 条和第 45 条之规定，尽快就组建军队等事宜达成协议具有重要意义；但在这里，大国一致同意也是一个先决条件。第 47 条所规定的军事参谋团已经胎死腹中。重启的可能性取决于关于组建军队的讨论结果。重新讨论这些问题可能大有裨益，但实际的政治解决办法将取决于当前的国际形势。分歧仍然较大，不可能取得任何结果；但我们必须再次尝试。如果连我们的《联合国宪章》都得不到尊重，就会有损世人对大国以及联合国的信心。同时，我提到的这两条规定和它们所遭受的待遇可以作为一个警示，提醒那些认为只要我们能在 1956 年对《联合国宪章》进行修订，就能给世界和平带来更好的保障、其他所有事情也会更加顺利推进的人。很多善良的理想主义者都过于相信联合国宪法的文字和措辞。尽管如此，这些理想主义者和联合国的支持者们绝不应该放弃。我只希望，一旦这些努力有了结果，他们不会失望。

如上所述，事实上，在联合国历史的早期阶段，在否决权行使方面就作出了一项重要改进。1947 年，苏联不同意将英国与南斯拉夫关于科孚海峡的冲突①提交国际法院的提案，当时苏联代表没有在最后阶段投出反对票：他"弃权"了。尽管安理会在只有 4 张大国"同意票"的情况下以多数票作出了这个决定，但包括苏联在内的所有成员国都接受了这一决定，认为它是合法的，具有完全的约束力。此后，"弃权"的做法一直被认为是合法的，从来没有人对此提出过异议。

如今也可以通过巧妙的外交讨论达成类似的协议。现在仍有可能对《联合国宪章》作出意义深远的修订，再加上如果苏联明确地表现出阻碍国际进步的意图，可能会造成它在政治上进一步孤立，苏联可能会发现同意修订才是明智的选择。苏联政府可能已经从 1950 年大会的"联合一致共策和平"决议②中吸取了教训，这项决议将安理会的相当一部分建议权移交给了大会。

我认为，有许多协议或谅解在政治上是可行的——只要各国不仅能

---

① 科孚海峡案（Corfu Channel Case），关于科孚海峡通过权争端的诉讼案。本案标志着国际法院对国际争端进行司法活动的开始。——译者摘自《联合国辞典》，黑龙江人民出版社

② 联合国大会于 1950 年 11 月 3 日通过第 377 号（V）号决议《联合一致共策和平》（Uniting for Peace），在出现威胁或破坏和平、侵略行为时，如果安理会因某个常任理事国投反对票而无法采取行动，大会可以采取行动。大会可立即考虑此情况，建议会员国采取集体措施，以维持或恢复国际和平与安全。该决议在联合国制度发展史上具有里程碑式意义，对联合国集体安全机制产生了重大影响：在一定程度上弥补了安理会机制的不足，增强了其维护和平和安全的效能；开创了联合国维和行动中"维和部队"机制；根据该决议启动的联合国紧急特别会议制度，有利于国际社会在联合国体系内对霸权主义的遏制和国际关系民主化的实现；该决议也为今天的联合国的改革指明了方向。——译者

够达成一致，还能忠实执行。

另一个需要特别注意的问题是，苏联多年来的一贯做法：只要是它不喜欢的无论什么决议，它就声称是"非法的"，目前已经有至少47个案例了。一直以来，大会或安理会完全可以就此类情况向国际法院征求意见或看法。但目前还没有这样做。要想真正做到全面落实，就需要所有成员国宣布同意，对于他们之间出现的争论，他们最终会接受并承认国际法院发表的意见具有约束力。

还有一个需要考虑的问题是，是否有可能商定一项安排，让多数派和少数派以及秘书长都有权请求一个特别机关提供咨询意见——在经合法多数票通过的决定仍然被认为是非法的情况下。这样一个法律机构可能是国际法院的一个专家组，也可能是为此目的专门设立的一个机构——最好不是选举产生，而是由国际法院院长和秘书长等共同组建。一直以来，那些不赞成某一项决定的人，不断地提出"非法性"的指控，到最后越来越多的人开始相信这些指控。每遇到这种情况，成员国政府的宣传机器总是特别有效，尤其是在大国牵涉其中的时候。这样的宣传一般都是依靠"套路"和无休止的重复。对联合国来说，从长远来看，这种伎俩是有害的，也是不可容忍的；必须找到摆脱这种困境的办法。

再有一个值得考虑的问题，就是关于安理会常任理事国的数量。已经有人建议，将常任理事国的数量增加到六个，成员总数增加到十三个。在目前的国际形势下，这一政策是否切实可行，我持怀疑态度。从我的经验来看，有很多人支持这样的观点，如果增加安理会成员国，亚洲就会优先获得比现在更多的代表权。在这种情况下，应当认真考虑印度成为常任理事国的候选国。这一点，在当前的国际形势下，我想应该没有必要详细说明我的理由。因为这理由不言自明，与其他六大洲的人口相比，亚洲人口规模巨大，把亚洲的数亿人与世界其他地区联系起来，开展有影响力和负责任的合作，将具有重要的政治意义。

预计在未来几年内，还会涌现出很多其他值得认真评估和讨论的想法。无论什么宪法，都不可能被视作一成不变的最终版本。如果不做出改变——无论是以修订现有《联合国宪章》的形式，还是就能够解决实际问题的解释性规定达成一致——联合国就会发现自己陷入停滞不前。在目前艰难的国际形势下——甚至可以说是危急的国际形势下——停滞不前，无异于倒退。为更加明确《联合国宪章》及其贯彻落实而迈出的每一步，都将有利于实现和平。

第二十二章 未来——为了自由与和平

"自上次世界大战结束以来，五年多的时间已经过去，但我们仍未能实现真正的和平。人们对各国之间达成谅解的热切希望已经变成了失望。与此同时，对新的战争的恐惧愈演愈烈。大量资金被用于军事目的，而数百万人仍然生活在人类基本需求水平线之下。

"今天，斯堪的纳维亚国家和西方其他自由国家之所以要加强军事准备，保证安全，其原因在于近年来国际共产主义表现出的倾向，激起了人们对第三次世界大战的恐惧。

"人类能否生存下去，取决于能否制止这种发展趋势，能否创造一种使所有未决问题得到和平解决的环境。西方国家捍卫自由的决心，不会对和平构成威胁。"

在我看来，以上引用的段落——摘自 1951 年 1 月 27 日丹麦、挪威、瑞典和冰岛的工会联合会和工党的宣言——表达了西方世界所有政党普遍持有的观点，也简明地阐述了我自己当时的想法。

但在这段时间里，情况是否发生了明显的变化？我认为，自 1951 年以来，并没发生太多足以改变整个国际局势的事情。另一方面，像这样的一本书，如果作者不对未来与和平前景发表一些看法，就难以画上句号。自不用说，这些看法得像其他人的意见一样站得住脚。不过在这个问题上，又没有人能够确定。有太多可能介入的不确定和不可估量的因素；有太多预言到最后都被证明是错误的。

然而，不管对和平的前景提出什么看法，首先必须评估 1945 年以来扰乱和平或导致实际战争威胁的问题。在这里，我不可能列举所有的问题；但可以将它们归纳为特定的类型，所有最重要的问题都可以纳入以下三个类型中：

　　第一，东西方冲突——更确切地说，是国际共产主义与西方国家之间的冲突，或现在所说的"冷战"——所引起的问题。

　　第二，经济不发达的地区，以及他们对改善生活条件和更公正地分配世界经济财富的需求。

　　第三，目前或近年来，被征服的人民为争取更充分的自由和民族独立而进行的斗争。在这类问题中，混乱的根源主要来自种族问题、宗教分歧以及"殖民主义"等。阿拉伯人和犹太人之间仍然存在的敌意，就是一个特别直接的冲突。

　　我们首先讨论一下前两类问题。

　　今天，对世界和平的最大威胁，是共产主义与西方之间的意识形态拉锯战——这种拉锯战又具有多种形式和变化。这一点，几乎都不需要找什么支持的证据。朝鲜冲突就足以证明，更不用说前几章中提到的许多类似的例子了。

　　那么，我们又该把"冷战"——这把悬在我们头上的达摩克利斯之剑——归结于什么类型呢？它的存在是可以解释的，尽管可能需要说明一些细节。

　　作为秘书长，我看到获胜盟国的希望和信心一步步化为失望和怀疑。一道鸿沟把两个世界隔开了——这两种生活方式显然水火不容。两种不同的生活和统治哲学之间的根本分歧所产生的力量，将联合国所维护的世界割裂开来。

　　苏联战后最初几年的扩张，虽然斯大林和其他共产党领导人声明绝非如此，但事实不容其反驳。如果说在旧金山会议时大家还没有认识到这些事实，那么他们的力量和意图很快就清楚地浮现出来，西方国家在震惊之余也采取了行动，于是，一条北至北冰洋、东至中国海的半圆形"战线"迅速拉开。20世纪的科技把世界连成了一个整体，但在人们的心目中，还是存在两个世界，而且这两个世界的分界线随时都有可能发生变化。

记得1948年在巴黎举行的联合国大会第三届会议上，关于《世界人权宣言》的辩论进入最后阶段。维辛斯基那天打了一场败仗；在为苏联立场作最后的辩护时，他提出："这里说的是，苏联代表团希望个人的人格从属于国家，使个人成为政府的一小部分，而政府非常重要。"对我来说，这是对共产主义社会中个人地位的最清晰的阐述之一。在一番辩驳之后，他描述了他所说的无阶级社会。"在没有阶级矛盾的情况下，"他解释说，"政府和个人之间不可能有矛盾，因为政府就是个人组成的集体。"按照他的说法，这是一种模式，现实也不得不顺应。"这就是为什么并不存在政府与个人对立的问题……在苏联，国家和个人是完全和谐的，利益是完全一致的，这是一种所有进步人类都深感自豪的模式。"

我认为，在维护世界和平和民主生活方式的任务中，必须考虑到两个目标：旨在暂时避免公开冲突的紧急权宜措施，以及旨在维护未来和平的长期方案。我们先来考虑第一个目标。

我个人认为需要强大和有效的军事防御。任何一个国家或国家集团，如果一直逃避自我保护的责任，就不可能长久地生存下去。战后苏联的政策，给了西方国家应有的警告，那就是他们的当务之急是建立和维持足够的军事力量，以预防潜在的侵略者。

我认为，西方国家联合起来进行物理防御是有必要的。为此，制订区域性防御协定和计划——如北大西洋公约组织和泛美防御协议——是任何理智的人在这种情况下都不得不采取的预防措施。既然有发生火灾的危险性，在没有成建制消防队的情况下，邻居们联合起来组建自己的志愿消防队才是常识。

但在这里，我想说明这一点，这个比喻必须再进一步。志愿消防队可以在没有任何其他消防队的情况下提供不错的短期保护。事实上，为维护世界和平和民主自由，首要也是最迫切的要求就是通过区域防御安排来遏制苏联扩张。在可预见的将来，西方大国将采取共产主义世界所理解和尊重的防御手段。这些也许足以维护世界和平，在有限的时间内实现止兵休战；但在我看来，仅有预防措施并不能保证未来的和平。我所说的"未来"并不是指很多年以后的遥远年代。第二个目标和实现这一目标的需要已经摆在我们面前。维护未来和现时和平的任务是一致的，因为如果现在不为长期防御做好准备，我们将失去今天的努力和牺牲所取得的成果。

在这里，我们遇到了上文第二点中所列的一些问题，我们最好仔细研究一下我们所面临战争的性质以及我们所要保护的地区。

首先，仅靠武装力量是无法阻止共产主义的扩张的。从某种意义上说，我们的志愿消防员现在严正以待，准备扑灭任何一个可能的火势蔓延点。但我们没有意识到，我们正在扑救的是一场可以突然越过无助的消防员的头顶，沿着树梢迅速扩散的大火。我们这边的森林状况又如何呢？我们是否充分意识到，在我们有责任保护的地区，只需要一点星星之火，便可燎原？我们的消防员，尽管配备了最先进、最有效的灭火设备，但随时都会发现，大火已经极其轻易地跳过了他们的防线，并占领了他们认为已经得到充分保护的新的地区。共产主义是一种思想，不分国界，不能靠武器和武力来阻止。

因此，这是西方世界此刻面临的同样紧迫的第二项任务。在威胁到我们作为自由人民的生存的大火来到之前，我们今天需要作出前所未有的国防努力和付出，以防悲剧发生时我们毫无准备。诚然，在相对较短的时间内，我们能够守住我们的前线。但同时我们必须采取必要措施来改善后方防御，避免后院起火，否则，我们目前为防御所作的努力和牺牲就会沦为笑柄。今天，我们最紧迫的任务是减少这些地区的可燃性——这些我们有义务保卫的、世界上的经济不发达地区。到目前为止，这些地区所受到的关注与他们的重要性完全不相称。随着时间的推移，我们能否成功应对这一挑战，将决定着西方政体是否能够生存。

如果我们认为，共产主义对这些地区人民的吸引力远比西方国家小，这无疑是自欺欺人。恰恰相反，我倾向于认为，在许多地区，共产主义所描绘的愿景，对那些长期处于饥饿和贫困状态的人来说具有强烈的吸引力，甚至比他们多年来所了解的西方制度更强。而对享有现代民主社会生活特权的西方人而言，不需要向他们解释这种生活方式的优点。对我们这些经历过民主社会的人来说，自治的好处是不言而喻的。我强调的是"我们这些人"——因为在现实中，即使在"我们这边"的世界，我们也属于少数人。

然而，在这里，应该明确区分民主的意愿——对民主原则的信念和信仰——和实现民主的能力。西方各国政府在对这些原则的信念上是一致的，但令人不安的是，各国将这些原则具体表现出来的程度上有所不同。因此，与世界共产主义拥护者的力量相比，在评估我们的内在力量时，如果我们假设一个国家的领导人和政府对民主原则所表达的——甚至是所表现出来的——忠诚，就自然意味着其公民也有类似的忠诚，这样的想法是很危险的。顺着支持民主原则的国家名单往下看，我们很快就会发现，我们在人口、面积和自然资源方面的大部分力量都集中在不发达地区。准确地说，占世界人口的51%，占世界面积的46%。在政治上，这些国家被列为西方的同盟国。但是，在这些国家的亿万人民中，有多少人知道这样的事实，或者即使知道，又有多少人会真正受到其影响？

自第二次世界大战以来，在这些不发达地区，有5亿多人实现了独立；他们的世界和我们的世界一样，暗流涌动。默默经受了几百年的苦难，他们决定为自己实现一些现代社会意义上的价值。我们为我们所宣扬的机会平等所取得的成果而自豪，也为联合国在世界宣言中规定的人的充分权利而自豪。他们已经实现了政治独立；他们可以自由选择——向右或向左转。幸运的是，他们中的大多数人都选择了民主。但又能维持多久呢？这是当今自由世界每个国家都面临的紧迫问题。在不发达地区，如果没有实现真正民主所需的经济基础，政治上的民主还能持续多久？多久之后他们才会发现，这几十年或几个世纪斗争所争取来的政治独立，只是一场虚无的胜利——在希望和热情都化为泡影之前？

　　事实上，在我们世界的大部分地区，实现政治民主的动力，实际上已经超过了提供民主所依赖的经济基础的能力。我认为，其中的时间差是对自由世界安全的最直接威胁之一。从种下民主之"树"，到它开始以物质利益的形式结出第一个果实，这期间发生的一切，将决定能否成功建立民主国家。如今，在新的政治自由理念的武装下，数以亿计的人已经选择了支持民主。为此，我们完全有理由感到自豪和感激。但是，我们不要忘记，事情还有另一面。这些国家现在已经加入到了民主国家的行列；从现在起，他们与我们是一体的。从现在起，在他们身上发生的一切——无论是进步、停滞还是倒退——都将以民主的名义进行。

　　此时此刻，民主作为一种政府形式和一种生活方式，正在接受世界大多数人民的考验。如果能够在现有的短时间内，通过扩大像联合国技术援助这样的计划，在民主政治承诺下的经济基础得以建立，那么我们生活方式的未来就有了保障。联合国是沟通渠道，因为，与双边援助不同，联合国不会引起不发达国家的民族主义敏感和怀疑。对一个只顾着吃饱肚子、晚上找个暖和的地方睡觉的人而言，共产主义的吸引力让任何关于西方制度优势的言论都黯然失色。对于我们数以亿计的潜在盟友或敌人来说，没有任何东西可以与个人自由相提并论。但以某种形式的物质保障换取他从来不曾考虑过的个人自由时，这种人大概率不会犹豫。就在这些心怀不满的人们所在的地区，一个极其活跃的共产党宣传网络，正不断地把共产党政府提供的改善生活的物资直接送到他们家里——从一些例子可以看出，这在一定程度上是有效的。

对于占世界三分之二的不发达和贫困地区人民，他们的话语权和未来早已被纳入了苏联的计划中。共产党的规划者们认识到，世界物质生产活动的发展程度并不平衡，所以他们愿意耐心地等待，因为在亚洲和非洲的大部分地区，原本充满希望和信心的人们开始逐渐丧失耐心，最后终将幻灭。苏联希望不费吹灰之力地自动拿下这些不发达地区——因为他们预计，西方世界无法兑现其政府形式所作出的承诺，因此不会采取行动。对于处境糟糕的西方贫困阶层，共产党人也没有放缓利用他们的脚步。可以理解，强大的意大利和法国共产党在贫困地区蓬勃发展。如果贫困不消失，也许是共产主义会留下来。

因此，这就是当今世界冲突的关键地区——在这里，西方制度要么取得比以往更令人满意的成果，要么让位于共产主义，还可能出现第三次世界大战。如果我们的生活方式要延续下去，我们就必须证明它的通用性，它的生命力；我们必须向这些已经开始怀疑的千百万人证明，我们的方法是实现他们目标的最佳方法。时间已经不多了。我们已经忽视这一重要地区太久了，而现在，战争的威胁已经迫在眉睫，不容忽视。

关于政府权力和建国原则的冲突，与历史本身一样古老。但是，在我们这个时代，如果我们赢得了现在生活在亚洲、非洲和南美洲几个地区的15亿贫困人口的信任，胜利是可能的。另一方面，如果这十几亿人——或其中很大一部分人——失去了对我们的信任，那么我们的基本原则和我们的生活方式，甚至我们的和平与自由的前景，都将面临巨大的压力。

如果西方国家不能以智慧和共识，来满足被征服人民对民族自由、统一和独立的需求，也会产生同样的结果。在当今世界政治中，这从一开始就被归为"第三类"的问题，也许是最能考验我们政治家智慧的了。

　　对于这些被征服的人民，如今是否已经接触过必要的智慧这一问题，或许仍然存疑。例如，联合国的情况如何？这里只能援引《联合国宪章》第十一章第 73 条的规定：各成员国，于其所负有或担承管理责任之领土，其人民尚未臻自治之充分程度者，"承认以充分增进领土居民福利之义务为神圣之信托"。

　　但是，就联合国对于附属领土或"殖民地"以及生活在那里的人民的责任而言，存在各种利益的严重冲突。《联合国宪章》当中关于联合国权利的规定也是含糊不清。事实证明，也不可能明确界定究竟什么是"在本质上属于任何国家国内管辖之事件"的相关问题。

　　所有这些都可归因于殖民国家的持续反对及其对《联合国宪章》的解释。事实上，在最初几年，有关附属领土地位的问题，在相当大的程度上困扰着联合国。部分原因是《联合国宪章》有关规定的含糊不清，还有部分原因则是"殖民"和"反殖民"成员国集团的不同态度。拥有殖民地的成员国一直争辩说，他们在这些地区的管理不属于联合国的管辖范围。他们很不情愿地向一个临时或特别委员会报告情况，而联合国大会只是要求这些委员会对附属领土展开研究。直到今天，他们还成功地抵制了任何将这类委员会变成一个常设机构的努力。与此同时，怀有"反殖民主义"情绪的一大批成员国也从未放过机会，要求联合国果断干预这些问题，并为所有殖民地人民的命运重新担负起实际责任。

　　我认为，《联合国宪章》赋予了联合国在这一类地区的深远责任，特别是考虑到组织维护国际和平的一般责任。

　　不过，法国、英国、比利时和荷兰，对联合国的角色持有不同看法——当我们考虑殖民地和其他非自治领土的独立建国这一更为重要的问题时，这些不同看法其实是不利的。我承认，这四个西方国家给以前和如今在他们统治下的海外地区带来了巨大的好处。事实上，从今天印度、印度尼西亚、巴基斯坦和其他亚洲国家的领导人所接受的议会形式就可以看出，曾经的西方统治仍对他们有着深远的影响。我同样也了解极端民族主义给殖民国家和世界带来的困难。诚然，在考虑今天所面临的各种未决问题——首先就是那些将阿拉伯地区，以及在某种程度上还将亚洲与西方分离开来的问题——时，我们有充分的理由感到焦虑。根深蒂固的分歧由来已久。埃及与英国的关系就是这样，六年来苏伊士运河和苏丹问题一直占据着各大报纸的头条。法国与摩洛哥、突尼斯之间的分歧，也已经被提上联合国议程有一段时间了。南非的印第安少数民族的地位和待遇问题，以及西南非洲、前德国殖民地和国际联盟托管地的命运问题，一直困扰着联合国；而南非政府的种族隔离制度，可能成为了第三个问题。还有英国和伊朗的石油争端，解决的时机早已成熟；印度和巴基斯坦之间关于克什米尔地区的斗争——亚洲两个新独立国家之间的冲突。最后还有中东和亚洲国家之间的一些边界争端。在所有这些问题上，西方国家大多都在一定程度上参与其中。他们常常不得不支持受他们保护的国家，这也使得局势变得更加复杂。

迄今为止，联合国已成功地控制了，甚至可以说大大减少了三个摩擦最严重地区——巴勒斯坦、印度尼西亚和克什米尔——的武装冲突。印度尼西亚的冲突看起来已经基本解决，但克什米尔和巴勒斯坦的局势仍然不稳定。

随着1948年的停战协定，以色列和阿拉伯国家之间的公开斗争暂时停止。但是，巴勒斯坦与其邻国之间的局势仍然可能成为冲突的根源，而冲突的范围可能远远超出其本身。大国在这里也各有自己的利益，这也让局势更加危险。但是，无论阿拉伯领导人在其官方声明中如何陈述，只要有足够的耐心，冲突仍然是可以解决的。如果联合国不改变其立场，美国、英国、法国和苏联也能共同制订和平计划，阿拉伯国家很可能不得不屈服于理性，接受必然发生的事实。

那么，简而言之，和平的前景如何？首先，我们没有理由感到绝望。自1946年以来，西方国家走了一条漫长而崎岖的道路；他们在军备上花费了大量资金，而这些资金本可以用于其他目的。数十万年轻人献出了自己的生命，来保护我们和他们认为最重要的价值——也是最值得人类拥有的价值。从1946年到1953年，世界正在进行一场争分夺秒的斗争：必须建立起力量的平衡。过去的每一年，之后过去的每一个月，到现在过去的每一天，世界都在朝着爱好和平的正确方向前进。

当我使用"和平"一词时，我指的是自由的和平——这两个词的含义是世界大多数人接受和支持的。如果你愿意接受邻居开出的条件，任何人都可以享受和平。但最终他所获得的东西，很可能不符合所有爱好和平与自由的人的想法和愿望。但我认为，我们现在已经到了这样一个阶段：一个国家内部的少数人，再也不能把自己的意志强加给多数人——就像1946年至1950年的情况一样——即使这少数人可能从外部得到支持。

最后，我问自己，我们所经历的技术发展，是否会很快让战争本身成为不可能。最近出现的技术进步，如高速远程轰炸机、细菌武器、原子弹和氢弹，以及所有其他大规模杀伤性武器，它们的破坏力极大，人类或许很难在新的世界灾难中幸存下来。它们强加给我们未来的前景虽然可怕，但也许还有一定程度的希望，那就是现在战争的代价是几乎必然的自我毁灭。不过，我们面对的仍然是人类，没有什么东西是理所当然的——无论它是多么合理。或许最后事实证明，连这一点儿希望也是虚幻的。

因此，最明智的做法可能是为最坏的情况做好准备，同时坚持不懈地为最好的情况——长久的和平——而奋斗。也许，当某一个，或者几个独裁者凑在一起的时候，他们也可能突然抛弃仅存的半点儿理智，然后——就像历史上一样——发动新的战争。不过，发生这种浩劫的危险已经日渐降低。如果爱好和平的世界能充分利用好联合国在维护集体安全、和平解决争端、促进经济和社会进步方面的能力，第三次世界大战的危险就会进一步降低。

在这里，我回顾过去、展望未来，与各位分享关于过去和未来之间这段充满不确定性的历史阶段的一些想法。在挪威中部荒凉的劳洛斯高原上，1954 年的这几周一直很和平。那些在这里安家的人能体会这种和平，也是这和平中的一部分，同时他们也享受着一种自由，他们受到的限制只是他们自己施加的限制。这里也没有什么巨大的财富——甚至完全称不上什么财富。对于这里的每一位男男女女来说，年复一年的奋斗就是保持身体和灵魂的统一。

但他们确实知道这是一种难得的和平，这些人；同时他们也是自由的。

如果其他人也能共享这挪威山间简单的和平与自由，那么世界上数以亿万计的人们会有多么幸福啊！

Trygve Halvdan Lie

In the Cause of Peace: Seven Years With the United Nations

图书在版编目（CIP）数据

为了和平：我在联合国的七年 /（挪威）特里格夫
·哈尔夫丹·赖伊著；章和言，伍巧芳译. -- 上海：
上海译文出版社, 2024. 8. -- ISBN 978-7-5327-9563-5

Ⅰ. E297.5

中国国家版本馆 CIP 数据核字第 20245H7M84 号

为了和平：我在联合国的七年

［挪威］特里格夫·哈尔夫丹·赖伊　著　章和言　伍巧芳　译
责任编辑 / 张吉人　装帧设计 / 张志全工作室

上海译文出版社有限公司出版、发行
网址：www. yiwen. com. cn
201101　上海市闵行区号景路 159 弄 B 座
山东韵杰文化科技有限公司印刷

开本 890×1240　1/32　印张 13　插页 6　字数 302,000
2024 年 8 月第 1 版　2024 年 8 月第 1 次印刷
印数：0,001—4,000 册

ISBN 978 - 7 - 5327 - 9563 - 5/K · 331
定价：78.00 元